法 学 阶 梯
INSTITUTIONES | 普通高等教育**法学规划教材**

法理学进阶

An Advanced Course in Jurisprudence

| 第六版 |

主 编 | 付子堂

副主编 | 周尚君

撰稿人 | 付子堂 胡兴建 孟庆涛
以撰写章节先后为序 张永和 陆幸福 朱学平
张善根 周尚君 杨天江
姚荣茂 李超群 杜 苏
刘祥超 朱 颖 常 安
周祖成 赵树坤 文正邦
朱林方 卢东凌

法律出版社
——北京——
始创于 1954 年

图书在版编目(CIP)数据

法理学进阶 / 付子堂主编. --6版. --北京：法律出版社，2022(2024.3重印)
ISBN 978-7-5197-6405-0

Ⅰ.①法… Ⅱ.①付… Ⅲ.①法理学-高等学校-教材 Ⅳ.①D90

中国版本图书馆CIP数据核字(2022)第005208号

法理学进阶(第六版)
FALIXUE JINJIE(DI-LIU BAN)

付子堂 主编

责任编辑 丁小宣 陆帅文
装帧设计 乔智炜

出版发行 法律出版社
编辑统筹 法律教育出版分社
责任校对 刘 琳
责任印制 刘晓伟
经 销 新华书店

开本 787毫米×1092毫米 1/16
印张 22.25 **字数** 460千
版本 2022年2月第6版
印次 2024年3月第4次印刷
印刷 固安华明印业有限公司

地址：北京市丰台区莲花池西里7号(100073)
网址：www.lawpress.com.cn
投稿邮箱：info@lawpress.com.cn
举报盗版邮箱：jbwq@lawpress.com.cn
销售电话：010-83938349
客服电话：010-83938350
咨询电话：010-63939796

书号：ISBN 978-7-5197-6405-0
定价：48.00元

出版说明

法律出版社在其奋进发展的六十年光辉历程中，秉精诚之心，集全社之力，服务于我国法学教育事业，致力于法学教材出版。尤其在改革开放三十余年间，本社以“传播法律信息，推进法制进程，积累法律文化，弘扬法治精神”为宗旨，协同司法部法学教材编辑部，规划并组织出版了国家“八五”、“九五”期间的法学规划教材，为我国改革开放之初的法学教育和法治建设做出了开创性贡献；进入21世纪之后，法律出版社又根据教育部的部署和指导，相继规划并组织出版了“十五”、“十一五”和“十二五”法学规划教材，为我国法学教育事业的发展与改革付出了艰辛努力。

承蒙法学教育领域专家作者的信任，以及广大法律院校师生的支持，法律出版社经过三十年的发展与积累，相继出版各类法学教材达四百余种。在学科范围方面，完成以法学核心课程为重心，涉及法学诸学科的“全品种”横向结构；在培养层次方面，健全以本科教育为根本，兼顾职业教育和研究生教育的“多层次”纵向结构，进而打造“法律版”法学教科书体系，以期更好地为法学教育服务，为法治建设贡献绵薄之力。

近年来，法律出版社因应法学教育的发展变化，在教材编写体例及系列安排方面做出相应调整。在教材编写体例方面，结合当前教学实际与培养方案，将系统、全面的理论知识讲授与灵活、丰富的法律实践和能力训练相结合，倡导教材内容差异化，增加教材可读性，以期更好地培养法科学生的思维能力和法学素养。在教材系列安排方面，全力推进新品教材编写与注重既有教材修订相结合，根据教材风格与特色进行适当的套系整合，集中现有的国家级规划教材和在编的规划教材，形成以“普通高等教育法学规划教材”为名的全新教材系列。

本系列教材多为出版多年并广受好评的经典教科书。此次全新推出，既是向长期以来关心支持法学教育出版事业的专家作者的崇高致敬，也是法律出版社为中国当代法学教育事业发展拳拳努力之情的真诚表达。法律出版社将以高度的精品意识和质量标准，不断丰富、完善本系列教材的结构和内容；除教材文本之外，还将配有多层次、多形式的教辅材料，更好地为广大师生服务。

“好书，同好老师和好学生分享”，法律出版社愿与法律共同体诸同仁，分享好书，分享智识，分享法治进程中的点点滴滴！

法律出版社　谨识

2014年10月

作者简介

（以撰写章节先后为序）

付子堂 法学博士，西南政法大学教授、博士生导师，中国人权研究会副会长，中国法学会常务理事、学术委员会委员，中国法学会法理学研究会副会长，中国法学会法学教育研究会副会长，国务院学位委员会第八届学科评议组成员，教育部高等学校法学学科教学指导委员会副主任委员。

胡兴建 法学博士，西南政法大学行政法学院教授、硕士生导师，西南政法大学行政法学院副院长。

孟庆涛 法学博士，西南政法大学人权研究院教授、博士生导师，西南政法大学人权研究院副院长。

张永和 法学博士，西南政法大学人权研究院教授、博士生导师，西南政法大学人权研究院执行院长，人权法学学科带头人，中国人权研究会常务理事，中国法学会立法学研究会常务理事，中国法学会法理学研究会理事，《人权法学》杂志主编。

陆幸福 法学博士，西南政法大学行政法学院教授、博士生导师，中国法学会法理学研究会理事，中国社会学会法律社会学委员会常务理事。

朱学平 哲学博士，西南政法大学行政法学院教授、硕士生导师，中国现代外国哲学学会德国哲学专业委员会理事。

张善根 法学博士，上海政法学院法律学院副教授、硕士生导师，中国社会学会法律社会学委员会常务理事。

周尚君 法学博士，西南政法大学行政法学院教授、博士生导师，西南政法大学科研处处长、期刊社社长、全面依法治国研究院执行院长，国家“万人计划”青年拔尖人才，中国社会学会法律社会学委员会副会长，中国法学会法理学研究会常务理事，中国法学会立法学研究会常务理事，重庆市学术技术带头人。

杨天江 法学博士，西南政法大学行政法学院副教授、硕士生导师，西南政法大学法学理论教研室主任。

姚荣茂 西南政法大学行政法学院副教授、硕士生导师。

李超群 法学博士，西南政法大学行政法学院讲师、硕士生导师。

杜　苏　法学博士,西南政法大学行政法学院讲师。

刘祥超　法学博士,西南政法大学行政法学院讲师。

朱　颖　法学博士,西南政法大学行政法学院教授、博士生导师。

常　安　法学博士,西北政法大学行政法学院教授、博士生导师,西北政法大学人权研究中心执行主任。

周祖成　法学博士,西南政法大学行政法学院教授、博士生导师,地方立法协同创新中心执行主任、西南政法大学地方立法研究院执行院长,中国法学会立法学研究会常务理事、中国法学会法理学研究会理事。

赵树坤　法学博士,西南政法大学行政法学院教授、博士生导师,中国法学会法理学研究会理事。

文正邦　西南政法大学行政法学院教授、博士生导师,中国法学会法理学研究会顾问、中国法学会宪法学研究会顾问。

朱林方　法学博士,西南政法大学行政法学院副教授、硕士生导师。

卢东凌　西南政法大学图书馆副研究馆员。

编写说明

《法理学初阶》与《法理学进阶》是西南政法大学法学理论学科组编写的一套供大学本科法学专业核心课程“法理学”使用的教学用书，连同由高等教育出版社出版的研究生教材《法理学高阶》，构成西政特色的“法理学三部曲”。《法理学初阶》适用于大学本科低年级学生，着重传授关于法学、法律与法治的基本知识，使学生打好法学理论基础而“知其然”；《法理学进阶》适用于大学本科高年级学生，着重在法学基本原理上进行比较深入的分析探究，使学生在掌握法学基础理论的同时，进而“知其所以然”；《法理学高阶》则主要供法律硕士专业学位研究生及法学各专业硕士和博士研究生选用参考，着重跟踪研究法学前沿问题，拓展学生的学术视野，启发理论思维，进而“知其所必然”“知其所应然”。

《法理学进阶》分为法律本体论（法律是什么）、法律价值论（法律应当是什么）、法律方法论（如何思考法律）、法律社会论（如何实践法律）四个部分。在编写内容上，一方面充分介绍和论述法理通说，另一方面力求吸收近年来国内外法理学界已经成熟的最新研究成果，使其能够尽快转化为教学内容。因此，在保持传统法学理论基本知识结构的前提下，适当增加了一些探索性的新内容，以教材的知识增量推动学科发展。在编写体例上，力求各章的“一头一尾”设计有所创新：各章之前的“知识结构图”，主要展示本章整体内容和逻辑结构；各章之后有“课后作业”“课后参阅论文”“延伸阅读”，并附“推荐阅读书目”，以扩展读者视野。在“课后作业”中，“选择题”的设计力图与国家统一法律职业资格考试相衔接；同时，还特别提供了若干“材料论述题”，以便在教学过程中能够经常进行讨论，教师也可以要求学生根据材料在课堂上或课后进行讨论或撰写“申论”，从而训练提高学生的分析问题及表达写作能力。

目　录

第三编　法律方法论

第四编　法律社会论

CONTENTS

Part Ⅳ Laws and society theories

导　论

知识结构图

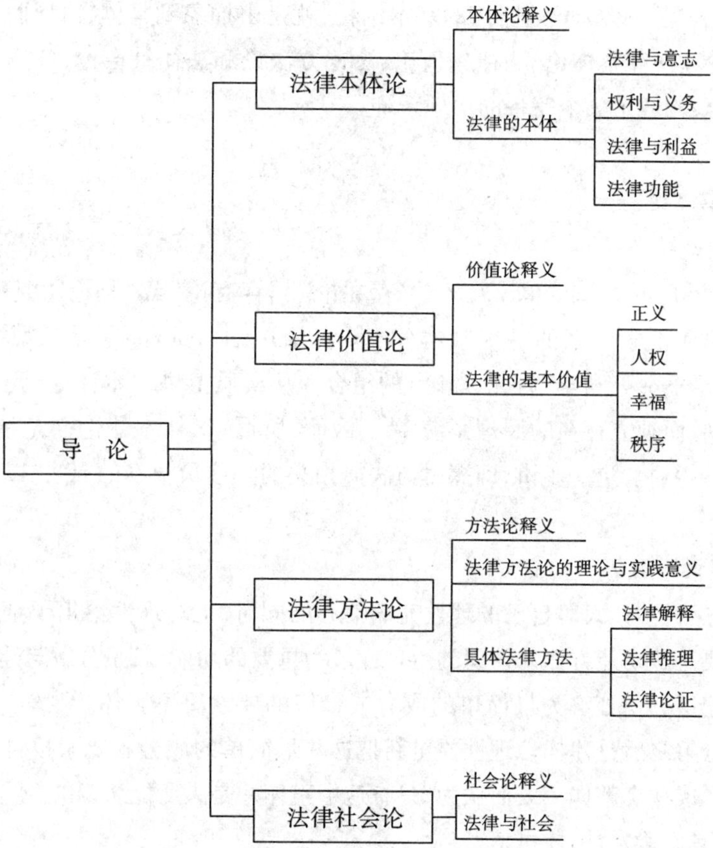
导　论
法律本体论
本体论释义
法律的本体
法律与意志
权利与义务
法律与利益
法律功能
法律价值论
价值论释义
法律的基本价值
正义
人权
幸福
秩序
法律方法论
方法论释义
法律方法论的理论与实践意义
具体法律方法
法律解释
法律推理
法律论证
法律社会论
社会论释义
法律与社会

《法理学进阶》主要是在《法理学初阶》阐述法学基本知识、法律基本知识和法治基本知识的基础上,进一步揭示法律的基本原理。我们认为,法理学就是研究"法律所以然"的道理。或者说,法理学是以作为整体的法律的共同性问题和一般性问题为研究对象的理论法学,着重揭示法律的基本原理。世上万物都讲究个"理"字,物变而理不变。掌握了"理",也就抓住了事物之根本。法律现象千变万化,而"法之理"具有恒久性,法变而理不变。如果法律落后,完全可以根据法理逐项加以改进;而法理学落后,则法律文本与法律实践必会有实质性的缺陷。法理学的任务,就是尽可能准确、全面地把"法之理"揭示出来,以指导法律实践。由于人的认识水平不一,加之时代的不断变迁,不同的人在不同的阶段,对于"法之理"的认识和揭示程度必然存在差异。如果说法律本体论、法律价值论着重于揭示"法内之理",那么,法律社会论的使命便是揭示"法外之理";法律方法论则是沟通"法内之理"和"法外之理"的桥梁。《法理学进阶》的基本结构,就是由抽象到具体、由形而上到形而下逐步展开,依次论述法律本体论、法律价值论、法律方法论和法律社会论,各编章节之间相互联系、相互配合,构成了一个完备的法理系统。

一、法律本体论

(一)本体论释义

"本体论"译自英文"ontology",又译"存在论"、"存有论"或"是论",是一门关于"是"的学问,属于形而上学体系的一个基本分支。英语单词"ontology"是来源于希腊语单词"ον"(存有)和"λγos"(科学、研究、理论)的组合。从实质上讲,"本体论"是与经验世界相分离或先于经验而独立存在的原理系统。[1] 因而,所谓"法律本体论",是指对"法律之为法律"的原理性探讨。进一步讲,即探讨与法律相关的一些最根本的要素,以此确定法律本身。

(二)法律的本体

在近代自然科学让人对自己的理性充满信心的同时,也对理性给出了全新解释。对于理性,人们主要是从功能方面来认识的。理性最为重要的功能,就是分解与建构。理性分解一切,并且不把这一切分解为最简单的成分或最终的要素决不罢休。当然,分解并非理性的全部工作,分解之后是建构。理性要重新把这些最简单的成分和要素按自己的标准结合在一起,由此形成一个整体。人们认为,只有这个整体才是人所能认识的,或者说,只有这样得来的知识才具有确定性,才可信。

以此为基础,人们展开了对于国家与法律的全新认识。一般认为,个人先于国家而存在,它是构成国家的基本单位。在组建国家之前,每个人都是一个原子式的个体,人人平等,没有谁会因为出身而比别人高一等。为了自我保存,每个人都要占有一定的生活资料。然而,因为资源的稀缺,加之人与人之间没有高低等级之别,更没有维持秩序的共同规则,因而必然陷入混乱。为了自我保存,个体必须联合起来形成共同体,并以集体的力量克服那

---

〔1〕 俞宣孟:《本体论研究》,上海人民出版社 2005 年版,第 14 ~ 28 页。

种混乱状态。而共同体克服混乱的方式,就是制定一系列的规则以指导个体的行为,并监督个体对于规则的遵守。该共同体被称为国家,而其制定的规则被称为法律。

在此过程中,法律产生的关键在于国家的建立,没有国家就不可能有法律。由于每个人都是一个平等的个体,因而要建立一个将所有人都包括在其中的共同体,必须基于所有个体的承认。只有这种承认,才能将所有人的意志联合起来。如此,也才能联合所有个体的力量。就此而论,法律与意志紧密相连,甚至密不可分。虽然意志的联合在于构成共同体,但共同体的目的却是使个人的自我保存得以实现,自我保存是人的一种基本权利,共同体的这种目的决定了法律须以权利为本位。但是,共同体实现这一目的的前提,乃是共同体的存在。要保证共同体的存在,则必须为个体设立一定的行为界限,要求其履行与权利相应的义务。

简言之,权利与义务这一对基本的范畴,乃是法律的基本内容。作为人的基本权利,自我保存时刻体现为一种对于利益的追求,因为利益通常被认为是对人或物产生良性影响的事物。既然利益乃是权利的方向和目标,那么它也是法律关心的主要对象。可以说,法律正是通过对利益的调整,来影响人的行为和社会关系。最后,无论是实现权利、保障利益,还是限制行为,都是作为一个体系的法律试图通过自己的运行,对社会整体结构产生一定客观后果,此即法律功能。

可以说,正是以上这些基本的内容,构成了法律的内在规定性。通过对它们的探讨,人们才能够深入理解法律本身。本教材第一编"法律本体论"的四章内容——法律与意志、权利与义务、法律与利益、法律功能,正是对上述原理的具体展开。

二、法律价值论

(一)价值论释义

价值论(theory of value)即关于价值的性质、构成、标准和评价的哲学学说。"价值问题,简单说就是一切事物(包括世界万物、人和社会、人的思想和活动等在内)对于人的意义(好坏、善恶、美丑、利弊、祸福等)问题,以及与之相联系的人的反映和选择等问题。"[2]因此,价值论主要从主体的需要和客体能否满足及如何满足主体需要的角度,考察和评价各种物质的、精神的现象及人们的行为对个人或社会的意义。某种事物或现象具有价值,就是该事物或现象对个人或社会具有积极意义,能满足人们的某种需要,成为人们的兴趣、目的所追求的对象。人们社会生活的需要、兴趣和目的是多方面的,所追求的价值也是多方面的。"价值"概念广泛地应用于法学、经济学、伦理学、美学、认识论以及其他社会科学或人文科学,它在这些不同的知识领域中,具有不尽相同的含义。价值在很多领域有特定的形态,如社会价值、个人价值、经济学价值、法律价值等。这些价值的存在是人在不同领域发展中范畴性、规律性的本质存在。

---

〔2〕 李德顺:《价值论研究的意义——20 世纪末中国哲学研究重大问题检讨之五:价值哲学(笔谈)》,载《求是学刊》2000 年第 6 期。

法律之所以有效,在于它是国家强制执行的规则或命令。但法律并不仅仅是由大量法律条文所构成的"堆积物",也不仅仅是国家强制推行的规则。而且,法律价值使法律具有了灵魂和生命。徒有法律的形式而无价值内容的法律就只是一具没有生命气息的木乃伊而已。

(二)法律的基本价值

正义、人权、幸福和秩序构成现代社会法律的基本价值。正义一向是构成法律的基本理念。罗马法之《学说汇纂》开篇伊始即指出:"法律源于正义就如同源于她的母亲一样;因此正义比法律产生得更早。"[3]据此,正义是一个表达了法律的根本价值追求的基本理念,法律只能从正义获得其自身的价值。优士丁尼在《法学阶梯》中指出:"正义就是分给每个人以其权利的不懈的、永恒的意志(Iustitia est constans et perpetua voluntas ius suum cuique tribuens)"[4],精练地表达了正义的根本内涵。对于这种基本的正义观念,亚里士多德曾经予以清楚地揭示。亚里士多德将正义划分为分配正义和矫正正义。在这两类正义中,分配正义更为根本,矫正的正义以分配正义为前提。分配正义大致可以归纳为:相同的情形同等对待,不同的情形不同对待。但对于正义的这种理解也还只是对正义的一种形式上的规定,我们还不能确定哪些情形可以归为相同,哪些情形应当归于不同。同时,如何对相同的情形予以相同的对待,不同的情形予以不同的对待,也需要进一步界定。正义只是给出了正当的形式,但是还没有确定法律的内容。

对于法律的内容与目的,不同法哲学和政治哲学的流派有不同的看法。从世界近现代法律发展和我国当下的具体处境来看,人权在相当长的一段时间内仍然是我国法律所追求的基本价值目标。经过200余年的发展演变,人类对人权的理解也经历了巨大的变化。从最早的抽象的自然权利和政治权利到个人的基本经济、社会和文化权利,直到20世纪下半叶新近提出的发展权、自主权和环境权,一同构成了人权概念所具有的不可或缺的基本内容。无论是最早的自然权利和公民权利,还是后来的经济、社会、文化权利,抑或近几十年来提出的发展权、自主权和环境权等,包含于其下的都是国家与国家之间或者个人与个人之间所具有的自由、平等的基本权利。其中,自由构成了人权的内容要素,而平等则构成了人权的形式要素。

法律与幸福之间存在相当密切的关系;幸福感是可以通过法律提升的;法律制度的建设需要把幸福的实现作为一个重要的目标和价值。与法律的其他价值相比,幸福更具有日常生活色彩,构成了侧重于民生领域的法律基本价值。但相对于正义、人权和幸福而言,秩序则构成法律更为基础的价值。没有一个和平、安全的社会秩序,那么正义的实现和人权的保障也就无从谈起。和平、安全的社会秩序,则以一个实际存在的法律规则体系为其基本前提。歌德说过:"比起忍受无规则,我更愿意经受不正义。"[5]拉德布鲁赫赞成这种看法,认为和正义比较起来,法律所具有的秩序价值(拉德布鲁赫称之为"法的安定性")构成

---

[3] 转引自[德]拉德布鲁赫:《法哲学》,王朴译,法律出版社2005年版,第32页。

[4] [古罗马]优士丁尼:《法学阶梯》,徐国栋译,中国政法大学出版社1999年版,第10~11页。

[5] [德]拉德布鲁赫:《法哲学》,王朴译,法律出版社2005年版,第85页。

法律的第一大任务。[6] 法律的秩序价值体现在法律的内在秩序（法律的实在性、普遍性等）和由此而产生社会秩序（和平、安全）两个相互关联的层面上。

正义、人权、幸福和秩序，构成一个相互冲突，同时也相互统一的价值体系。一方面，与正义、幸福和人权相比，法律的秩序价值构成了一个相对独立的价值目标。秩序要求法律规则的存在和有效，并在一定程度上可以不考虑正义和人权的基本诉求。但如果法律一味地追求秩序，则可能沦为政治权力的工具。另一方面，正义、幸福和人权则提出了完全不同的要求。正义要求形式的平等，而人权则可能违背正义的这一形式要求，对各种不同的具体情形予以相应地解决。由此，如何使正义和人权的基本要求内在一致，是法律必须予以解决的任务。同时，如何理顺正义、人权、幸福与秩序之间的内在张力，使之处于一致与协调的关系之中，显得更加重要。在幸福、秩序优先的前提下，尽可能促进法律的正义和人权的切实保障，是解决这一问题的基本途径。

三、法律方法论

（一）方法论释义

人们关于世界是什么的根本观点是世界观；用这种观点作指导去改造世界，就成了方法论。同样，人们关于法律是什么的根本观点就是法律观；用这种观点作指导去运用法律，就成了法律方法论。所谓法律方法论，就是关于法律方法的一种系统化的理论。它是整个法理学系统的不可或缺的部分。

（二）法律方法论的理论与实践意义

首先，在整个法律理论体系中，法律方法论处于由抽象的法律理论过渡到具体的法律实践的中间环节，它将法律理论与实践联系起来，其作用大致相当于人的关节。如果没有这些关节，轻则法律理论运转不灵，理论与实践相脱节；重则法律理论被束之高阁，对于法律实践毫无指导作用。

其次，法律方法对于法律的发展至关重要，对于抽象的法律理论还能够起到很好的补充作用。众所周知，在英美法系，“法律推理”这一重要的法律方法不仅是一种法律适用的方法，同时也是一种“创制法律”的方法，它本身就是法律发展的手段。在大陆法系，“法律解释”是一种重要的法律方法，它不仅具有保障法律得到正确应用的功能，而且具有“漏洞补充”与“续造法律”的功能。在我国传统法文化中，作为法律方法的“经学方法”与“比附方法”同样具有弥补法律之缺漏、发展法律的功能。

再次，法律方法论是现代法律理论必不可少的一部分。传统的法律理论一般只是介绍了法律解释方法，对于其他的法律方法普遍不太重视。在现代法理学中，法律方法的地位日益突出，所占比重越来越大。这与近现代以来哲学领域的“方法论转向”有很大的关系。20 世纪 50 年代以来，法理学领域似乎正经历着“方法论转向”，人们越来越多地将目光从抽象的理论问题移开，转向司法领域，尤其是法律方法领域，法律方法研究已经成为法理学研

---

〔6〕［德］拉德布鲁赫：《法哲学》，王朴译，法律出版社 2005 年版，第 74 页。

究的热点之一。

最后,法律方法论对于法律职业人养成良好的法律思维习惯、提高法学专业学生的法律思维水平有很重要的作用。由于法律方法是正确适用方法、实现法治的重要手段,因此,法律方法论的重要性自不待言。

(三)具体法律方法

法律方法体系到底包括哪些具体的法律方法呢?学者对此争论很大。因为从广义上讲,法律方法就是法律适用的方法的总称,而在法律适用过程中,人们为了解决法律问题,往往会使用很多方法,包括一些自然科学方法与社会科学方法,这些方法种类繁多,难以尽述。本书介绍的是狭义的法律方法,即法律职业者用以解决法律问题的一些专门的技巧的总称。虽然学界对于这种专门技巧的种类问题仍有很大的分歧,但是,本书秉承求同存异、删繁就简的宗旨,主要介绍那些已经得到学界公认的,在实践中广为应用且理论较为成熟的法律方法。其中主要有:法律解释、法律推理与法律论证。

在大陆法系,由于秉承的是制定法传统,因此,法典化倾向比较明显,与之相适应,在法律适用过程中,对法律推理问题强调得就不够,一般认为,法律推理过程就是进行演绎推理(涵摄)的过程。当然,这也并不是说,法官只要进行机械的推理就够了,大陆法系的法律人又发展出了非常完善的法律解释技巧。20世纪中期之后,人们有感于演绎模式不能完全反映法律适用的特点,又发展出了法律论证理论作为补充。至此,在大陆法系,形成了以演绎方法与解释方法为主、以法律论证为补充的法律方法体系。英美法系走的是一条异于大陆法系的道路。由于英美法系国家秉承的是判例法传统,因此,他们崇尚归纳与类比方法,重视对法律推理理论进行研究,“法律推理”由此成为法律方法的核心。当然,英美法系国家也发展出了具有自己特色的法律解释理论,但是,这一理论与法律推理相比较要逊色得多。20世纪中期之后,起源于大陆的法律论证理论在英美法系国家也产生了很大的影响,至此,在英美法系,就形成了以法律推理为核心,以法律解释、法律论证为辅助的法律方法系统。

我国是一个具有制定法传统的国家,但是,在法律方法上,我们却兼有以上两大法系的特点。首先,我国古代有着相对发达的制定法,并且,在很多朝代里,都要求司法人员严格适用法律,因此,我国古代的司法人员在法律实践中广泛应用了一种类似于演绎的方法;其次,由于法律不完善,因此,司法实践中广泛应用“比”(比附)这样一个类似于类比推理的方法;再次,由于我国古代的法律与司法都受到了儒家思想的较大影响,因此,儒家的“经学方法”对解释法律起到了很大的作用;最后,由于我国幅员辽阔,各地民情差别较大,因此,我国古代还发展出了一种类似于西方判例的东西,即成例,它对于审判实践有一定的指导作用。从以上几大法系中,我们发现,它们共同的起着主要作用的法律方法有三种,即法律推理、法律解释与法律论证,故本书选取了这三种主要的法律方法。

四、法律社会论

(一)社会论释义

“法律社会论”主要从“社会事实”出发,站在“法之外”视角,阐述“关于法律”的理论,阐明"法外之理"。

根据结构功能主义的理论,社会这一大系统是由不同的子系统构成的。每一个子系统根据自身的独特结构而对社会整体发生不同的功用和效能,为大系统的存续做出贡献。例如,法律、经济、政治、文化(包括道德、宗教)、生态文明等作为社会的重要组成部分,各自发挥自己的功能,塑造了社会整体的形象。同时,各个子系统彼此之间并非隔绝,而是相互交换信息,相互作用与影响。比如,根据马克思主义法学原理,经济对法律的归根结底的决定作用、政治与法律的相互作用,等等。

第四编即依据上述原理进行布局。"法律与社会"一章总括本编主题——"社会中的法",集中阐明法律必须以社会为基础的缘由,以及法律对社会的功能。现代社会既要坚持法律主治,也要注意法律功能的局限性。这是作为子系统的法律与大系统的社会之间相互关系的描摹。

(二)法律与社会

人类的生产与再生产、贸易与交换、不同的经济方式等创生了"经济社会"这一社会面相。"法律与经济"一章重点探讨经济与法律之间的关系、考察现代市场经济与法律的密切联系、提出如何通过法律应对全球性经济危机的思考、展现经济与法律之间内在的必然关联。

法律作为社会发展的特定阶段的产物,始终关涉统治与服从、秩序与自由的永恒命题。社会的"政治"维度即集中于这些焦点问题。"法律与政治"一章主要阐明政治的基本内涵及其与法律的基本关系、国家与法律的关系问题、国家法律与执政党政策的协调以及国家法律与党内法规的关系等,揭示现代法律对民主政治的重要意义。

文化是影响经济繁荣和政治发展的关键因素之一。文化人类学创始人爱德华·泰勒(Edward Tylor)提出,文化是人类后天习得并为人类共同享有的,包括全部的知识、信仰、艺术、道德、法律、风俗以及作为社会成员的人所掌握和接受的任何其他才能和习惯的复合体。狭义和广义的文化观一致认为,经济、政治和文化是构成人类社会的三个部分。法律不仅必然地深受社会文化因素潜在的和渐进的影响,而且其本身就具有文化的诸种属性,构成文化整体的一个重要部分,即法律文化。在"法律与文化"一章中嵌入道德,说明道德与文化的相似性,它们的相似是因为道德的产生以及发展同样离不开一个共同体长期的共同生活,并由此形成的相对稳定的行为规范。而宗教作为意识形态,虽然从一个侧面反映了社会物质生活条件,但同时作为一种社会规范,宗教在社会生活中起着重要的规范作用。从宗教和法律各自形成及发展的过程看,两者的关系非常紧密。

科学技术是社会发展的重要推动力,科学技术的迅猛发展给社会带来新的气象。"法律与科技"一章阐述科学技术与法律之间的相互促进亦相互制约的关系,网络社会对现代法律的挑战以及法律的回应。

建设生态文明,是关系人民福祉、关乎民族未来的长远大计。生态文明建设离不开法治的保障和推进。完整准确地把握法律与生态文明建设的关系,需要从生态法治的角度来深入理解。因此,本书设专章论述生态法治基本问题。

人类的今天,无论是从经济社会角度还是从政治社会、信息社会角度来看,都呈现出一种强劲的合作、交流态势。本书最后一章“法律与全球化”,主要介绍“全球化”背景下法律的反应、发展,以及法律全球化与法律本土化之间的关系,凸显法律与社会整体发展之间良性互动的意义以及存在某种紧张关系的事实。

课后作业

一、关键词解释

1. 法律本体论

2. 法律价值论

3. 法律方法论

4. 法律社会论

5.“法律的”与“关于法律的”

二、选择题

1. 从法律本体论的角度看,法律与(　　)等因素相联系。

A. 意志　　B. 政治　　C. 利益　　D. 权利、义务

2. 英美法系法律方法的核心是(　　)

A. 法律解释　　B. 法律推理　　C. 法律论证　　D. 法律演绎

3. 拉德布鲁赫认为,法律的首要价值是(　　)

A. 正义　　B. 自由　　C. 幸福　　D. 秩序

4. 下列属于“法外之理”的有(　　)

A. 法律与政治　　B. 法律与经济　　C. 法律与秩序　　D. 法律与科技

5. 沟通“法内之理”和“法外之理”的桥梁是(　　)

A. 法律本体论　　B. 法律价值论　　C. 法律方法论　　D. 法律社会论

三、材料论述题

[**材料**]

法律是人类的作品,并且像其他的人类作品一样,只有从它的理念出发,才可能被理解。人们也曾做过一次尝试,对一件非常简单的人类作品——如桌子——的用途进行定义,结果大致是这样的:桌子是一块带有四条腿的平板。针对这个定义有人立即提出了异议:有些桌子是三条腿的,有些是一条腿的,甚至比如有些折叠桌是没有腿的,所以对一个桌子来说,其实最必需的只是那块桌面而已。但是桌面也和其他组合在一起的板子没有任何区别,因此通过其他方式都不如通过其用途能更好地区分它们,这样我们也得以确立这个概念:桌子是一件用具,是为坐于它旁边的人摆放东西的用具。

[**材料来源**]拉德布鲁赫:《法哲学》,王朴译,法律出版社2005年版,第3~4页。

纯粹法理论之所以称为“纯粹”,就因为它设法从对实在法的认识中排除一切与此无关的因素。凯尔森声称,纯粹法学“旨在从结构上分析实在法,而不是从心理或经济上解释它的条件或从道德上或政治上对它的目的进行评价。”就是说,纯粹法学研究的对象是分析实在法的结构,而不研究法律与经济、政治、道德或心理等因素的关系。这一主题以及认识的范围必须确定两个方向:特定的法律科学,通称为法学的学科,一方面必须同正义哲学区别开来;另一方面同社会学,或对社会现实的认识区别开来。法律的一般理论是指研究法律规范及其要素和相互关系,作为法律规范整体的法律秩序及其结构、不同法律秩序之间的关系,以及法律在很多实在法秩序中的统一。

[**材料来源**]沈宗灵:《现代西方法理学》,北京大学出版社 1992 年版,第 156~157 页。

[**要求**]根据《法理学进阶》内容体系安排,对材料中的观点进行简要评析。

课后参阅论文

1. 强世功:《迈向立法者的法理学》,载《中国社会科学》2005 年第 1 期。
2. 胡水君:《〈法学研究〉三十年:法理学》,载《法学研究》2008 年第 6 期。
3. 焦宝乾:《“法理学”及相关用语辨析》,载《华东政法大学学报》2012 年第 2 期。
4. 陈景辉:《法理论为什么是重要的——法学的知识框架及法理学在其中的位置》,载《法学》2014 年第 3 期。
5. 付子堂、王勇:《1978—2018:走向实践的中国法理学》,载《山东大学学报(哲学社会科学版)》2018 年第 5 期。
6. 徐显明:《中国法理学进步的阶梯》,载《中国社会科学》2018 年第 11 期。
7. 舒国滢:《新中国法理学七十年:变化与成长》,载《现代法学》2019 年第 5 期。
8. 周尚君:《新中国法理学研究进路的三次变迁》,载《四川大学学报(哲学社会科学版)》2019 年第 5 期。
9. 申卫星、刘云:《法学研究新范式:计算法学的内涵、范畴与方法》,载《法学研究》2020 年第 5 期。
10. 莫纪宏:《在法治轨道上有序推进“全过程人民民主”》,载《中国法学》2021 年第 6 期。

延伸阅读

汉斯·凯尔森(Hans Kelsen)认为,纯粹法学旨在从结构上分析实在法,而不是从心理上或经济上解释它的条件,或从道德上或政治上对它的目的进行评价。也就是说,“法内之理”是高度形式化的法学理论,为法律规范的权威性、安定性和明确性提供了解释,并且维护了法学的独立性。可参阅汉斯·凯尔森著的《纯粹法学说》(雷磊译,法律出版社 2021 年版)。

在现代学科知识体系中,任何一门学科都不能拒绝其他学科的成果。法理学更是如此。如果过分专注于法律本身,我们可能会迷失其中而“不识庐山真面目”。正如要认识故乡,就必须离开故乡,到更广阔的天地中去,认识法律,研究法理也是这样。只有容纳并认真汲取其他学科的新成果,才能找到认识法律的新视角,发现进入法理的新路径,这就是“法之理在法外”。可参阅付子堂著的《法之理在法外》(法律出版社 2003 年版)。

第一编　法律本体论

第一章　法律与意志

知识结构图

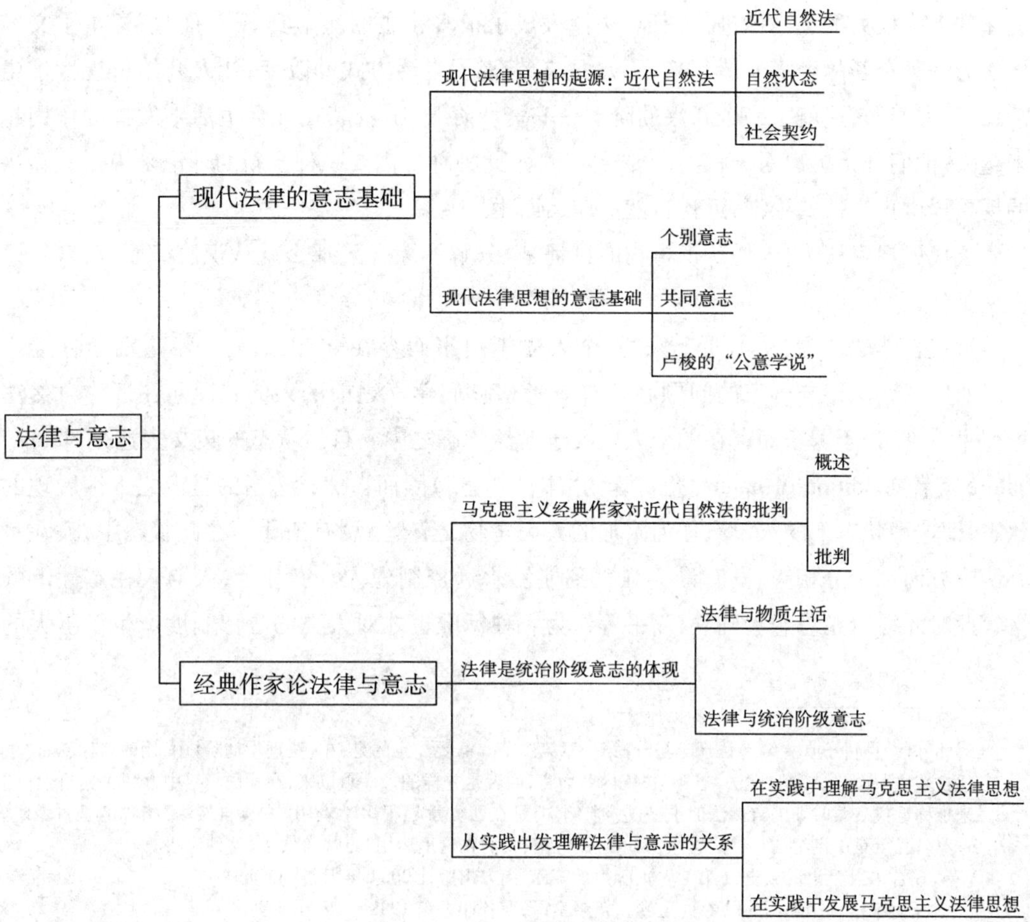

第一节 现代法律的意志基础

一、现代法律思想的起源:近代自然法

近代自然法[1]产生之时也是西方现代社会脱胎于中世纪之际。在整个中世纪,虽然世俗权力与教会权力的争夺从来没有退出历史舞台,但教会权力凭借其庞大的教会组织而占据优势,基督教教会及其制度扮演着类似于罗马帝国的角色。[2] 但是,随着社会的发展,到了中世纪晚期,世俗权力已大大加强,很多领主为了强化自己的权力甚至开始聘请学习法律的人为权力的正当性进行论证,法律人成了很多领主的座上宾。[3] 而且,资本主义经济作为一种全新的经济发展起来,一方面,它带来了生活方式的改变,让人开始重视世俗生活;另一方面,它造就了一个新兴的阶层——资产阶级,随着其在社会生活中发挥的作用越来越大,他们开始提出对于权力的要求。[4] 凡此种种都需要一种全新的理论来为这些新兴的现象提供正当性的论证,近代自然法应运而生。[5]

近代思想家认为,人们认识事物的过程是"分解—综合",那么就认识法律而言,这一过程又是什么?[6]

近代自然法认为,从本质上来说,个人先于国家而存在,个人最初并不生活于社会之中。所以考察法律与国家的问题必须首先考察它们建立之前的人的状况。在近代自然法思想家看来,先于国家而存在的个人生活于自然状态之中。自然状态的英文表达是 state of nature 或者 condition of nature,也可译为"本性状态",因而自然状态指的是人之本性展现的状态,即这种状态下的人没有任何附加的人为之物,当然也没有法律。在此状态中,人在身心两个方面都十分相等,没有谁会强大到能够永远控制他人。实际上,人与人在本性上的平等此时才得以在思想上确立,而平等作为一种标准也才对人类的法律制度产生了巨大的

---

[1] 对此,可参见付子堂主编:《法理学初阶》第一章第二节。需要注意的是,在《法理学初阶》中,用的名称不是"近代自然法"而是"古典自然法"。不过,就内容而言,两者是一样的。一直以来,在我国学界中,用"古典自然法"来指称近代启蒙时期的自然法似乎已成为惯例,但是在西方学界很多学者用"古典自然法"指称的是古希腊、古罗马甚至是中世纪的自然法思想,为了避免混淆,我们在这里运用"近代自然法"这种说法。

[2] [英]丘吉尔:《英语民族史》(第1卷),薛力敏等译,南方出版社2004年版,第83页。

[3] [法]托克维尔:《论美国的民主》(上卷),董果良译,商务印书馆1988年版,第5页。

[4] 《马克思恩格斯选集》(第1卷),人民出版社2012年版,第402页。

[5] 相应地,许多中世纪的理论却遭到质疑,受到批判。比如,英国思想家菲尔默爵士(Sir Robert Filmer)就曾写过《父权制》(Pattiarcha),企图用传统的父权理论来论证君主专制的正当性,遭到诸多思想家的批判,洛克的《政府论》上篇就是对它的逐条批判。

[6] 近代自然法思想非常复杂,体系庞大,其代表人物霍布斯、洛克、孟德斯鸠、卢梭等的观点之间存在重要的区别。为突出重点,这里只简单梳理其共同的问题意识,如有兴趣进一步研究近代自然法的具体演进,尤其是各个思想家之间的区别,可参看胡兴建:《"立法者"的远航——卢梭政治哲学研究》,中国政法大学出版社2012年版,第35~58页。

影响。[7]

在自然状态中，没有法律，也就没有为法律所规定的所有权，因而所有物品均没有分配给具体的人。既然没有指定每个人该享有哪些物品，那么每个人对所有物品都享有权利。为了生存，人必得获取物品。[8] 然而，每个人对任何物品的占有实际上就剥夺了其他人对此物的权利。由于没有法律，也没有规范人之行为的规则，更没有调解人与人之间纠纷的裁判者。因而，为了自我保存，自然状态中的那些原子式的个体就显得贪婪，并随时担心会与他人战斗。正是这一自然状态，让近代自然法思想家作出如下的判断，“人的贪婪、恐惧、愤怒以及所有动物性的激情，也许来源于自然，但他们并非天生邪恶”[9]。可以想见，在上述这些激情的推动下，个体与个体之间必然陷入争夺物品的境地，武力相向。又因为没有法律，这种纠纷必然扩大，最终演化为另外一种状态——战争状态。在此状态中，所有人都可能面临一种结果——死亡。

这时，人将陷入一种悖论之中，即人来到世上是为了活下去，而活下去必然要争夺物品，但争夺物品又会导致暴死的结果。这时，残存的理性开始向人指出这种状态的恐怖，人要是再不改变生活的方式就会走向灭亡。由于人人平等，没有谁生来就是统治者，因而如何改变生活方式，改变为何种生活方式的问题就不应该交给某个人来决定，而是交给所有人共同决定。每个人都是其适当生存方式的最佳判断者，其他任何人均不能越俎代庖，即便父母也不例外。

实际上，人改变生活方式的实质是寻找一种力量来克服自然状态中的阻力以便生存下去，这种力量必须大于自然状态中的阻力。由于没有其他的力量可以凭借，因而这种力量只能来自自身，来自集合每个个体的力量。因而人所寻求的生活方式应该是组建一种结合形式，这种结合形式能够维护每个人的生存，最好还能够保证他的个体自由。卢梭将此描述为：“要寻找出一种结合的形式，使它能以全部共同的力量来卫护和保障每个结合者的人身和财富，并且由于这一结合而使每一个与全体相联合的个人又只不过是在服从自己本人，并且仍然像以往一样的自由。”[10] 要达到这个目标，必须所有人都参与到共同体的建设中来，提出自己的要求和建议，最终形成一份大家都能同意的协定，即社会契约。

有了社会契约就有了共同体建立的基础，只要大家根据彼此的约定行动，建立制定法律的机构——立法机关、执行法律的机构——行政机关以及维护法律的机构——司法机关，人们就进入了社会状态，人与人之间不再是混乱的战争关系，而是有序的法律关系。

虽然随着社会的变迁、思想的变化，思想家们看待人类、解释社会的工具有了一定的变化，但是对诸多社会法律现象的解释都得回到“社会契约”的理念，如人民代表的立法、政府机关的执法、司法机关的司法以及个体的守法等。

---

〔7〕 参见本书第七章“法律与人权”中有关法律与平等的论述。

〔8〕 正是这种人的基本权利——自我保存——成为现代政治法律的基础，由此出发，权利在现代法律中占有非常重要的地位，甚至我们有“权利本位”一说。同时，与人的自我保存相关，人对利益的追求，尤其是对与利益直接相关的财产追求，这种对利益追求的正当化使法律在某种程度上成为为利益追求保驾护航的工具。

〔9〕 [英]霍布斯：《论公民》，应星等译，贵州人民出版社 2003 年版，“致读者前言”第 11 页。

〔10〕 [法]卢梭：《社会契约论》，何兆武译，商务印书馆 1982 年版，第 23 页。

二、现代法律思想的意志基础

实质上,组建共同体的实质乃是意志的联合,正如孟德斯鸠所言:“个人的力量是不可能联合的,如果所有的意志没有联合的话。”[11] 这些意志的联合就是所谓的人民的国家。就与法律相关的意志而言,我们可以将其分为两种:个别意志和共同意志。

个别意志包括个人所具有的个别意志和某一部分而不是全体所具有的个别意志。前者在任何情况下都只与自身相关,因而在任何时候都是个别意志,而后者所具有的意志相对于全体所具有的意志而言也是个别意志。个人所具有的个别意志是人与生俱来的意志,也是所有其他意志的来源,它体现在个人的所有行动中,如与他人之间的私人往来、与国家之间的政治关系等。它最重要的特征是自由,基于意志的任何行为只有贯彻了自愿才是个体所能接受的行为。在与他人订立私人契约时,只有得到当事人同意的契约才能对之形成约束力;在组建国家,订立法律时,不仅仅要结合所有人的个别意志,而且还应该让个人自由表达个别意志,只有这样,最终组建的国家才是个体愿意生活其中并自愿遵守其法律的共同体。

一个群体中的一小部分人为了某种特殊的目的而结合起来,因其目的的特殊,所以作为一个团体,其意志不同于其他人的意志,也不同于所有人的共同意志。这种意志相对于所有人的共同意志而言,它是个别意志;相对于其成员而言,它又是共同意志。因此为这种意志所支配的团体,虽然不能制定违反所有人共同意志的规范却能够为其成员制定一定的规则,如公司的规范、行业的准则等。不过,这种意志却因为集合了一部分人的意志而往往显得富有力量,相对于个体而言能对社会产生更为重要的影响。

共同意志是所有人具有的意志,它是共同体或者国家的基础,它是所有个别意志的综合。如前所述,如果没有这种意志,国家是不存在的。就对共同意志的探讨而言,虽然遭到诸多质疑甚至诟病,但卢梭的“公意学说”影响甚为巨大。

在构建其政治学说的时候,卢梭接受了近代自然法的论证模式。他认为,个人先于国家而存在,国家是个人在社会契约的基础上建立起来的。如前所述,在近代自然法看来,人之所以离开自然状态是因为自然状态将演化为战争状态,而战争状态又会导致所有人的死亡,为了自我保存,必须放弃自然状态。简言之,个体是在自利的算计下进入社会状态的。对此,卢梭持有不同的意见。卢梭认为,为利益所动的个人往往会为了眼前的利益不顾一切,因为个人是一种“绝对的、天然独立的”存在,因而他可以将自己对公共事业所负的义务看作一种无偿的奉献,而抛弃义务之危害于别人会远远小于因履行公共义务而给他加上的负担。而且国家往往被视为一种虚拟的存在,而非具体的生命,当个体认为其行为不会被发现之时,他就会肆无忌惮。[12] 因而,自利作为维持社会的纽带不够有力,应该赋予社会更

---

〔11〕[法]孟德斯鸠:《论法的精神》(上册),张雁深译,商务印书馆1961年版,第6页。

〔12〕马克思在《资本论》第1卷第24章“所谓原始积累”第6节中,曾引用托·约·邓宁的话表达资本家在利益的驱动下会有怎样的表现:“一旦有适当利润,资本就胆大起来。如果有10%的利润,它就保证到处被使用;有20%的利润,它就活跃起来;有50%的利润,它就铤而走险;为了100%的利润,它就敢践踏一切人间法律;有300%的利润,它就敢犯任何罪行,甚至冒绞首的危险。如果动乱和纷争能带来利润,它就会鼓励动乱和纷争。”参见《马克思恩格斯选集》(第2卷),人民出版社2012年版,第297页脚注。

为有力的纽带。

卢梭认为，如果要构建一个完美的共同体，则必须靠其成员对共同体的主动热爱来维系，而这种热爱的基础由公意来提供。公意来自个别意志，是对共同体所有成员的个别意志进行综合而得到的，它是所有个别意志之间求同存异的结果。这样的公意永远以公共利益为依归，因而规定了共同体的本质，确定了共同体权力的特征和界限。简言之，人可以组成一个整体，这个整体只有一个意志，“这个意志关系着共同的生存以及公共的幸福”。〔13〕

因为公意，共同体内在地包含着一种“理性的普遍正义”，但是它并不能自动实现，因为共同体不是自然之物，不能靠自然力量的调节而恢复秩序。作为人造之物，要产生正义，共同体只能靠“约定和法律来把权利与义务结合在一起”。因而，要在无“自然制裁”的社会状态中实现正义，共同体只能借助于法律。

“法律乃公意的行为。”它是人民自己对自己作出的规定，它的对象是普遍的。对象的普遍性决定了个别人的发号施令和针对个别人的命令都不是法律。如此，只要是在共同体中实行的法律，不管是规定个体与共同体之间关系的政治法，还是规定个人与个人之间的民事法，都是公意的体现。

第二节　经典作家论法律与意志

一、马克思主义经典作家对近代自然法的批判

近代自然法强调个人先于国家而存在，个人一开始并不处于社会状态之中，而是生活在自然状态之中。自然状态中没有法律、没有等级，有的只是孤独的个体。凭借这一论断，近代自然法打破了笼罩在人身上的各种制度枷锁，人不再是生下来就处于社会制度的某一位置，也不能凭借其出身就能享有某种他人无法享有的权利。这一思想的意义非常重大，甚至可以说是革命性的。马克思就称其为“政治的革命”，其结果是政治的解放。

既然个体身上不背负任何制度的束缚，他就没有任何义务要履行，他所具有的是一种根本的权利——自我保存。〔14〕为了达到自我保存的目的，他不得不与他人争夺资源，最终让自然状态演化为战争状态。为此，他们必须通过社会契约建立政治共同体，依靠共同体来保障自己的财产与自由。因而仅仅将个体释放出来并没有完成政治革命，更没有达到政治解放的结果，因为只有个体而没有法律是无法生活下去的。所以，政治革命的实质是将个体从传统制度中解放出来并基于所有人的同意而建立国家。

建立国家之后，人就有了一种完全不同于自然状态之下的生活——法律的生活。在自然状态下，个体是与其有关的任何事情的裁判者，而在社会状态中，个体的行动必须符合法

---

〔13〕［法］卢梭：《社会契约论》，何兆武译，商务印书馆1980年版，第135页。

〔14〕由此可以看出，在现代社会中，相对于义务，权利更为根本，正如现代中国很多学者所倡导的“权利本位论”一样。参见本书第二章“权利与义务”的相关论述。

律的要求,法律才是裁判的标准。如果自然状态下的生活是一种自然的自由生活,那么社会状态下的生活就是一种法律的自由生活。后者是由共同体的性质决定的。

如前所述,为了保全自己的生命、财产和自由,个体必须组成政治共同体,因而保存政治共同体的存在就成了保存自我的前提,成了保障自己再次获得自由的根本。共同体的基础是所有人的共同意志,这一意志的表现就是法律,因而服从法律,让自己的个别意志遵从于共同意志,时时刻刻将自己当作共同体的一部分,这才是政治解放的最终结果。孟德斯鸠就指出,这种遵循法律的自由才是真正的自由,"自由是做法律所许可的一切事情的权利;如果一个公民能够做法律所禁止的事情,他就不再有自由了,因为其他的人也同样会有这个权利"〔15〕。可见,建立政治共同体的目的也是自由。〔16〕

马克思曾这样论述过政治的解放,"人通过国家这个中介得到解放,他在政治上从某种限制中解放出来,是因为他与自身相矛盾,他以抽象的、有限的、局部的方式超越了这一限制……国家是人以及人的自由之间的中介者"〔17〕。可以说,有了国家,有了共同体就有了自由。然而,对于马克思来说,这并不像许多资产阶级思想家所说的那样,这种状态已是社会的最终形态,在此状态中,人已实现了自由;毋宁说此时的自由还是一种半途中的自由,还是充满矛盾的自由。要想实现真正的自由还得继续革命,只有最终的人类解放才可能实现真正的自由。

完成政治革命之后,在政治社会中人在变成公民的同时,他们并没有完全抛弃其作为个体的自然人;他们在具有公民权的同时还具有作为市民社会成员的权利。"不同于 droits du citoyen[公民权]的 droits de l'homme[人权],无非是市民社会的成员的权利,就是说,无非是利己的人的权利、同其他人并同共同体分离开来的人的权利。"〔18〕根据法国大革命期间产生的 1793 年宪法(又称《雅各宾宪法》),这些人权包括自由、财产、平等、安全。马克思通过这些权利的分析,展示了完成政治解放后的资产阶级社会所存在的深刻矛盾。

自由,就是从事一切对别人没有害处的活动的权利。在社会状态中,法律像地界界标一样确定了每个人的活动范围,确立范围之后,个人就在这一界标之内营造自己"自私自利"的世界,这项权利是分离的、狭隘的、封闭在自身之内的私人权利。

财产,这项权利是自由在现实中的实际应用。同样地,只要法律规定了是我的财产,我就拥有任意地、与他人无关地、不受社会影响地享用和处理自己财产的权利。这一权利仍然是自私自利的权利。它把别人排除在外,将别人视为对自己自由的限制。

---

〔15〕[法]孟德斯鸠:《论法的精神》(上册),张雁深译,商务印书馆 1961 年版,第 154 页。

〔16〕关于"法律与自由",可参见本书第七章"法律与人权"。

〔17〕《马克思恩格斯全集》(第 3 卷),人民出版社 2002 年版,第 171 页。

〔18〕他曾引用莎士比亚的戏剧《雅典的泰门》中的话来描述金钱对于人的影响:"黄黄的、发光的。宝贵的金子!……这东西,只这一点点儿,就可以使黑的变成白的,丑的变成美的,错的变成对的,卑贱变成尊贵,老人变成少年,懦夫变成勇士。这东西会……把你们的祭司和仆人从你们的身旁拉走,把壮士头颅底下的枕垫抽去;这黄色的奴隶可以使异教徒联盟,使同宗分裂;它可以使受诅咒的人得福,使害着灰白色的癞病的人为众人所敬爱;它可以使窃贼得到高爵显位,和元老们分庭抗礼;它可以使鸡皮黄脸的寡妇重做新娘,即使她的尊容会使身染恶疮的人见了就呕吐,有了这东西也会恢复三春的娇艳。来,该死的土块,你这人尽可夫的娼妇,你惯会在乱七八糟的列国之间挑起纷争……"《马克思恩格斯全集》(第 3 卷),人民出版社 2002 年版,第 182~183 页。

就作为市民成员的,即非政治意义的权利而言,平等就是将每个人都看成那种独立自在的原子,这正是人在自然状态下的情形。进入社会状态,有了法律之后,这种孤立的原子式个体的状态不是被消除了,而是以一种更为有力的制度保障下来。

安全,根据法国1793年宪法:"安全就是社会为了保护自己每个成员的人身、权利和财产而给予他的保障。"可见,整个社会都成了手段,它的存在就是为了保护市民的人身、权利和财产的不受侵犯,它并没有超越市民社会的自私自利,反而成了自私自利的保障。

自由、财产、平等、安全,这些权利是近代西方不知经历了多少革命、多少流血牺牲所取得的政治解放的成果。在人们为之欢呼雀跃的时候,马克思却敏锐地看到了它的内在矛盾,认识到了它的限度。在逐一分析了这些权利之后,马克思总结道,"可见,任何一种所谓的人权都没有超出利己的人,没有超出作为市民社会成员的人,即没有超出作为退居于自身,退居于自己的私人利益和自己的私人任意,与共同体分开来的个体的人。在这些权利中,人绝对不是类存在物,相反,类生活本身,即社会,显现为诸个体的外部框架,显现为他们原有的独立性的限制。把他们连接起来的惟一纽带是自然的必然性,是需要和私人利益,是对他们的财产和他们的利己的人身的保护。"[19]

由此可见,要建立政治共同体,建立民族国家,就要打碎各种成员之间的一切障碍,寻得政治解放。可是,我们发现实现政治解放,真正的民主国家建立之后,却又郑重地宣布了把自己和他人、和社会隔离开来的自私人的权利。于是,这样的矛盾成为事实:公民的生活,政治共同体被那些致力于政治解放的人用于维护自私自利的权利。市民社会的成员,自私自利的人成了目的,成了"本来的人""真正的人",而公民却降格为手段和奴仆。可见,政治生活在自己发展的顶峰却把自己宣布为一种手段,而这种手段的目的是市民生活。也可以说,在建立政治共同体的时候,人们试图破除的那些标志人之不同的特殊品质,诸如身份、信仰等并没有被真正破除,只是换了一个存在的地方,进入了私人的领域,而最终私人领域又成了政治共同体保护的对象。

尤为严重的是,在资本主义社会,对于私有制的强调,对于金钱的崇拜,将使人进一步异化,而法律也会蜕化成巩固异化之人的工具。早年的马克思对于金钱对人的影响进行过广泛而深入的研究。[20] 对此,马克思解释道:"依靠货币而对我存在的东西,我能为之付钱的东西,即货币能购买的东西,那是我——货币占有者本身。货币的力量多大,我的力量就多大。货币的特性就是我的——货币占有者的——特性和本质力量。因此,我是什么和我能够做什么,决不是由我的个人特征决定的。我是丑的,但我能给我买到最美的女人……我——就我的个人特征而言——是个跛子,可是货币使我获得二十四只脚;可见,我并不是跛子。我是一个邪恶的、不诚实的、没有良心的、没有头脑的人,可是货币是受尊敬的,因此,它的占有者也受尊敬。货币是最高的善,因此,它的占有者也是善的。"[21] 这是近代自然法

[19] 《马克思恩格斯全集》(第3卷),人民出版社2002年版,第184~185页。

[20] 《马克思恩格斯全集》(第3卷),人民出版社2002年版,第360~361页。也可参见《莎士比亚全集》(第5卷),朱生豪译,人民文学出版社1994年版,第62页。

[21] 《马克思恩格斯全集》(第3卷),人民出版社2002年版,第361~362页。

所倡导的生活方式的逻辑结果,也是现代社会面临的现实问题。

不但如此,资本还有一种特性,那就是不断地集中,越来越多的财富将集中在越来越少的人手中。马克思说:"资产阶级日甚一日地消灭生产资料、财产和人口的分散状态。它使人口密集起来,使生产资料集中起来,使财产聚集在少数人的手中。"[22]这时,虽然社会宣扬的仍然是"法律面前人人平等""法律平等地保护所有人的财产",但对于有产者和无产者来说,法律对他们的意义将完全不同:对于前者来说,法律加强了他们保护财产的力量;对于后者而言,法律却毫无关系,甚至变成了他们行动的枷锁。

正是在这里,马克思主义经典作家看到了资本主义法律的实质,也总结了法律与意志的确切关系。

二、法律是统治阶级意志的体现

如前所述,在近代自然法思想家看来,法律建立于社会契约之上,而社会契约是所有人的意志的结合,因而在他们看来,是意志决定了法律的存在。马克思、恩格斯则明确指出,物质生活是第一性的、基础的,而国家与法律是第二性的、派生性的,因而,法律的制定及其存续都应该以物质生活关系为基础。马克思、恩格斯指出:"个人的完全不依他们的单纯'意志'为转移的物质生活,即他们的相互制约的生产方式和交往形式,是国家的现实基础,而且在分工和私有制还是必要的一切阶段上都是这样,这是完全不依个人的意志为转移的。这些现实的关系绝不是国家权力创造出来的,相反地,它们是创造国家权力的力量。在这种关系中占统治地位的个人,除了必须把自己的力量构建成国家外,还必须使他们的由这些特定关系所决定的意志具有国家意志即法律这种一般表现形式,其内容总是由这个阶级的关系决定的,像私法和刑法最清楚地证明的那样。"[23]这说明,在国家中通行的法律归根结底决定于客观的物质生活关系,与此相违背的法律都终将被淘汰。

当然,客观的物质生活关系只是从根本的意义上对法律有决定性的作用,它并不能直接生发出法律,法律的产生必须经过人的主观能动性将其表达出来。如前所述,社会中的那些个人之间相互制约的生产方式和交往形式将构成社会的基础,同时也会划分出各种阶层,这些阶层中必然存在获利的阶层和不获利的阶层。对于那些获利的阶层而言,当下的生产方式和交往形式对自己有利,为了保护自己既得的利益,也保护自己将要取得的利益,他们必须要将现有的生产方式和交往形式确定下来。为此他们必须将其变成书面的条文,并用公共的力量予以保护,这就是法律的产生。对此,马克思主义经典作家论述道,"这些个人通过法律形式来实现自己的意志,同时使自己的意志不被他们之中任何一个单个人的任性所左右,这一点不取决于他们的意志,如同他们的体重不取决于他们的唯心的意志或任性一样。他们的个人统治必须同时确立为一般的统治。他们的个人权利是以作为许多人共同的生活条件而发展起来的那些生活条件为基础的,他们作为同其他人对立的统治

---

〔22〕《马克思恩格斯选集》(第1卷),人民出版社2012年版,第405页。

〔23〕马克思、恩格斯:《德意志意识形态》(节选本),人民出版社2003年版,第108页。

者,同时也作为管辖所有人的统治者,必须维护这些生活条件的持续存在。这种由他们的共同利益所决定的意志的表现,就是法律”。[24] 这明确地表达了马克思主义经典作家对于法律与物质生活关系、统治阶级意志之间的关系的看法。

由此可见,虽然法律在根本上受制于物质生活关系,但在直接产生法律这一点上,意志与法律却紧密联系。什么样的法律对于自己有益,只有统治阶级最为清楚,他们必将把自己的意志表达于法律之中,或者说法律就是他们意志的直接体现。如此,当我们再次回过头来考虑近代法律思想家所宣扬的法律思想时就会发现他们所宣扬的理论与现实之间的矛盾。一方面,他们主张人人平等,法律对于所有人一视同仁,法律将给所有人提供安全和自由;另一方面,社会现实的发展却是贫富差距,人与人之间的极端不平等,法律只不过为这种现象披上了一层漂亮的外衣。

三、从实践出发理解法律与意志的关系

自1949年以来,尤其是1978年党的十一届三中全会以来,我们一直在探索,努力建设有中国特色的法律制度和法学理论。经过几十年的努力,我们已基本建立了这样的制度和理论,而且还不断地焕发出新的活力。这无一不说明坚持马克思主义法律思想指引的正确性。[25] 然而,关键问题是如何在实践中具体贯彻马克思主义法律思想的指引,尤其是贯彻马克思主义关于法律与意志的理论的指引。

理解法律与意志的关系,要从实践出发。当下,我们最大的实践是我们已建立了社会主义制度,并将长期处在社会主义初级阶段。1981年,党的十一届六中全会通过《关于建国以来党的若干历史问题的决议》,强调“我们的社会主义制度还是处于初级的阶段”。1987年,在改革开放的经验基础上,党的十三大第一次系统地展开论述了社会主义初级阶段的问题,初步形成了中国特色社会主义初级阶段的理论,制定了社会主义初级阶段的长远指导方针,即必须集中力量进行现代化建设;必须坚持全面改革;必须坚持对外开放;必须以公有制为主体,大力发展有计划的商品经济;必须以安定团结为前提,努力建设民主政治;必须以马克思主义为指导,努力建设社会主义精神文明。1992年,党的十四大作出建立社会主义市场经济体制重大决策。商品经济、民主政治、社会主义市场经济体制等社会主义初级阶段要面临的问题表明虽然我国已建立了社会主义制度,完成了有中国特色的社会主义法律制度的基本建设,但是还不足以完全摒弃马克思所批判的近代以来的西方法律思想,因为其中还有许多我们可以借鉴并有助于帮助我们解决问题的内容。比如,“社会契约”的理论,我们可以运用这种理论来解释社会中的诸多政治法律现象,如人民主权、选举制度等;再如,“人权”的理论,虽然马克思指出资产阶级革命中的“人权”一词本身就包含了现代社会的内在矛盾,但是资产阶级人权理论本身的革命性却能为我们的人权理论提供很多有价值的内容。[26] 总之,我们的历史与现实决定了不能教条地理解马克思主义经典作家

---

〔24〕 马克思、恩格斯:《德意志意识形态》(节选本),人民出版社2003年版,第108页。

〔25〕 付子堂:《马克思主义法律思想中国化研究论纲》,载《现代法学》2007年第5期。

〔26〕 参见本书第七章“法律与人权”。

的理论,而应该结合实践,进行创造性的理解,对法律思想而言,就应该进行马克思主义法律思想的中国化研究。[27]

随着实践的深入,党和国家对于民主法治建设的一系列重大问题有着越来越深刻的认识,社会主义法治建设的指导思想、根本方向越发清晰明确。1997 年,党的十五大把"依法治国,建设社会主义法治国家"确立为治国基本方略。1999 年,第九届全国人民代表大会第二次会议通过的宪法修正案,将"中华人民共和国实行依法治国,建设社会主义法治国家"作为《宪法》第 5 条第 1 款。2002 年,党的十六大强调要改革和完善党的领导方式和执政方式,明确提出了坚持依法执政、不断提高执政能力的思想,这反映了依法治国基本方略对党治国理政基本方式的内在要求。2007 年,党的十七大从坚持和发展中国特色社会主义的战略高度,提出"全面落实依法治国基本方略,加快建设社会主义法治国家"。2011 年 3 月,时任全国人大常委会委员长吴邦国宣布,中国特色社会主义法律体系已经形成。

党的十八大以来,以习近平同志为核心的党中央将全面依法治国纳入"四个全面"战略布局,作出一系列重大决策部署。党的十八届三中全会明确提出建设法治中国,党的十八届四中全会审议通过《中共中央关于全面推进依法治国若干重大问题的决定》。党的十九大描绘了 2035 年基本建成法治国家、法治政府、法治社会的宏伟蓝图。党的十九届三中全会决定组建中央全面依法治国委员会,加强党对全面依法治国的统一领导、统一部署、统筹推进。党的十九届四中全会对坚持和完善中国特色社会主义法治体系,提高党依法治国、依法执政能力进一步作出专门部署。党的十九届五中全会强调,有效发挥法治固根本、稳预期、利长远的保障作用。2020 年 11 月召开的中央全面依法治国工作会议,明确了习近平法治思想在全面依法治国中的指导地位。习近平法治思想是根源于实践、运用于实践、在实践中经受检验、在实践中创新发展的科学理论,彰显出"时代是思想之母、实践是理论之源"的辩证逻辑。习近平法治思想的创立,是推进马克思主义法治理论中国化时代化的光辉典范,彰显出对马克思主义法治理论既一脉相承又与时俱进的理论逻辑。

综上所述,中国对于法治这一现代国家治理方式的探索,都是从实践的视角将马克思主义法治理论与中国现实紧密结合,不断发展马克思主义法律思想的结果。

课后作业

一、关键词解释

1. 意志
2. 公意
3. 共同意志

〔27〕 付子堂:《马克思主义法律思想研究》,高等教育出版社 2005 年版;《马克思主义法律思想中国化研究论纲》,载《现代法学》2007 年第 5 期。

二、选择题

1. 下列关于近代自然法思想的观点，说法正确的是(　　)

A. 主张个人先于国家而存在

B. 强调权利优先于义务

C. 主张城邦之外，非神即兽

D. 强调人民在建立法律制度中的主导作用

2. 卢梭阐述“公意学说”的著作是(　　)

A.《社会契约论》

B.《论人类不平等的起源和基础》

C.《忏悔录》

D.《论科学与艺术》

3. 在中国的现行制度中，哪些制度可以集中人民的意志？(　　)

A. 中国共产党的代表大会

B. 人民代表大会

C. 政治协商会议

D. 公民直接参与的基层群众自治机制

4. 关于如何正确理解马克思主义关于法律与意志的思想，下列说法正确的是(　　)

A. 法律决定于客观的物质生活条件，与意志没有什么关系

B. 在以私有制作为基础的资本主义社会中，说“法律是所有人意志的体现”并没有尊重事实

C. 法律在根本的意义上决定于生产关系，但它也是统治阶级意志的体现

D. 既然法律是统治阶级意志的体现，统治阶级的任何意志都能转变为法律

5. 下列马克思主义经典作家对近代自然法思想的批判，正确的有(　　)

A. 近代自然法思想所掀起的革命是不彻底的革命

B. 近代自然法思想所宣扬的诸多内容在实践中并没有兑现

C. 近代自然法思想本身的矛盾体现在社会中就是共同体成员作为公民与作为自然人之间的矛盾

D. 近代自然法思想中的有些矛盾是现阶段无法解决的矛盾，因而它还将在很长一段时间内存在

三、材料论述题

[材料一]

法律是治国之重器，良法是善治之前提。建设中国特色社会主义法治体系，必须坚持立法先行，发挥立法的引领和推动作用，抓住提高立法质量这个关键。要恪守以民为本、立法为民理念，贯彻社会主义核心价值观，使每一项立法都符合宪法精神、反映人民意志、得到人民拥护。要把公正、公平、公开原则贯穿立法全过程，完善立法体制机制，坚持立改废释并举，增强法律法规的及时性、系统性、针对性、有效性。

深入推进科学立法、民主立法。加强人大对立法工作的组织协调,健全立法起草、论证、协调、审议机制,健全向下级人大征询立法意见机制,建立基层立法联系点制度,推进立法精细化。健全法律法规规章起草征求人大代表意见制度,增加人大代表列席人大常委会会议人数,更多发挥人大代表参与起草和修改法律作用。完善立法项目征集和论证制度。健全立法机关主导、社会各方有序参与立法的途径和方式。探索委托第三方起草法律法规草案。

健全立法机关和社会公众沟通机制,开展立法协商,充分发挥政协委员、民主党派、工商联、无党派人士、人民团体、社会组织在立法协商中的作用,探索建立有关国家机关、社会团体、专家学者等对立法中涉及的重大利益调整论证咨询机制。拓宽公民有序参与立法途径,健全法律法规规章草案公开征求意见和公众意见采纳情况反馈机制,广泛凝聚社会共识。

完善法律草案表决程序,对重要条款可以单独表决。

[**材料来源**]节选自《中共中央关于全面推进依法治国若干重大问题的决定》。

[**要求**]根据以上材料,试论如何通过科学立法、民主立法,使人民意志真正体现到法律当中。

[**材料二**]

唯有一种法律,就其本性而言,必须要有全体一致的同意;那就是社会公约。因为政治的结合乃是全世界上最自愿的行为;每一个人既然生来是自由的,并且是自己的主人,所以任何别人在任何可能的借口之下,都不能不得到他本人的认可就役使他。断言奴隶的儿子生来就是奴隶,那就等于断言他生来就不是人。

可是,如果在订立社会公约的时候出现了反对者的话,这些人的反对也并不能使契约无效,那只不过是不许把这些人包括在契约之内罢了;他们是公民中间的外邦人。但是在国家成立以后,则居留就构成为同意;而居住在领土之内也就是服从主权。

除去这一原始的契约而外,投票的大多数是永远可以约束其他一切人的;这是契约本身的结果。但是人们会问:一个人怎么能够是自由的,而又被迫要遵守并不是属于他自己的那些意志呢?反对者怎么能够既是自由的,而又要服从为他们所不曾同意的那些法律呢?

我要回答说,这个问题的提法是错误的。公民是同意了一切法律的,即使是那些违反他们的意愿而通过的法律,即使是那些他们若胆敢违犯其中的任何一条都要受到惩罚的法律。国家全体成员的经常意志就是公意;正因为如此,他们才是公民并且是自由的。当人们在人民大会上提议制定一项法律时,他们向人民所提问的,精确地说,并不是人民究竟是赞成这个提议还是反对这个提议,而是它是不是符合公意;而这个公意也就是他们自己的意志。每个人在投票时都说出了自己对这个问题的意见,于是从票数的计算里就可以得出公意的宣告。因此,与我相反的意见若是占了上风,那并不证明别的,只是证明我错了,只是证明我所估计的公意并不是公意。假如我的个别意见居然胜过了公意,那么我就是做了另一桩并非我原来所想要做的事;而在这时候,我就不是自由的了。

[**材料来源**][法]卢梭:《社会契约论》,何兆武译,商务印书馆1980年版,第139~140页。

[**要求**]结合上述材料谈谈你对共同意志的看法。

课后参阅论文

1. 陈学明:《马克思早期法哲学观及法律思想初探》,载《中国社会科学》1983 年第 1 期。
2. 胡兴建:《马克思与现代自然法思想的内在难题》,载《现代法学》2012 年第 3 期。
3. 张龑:《没有社会的社会契约——对卢梭公意理论与传统民意观的批判性考察》,载《清华法学》2012 年第 6 期。
4. 周尚君:《马克思早期法哲学思想探源》,载《现代哲学》2014 年第 1 期。
5. 徐立:《法律自律论》,载《中国法学》2014 年第 6 期。
6. 李超群:《马克思"史前史"观念的法哲学意涵——基于〈德意志意识形态〉的分析》,载《河北法学》2015 年第 1 期。
7. 付子堂、朱林方:《中国特色社会主义法治理论的基本构成》,载《法制与社会发展》2015 年第 3 期。
8. 方博:《自由、公意与社会契约——关于卢梭和康德的一个政治哲学的比较》,载《哲学研究》2017 年第 10 期。
9. 丁晓东:《人民意志视野下的法教义学——法律方法的用途与误用》,载《政治与法律》2019 年第 7 期。
10. 牟成文:《人民意志:马克思法哲学的思想特质》,载《中国社会科学》2020 年第 3 期。

延伸阅读

二元法哲学论是西方法学思想的重要传统,其肇始于自然法思想,并以世界观的二元图景为基础。《德意志意识形态》是青年马克思思想转变为成熟的马克思主义的"分水岭",这部著作系统阐发了历史唯物主义的基本原理,奠定了马克思主义法律思想的理论基础。历史唯物主义消解了自然法思想所依赖的自然本体论,从而重构了层次丰富且充满张力的二元法哲学论,这对于理解法哲学之当代使命颇具启发意义。可参阅马克思、恩格斯的《德意志意识形态》(人民出版社 2018 年版)。

第二章　权利与义务

知识结构图

- 权利与义务
  - 权利概述
    - 权利的构成
      - 伦理要素
      - 规范要素
      - 基础要素
      - 本体要素
    - 权利的存在形态
      - 应有权利
      - 习惯权利
      - 法定权利
      - 现实权利
    - 权利的特征
      - 法律性
      - 自主性
      - 求利性
      - 可为性
    - 权利的限度
      - 时间上的时效制度
      - 空间上的权利滥用禁止
      - 形式上的程序原则
    - 权利的救济
      - 前提
      - 例外
      - 方式
  - 义务概述
    - 义务的概念
    - 义务的特征
      - 法定性
      - 国家强制性
      - 从属性
      - 必为性
    - 义务的履行
      - 作为
      - 不作为
  - 权利和义务
    - 权利和义务的分类
      - 基本权利义务与普通权利义务
      - 公法权利义务与私法权利义务
      - 绝对权利义务与相对权利义务
      - 主权利义务与从权利义务
      - 可转让权利义务与不可转让权利义务
      - 第一性权利义务与第二性权利义务
    - 权利义务的一般关系
      - 法律关系中的对应关系
      - 社会生活中的对等关系
      - 功能发挥中的互动关系
      - 价值选择中的主从关系
  - 法律权利和法律权力
    - 权力的属性
      - 广延性
      - 综合性
      - 强度
    - 权力与责任
      - 权责对应原则
      - 权责对等原则
    - 法律权利与法律权力的关系
      - 联系
      - 区别

权利和义务是法学理论的核心范畴，是法律规范逻辑结构的核心内容。确定权利和义务的界限，安排权利和义务的分配，处理权利和义务的纷争，保障权利和义务的实现，是法律最基本的任务。可以说，法律运行的整个过程就是围绕权利和义务这两个核心内容展开的。

第一节 权利概述

一、权利的构成

权利的构成是指权利本身所具有的内在组成因素及其结合方式。权利的构成包括伦理、规范、基础、本体四个根本要素，分别对应的是社会评价的正当性、社会规范的认同和保障、主体的肯定性利益能力以及主体的行为意志自由。

1. 伦理要素。社会评价的正当性是权利的伦理要素。权利本身包含“正当”的含义，拥有一项权利，意味着主体自我和社会公众的双重认可：不但权利主体自我认可其权利，而且在社会评价上，特定范围内的社会公众认为权利主体拥有和行使权利也是“理所当然”的。

2. 规范要素。社会规范的认同和保障是权利的规范要素。拥有一项权利，意味着这项权利能够得到特定社会规范的支持。因而，不同的社会规范，就会存在不同的权利。道德权利、习惯权利和法律权利的主要区别，即在于权利的规范基础不同。

3. 基础要素。主体的肯定性利益能力是权利的基础要素。任何一项权利的背后都隐藏着权利主体的利益追求，正是这种利益的驱动，人们才热衷于权利行使。权能是权利主体行使权利的资格和能力，是否享有法律权利，享有哪些权利，以及享有多少权利，也依主体的权利资格和能力而定。例如，拥有特定成员资格，才有消费特定“俱乐部”物品的权利。

4. 本体要素。主体的行为意志自由是权利的本体即本质要素。自由是权利的核心部分，主体的利益、权能必须通过权利主体的自由行为来实现。从制度的角度看，法律作为规范手段，是通过权利、义务的配置来调整人的行为。从主体的角度看，法律权利是主体在自己的自由意志支配之下行为的根据。意志自由，意味着主体有依据自己的偏好选择的可能性，拥有了法律权利，主体就可以在权利的限度内自由行为。

二、权利的存在形态

学理上曾有一种说法，认为从存在的形态角度看，权利可划分为应有权利、习惯权利、法定权利和现实权利。

1. 应有权利。应有权利也称“道德权利”或“自然权利”，往往以道德主张的形式出现，是特定社会的人们基于一定物质生活条件而产生出来的权利需要，是主体认为或被承认应当享有的权利。应有权利的基础在于伦理或道德，主要体现了权利的道德规范要素。

2. 习惯权利。习惯权利是人们在长期社会生活过程中形成的或从先前的社会传承下来的,表现为群体性、重复性行动的一种权利。习惯权利的基础在于习惯性的经验事实,主要体现了权利的习惯规范要素。

3. 法定权利。法定权利是通过法律明确规定或通过立法纲领、法律原则加以公布的、以规范形态存在的权利。法律权利不限于法律明文规定的权利,其也包括根据社会经济、政治和文化发展水平,依照法律精神和逻辑推定出来的权利,即“推定权利”。法定权利的基础在于法律规定,主要体现了权利的法律规范要素。

4. 现实权利。现实权利亦称“实有权利”,是主体实际享有或行使的权利。

严格说来,将现实权利同应有权利、习惯权利和法定权利并列放置到“存在形态”上,并不是在同一层次上讲权利问题。现实权利是从实际结果来看权利是否得到了实现,与其在逻辑上相对的是“非现实权利”。将现实权利同应有权利、习惯权利和法定权利并列,相当于说其他三种权利是“非现实权利”,这不但不符合逻辑,而且不符合社会实践。

三、权利的特征

权利的根本要素,决定了权利的最基本效能属性和特征。法律权利在规范意义上是法律赋予主体实现其利益的一种手段或力量,其具有以下特征:

1. 法律性。法律性特征显示了法律权利的社会规范基础是法律,国家法律确认和保障权利。一方面,国家法律确认法律权利。法律权利以法律的认可为前提,但这只是社会权利的一部分,是法律化的社会权利。法律为权利的产生、变更和消灭提供法律根据,任何主体不能随心所欲地规定、变更或取消某项权利。另一方面,国家法律保障法律权利。法律对权利的潜在保障是权利由可能性转化为现实性的必备条件,当权利受到侵犯时,权利人得通过法律途径进行救济。通常,法律为权利的实现提供必要的法定程序。

2. 自主性。自主性特征显示了法律权利的本体要素即行为的自由意志。首先,权利主体可以按照其意愿自由决定是否行使或放弃某项权利。对法律规定的可以做出的行为,权利主体有可为、可不为的决定自由,不受他人非法干涉或阻碍。其次,在权利的范围内,权利主体可以按照其意愿自主选择行使何种具体的权利。如对于自己拥有所有权的房屋,权利主体可以选择自己居住,也可以选择出租以获取租金收益。最后,权利主体可以按照其意愿自主选择行使权利的方式。如拥有债权的主体,可以口头方式,也可以书面方式向债务人提出履行债务的请求。

3. 求利性。求利性特征显示了法律权利的基础性利益要素。法律权利的行使与一定利益密切相关,甚至以追求和维护某种利益为目的。但权利本身不等于利益,权利活动结果也不完全表现为利益。现实中人们行使权利的结果,可能产生某种利益,也可能不产生任何利益,甚至还可能带来不利后果。但对权利行使者来说,行使权利的目标或动力是对利益的追求或实现,权利不过是追求利益的手段。至于结果是否一定表现为某种利益,不完全由权利人自己决定。因此,不能因为结果不表现为利益就否认权利人的权利追求以利益为目的。“法益”概念充分体现了法律权利的“求利性”。

4. 可为性。从是否现实化的角度来看,法律权利有已经转化成现实的权利和尚未转化为现实的权利两种状态。已转化成现实的权利是对法具有可为性的检验和实践证明。法律权利的可兑现性正是其价值的再现，没有实现可能性的权利不是真正的法律权利。从法定权利到现实权利是一个决定性的转变。法定权利只有转化为现实权利，才对主体有实际价值，才是真实的和完整的；对于国家来说，才算实现了国家意志和法律的价值。在此意义上，现实权利既是权利运行的终点，又是新权利运行的起点，可以充当法定权利的评价标准。

四、权利的限度

任何权利的行使，不得超过一定的限度。法律设计了一些特定的制度，为权利的行使设定限度，主要包括：

1. 时间上的时效制度。时效制度是指一定的事实状态在法定期间内持续存在，便产生一定法律后果的法律制度。法律设置时效制度，目的主要是使社会关系处于相对稳定状态，而对权利人而言，则有促进其及时行使权利的作用。如传统民法将时效分为占有时效和诉讼时效两大类。依据占有时效，非所有权人经过法律规定的期间，对其公开、和平、连续占有的他人财产，即依法取得财产所有权。依据诉讼时效，权利人在法律规定的期间内不行使权利，即丧失依法请求法院依诉讼程序保护其权利的资格。另外，行政法上还有行政时效制度等。

2. 空间上的权利滥用禁止。在社会实践中，一个主体的权利与其他主体的权利处于共存状态，要同时保证各项合法权利均能得到实现，必须对权利的行使施加限制，以除去权利内容的不当结果。古罗马法上有“权利行使自由”原则，本身即包含了行使权利不得含有加害意思及应以善意衡平进行诉讼程序的限制性要求。我国《民法典》第 132 条规定：“民事主体不得滥用民事权利损害国家利益、社会公共利益或者他人合法权益。”

3. 形式上的程序原则。法律权利的行使有严格的程序要求，权利主体应当按照法定程序及方式行使权利，维护权利。

五、权利的救济

权利救济，是指在权利遭受侵害时，由有关机关或个人在法律允许的范围内采取一定补救措施，保护权利人合法权益。

1. 救济的前提。权利救济的前提是权利遭受侵害，即权利侵犯，在民法上被称为“侵权”。普通法上曾适用过“救济先于权利”的原则，允许在没有既存权利的情况下，当事者依据现行社会标准请求救济。大陆法系通常适用“无权利则无救济”原则，多将“权利受侵害”作为侵权行为要件之一。

2. 救济的例外。法律制度上存在法律允许的权利侵犯，即“合法”侵犯，从而不构成权利侵犯。如正当防卫和紧急避险，在符合法律规定的条件下，构成“违法阻却”，从而这种对他人生命、健康、财产等“法益”的侵犯不具有违法性，因而也就不会产生权利救济。

3. 救济的方式。权利救济的方式有很多，通常有私力救济和公力救济的区分。私力救济是权利主体在法律允许的范围内,依靠自身实施自卫行为或自助行为等来救济自己被侵害的权利。协商、调解、临时仲裁等也属于私力救济的方式。公力救济是权利人在其权利受到侵犯时,通过法定程序请求国家对其权利进行保护。诉讼、行政复议等是典型的公力救济手段。

第二节 义务概述

一、义务的概念

社会主体在广泛的社会关系中受多种规范的约束,因而义务是多方面的,如道德义务、宗教义务、法律义务等。义务一般在下列几种意义上使用:第一,义务人必要行为的尺度(或范围);第二,人们必须履行一定作为或不作为之约束;第三,人们实施某种行为的必要性。总的来看,义务强调"约束"。

法律义务是对人们行为(而非思想)提出的要求,是指社会主体根据法律的规定必须作为或不作为。法律义务对法律权利的保障具有积极意义。义务要求人们的行为不能妨碍对方的权利,或者有助于对方权利的实现。一方面,没有他人法律义务的履行,自己的法律权利就形同虚设。另一方面,自己履行法律义务也是实现自身权利的前提。法律义务对整个社会良好风尚的树立和良好秩序的建立具有积极意义。

二、义务的特征

法律义务有如下特征:

1. 法定性。法律义务是法律对社会主体的行为提出的要求,是法律具体明确规定的义务。与法律权利不同,法律义务是以法律规范形式存在的义务,一般仅限于明文规定,不能扩大推定。法律义务的法定性主要表现在法律义务形成的方式上:第一,法律创设。法律可以直接为社会主体创设某一项义务。它一般是根据权利实现要求,为保障权利能最大限度地实现而创造条件。如为了保障病人的权利实现,法律为医生创设了一些义务。第二,法律认定。法律可以将某项政治义务、道德义务、宗教义务等认定为法律义务。

2. 国家强制性。任何义务都有一定的强制性,但法律义务与其他义务不同,具有国家强制力:第一,强制来源不同。法律义务的强制来源于国家,是一种外在强制,而其他义务的强制可能来自社会或某一组织,道德义务还受制于内心,任何对道德义务的强制性要求都必须通过义务人内心发生作用。第二,强制力量不同。法律义务的强制力量是国家强制力,不履行法律义务将受到国家的制裁,包括剥夺生命、政治权利、财产、限制自由等。

3. 从属性。法律义务从属于法律权利,主要表现在:第一,义务人履行义务的内容由权利人的权利内容决定。一方面,义务主体应当根据权利主体的合法要求做出一定的行为,以其给付、协助等行为使特定权利人的利益得以实现;另一方面,义务主体根据权利主体的要求不做出一定的行为,来保证权利人权利的实现,如任何人不得损害国家的独立和安全,不得侵犯其他公民的人身自由。第二,义务人履行义务的方式和程度是由与它相对应的权利决定的,如债务的履行方式和程度由债权本身决定。

4. 必为性。法律权利意味着主体有行为自由,可以行使其权利,也可以不行使权利,甚至放弃权利。主体的这种行为选择自由在法律义务中就不存在了,通常义务不能迟延履行,更不能拒绝履行。义务指向的是人的"应然"行为或未来行为,具有当为性和必为性,义务人对于义务的内容不可随意转让或违反。法律义务意味着主体必须从事某种行为或不从事某种行为。如果法律义务要求必须从事某种行为,主体的行为就只有一种选择——积极去完成;如果法律义务要求必须不做出某种行为,主体也只有唯一的选择——消极对待。

三、义务的履行

从社会总体来看,法律义务的履行方式主要分为作为和不作为两大类。

1. 作为。作为的义务也称积极义务,是义务人必须采取一定的积极行动来履行的义务,如赡养父母、抚养子女、纳税、服兵役等。它有以下几个显著特点:第一,有明确的义务对象,它总是对特定主体积极做出某种行为;第二,往往具有给付性质,即义务人必须付出一定的代价;第三,履行义务的内容不仅是有某种行为,而且还包括行为的质量和方式。

2. 不作为。不作为的义务也称消极义务,是义务主体不做任何可能侵犯权利主体行为自由和合法利益之事的义务。例如,不得破坏公共财产,禁止非法拘禁,严禁刑讯逼供,等等。凡是法律明文禁止的行为,社会主体都承担必须不作为的义务。它的主要特点是,在履行方式上,义务人必须采取消极态度,即不干预、不阻止。不作为义务的不履行同样可能带来否定性的法律后果。

第三节 权利和义务

一、权利和义务的分类

1. 基本权利义务与普通权利义务。根据根本法与普通法律规定的不同,权利义务可以分为基本权利义务和普通权利义务。基本权利义务是宪法所规定的根本权利和义务,普通权利义务是宪法以外的普通法律所规定的权利和义务。

2. 公法权利义务与私法权利义务。根据权利义务的规范依据是公法还是私法,权利义务可以分为公法权利义务和私法权利义务。

3. 绝对权利义务与相对权利义务。根据相对应的主体范围,权利义务可以分为绝对权利义务和相对权利义务。绝对权利和义务,又称对世权利和对世义务,是对应不特定的法律主体的权利和义务,绝对权利对应不特定的义务人,绝对义务对应不特定的权利人。相对权利和义务又称对人权利和对人义务,是对应特定的法律主体的权利和义务,相对权利对应特定的义务人,相对义务对应特定的权利人。

4. 主权利义务与从权利义务。根据一个权利或义务的存在是否依存于其他的权利或义务,权利义务可以分为主权利义务与从权利义务。主权利义务是不依赖其他权利义务即可独立存在的权利义务,从权利义务需要依赖于其他权利义务而存在。如甲将自己的房屋抵押给银行而向银行借款,甲与银行是债权关系,银行享有债权;甲对房屋拥有所有权,但银行享有抵押权。此时,债权和抵押权即为主权利和从权利的关系。

5. 可转让权利义务与不可转让权利义务。根据权利义务是否可以合法转让,权利义务可以分为可转让权利义务与不可转让权利义务。根据权利的自主性,一般权利是可以转让的,如合同权利、票据权利等,但具有人身属性等的权利,如生命权、健康权、肖像权等不可以转让。义务在符合条件的情况下一般也可以转让,但具有人身或其他专属性的义务不可以转让。

6. 第一性权利义务与第二性权利义务。依据权利或义务产生的顺序,权利义务可以分为第一性权利义务与第二性权利义务。如法律直接规定即可行使的权利为第一性权利(原权利),为保障第一性权利而产生的权利为第二性权利(救济性权利)。例如,甲对某辆汽车拥有物权,这是第一性权利;车辆遭到乙损坏,此时产生求偿权,这是第二性权利;对于乙而言,首先负有消极不侵犯甲的财产的义务,这是第一性义务;乙以作为的方式侵犯了甲的财产权,此时负有损害赔偿的义务,即第二性义务。

二、权利义务的一般关系

1. 法律关系中的对应关系。法律权利一般有相对的法律义务存在,二者共同处于法律关系的统一体中。首先,在任何法律关系中,一方主体有法律权利,对方主体就必须承担相应的法律义务,反之亦然。其次,在特定的法律关系中,每一主体在享有权利的同时都相应承担一定的义务。例如,买卖、租赁、借贷法律关系等的主体从事权利活动之时,都要承担相应的义务。

2. 社会生活中的对等关系。"没有无义务的权利,也没有无权利的义务。"[1]社会中的权利和义务是对等设置的,存在某种权利就有相应的义务伴随。其主要表现在:第一,权利义务总量基本对等。第二,具体法律关系中权利与义务往往对等。当权利义务主体处于分离状态时,一方享有权利的量,与对方承担义务的量是对等的。如在债的关系中,债权与债务是对等、等量的。当权利义务主体处于统一状态时,一方享有权利的量不仅与对方义务对等,而且还与自己承担义务的量对等。

3. 功能发挥中的互动关系。权利的最大功能是使人们的需要得到满足,使权利主体的利益变成现实。义务的功能往往通过权利的实现表现出来。法律权利的社会作用,离不开法律义务的功能发挥;反之,法律权利的实现也有助于促进法律义务的履行。法律权利和法律义务在功能上的互动关系主要表现在:第一,法律义务的履行促进法律权利的实现。

---

〔1〕《马克思恩格斯选集》(第3卷),人民出版社2012年版,第172页。

第二,法律权利的享有有助于法律义务的积极履行。法律权利有助于增强义务主体的责任感,促进义务主体与权利主体的相互尊重。第三,某些特定权利、义务的相互转化。1919 年德国的《魏玛宪法》首开把某些权利转换为义务的先河,把传统的受教育权、所有权、劳动权以及父母教育子女的权利等同时确认为宪法义务。如该宪法第 120 条规定,“教育子女使之受身体上、精神上之美格,为父母之最高义务及自然权利”。

4. 价值选择中的主从关系。在权利和义务的价值选择中,法理学界试图运用“本位”加以阐释,意在说明法律制定时究竟是首先考虑权利还是首先考虑义务,有义务本位、权利本位、社会本位、个人本位、义务先定、权利义务并重、权利义务相一致、以权力与权利为基础(本位)等观点。面对当前中国政治、经济和社会生活的实际状况,权利本位论更容易被人们接受。中国社会有两个方面的重要现实支持了权利本位:一是市场经济模式的建立,市场经济对法律的要求主要是设定权利和保障权利;二是人权受到普遍关注,法律权利就是人权在法律中的表现,重视法律权利反映了对人权的尊重。此外,对中国传统法律文化中权利地位的考虑,从当代中国社会的现实和发展目标的要求来看,权利本位是值得倡导的。

第四节　法律权利和法律权力

一、权力的属性

在广泛的社会意义上,权力是指特定主体因某种优势而拥有的对社会或他人的支配力量。“支配性”是权力的本质特性,在权力关系中,由此派生出以下三个基本属性:

1. 广延性,即权力支配的对象数量。一般来说,数量越多,权力越大,如部落首领的权力所支配对象的数量就比家庭中的家长支配的数量多,从而广延性就更大。

2. 综合性,即权力支配对象的活动领域范围。一般来说,范围越大,权力越大,如公安机关所管理对象的活动领域范围比公交车调度室管理对象的活动领域范围广,从而综合性程度就更高。

3. 强度,即对某特定事项的权力推行程度。一般来说,程度越深,权力越大,如同样是对公司高管的监督,组织权力就比专家权力更有效,从而强度就更大。

现代法治要求对权力进行制度限制。根据权力在广延性、综合性、强度上的属性特征,对权力的限制可以考虑从减少广延性数量、缩小综合性范围和降低强度上着手。

二、权力与责任

权利与义务是一对范畴,权力与责任是一对范畴。权力与责任,有时也被称为职权与职责,在广泛意义上,可以看作权利与义务的派生范畴;在公私相对的意义上,可以看作权利与义务的对应范畴。在与职务相关的意义上,权力是职责范围内的支配力量,如国家行政体制或行业业务运行中所赋予特定主体的权力;责任是主体在职务范围内应当担负的义务,即职务上应承担的义务,以及未能履职所可能引起的其他后果。

权力与责任是相辅相成、相互制约、相互作用的关系,表现为权责对应和权责对等两大原则。

1. 权责对应原则。权力和责任是不可分割的一个整体,有权力必须有对应的责任;有责任必须有对应的权力,权力为其责任而执行,责任为其权力而负责。

2. 权责对等原则。在一个组织中,管理者所拥有的权力应当与其所承担的责任相适应,即权责对等或一致。如果放弃或不当行使权力,则应承担一定的责任。

三、法律权利与法律权力的关系

法律权利与法律权力的联系表现在:第一,两者相互依赖,法律权力以法律权利为基础,以实现法律权利为目的;法律权利制约着法律权力,某些权利的实现依赖一定的权力。第二,两者具有一定的一致性,如法律权利与法律权力都以追求一定的利益为目的,都有相应的法律规定和限制,都有相应的法律保障,它们正确行使都会对社会产生良好的效果,等等。

法律权利与法律权力也有显著的区别:第一,来源不同。法律权利是法律对应有权利或习惯权利确认的结果,法律权力往往根据法律来配置或由一定政治组织赋予而产生。一般来说,国家或一定组织的权力依赖于一定政权,由法律进行分配而拥有;特定个人的权力不是自然生成的,而是依赖国家或一定组织的赋予才产生的。第二,要求不同。权力要求服从,权利要求义务的履行。权利关系是一种平等的关系,法律权利的实现并不要求权利相对人以服从为条件,也不体现权利人对其他人的支配,它所要求的仅仅是义务人必须履行法律义务。权力关系则是服从与被服从、支配与被支配的不平等关系,法律权力的实现必须以服从为条件。第三,追求利益的重点不同。法律权利追求的可能是政治利益、经济利益或其他利益,往往维护国家、社会和个人利益并重;法律权力追求的利益主要是政治利益,把维护国家和社会利益作为主要使命。第四,限制程度不同。法律权利既可以依法行使,也可以转让和放弃;法律权力只能依法行使,既不能随意转让也不能随意放弃,转让和放弃权力可能违法。第五,实现方式不同。法律权利的实现以国家强制力保障作为后盾,法律权力的实现往往直接伴随着国家强制力的实施。第六,范围不同。从内容上看,法律权利的范围非常广泛,一般是根据法律的认定来确定;法律权力的范围有限,主要根据权力主体的职责范围来确定。从主体上看,法律权利主体具有普遍性,而法律权力只能由特定主体拥有和行使。

课后作业

一、关键词解释

1. 法律权利

2. 法律义务

3. 权利本位

4. 权责对等

二、选择题

1. 法律权利具有(　　)

A. 法律性　　B. 自主性　　C. 可为性

D. 求利性　　E. 可诉性

2. 法律权利的要素包括(　　)

A. 利益　　B. 法律　　C. 权能

D. 意志　　E. 自由行为

3. 法律义务的特征是(　　)

A. 法定性　　B. 国家强制性　　C. 从属性

D. 当为性　　E. 自主性

4. 法律权利与法律义务的关系表现为(　　)

A. 法律关系中的对应关系　　B. 社会生活中的对等关系

C. 功能发挥中的互动关系　　D. 价值选择中的主从关系

5. 法律关系的内容是法律关系主体之间的法律权利和法律义务,二者之间具有紧密的联系。下列有关法律权利和法律义务相互关系的表述中,没有正确揭示这一关系的是(　　)

A. 权利和义务在法律关系中的地位有主、次之分

B. 享有权利是为了更好地履行义务

C. 权利和义务的存在、发展都必须以另一方的存在和发展为条件

D. 义务的设定目的是保障权利的实现

三、材料论述题

[**材料**]

广州市花都区某村是国家AAA级旅游景区,村委会在河道旁种植了杨梅树。2017年5月19日,该村村民吴某私自上树采摘杨梅,不慎跌落受伤,经抢救无效死亡。其近亲属以村委会未采取安全风险防范措施、未及时救助为由,将村委会诉至广州市花都区人民法院。一审、二审认为吴某与村委会均有过错,酌定村委会承担5%的赔偿责任,判令向吴某的亲属赔偿4.5万余元。2020年1月,广州市中级人民法院再审认为,吴某因私自爬树采摘杨梅跌落坠亡,行为有违村规民约和公序良俗,村委会并未违反安全保障义务,不应承担赔偿责任。再审判决撤销原审判决,驳回吴某近亲属诉讼请求。

[**要求**]根据以上材料,请分析案例体现的权利与义务及其关系。

课后参阅论文

1. 王焕生:《西塞罗的义务观评析》,载《比较法研究》1999 年第 3、4 期。
2. 张文显、于宁:《当代中国法哲学研究范式的转换——从阶级斗争范式到权利本位范式》,载《中国法学》2001 年第 1 期。
3. 方新军:《权利概念的历史》,载《法学研究》2007 年第 4 期。
4. 甘绍平:《论道德义务的人权基础》,载《哲学动态》2010 年第 6 期。
5. 李牧、楚挺征:《我国法律义务定义观之检讨——以权利附带定义观为主线》,载《南京社会科学》2011 年第 1 期。
6. 郭道晖:《认真对待权力》,载《法学》2011 年第 1 期。
7. 齐崇文:《论义务的来源》,载《学术探索》2012 年第 3 期。
8. 周濂:《后形而上学视阈下的西方权利理论》,载《中国社会科学》2012 年第 6 期。
9. 陆幸福:《权利话语的批判与反批判》,载《法制与社会发展》2014 年第 4 期。
10. 凌斌:《权利本位论的哲学奠基》,载《现代法学》2015 年第 5 期。

延伸阅读

赫伯特的《权利哲学史》,被认为是“迄今为止最完整的一部权利哲学史”。该书围绕“权利”这一核心概念,梳理了从古希腊到现代政治哲学有关权利的哲学阐释,呈现了霍布斯、洛克、卢梭、康德、费希特、黑格尔等现代政治哲学家的权利理论在权利哲学史上的发展脉络,有助于丰富我们对于权利观念的内在结构、历史演进的更深层次理解。可参阅加里·赫伯特的《权利哲学史》(黄涛、王涛译,华东师范大学出版社 2020 年版)。20 世纪 80 年代末 90 年代初,中国法学理论界围绕着“法本位”问题展开了一场激烈的争论,论战的焦点就是在权利和义务这对范畴中,何者居于主导地位?一些学者提出“权利本位说”,指出现代法学应是权利之学,“义务应当来源于权利、服务于权利并从属于权利”;另一些学者认为法应以“义务为本位”;还有学者指出权利和义务是统一的“无本位说”。以权利和义务这对基本范畴重构法学体系的学术讨论热潮,推动了中国法理学的发展。可参阅张恒山主编的《共和国六十年法学论争实录·法理学卷》(厦门大学出版社 2009 年版)。

第三章　法律与利益

知识结构图

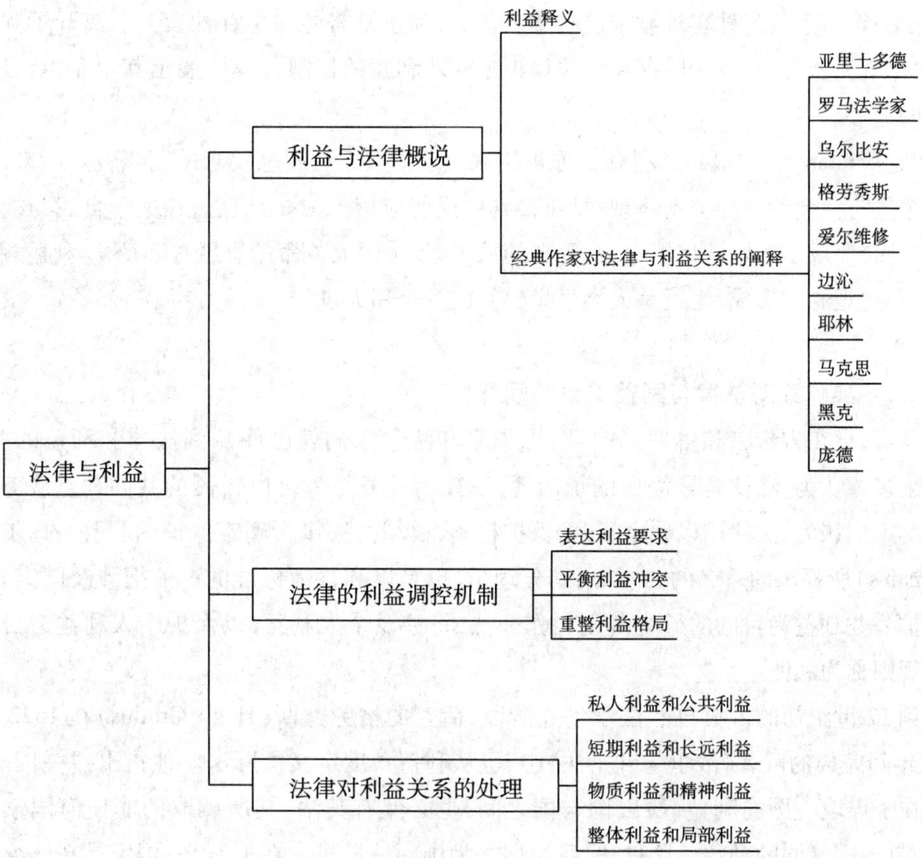

第一节 利益与法律概说

一、利益释义

利益,是法理学的一个基本范畴,它时时刻刻拨动着人的心弦,左右着人的行为。法律对人的行为的调整,主要就是立足于人与人之间的利益抗衡,通过"他律"来实现的。法律所体现的意志的背后乃是各种利益,法律也是社会共同的、由一定物质生产方式所产生的利益和需要的表现。所谓利益,就是受客观规律制约的,为了满足生存和发展而产生的人们对于一定对象的各种客观需求。有学者认为,利益是需要的生存性展开。离开了利益关系,法律既无从产生,也无以存在。法律正是在对利益的控制过程中展示其生命力,表明其自身的地位。

利益(interest),本意为"利息",原被用来表示债权人对利息要求的正当性。后来,利益作为个人与社会的一种关系体现,日益得到广泛的应用。"这个概念,在关于自我与社会的关系方面,促成了一场认识革命,这种新的认识,是法国大革命的思想基础。"[1]利益意识的觉醒,利益观念的形成,无疑是人类思想史上的一个伟大进步。

二、经典作家对法律与利益关系的阐释

其实,早在古希腊和古罗马时期,思想家和法学家们就已注意到法律和利益的关系。亚里士多德认为,法律是最优良的统治者,法律的任务是为自由公民的共同利益服务。罗马法学家们认为,法律用以确定权利,保护权利,权利乃法律所确定保护的利益。乌尔比安(Ulpianus)所提出的著名的公、私法划分理论,也是以利益为标准的。他把涉及国家利益,以保护公共利益为目的的行为规则叫作公法;将涉及个人利益,以保护个人利益为目的的行为规则称为私法。

到17世纪初的古典自然法学创立阶段,荷兰的格劳秀斯(Hugo Grotius)在1622年到1624年间完成的巨著《战争与和平法》中,也从利益角度定义国际法。他指出:"一国的法,目的在于谋取一国的利益,所以国与国之间,也必然有其法,其所谋取的非任何国家的利益,而是各国共同的利益。这种法,我们称之为国际法"[2]。在他看来,国家是在法律上有效力的、独立的自由民的集合体,以享有法律的利益和共同的利益为目的的联合。

在18世纪,利益被有些学者视为社会生活的核心概念。法国哲学家爱尔维修(Helvetius)较早地系统论述了利益规律问题。他说:如同物质世界为运动规律所支配,精神世界为利益规律所统治;河水不会向河源倒流,不会逆着利益的浪头走。爱尔维修从其利益规律理

---

〔1〕 [美]科尔曼:《社会理论的基础》(上),邓方译,社会科学文献出版社2008年版,第28页。
〔2〕 转引自《西方法律思想史资料选编》,北京大学出版社1983年版,第139页。

论出发,论述了依法治国问题,要求对掌握权力的人加以法律的约束,使之从对“权力之爱”转变为“为大多数人的幸福”和为公众服务;对民众也要用法律加以约束和引导,使之“把私人利益与公共利益很紧密地联系起来”。他断言:无论在道德上或认识问题上,都只是利益主宰着我们的一切判断,利益能赋予人快乐或消除人的痛苦。他提出一种“合理的利己主义”,即正确理解个人利益,如果法律完善,利己心也不一定导致罪恶。总之,一切错综复杂的社会现象,包括法律现象,都可以从利益那里得到解释。作为社会生活的基础,利益是社会发展的重要动力和社会矛盾的总根源。

英国功利主义法学家边沁(Jeremy Bentham)提出:法律一般的和最终的目的,不过是整个社会的最大利益而已。边沁不仅主张善即一般幸福,而且主张每个人总是追求他所认为的幸福。所以,立法者的职责是在公共利益和私人利益之间进行调和。他提倡个人利益第一,虽然个人利益应与公共利益统一,但真实存在的还是个人利益。社会公共利益是许多私人利益的相加,增进私人利益,就增进了整个社会的利益。

德国法学家耶林(Rudolf von Jhering)继承了边沁的功利主义传统。他和边沁一样,把权利作为法律的目的和法律的根本标志,而权利就是法律上保护的利益。他同边沁的区别在于,不着重强调个人利益,而强调社会利益或社会利益与个人利益的结合,力求平衡个人原则与功利原则,因而被称为新功利主义法学派的创始人和早期社会法学派的代表。耶林的学说对19世纪末德国统一后的立法有相当大的影响,推动了资本主义法律由个人本位向社会本位的发展和转变。他的“社会利益”说直接构成了利益法学的思想渊源。

和耶林同时代的马克思,最早于1842年10月在刚刚跨出校门后撰写的《关于林木盗窃法的辩论》中,“第一次遇到要对所谓物质利益发表意见的难事”[3]。那时,他就初步认识到:现实中到处存在相互对立的公平观和权利观,因而,仅仅用抽象的理性法观念已不能很好地认识现实中的国家和法律。他看到了林木占有者的经济利益对国家和法律的决定作用以及对立法者的支配作用。利益关系渗透进了制定法及审判过程中。“既然法律是自私自利的,那么大公无私的判决还有什么用处呢……省议会对下述问题进行了表决:应该为了保护林木的利益而牺牲法的原则呢? 还是应该为了法的原则而牺牲保护林木的利益? ——结果利益所得票数超过了法的票数……凡是在法为私人利益制定了法律的地方,它都让私人利益为法制定法律。”[4]马克思、恩格斯正是在这些思想萌芽的基础上逐步形成了完整的历史唯物主义法律观。他们认为,人们奋斗所争取的一切,都同他们的利益有关。每一个社会的经济关系首先是作为利益表现出来的。马克思在转向唯物主义和共产主义的过程中,是以物质利益问题为转变契机的。正是通过对现实利益问题的研究,他才逐步确立了生产关系和生产力、经济基础和上层建筑的范畴,从而正确地解决了利益的本质和历史作用问题。他还认为:从某一阶级的共同利益中产生的要求,只有通过下述办法才能完成,即由这一阶级夺取政权,并用法律的形式赋予这些要求以普遍的效力。这样,利益和

---

〔3〕《马克思恩格斯选集》(第2卷),人民出版社2012年版,第1页。

〔4〕《马克思恩格斯全集》(第1卷),人民出版社1995年版,第287~288页。

法律就被紧密地联系起来。因而,西方有的学者把马克思列为19世纪世界上最有影响的法律社会学家之一。

19世纪后半期到20世纪前半期的另一位跨世纪的德国法学家黑克(Philip Heck)提出,法律不仅是一个逻辑结构,而且是各种利益的平衡。他在对概念主义法学抨击的同时接受了耶林的思想,并形成独立的新学派——利益法学派。他在1914年出版的《法律解释和利益法学》一书中写道:"法律是所有法的共同社会中物质的、国民的、宗教的和伦理的各种利益相互对立、谋求承认而斗争的成果。在这样一种认识之中,存在着利益法学的核心。"法律主要规范着利益斗争,法律的最高任务是平衡利益。在立法问题上,利益法学派主张,利益是法律的原因,法律规范中包含着立法者为解决种种利益冲突而遵循的各种原理,法律是冲突的人类利益合成和融合的产物。法律只表明某一社会集团的利益胜过另一集团的利益,或双方的利益都应服从第三个集团或整个社会的利益。"立法者绝不是幽灵,他的使命是概括地表述作为原因的利益的记号。"[5]立法者必须保护利益,他要去平衡互相竞争的生活利益。在司法活动中,法官要作出公正的判决,绝不应像一台按照机械逻辑法则运行的法律自动售货机,也不应只是根据正义感进行判决,而必须弄清立法者通过某条特定的法律规则所要保护的利益,并找出优先的利益从而使各种利益得到合理的平衡。法官应给予在法律中占支配地位的权利以优先权。由于每一个法律秩序都是有缺陷和空白的,因而需要法官善于发现规则的目的,通过创造性的、合理的解释去平衡互相冲突的利益。

在20世纪,西方法学呈三足鼎立之势,其中社会法学派专门对利益问题进行研究。庞德认为,法律的功能在于调节、调和与调解各种错杂和冲突的利益……以便使各种利益中大部分或我们文化中最重要的利益得到满足,而使其他的利益最少地牺牲。他曾经对利益作了门捷列夫元素周期表式的详细分类,有人甚至称这是庞德对法哲学最为卓越的贡献,是20世纪最富教益的思想理念之一。庞德把利益分为三大类:个人利益、公共利益和社会利益。所谓个人利益,是指直接包含在个人生活中并以这种生活的名义而提出的各种要求、需要或愿望,包括人格利益、家庭关系利益和物质利益。公共利益是指国家作为法人的人格利益与物质利益以及国家作为社会利益捍卫者的利益。社会利益则是指包含在文明社会中并基于这种生活的地位而提出的各种要求、需要或愿望。其中既有关于保障家庭、宗教、政治和经济各种社会制度的利益,又有一般道德方面的利益,使用和保存社会资源方面的利益以及个人生活中的社会利益,"即以文明社会中社会生活的名义提出的使每个人的自由都能获得保障的主张或要求"[6]。

中国自春秋战国以来也长期存在义利之争,直接关涉对道德与法律功能的不同看法。今天,我们应当提倡义利并举,以义取利。在人治社会里,人际关系决定着利益关系;在法治社会中,法律对利益加以适当的调控,并正确处理好各种利益关系。

---

[5] 本段引文原出自[德]卡尔·拉伦茨:《现代德国法哲学》,第26、33页;转引自何勤华:《西方法学史》,中国政法大学出版社1996年版,第225页。

[6] [美]罗斯科·庞德:《通过法律的社会控制·法律的任务》,沈宗灵、董世忠译,商务印书馆1984年版,第41页。

第二节 法律的利益调控机制

法律对社会的控制离不开对利益的调整,而法律对利益的调整机制主要又是通过将利益要求转化为一定权利(权利主张、自由、特权、权力),并把它们及相对应的义务归诸于法律主体,以及通过设置权利和义务的补救办法——惩罚、赔偿等来实现的。“我们主要是通过把我们所称的法律权利赋予主张各种利益的人来保障这些利益的。”[7]具体而言,法律对利益的调整机制表现为以下三种情况:表达利益要求、平衡利益冲突和重整利益格局。

一、表达利益要求

“天下熙熙,皆为利来;天下攘攘,皆为利往。”[8]法律恰是为适应利益调节的需要而产生的,法律的变化和发展根源于利益关系的变化和发展,归根到底源于人们利益要求的变化和发展。在这个意义上,利益规律是法律的基础,法律制度实质上是一种利益制度。社会上占统治地位的那部分人,总是要把现状作为法律加以神圣化。法律并不创造或发明利益,而只是对于社会中的利益关系加以选择,对特定的利益予以承认或者拒绝。这种选择表现在两个方面:利益主体与利益内容。在任何法律社会中,都不能产生为社会所有成员一致同意的法律规范。把法律视为“公意”的体现,这只是一种对应然状态的理想追求。社会是由人构成的,人们相互之间构成各色各类的利益主体。“抽象的利益并不构成法律。构成法律的是要求,即真正施加的社会力量。”[9]法律只对部分利益主体予以保护,或者主要表达部分利益主体的利益。“他们个人的权力的基础就是他们的生活条件,这些条件是作为对许多个人共同的条件而发展起来的,为了维护这些条件,他们作为统治者,与其他的个人相对立,而同时却主张这些条件对所有的人都有效。由他们的共同利益所决定的这种意志的表现,就是法。”[10]利益从不同角度可作不同的分类,利益主体也因利益内容的不同而各有其归属。某一特定的人可能在政治利益上归属此一利益主体(群体),而在经济利益上又归属另一利益主体(群体)。法律对利益要求的表达并非绝对地只遵从某一个标准。我们甚至可以这样说,一个特定的主体可能在经济上是统治阶级的一分子,但在其他领域如思想上却是被统治阶级的成员。每个人都不是单向度的。法律不可能对某一具体利益主体的所有利益都加以反映或都不加以反映。法律通过对权利和义务的规定,既要记录下

---

〔7〕[美]罗斯科·庞德:《通过法律的社会控制·法律的任务》,沈宗灵、董世忠译,商务印书馆1984年版,第42页。

〔8〕《史记·货殖列传》。

〔9〕[美]弗里德曼:《法律制度——从社会科学角度观察》,李琼英、林欣译,中国政法大学出版社1994年版,第359页。

〔10〕《马克思恩格斯全集》(第3卷),人民出版社1960年版,第378页。

得到有效承认和保护的利益,又要忠实记录下遭受拒绝的利益以及某种利益所获承认的限度。“利益支配着我们对于各种行为所下的判断,使我们根据这些行为对于公众有利、有害或者无所谓,把它们看成道德的、罪恶的或可以容许的。”[11]法律表达利益的过程,同时也是对利益选择的过程。称职的立法者应当坚持利大于害的选择,追求容小害图大利,消除有利无害、无本万利的幻想性选择。在表达利益要求时,绝不可回避利益冲突。

二、平衡利益冲突

诉讼的前提,乃是存在利益要求相对立的不同主体。社会并不是均衡化的。利益来源于对资源的控制,利益的大小取决于对资源控制的多少。然而,社会中的现有资源总是处于匮乏的状态。美国社会学冲突理论代表科林斯指出:“人是社会的但具有冲突倾向的动物。”他提醒我们,每个人基本上都在追逐其自身的利益,利益争夺的内在情况是对立的。“这里有三条线索:人生活在自己建立的主观世界中;别人手里牵了许多条线控制了一个人的主观经验;为了控制而有频繁的冲突。生活基本上是为地位而展开的斗争,这些地位决定了没有人可以对他周围他人的势力毫不在意。如果我们假设每个人都在利用所能得到的资源,以使他人为他得到特定环境中的最好可能的局面效力,那么,我们就获得了一个能理解大量的分层情况的指导原则。”[12]对资源控制的不同导致了利益差别,利益差别构成了利益冲突的基本原因。按照爱尔维修的说法,社会不同集团、不同阶层具有不同的利益,他们之间的冲突,本质上是一个利益冲突。所谓利益冲突,就是利益主体基于利益差别和利益矛盾而产生的利益纠纷和利益争夺。“冲突并不完全是破坏性的,它也具有建设性的社会功能。”[13]正因为有社会利益冲突,社会存在与社会变迁才得以可能。

法律的利益平衡功能表现为,对各种利益重要性作出估价或衡量以及为协调利益冲突提供标准。法律无法选择确认每一主体的每一项利益,但必须对各种利益冲突加以平衡,从而尽可能避免使人类社会在无谓的利益纷争中毁灭,失去继续发展的可能。20 世纪以来西方“法律的社会化”倾向,其实就是法律对个人利益与社会利益的关系的一种平衡。比如,在知识产权的国际保护问题上,总是存在权利人利益与社会公众利益的矛盾冲突。1996 年 12 月,世界知识产权组织(WIPO)缔结了版权条约和邻接权条约,其目的恰是保持“作者的权利与广大公众的利益尤其是教育、研究和获得信息的利益之间的平衡”[14]。2014 年 10 月 23 日十八届四中全会通过的《中共中央关于全面推进依法治国若干重大问题的决定》明确提出:“强化法律在维护群众权益、化解社会矛盾中的权威地位,引导和支持人们理性表达诉求、依法维护权益,解决好群众最关心最直接最现实的利益问题。”

---

〔11〕 苏宏章:《利益论》,辽宁大学出版社 1991 年版,第 9 页。

〔12〕 [美]科林斯:《冲突社会学》,纽约学术出版社 1975 年版,第 89 页;转引自于海:《西方社会思想史》,复旦大学出版社 1993 年版,第 421 页。

〔13〕 蔡文辉:《社会学理论》,台北,三民书局 1986 年版,第 128 页。

〔14〕 袁泳:《数字技术与版权领域的利益平衡论》,载《南京大学学报》(哲学 · 人文科学 · 社会科学版)1999 年第 3 期。

法律对利益关系的协调、对利益冲突的平衡一般是通过某些基本原则规定和制度设计体现的。比如,民法中的诚信原则,就能够维持民事活动当事人双方及社会三者利益的平衡。再如,对于公益性强而利润较低的公共交通企业实行国有国营,就是通过国家平衡利益关系。在改革中,许多法律措施都可以说是各个利益集团相互冲突、相互制约和相互妥协的结果。总之,市场经济条件下的利益冲突通常需要靠法律来调控。

三、重整利益格局

卢梭曾经论证过人类不平等的起源和发展阶段,私有制的出现把人们分为穷人和富人,这是人类社会不平等的第一阶段。第二阶段乃是国家和法律的出现。“社会和法律就是这样或者应当是这样起源的。它们给弱者以新的桎梏,给强者以新的力量;它们永远消灭了天赋的自由,使自由再也不能恢复;它们把保障私有财产和承认不平等的法律永远确定下来,把巧取豪夺变成不可取消的权利;从此以后,便为少数野心家的利益,驱使整个人类承受劳苦、奴役和贫困。”〔15〕这种利益格局显然是不合理的。暴政的出现是人类社会发展不平等的顶点,也是不平等的第三阶段。这时,就会物极必反,不平等要重新变为平等。要寻找出一种结合的形式,使它能以全部共同的力量来维护和保障每个结合者的人身和财富,并且由于这一结合而使每一个与全体相联合的个人又只不过是在服从自己本人,并且仍然像以往一样地自由。“这就是社会契约所要解决的根本问题。”〔16〕可见,卢梭所赋予新的、合理的法律——社会契约的功能,乃是把不平等的格局加以重整,使每个人的利益得到实现。

在人类历史上,革命或改良其实都是对利益格局的调整或重新安排。所谓“变法”无不是改变既存利益格局,法律正是在利益格局的不断被打破和重整过程中逐步地向前发展的。在政治领域,法律要对国家权力结构加以固定化;当权力结构发生变动时,往往相伴着宪法的修改或更新。其实,任何一种权力也都是受利益支配的,并且是为实现一定的利益而服务的。权力斗争实质上就是利益斗争,权力集团实质上代表了一定的利益集团。权力斗争的结果导致利益格局的重整,此时,法律便担当着重整利益格局的功能。在经济领域,每一个社会的经济关系首先是作为利益表现出来的。因此,在我国,以利益主体的多元化为重要特征的市场经济体制转轨,必然要求社会利益的重新整合。1999 年 3 月 15 日通过的《宪法修正案》第 16 条规定的“国家保护个体经济、私营经济的合法的权利和利益”,就是利益重整的体现。2013 年 11 月 12 日十八届三中全会通过的《中共中央关于全面深化改革若干重大问题的决定》提出:“公有制经济和非公有制经济都是社会主义市场经济的重要组成部分,都是我国经济社会发展的重要基础。”这是在全面深化改革的背景下,对利益格局进一步重整的表现。

---

〔15〕［法］卢梭:《论人类不平等的起源和基础》,李常山译,商务印书馆 1962 年版,第 128～129 页。
〔16〕［法］卢梭:《社会契约论》,何兆武译,商务印书馆 1980 年版,第 23 页。

第三节 法律对利益关系的处理

法律通过对利益的调控实现对社会的功能。无论是对利益的承认、协调或重整都涉及一定的原则,这些原则体现为在对各种利益关系的处理中不同的价值侧重。在不同的历史时期或不同的社会制度下,价值侧重会有差异,但需要处理的几种关系却是大致类似的。

一、私人利益和公共利益的关系

在市民社会和政治国家这一对范畴中,特殊的私人利益关系的总和构成市民社会,普遍的公共利益的总和构成政治国家。私人利益即个别化的个体利益,或每一社会成员的利益;普遍性个体利益,因为它是每一个个体都具有的利益,如生命、健康、自由等,因而也具有公共性。公共利益包括普遍性个体利益与公民共同体的利益即集体利益,表现为社会利益、国家利益。集体利益有时可作为公共利益的一种特殊形态,但一般只是单个人利益的相加,在法律上其实也是一种私人利益。

任何时代的历史活动都是由无数单个的具体个人的社会活动所构成,个人作为历史活动的主体是整个社会历史活动主体的最基础的单元。因此,个人利益乃是利益动力结构的原始细胞。在生产资料私有制的条件下,不仅主体的生活需要,而且主体的生产需要,都是以个人利益的形式来满足,个人利益以利己的私人利益形式表现出来。

在自由资本主义时期,法律强调"私有财产神圣不可侵犯",体现为个人本位的法律观。从20世纪开始,以《德国民法典》为代表,宣称"所有权为义务",为了社会利益可以对私人利益加以限制。今天,即使在西方资本主义国家,也已不存在绝对自由的市场经济。1972年诺贝尔经济学奖获得者美国经济学家阿罗(K. J. Arrow)揭示出的"不可能性定理"可以说是以"经济人"假定为理论前提,论证了个人利益与社会利益的关系。他指出:在自主而平等的市场体制下,个人利益的被满足,并不意味着整个社会利益也被满足了;社会的整体利益,是不能由自主平等的市场主体的行为自身自动满足的,因此,应当由一个超越于市场主体的"裁决者"来识别和确定社会利益。[17]

社会主义法律历来强调私人利益对社会利益的依赖和服从,当个人权利的行使危及社会利益时,必须确认和贯彻"社会利益优于私人利益"的原则。我国现行《宪法》第51条规定:"中华人民共和国公民在行使自由和权利的时候,不得损害国家的、社会的、集体的利益……"我国《民法典》第132条规定:"民事主体不得滥用民事权利损害国家利益、社会公共利益或者他人合法权益。"现在,包括我国在内的专利法普遍将公共利益需要作为理论依据,规定国家可以授予并限制专利权。我国《专利法》第5条第1款规定:"对违反法律、社

---

〔17〕[美]肯尼思·阿罗:《社会选择与个人价值》,陈志武、崔之元译,四川人民出版社1987年版。

会公德或者妨害公共利益的发明创造,不授予专利权。”

但同时也必须注意的是,法律不应当只关注公共利益,或者只倾向于保护私人利益,而应当努力在两者之间寻找最佳结合点。国家是属于统治阶级的个人借以实现其共同利益的形式。严格说来,国家利益是一种和社会利益有区别的公共利益。政府是国家利益的代表。在公权关系中,国家利益相对于私人利益占主导乃至绝对支配地位;但在私权关系(如国债发行)中,国家与私人同为平等的民事主体,在法律上地位平等,此时便不能要求私人利益绝对地服从于国家利益。何谓公共利益,非常抽象,可能人人殊言。为了防止制造虚假公共利益,需要明确何为社会公共利益,或由谁来决定社会公共利益。显然,涉及公共利益的合理判断只能从社会范围内的公论中产生。法律协调好私人利益和公共利益的关系,有利于促进社会的全面进步。但有一点应当肯定,“人民的利益是最高的法律”〔18〕。即使在市场经济条件下,我国法律也应当体现和贯彻把国家利益和人民利益放在首位,同时充分尊重公民合法利益的社会主义利益观。

二、短期利益和长远利益的关系

在国际私法中,通行一种“公共秩序保留”原则。本质上,这是关于一个主权国家的根本利益问题。不仅国际法规范是这样,国内法规范也是如此,既要照顾短期利益,也要使之服从长远利益,不受一时一事之干扰。我国唐朝法律曾规定,超过30年的债务发生纠纷,官府即不再受理。现在,各国法律一般都规定了民法上的取得时效、刑法上的追诉时效、行政法上的诉讼时效等制度,着眼点都是社会关系的长期稳定。现在,一方面,不能为了所谓长远利益而无条件地牺牲眼前的短期利益,比如,进行现代企业制度的改革,对于职工的短期利益必须适当照顾,不能一推了事;另一方面,更不能使短期利益损害长远利益。《土地管理法》要求保护耕地,恰是为了中国人民的生存和可持续发展,为了子子孙孙的长远利益。《未成年人保护法》禁止个体户等非法招用童工,也具有维护国家及个人长远利益之功能。

为了处理好短期利益和长远利益的关系,要求立法主体要有长远的眼光,高瞻远瞩,不仅有能力评估和比较共时性的诸种利益,并且能够分析和判断历时性的利益态势,从而根据社会生活中各种利益的现状及发展趋向,审时度势、立足当前、着眼未来,选择最佳的利益格局,确定最佳的利益方案,求得最佳的法律效果。

三、物质利益和精神利益的关系

利益的形态既可以是物质的,也可以是精神的,法律对于两种形态的利益都要关注。物质利益和精神利益分别是人类历史活动的物质动力和精神动力。正如邓小平所言:“革命是在物质利益基础上产生的,如果只讲牺牲精神,不讲物质利益,那就是唯心论。”〔19〕王世杰、钱端升也曾将个人自由划分为关系个人物质利益的自由和关系个人精神利益的自由,

〔18〕 普列汉诺夫语。列宁非常赞赏普列汉诺夫提出的这一马克思主义原则,并曾多次引用。参见郭道晖:《人民的利益是最高的法律——学习列宁的法制思想》,载《法学评论》1992年第4期。

〔19〕 《邓小平文选》(第2卷),人民出版社1994年版,第146页。

前者包括人身自由、居住自由、工作自由与财产自由;后者包括信教自由、意见自由、集会自由和结社自由。[20] 在今天的中国,一般而言,物质利益和精神利益是人们并行不悖的追求,法律对于两者最好应予兼顾。精神利益是一种内在的激励,然而,如果没有其他的方法配套,就会逐渐失却其本应有的功能。知识产权法律制度所调整的法律关系是一种与财产关系相联系的人身关系,即通过确认公民对文学艺术、科学作品的作者身份权或公民对某种科学发现、技术发明的发现人、发明人身份权,从而维护公民的精神利益,同时,其中又包含一定的物质利益,如取得奖金、获取技术或版权转让费用等。国务院 1978 年发布并于 1984 年修订的《发明奖励条例》曾经规定:“对发明的奖励,要坚持无产阶级政治挂帅,实行精神鼓励和物质奖励相结合而以精神鼓励为主的原则。”“发明属于国家所有。全国各单位(包括集体所有制单位)都可利用它所必需的发明。”1993 年 6 月 28 日国务院第二次修订时删除了上述规定,取消了原来的以精神鼓励为主的原则,从而兼顾两种利益。国务院 1999 年 5 月 23 日制定并于 2020 年 10 月 7 日修订的《国家科学技术奖励条例》,在强化科技奖励荣誉性的同时,也加大了物质奖励的力度。

精神利益和物质利益往往可以相互转化,因而有时可以对精神损害进行物质(金钱)赔偿,我国《民法典》对精神损害赔偿作出一般规定。另外,在《国家赔偿法》、《妇女权益保障法》和《消费者权益保护法》等法律中,也有相关的一些规定。然而,物质赔偿却不能或不能完全代替精神上的补偿,这就是民法及刑法上法律责任中规定“赔礼道歉”的法理根据。[21] 刑法中的侮辱罪与诽谤罪等有关规定更直接维护公民的精神利益不受侵犯,对此类案件的审判还可以用附带民事诉讼的办法要求被告人予以物质赔偿。刑法有关剥夺政治权利的刑罚,其实也可视为是对精神利益的剥夺或限制。从一定意义上可以说,国家的经济利益和政治利益就是国家作为法律主体所追求的物质利益和精神利益。许多政府的经济行为如对外技术转让既有经济目的,又有政治目的。因而作为政府代表的某些国有企业有时为了达到一定政治目的,不惜牺牲经济效益,即以物质利益的损耗换取精神利益的获得。

四、整体利益和局部利益的关系

“不谋全局者,不足谋一域。”整体与局部是相对而言的。一个国家相对于地区或个人而言当然是整体,但相对于人类而言则又成了局部。现代国家之间,没有永久的敌人,也没有永久的朋友,只有永久的利益。国际法上要求国家作为利益主体承担各种义务,目的就是使特定国家的局部利益服从人类生存的共同整体利益。《不扩散核武器条约》开宗明义宣布:“考虑到一场核战争将使全人类遭受浩劫,因而需要竭尽全力避免发生这种战争的危险并采取措施以保证各国人民的安全。”即使在国际社会中,某些各国共同涉及的局部领域,如科学技术发展领域,也有一个服从人类整体利益的问题。1993 年 6 月 25 日由第三次世界人权大会公布的《维也纳宣言和行动纲领》规定:“人人有权享受科学进步及其实用的

---

〔20〕 王世杰、钱端升:《比较宪法》,中国政法大学出版社 1997 年版,第 67 页。

〔21〕 《中华人民共和国民法典》第 179 条,《中华人民共和国刑法》第 37 条。

利益。世界人权会议注意到某些进展,特别是在生物医学和生命科学以及信息技术领域,有可能对个人的完整尊严和人权起到潜在的不良后果,呼吁进行国际合作,以确保人权和尊严在此普遍受关注领域得到充分的尊重。”我国进行市场经济建设,要求调动地方积极性,实行一定程度的地方自主(自治),并为此采取了一系列法律措施,如已经广泛推行的国家和地方分税制改革。然而,同时又要求打破地方封锁,反对地方保护主义和部门保护主义,以保证国民经济的正常运行,维护国家和人民的整体利益,相应的市场经济法律体系就必须使国家整体利益与地方或部门局部利益很好地相互协调。香港和澳门特别行政区基本法也说明了这一点。如果经济体系内部对利益关系调整不当,势必影响法律功能的发挥和实现。立法和司法中存在的一些地方保护主义现象,正是将局部利益凌驾于整体利益之上的一种突出表现。

课后作业

一、关键词解释

1. 利益
2. 利益冲突
3. 利益关系

二、选择题

1. 从利益角度定义国际法的是(　　)

A. 荷兰的格劳秀斯　　B. 美国的庞德

C. 英国的边沁　　D. 德国的黑克

2. 利益法理学的主要代表是(　　)

A. 荷兰的格劳秀斯　　B. 法国的爱尔维修

C. 英国的边沁　　D. 德国的黑克

3. 对利益作了门捷列夫元素周期表式的详细分类的是(　　)

A. 英国的边沁　　B. 法国的爱尔维修

C. 美国的庞德　　D. 德国的黑克

4. 西方法律格言说:“任何人不得因为自己的错误而获得利益。”关于这个格言的理解,下列哪一选项是错误的?(　　)

A. 错误不是构成合法利益的前提

B. 任何时候,行为人只要没有错误,就应获得利益

C. 任何人只要行为正确,其利益就应得到保护

D. 利益的获得在一定程度上取决于行为的正确与错误

5. 法律责任中规定“赔礼道歉”的法理根据可以说是法律调整(　　)

A. 公共利益和私人利益的关系　　B. 短期利益和长远利益的关系

C. 物质利益和精神利益的关系　　D. 整体利益和局部利益的关系

三、材料论述题

［**材料一**］

潘晓大学毕业不久,向甲商业银行申领了一张信用卡,透支额度为20000元。潘晓每月收入4000元,缴纳房租等必需开销3000多元。潘晓消费观念前卫,每月刷卡透支3000多元,累计拖欠甲商业银行借款近60000元。不久,潘晓又向乙商业银行申领了一张信用卡,该卡的透支额度达30000元。

据报道,甲商业银行近几年累计发行信用卡近600万张,每张信用卡的透支额度从5000元至10万元不等。该银行2009年8月统计发现,信用卡持卡人累计透支接近300亿元,拖欠期限从1个月到四五年不等。不少人至少持有两张甚至多张信用卡,因延期还款产生的利息和罚息达到数千元甚至上万元。由于上述现象大量存在,一些商业银行的坏账比例居高不下。对此,银行界拟对透支额度大、拖欠时间长的持卡人建立个人信用档案,列入“黑名单”,相关信息各银行共享;拟采取加大罚息比例、限制发放个人贷款、限制发放信用卡、停止信用卡功能等措施制裁信誉不良持卡人;拟建议在设立企业、购买不动产等方面对持卡人进行限制。

另据反映,为数不少的信用卡持卡人则认为,银行信用卡发放泛滥,安全防范功能不强,申领条件设定偏低,合同用语生涩,还款程序设计复杂且不透明,利息负担不尽合理,呼吁国家出台政策进行干预。

［**要求**］根据上述材料,请从合法性与合理性的角度就银行权益保护与限制、持卡人权利与法律责任、银行和持卡人的利益平衡与社会发展、资本市场风险的法律防范对策,或者其他任一方面阐述你的观点。

［**材料二**］

王老吉、加多宝商标纠纷案

【案情】广药集团与香港鸿道集团在1997年签订了红罐王老吉的商标许可使用合同,有效期至2010年5月2日。此后,鸿道集团先后通过贿赂广药副董事长李益民的方式将王老吉商标租期延长至2020年。2011年4月,广药提起仲裁请求。2012年5月9日,中国国际经济贸易仲裁委员会作出裁决,认定双方通过贿赂而签订的商标使用权合同无效,并且要求鸿道集团停止使用“王老吉”商标。

【点评】民营企业原罪与利益博弈背后的商标使用权纠纷

作为一个在整个凉茶市场容量不足2亿元的情况下签订的商标使用权协议,其确定的王老吉商标使用费率是否可以因商标价值的迅速增加而被认为低估?商标使用权制度的核心,究竟是在于无限制地保护商标所有者的利益,还是在于尊重和保护那些可以促进商标价值最大化的商标使用人？面对本案的裁决，我们似乎只有更多的疑问。

[**材料来源**]《南方周末》2013 年 1 月 10 日。

[**要求**]运用本章原理，分析上述材料所反映的法律与利益问题。

课后参阅论文

1. 付子堂：《对利益问题的法律解释》，载《法学家》2001 年第 2 期。
2. 韩大元：《宪法文本中“公共利益”的规范分析》，载《法学论坛》2005 年第 1 期。
3. 胡锦光、王锴：《论我国宪法中“公共利益”的界定》，载《中国法学》2005 年第 1 期。
4. 胡玉鸿：《和谐社会与利益平衡——法律上公共利益与个人利益关系之论证》，载《学习与探索》2007 年第 6 期。
5. 胡鸿高：《论公共利益的法律界定——从要素解释的路径》，载《中国法学》2008 年第 4 期。
6. 陈芳：《公共利益法律问题研究——以结构功能主义为分析路径》，载《武汉大学学报（哲学社会科学版）》2011 年第 4 期。
7. 梁上上：《制度利益衡量的逻辑》，载《中国法学》2012 年第 4 期。
8. 蔡琳：《论“利益”的解析与“衡量”的展开》，载《法制与社会发展》2015 年第 1 期。
9. 陈婉玲：《区际利益补偿权利生成与基本构造》，载《中国法学》2020 年第 6 期。
10. 李帅：《论作为法学方法的利益法学》，载《法律方法》2021 年第 1 辑。

延伸阅读

利益法学派主张，利益是法律的产生之源，利益决定着法律规则的创建，利益以及对利益的衡量是制定法律规则的基本要素，法律是“保护利益”的手段。利益法学的代表性人物德国法学家黑克认为，利益法学是一种最为实用的法学方法论，相比概念法学，利益法学有三项优势：第一，它直面利益状态，使法官作出的判决，相比通过其他方法获得的判决更符合生活的需要和民族的“法情感”。第二，它使法官享受更高的职业满足感，根据利益法学，法官是立法者的助手，而不仅仅是适用法律的机器。第三，有助于改善司法界的声誉，避免法院的判决因为形式主义和脱离生活而反复受到指责。可参阅菲利普·黑克的《利益法学》（傅广宇译，商务印书馆 2016 年版）。

第四章　法 律 功 能

知识结构图

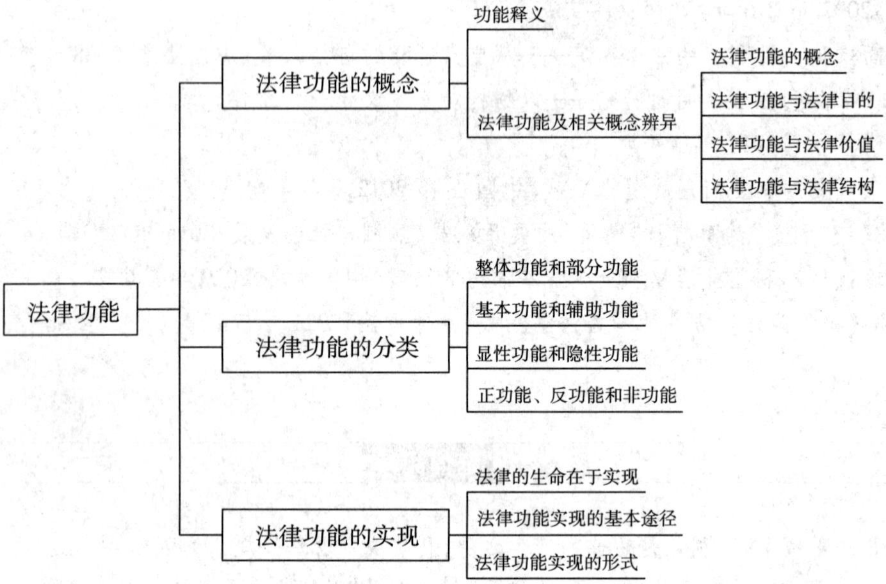

第一节　法律功能的概念

一、功能释义

“功能”一词，原本是在有机体生命的连续性意义上的一种功能运行（functioning）。[1]功能论的理论预设认为，社会是一个由各种因素构成的有机系统。

功能概念在社会学中得到了最为广泛的应用，以至于形成了功能主义社会学。在社会学家眼中，功能不是事实产生的原因，而仅仅是事实得以存在的依靠。社会事实之所以存在是由于它们以某种方式维持着社会的存在，或者说，它们之所以存在是因为它们具有功能。

在西方社会学功能学派的一些代表人物的思想中，都蕴含比较丰富的法律功能理论。如以英国人类学家马林诺夫斯基（Bronislaw Kaspar Malinowski）、布朗（Alfred Reginald Radcliffe Brown）等为代表的功能主义理论，以及20世纪中期以美国社会学家帕森斯（Talcott Parsons）和他的高徒默顿（Robert King Merton）为代表的结构功能主义理论，20世纪80年代以亚历山大（Jeffrey C. Alexander）为代表的新功能主义理论等。此外，在当代西方许多法学流派中，都直接或间接地在不同程度上论及法律功能问题。如经济分析法学从微观经济学的观点评价和分析法律制度的功能、效果，从而对法律功能进行经济分析，把法律优劣标准界定为能否极大增加社会财富，减少社会成本。行为主义法学认为法律存在于行为中，探讨了法律与文化、法律与社会分层、法律与行为控制等一系列功能以及与功能相关的问题。

法律功能研究是法理学中法律社会学部分的核心问题。在我国法学界，有关法理学和法律社会学的教科书中，一般都有关于法律功能问题的论述。但是，有些学者将法律功能与法律作用等同，也有个别学者开始注意到两者的区分。我们认为，法律作用、法律任务、法律目的以及法律效果，同法律功能是相近的概念，但仍有区别。法律社会学可以运用社会学中功能学派的系统理论对法学有关问题进行探讨，力求建立一套崭新的法律功能理论体系。

二、法律功能及相关概念辨异

（一）法律功能

法律功能，是指法律作为一个体系或部分，在一定的立法目的的指引下，基于其内在结构属性而与社会单位所发生的，能够通过自己的活动（运行）造成一定客观后果，并有利于

---

〔1〕［英］拉得克里夫—布朗：《论社会科学中的功能概念》，郑也夫译，载苏国勋、刘小枫主编：《社会理论的诸理论》，上海三联书店2005年版，第119～120页。

实现法律价值,从而体现其在社会中的实际特殊地位的关系。

法律功能体现一种法律—社会关系,但不能笼统地讲是一种法律和社会的关系。功能,简单地讲,是一个表示事物之间关系的范畴。对法律进行功能分析,就是对于法律所产生的行为后果在社会整体中所发挥的作用进行认识和评价。法律存在于社会之中,对社会整体发挥着功能。但是,法律和社会各自又都有整体与部分之别。一方面,法律并不是永远都作为一个整体抽象地发生影响、造成后果。法律既有历史及国别之分,又有国际、国内种类之别。在国内法中,我们可以就某一特定法律部门、法律制度或者法律规范微观地研究其功能,因为它们相互之间是存在功能差异的。另一方面,功能分析理论要求明确地指出功能所助益的单位,法律功能也是如此,必须说明对某一社会单位而言,该法律体系或部分(包括法律部门、制度或规范)具有功能。由上述分析可以发现,一般法律文献中所常讲的法律的社会功能或社会作用其实仅仅是法律功能的一种表现,两者之间有外延大小之别。

(二)法律功能与法律目的

法律功能不同于法律目的。如果套用中国传统哲学中"体、相、用"的划分,不妨这样说:法律目的(或法理)为"体",各种法律部门、法律文件、法律条文为"相",法律功能则为"用"。法律是客观社会基础性和主观阶级意志性的统一,任何法律都蕴含一定的立法宗旨,体现立法者的某些动机。研究法律功能问题,尤其是衡量法律功能实现的效果,自然离不开法律目的。法国社会学家迪尔凯姆(Emile Durkheim)说:"一种社会事实的功能应该永远到它与某一社会目的的关系之中去寻找。"[2]法律功能的实现也应包括法律目的的实现,因为法律目的也是法律的一个组成部分。立法者在立法时要有明确的预期,司法者在司法时要懂得法律条文的目的是什么,否则就是非理性的。然而,功能与目的毕竟是两个不同的范畴,法律目的即立法者的主观意向,法律功能并非指这些主观的意向,而是指可见的客观后果。因为法律客观后果可能同法律目的相合,也可能并不一致,甚至正好走向反面。正因为有的法律后果是法律目的的直接体现,有的则与法律目的相去甚远,所以法律功能是有层次区分的。如果误以为有什么样的立法宗旨,法律就相应地有什么功能,那么,就会使法律功能研究只停留于表面的、理想化的层次上。法律功能研究应当有助于法学批评品格的培养。

(三)法律功能与法律价值

法律功能指向法律价值,但同法律价值终究是程度不等的两个范畴。从理论上讲,法律价值体现为一定的主体需要,法律功能正是要满足这种需要。法律价值一旦设定,如果法律满足了这种需要,我们就说履行了法律功能。正是在这个意义上,有学者称功能是一种积极性的影响,或者将法律功能称为法律使用价值。相对于法律价值而言,法律功能更有动态的意味,体现于法律系统与外部环境的相互作用过程之中。同一个法律价值,可以通过不同的法律功能去实现。反之,同样的法律功能也可能实现不同的法律价值。总之,有利于实现法律价值,我们才说法律有功能。但是,严格说来,"功能"一词体现了某一事物通

---

〔2〕［法］E. 迪尔凯姆:《社会学方法的准则》,狄玉明译,商务印书馆 1995 年版,第 125 页。

过其运行而对其他事物发生影响的客观能力,是中性的,其本身无所谓是积极的或消极的。只是在功能发挥的过程中,即事物影响外在环境时,才从主体(人)的角度观察分出积极影响和消极影响。因此,在理论研究中,不能仅仅关注于法律正面功能后果,而且也不能幻想任何法律都具有功能价值(functional value)。有时,法律会产生一些反功能后果或非功能后果,法律功能理论必须予以同样的关注。

(四)法律功能与法律结构

法律功能是基于法律结构属性而与社会发生关系的状态,表明了法律对社会的一种适应性。结构的调整导致功能的差异。结构决定功能,功能关系区别于因果关系。所谓结构,是从系统的内部描述系统的整体性质;所谓功能,是从系统的外部描述系统的整体性质。法律功能的概念表明,法律在社会中具有无可替代的地位,它对于社会存在具有效用。迪尔凯姆强调,“应当从社会现象对社会环境的关系来评价社会现象的有用价值,即我们所说的社会现象的功能。在社会环境引起的变化中,只有适合社会环境所处的状况的变化才是有用的,因为社会环境是集体生存的根本条件”[3]。法律作为一种社会现象,与社会有机体之间客观地存在相适应的地方,这种相适应的地方就是法律功能。所以,没有法律与社会单位的关系,就无所谓法律功能的概念。法律存在于社会大结构(或大系统)中,法律本身又是有结构的。法律的内在结构直接决定或影响它在社会结构中所处的地位及其功能状况。比如,中国封建社会中法律结构“重刑轻民”的特点就决定了法律在社会中主要起“刑辅”功能;当代中国市场经济体制下法律结构的变异也影响着法律社会地位由低向高的发展。目前,越来越多的人已逐步意识到法律的不可或缺性,社会秩序与法律秩序日益接近,两者的基本重合将预示着中国法治目标的最终达成。

第二节　法律功能的分类

一、法律的整体功能和部分功能

法律的整体功能和部分功能的划分有两个方面的含义:一是法律作为整体或部分具有不同的功能;二是作为整体或部分的法律对于社会的整体或部分的不同功能。

在现实生活中,人们所接触到的是具体的法律表现形式。即使作为一般意义上的法律,无疑也具有某些功能。特别是在我们研究法律和道德、宗教等其他社会规范或社会现象的区别时,所指的就是一般意义上的法律。在此意义上说,法律乃是社会文化现象,其功能主要在于使社会大系统内部各行动者或各社会单位之间保持协调,由此发挥其整体的基本功能,具体表现为指引、评价、预测、教育和强制等规范功能;相对而言,道德的功能主要是通过传播社会价值观来保证系统成员思想及行为的一致性。但同时必须看到,社会现实中

〔3〕［法］E.迪尔凯姆:《社会学方法的准则》,狄玉明译,商务印书馆1995年版,第133页。

存在不同的法系、法律形式、法律体系、法律部门、法律规范、法律条文、法律要素等。制定法和判例法分别作为特定的法律表现形式(渊源)各自拥有不同的功能;民法和刑法在法律体系中也各有其特殊的功能。在某一特定的法律体系中,如果某个法律部门发育不全、发展滞后,就会影响其他法律部门功能的发挥,从而影响法律体系的整体效果。在法律要素中,作为最基本要素的法律规范,其功能是为人们提供行为标准和为司法机关提供审判案件的依据。当然,法律整体功能和部分功能是相对而言的,法律规范作为法律的细胞,其功能是法律的部分功能,但相对于构成要素来说,法律规范又具有整体功能。因此,我们必须注意把法律作为整体的功能与作为构成法律要素的功能区分开。

另外,社会是一个整体,由许多部分和领域构成,而各个部分与各个领域彼此之间又是复杂相关的。法律作为一个整体不可能触及社会的各个角落。法律并不是无所不能、无所不为的。如果作为法律的某一部分,更不会有"牵一发而动全身"之功能。因此,不可轻易假设法律整体或部分必然地对整个社会体系或社会全体成员都履行功能。在对法律作出功能分析时,不仅要界定是一般的法律还是部分的法律,而且还应当说明,相对于什么社会单位而言,该法律履行某种功能。同一种法律对不同的单位可能具有不同的功能,所以,不宜泛泛地说法律有某种功能。

上述两方面的含义相互之间也存在联系。特别是目前我国法学界对法律部门的划分问题的讨论完全可以由这种联系而求得共识。比如,传统的刑法、民法、行政法三大部门法是根据调整方法划分的,它们各自对于社会生活的所有领域都具有整体的直接调整功能。但是,如从横向依法律的调整对象再进行划分,形成科技法、政治法、军事法、教育法、工业法、农业法等部门,它们各自作为特定的法律部门对社会的特定领域具有特定功能。

当然,法理学所关注的主要是法律的整体功能。部门法学对法律现象的研究,多偏重或专注于某一方面,不太注意由法律现象多方面所组成的整体画面。法律社会学家应当能够进入各专门领域——宪法、刑法、民法、科技法等,去发现、了解各部门法的问题;又能适时从部门法中退出,去考察法律各部分之间的相互关系,并将各法律部门的问题合成一幅具有全体性、联合性、周延性的,具有整合意义的法律图像。法律社会学更侧重研究各种不同的法律现象是否有其共同的社会根源,更加关注各法律部门相互之间,以及法律现象与其他社会现象之间紧密的联系。如不了解或不注意这些联系,很可能导致褊狭与严重错误。只有着眼于整体,才能洞察法律与社会中一些牵连着各方面的问题。

二、法律的基本功能和辅助功能

法律的基本功能是指法律直接满足一定的主要目标要求的功能;法律的辅助功能则是保证实现法律的基本功能所附加的功能。

法律作为整体存在于社会系统之中,担当着对社会的某种基本功能。为履行这一基本功能,于是附加一定数量的次一级的功能,形成一种合力功能。也就是说,法律功能本身也是有结构的,叫作功能结构。基本功能与辅助功能也是相对而言的。某种辅助功能相对于更低一次级的功能,本身又是基本功能。按照社会法学派代表人物庞德的观点,法律是社会控制的首要工具。在他看来,控制功能就是法律基本功能。那么,法律如何履行控制功能?为保证实现法律控制功能,必须附加上对利益的确认功能和保障功能等。从不同的角度观察,就某一基本功能可以列举出不同的辅助功能来。比如,实体法与程序法对社会控制的功能就是相互补充的关系。实体法确定人们实体上的权利和义务。司法机关通过实体裁决使个人应得的利益得到保障,从而实现实体正义。程序法要求在作出裁决的过程中,也应实现程序的正义。同样把控制功能作为法律的基本功能,我们也可以分别把刑法、民法、行政法等基本法律部门的功能作为控制功能的辅助功能。刑法体现为社会保护和人权保障功能;行政法体现为行政机关与相对方权利义务平衡功能;民法体现为补偿功能。如此等等,整合起来实现法律基本功能——社会控制。在这个意义上,法律整体功能是基本功能,部分功能则是辅助功能。公法与私法的划分基于两者功能分工的差异。现代社会中,公法功能与私法功能不足以辅助法律基本功能,于是又出现了介乎两者之间的社会法,起到一种功能弥补的作用。

关于法律功能的认识不一定就是实际的法律功能状况。不同时代的学者对于法律功能有不同的认识,所以列举出的法律功能系统图就各有千秋。在中国传统法律文化中,对于法律功能的认识主要是把法律视为“鞭朴不可弛于家”。在这一基本功能之下,又有若干辅助功能,包括定分止争功能、规矩绳墨功能、驱人向善功能、救乱起衰功能等。西方自然法学派把法律视为一种契约,法律基本功能就是社会契约功能,辅助功能则为制约权力功能、维护权利功能等。今天我们应着重研究的是市场经济体制下的当代中国法律功能系统图,从而把握现代中国的法律与社会的关系。

三、法律的显性功能和隐性功能

(一)法律显性功能和隐性功能的划分

所谓法律的显性功能,是指法律客观后果合乎立法者的本来意图,或者说是由立法者有意安排出来的;法律的隐性功能则是指法律对社会的影响后果是看不见的或是出乎立法者预料而产生的,即这种后果超出了立法者的本来意图。

显性功能(manifest function)和隐性功能(latent function)最早是由美国著名社会学家、社会学功能主义的代表人物罗伯特·金·默顿(Robert King Merton)提出的一种功能划分。[4] 把这种理论运用到法学中,我们可以看到,法律显性功能和隐性功能基本上是根据法律后果同法律目的是否相符合而划分的。当然,那些不符合立法本意的客观后果既可能是消极的,也可能是积极的。

值得注意的是,法律显性功能和隐性功能并不同于法律直接功能和间接功能。由于显性功能和隐性功能的区别主要在于法律客观效果与立法的目的是否一致,如果某种间接功能也在立法的目的之中,为立法者所预料,或者那种间接性正是立法者所追求的,甚至被看得比直接功能还要重要,那么,这种间接功能就正好是法律的显性功能。著名的美国“301

---

〔4〕［美］罗伯特·金·默顿:《论理论社会学》,何凡兴等译,华夏出版社1990年版,第151页。

条款”本属美国的一项国内法,但却每每被用来处理国际关系问题。近年来,美国屡屡挑起中美贸易争端,似乎是以“301 条款”为据要求中国改善知识产权保护法环境,但在每一次中美知识产权谈判中,美方都要提出一些超出知识产权范围的要求。究其用意,无非是借贸易问题达到某种政治目的。从这个意义上讲,美国的“301 条款”不仅有其经济功能,而且也有政治功能。这种政治功能可以说是一种特殊的间接显性功能。反之,法律隐性功能也可能是由法律直接导致的,因而同时也是直接功能。当代美国法律社会学家弗里德曼(L. M. Friedman)谈到的一种情况是一种典型的法律直接隐性功能。他写道:“有没有威胁要惩罚某种举动时,该举动实际上反而受到鼓励的情况?在少有的情况下,制裁可能使行为具有某种象征性意义,从而增加其重要性。在越南战争时期,美国国会通过了一项法律,规定烧毁征兵证是犯罪。烧毁征兵证只有一个原因,即作为抗拒战争的象征。国会通过该法可能增加了该行为的意义,使它对正在寻找某种方法来表示他们对战争的反感的人们更有吸引力。可能这些人比被法律制止的人还要多。可以假定,有些产品(如化妆品)价格高一些卖得更多,因为消费者认为便宜货不可能好。‘禁果’思想也得到一些研究的支持。因为色情文学是非法的,比较少,带点危险,它变得更具有色情味,更令人想要。至少这种情况理论上是可能的。”[5]

(二)法律显性功能和隐性功能划分的意义

法律显性功能和隐性功能的区分,有助于我们解释某些法律现象,这些现象虽然没有达成其宣称的目的,但依然继续存在,或为人们所容忍。因此我们就不能仅仅注意某一法律是否达到其宣称的目的,而应将视野放宽,全面考虑问题。司法者进行司法活动也不能只考虑是否达到预期目的,而应当进一步避免可能造成的消极后果,或增加可能产生的积极后果。法律经济分析方法把诉讼的社会成本计算进去来衡量法律效益,就是把法律显性功能和隐性功能都纳入研究的视野。

法律修正案往往最能说明研究法律隐性功能的意义。1917 年 12 月 3 日通过的美国宪法第 18 条修正案关于禁酒的规定,本意是为“劝人向善”,但结果却不仅没有杜绝酒类的制售行为,反而给社会带来不必要的混乱。这种混乱直接导源于这条修正案,却为立法初期所未料。十几年后,美国国会不得不出台第 21 条修正案,专门废止第 18 条修正案,走了一段否定之否定的曲折道路。我国 1979 年制定的《刑事诉讼法》中规定,检察院有免予起诉权,其显性功能是有利于犯罪人的改造,但实践表明又有一些隐性功能,如放纵罪犯及冤枉无辜等,这就远离了立法者的初衷,因此,1996 年 3 月 17 日通过的《刑事诉讼法》取消了免诉权规定。

四、法律的正功能、反功能和非功能

(一)法律正功能、反功能和非功能的划分

这三种功能的划分也是由默顿首次提出的。他认为,一个社会文化要素相对于某一社

---

〔5〕[美]弗里德曼:《法律制度——从社会科学角度观察》,李琼英、林欣译,中国政法大学出版社 1994 年版,第 82 ~ 83 页。

会文化体系而言,可能有正功能(function)、反功能(dysfunction)和非功能(non – function)。"正功能即有助于一体系之顺应或适应而为我们所观察到的后果。反功能即削弱一体系之顺应或适应而为我们所观察到的后果。在经验上也可能有非功能之后果,即与我们所考察之体系无关的后果。"〔6〕我们认为,对法律功能同样可以从性质上,即从法律对社会系统的整体运作所引起的效应上进行此种划分。

所谓法律的正功能,或称法律的积极功能,是指该法能够激发社会成员的积极性,法律实现将有助于社会体系的良性运作,促进社会关系的协调、稳定,从而适应社会的需求;法律的反功能,或称法律的消极功能,是指法律实现将引发社会内部的紧张关系,分割社会体系内部的协调、稳定局面,降低社会系统的活力;法律的非功能,即该法律存在对社会既无积极影响,也无消极后果,处于一种"具文"状态,因而社会成员对其无动于衷。

(二)法律的正功能和反功能

目前,我国法学界一般对法律正功能予以较多的关注。有些著作把法律功能界定为法律的积极作用,或法律对社会的有利功能和效能。〔7〕这有一定的道理。然而,"功能"本身是中性词,无所谓积极或消极,有利或不利。因此,关于法律功能问题的研究绝不能局限于正功能这样狭窄的范围。例如,我国1984年《专利法》规定,发明、实用新型和外观设计专利申请经过审查后,在授权专利前,都必须公告。自公告日起3个月内,任何人可以对公告的申请是否符合专利法的规定提出意见。专利局应对该意见进行审查,以确定是否继续审批程序。这就是一般所谓"授权前的异议程序"。这一程序的目的是把审查员的审查和公众的审查结合起来,把民主原则贯彻进来,以提高专利的审批质量。但专利法运行的实践表明,实用新型的异议量不足1%,发明与外观设计的异议量更少。异议程序对提高审批质量的作用微乎其微。正功能极小,反功能却极大。反功能的主要表现是,推迟了绝大多数专利申请的审批时间,有一些竞争对手往往利用该规定阻挠申请人尽早取得专利,严重地影响了科学技术向现实生产力的转化进程,而且,这种异议程序不能充分地发挥监督作用,给重复授权专利的产生创造了机会,也为在实施这些专利过程中发生纠纷埋下了伏笔。1992年修订后的《专利法》已将授权前的异议程序改为授权后撤销程序。《专利法》在1992年修订后至今又经历2000年、2008年两次修订。为了进一步简化程序,提高效率,2000年修订后的《专利法》已将1992年修订中所规定之撤销程序完全取消,代之以宣告无效程序,2008年第三次修订又对无效程序作了进一步简化的规定。

由此可见,反功能的出现意味着法律应及时被调整。当然,一般来说,一项法律规定可能既有正功能,又有反功能,或者某项法律规定本来具有正功能,只是由于时移世易,才变成反功能,或非功能。当法律正功能大于反功能时,尚可以为社会所容忍;反之,当法律反功能大于正功能时,就应及时予以修正乃至废除;否则,社会将为之付出代价。我国《民事诉讼法》中"着重调解"原则的进一步发展,其法理依据也正在于此。

---

〔6〕 黄瑞琪:《现代社会学结构功能论选读》,台北,巨流出版公司1984年版,第67页;[美]罗伯特·金·默顿:《论理论社会学》,何凡兴等译,华夏出版社1990年版,第120页。

〔7〕 卢云:《法理学》,四川人民出版社1993年版,第133~134页。

(三)法律的非功能

历史上的法律对现代社会已失去了法律效力,如《唐律》《大清律》等,当然也就无以发挥功能,或者只存在进行研究的"隐性功能"。就目前正在发生效力的法律而言,所谓法律非功能,即有的法律规定既无正功能也无反功能。最常见的情况是,由于在法律行为中存在一种既不算违法也不算合法的"中性行为",那么,法律对此类行为就无功能,或产生非功能。法律并非无所不能,也不应无所不管,法律非功能主要就是针对那些不该管的行为领域。还有一种情况,法律在制定时预期有正功能,但运行过程中却呈现着非功能的状态。

法律社会学的奠基人之一,奥地利法学家埃利希(E. Ehrlich)在论述"活法"(Lebendes Recht)问题时曾有一例:《奥地利民法典》和《德国民法典》中的有些条文,如婚姻契约、夫妻共同财产制等,在现实生活中并未得到适用,在实际生活中为人们所遵守的恰恰是在法典中没有规定的规范。其实,这些在现实生活中并未得到适用的法律,既无正功能,也无反功能,只有非功能。不好不坏但无用的法律、易被规避而造成虚置的法律,都处于非功能的状态。法律处于非功能状态的另一种情况是,由于立法技术上的偏差导致法律规定不能发挥功能。非功能法律存在是一种法律资源的浪费,任其存在则不符合经济原则,尤其是当社会为法律所保留的"内存空间"紧缺时,这些法律实际上就具有了反功能。

我国台湾地区学者曾提出,法律常见的瑕疵,可分为内容的瑕疵和立法程序中发生的瑕疵。其中,内容的瑕疵所表现的情况,包括多余的法律、无作用的法律、产生副作用甚至反作用的法律、不易明白的法律、引发争端的法律以及欠缺的法律等。其中所谓"多余的法律",首先指实际上不发生任何效果的法律;其次指重复规定的法律。所谓"无作用的法律",原因有:(1)立法者对于想要解决的问题本身诊断错误;(2)立法者治疗方式错误;(3)人民甚至执法者对于该法规的必要性及目的不了解。上述这两种情况的法律具有非功能,另外几种情况的法律就具有反功能。

当然,还可以依照其他标准对法律功能作其他分类,如长期功能与短期功能等。长期功能立足于"不谋一世者,不足以谋一时"的立场,强调立法者不仅应当高屋建瓴,而且还要高瞻远瞩,从而使所立之法律注重对国家、对人类的长期影响和贡献,而不是急功近利的。短期功能主要指那些局限于针对一时一事所颁布的法律对社会、国家发生影响的情况。

第三节 法律功能的实现

一、法律的生命在于实现

法律功能只是法律做功之能力,是一种可能性状态。可能性不等于现实性,法律制定出来,不会自动地发挥出自身的功能。瞿同祖先生认为:"研究法律自离不开条文的分析,这是研究的根据。但仅仅研究条文是不够的,我们也应注意法律的实效问题。条文的规定是一回事,法律的实施又是一回事。某一法律不一定能执行,成为具文。社会现实与法律条文之间，往往存在着一定的差距。如果只注重条文，而不注意实施情况，只能说是条文的、形式的、表面的研究，而不是活动的、功能的研究。"[8]苏联法学家雅维茨写道："只要在社会中存在法，法的实现就一直是并将永远是社会关系的法律形式存在的特殊方式。法的实现是法的存在、作用和法执行主要社会职能的特殊方式。如果法的规定不能在人们和他们的组织的活动中，在社会关系中得到实现的话，那法就什么都不是。"[9]法律的生命在于它的实现。这就需要一定的中介机制把纸上的法变为生活中的法，把可能性变为现实性，由此使法律与社会连为一体。

"实现"一词，是指观念性的应然要求转化为现实性的实然存在。因此，法律功能的实现，就其最一般的意义来说，是指法律规范的要求在社会实际生活中的体现和贯彻。从哲学上来讲，它是法律规范的要求由可能性向现实性、由应然向实然的转化，是把法律规定的模态判断转变为法律在实际生活的实行这样一种实然判断。

法律实现则是法律实施活动的静态结果，即法律通过人们的适用和遵守而产生一定的效果，使法律功能在现实社会中得到具体的发挥。但是，并非所有的法律规范都必须通过实施才产生社会功能。在某些情况下，法律规范可能只具有象征性功能，其功能的实现就不一定依赖于该法律规范被援用或实施的条件。只要法律存在，它就满足了立法的愿望，其显性功能就得到了实现。

二、法律功能实现的基本途径

法律是通过对人们的行为提出要求而作用于社会。法律对人们行为的要求集中体现在行为模式有关权利和义务的规定之中。法律功能的实现，要求人们遵循法律规范设定的行为模式。人们在自己意志的支配下，按照行为模式的要求，作出合法行为，正确地行使权利、履行义务，将行为模式中规定的权利和义务转化为现实生活中的权利和义务，法律的功能才能得以实现。法律设立的利益关系之理想秩序，都是依靠人们的合法行为结成和实现的。与合法行为相反，违法行为不能使法律规范转化为现实，也不能构成法律确定的利益关系，而只能对这种关系构成破坏。至于法律后果，由于它本身并不包含对人们行为的直接要求，而只是对人们的行为在法律上的意义作出评价和处理，因而，法律后果的适用并不能直接使法律得到实现，而只是为法律的实现提供一种保障。肯定性法律后果的适用，促进人们按行为模式的要求作出合法行为；否定性法律后果的适用，则抑制人们违反行为模式的要求作出违法行为。

因此，只有合法行为，才能把法律规范对人们行为的要求转化为现实，合法行为乃是法律功能实现的基本途径。同时，为了保证合法行为激励模式在社会中有效地发挥功能，法律还要设立对违法行为的惩罚模式。肯定或否定法律后果的适用，只是对人们的行为选择的事后处理，虽然其本身并不直接实现法律规范，但它保证法律功能的实现，具体体现出法

---

〔8〕 瞿同祖：《中国法律与中国社会》，中华书局1981年版，"导论"第2页。
〔9〕 [苏]雅维茨：《法的一般理论——哲学和社会问题》，朱景文译，辽宁人民出版社1986年版，第170页。

律对行为的鼓励或制裁。

在宏观意义上,法律功能的实现是一个国家法律的总体规划的落实,各种法律规范都能在社会生活中得到贯彻,从而建立起法律秩序;而且只有实现法律才能形成法律秩序。

在微观意义上,法律功能的实现就是法律规范中的权利和义务要求的实现,其直接目标在于把人们的行为纳入一定的模式和准则之中,其根本目的则在于借助行为的模式化,防止社会关系出现紊乱和失调,使社会关系保持一定的规则性和秩序性。

三、法律功能实现的形式

根据不同的标准,法律实现的基本形式可以有不同的划分。如根据法律作用于社会关系的具体化程度,可以将其分为他律性的法律适用和自律性的法律遵守。这些也是法律功能实现的重要途径。

法律功能的实现就是各个法律规范的具体落实,人们按照授权性规范和义务性规范这两种类型的法律规范的要求作出合法行为,其具体方式是各不相同的,由此形成了法律功能实现的两种基本形式:权利的行使与义务的履行。

立法的任务就是分配权利和义务,法律以权利和义务这两个沟通媒介,联结社会结构的各个部分和社会功能的各个领域。法律功能的实现,就是在法律的社会化以及外在维持力量的保证下,通过法律实施活动,把法律规范中体现立法者有关权利、义务的要求和意图转化成社会现实生活中的权利和义务,从而建立一定的法律秩序。所以,法律功能的实现导致法律秩序的建立。

然而,法律在社会生活中的实现,只是法律获得社会效果的前提条件,却不等于法律的社会效果。

课后作业

一、关键词解释

1. 法律功能
2. 法律的隐性功能
3. 法律的反功能

二、选择题

1. 最早提出划分显性功能和隐性功能的是(　　)

A. 默顿　　B. 迪尔凯姆　　C. 弗里德曼　　D. 埃利希

2. 下列哪种或哪些说法是正确的?(　　)

A. 法律功能体现一种法律——社会关系

B. 法律功能的实现也应包括法律目的的实现

C. 有什么样的立法宗旨,法律就相应地有什么功能

D. 法律功能不同于法律价值

3. 请判断下列哪些属于功能研究范畴?(　　)

A. 法律应该体现正义

B. 某人将一纠纷诉到法院,后经法院判决,纠纷平息

C. 法律生效后,大部分人不遵守

D. 法律是什么

4. 法律对社会的影响后果是超出了立法者的本来意图,这说明法律具有(　　)

A. 显性功能　　B. 隐性功能　　C. 正功能　　D. 非功能

5. 某人为盖房想去砍伐国有树木,邻居劝他说砍伐国有树木是违法的,于是他最终放弃了砍树的想法。这一事例说明了法律的(　　)

A. 隐性功能　　B. 正功能　　C. 辅助功能　　D. 显性功能

6. 关于法的规范作用,下列哪一说法是正确的?(　　)

A. 陈法官依据诉讼法规定主动申请回避,体现了法的教育作用

B. 法院判决王某行为构成盗窃罪,体现了法的指引作用

C. 林某参加法律培训后开始重视所经营企业的法律风险防控,反映了法的保护自由价值的作用

D. 王某因散布谣言被罚款300元,体现了法的强制作用

三、材料论述题

[材料]

美国人具有深厚的清教传统,从殖民地时代起,很多州、县就一直禁酒。到了20世纪初,在很多具有高尚情操的法学家、社会学家的推动下,国会以“经济、效率和道德”为由通过宪法第18条修正案,禁止在合众国及其管辖的所有领土内酿造、出售和运送作为饮料的致醉酒类;禁止此等酒类输入或输出合众国及其管辖的所有领土。1919年1月,美国36个州批准该宪法修正案。但禁酒令却创造出了一个新行当:私酒贩子。因为非法贸易会带来暴利,这些私酒贩子把小汽车的中间掏空或者用婴儿车偷运葡萄酒和白兰地,藏酒的地方做上假门,葡萄酒要装在苏打水瓶里。同时由于制造酒类为非法,于是,市场竞争的约束力消失了。私酒贩子经常粗制滥造,甚至用酒精勾兑,饮用者的健康受到更大威胁。据统计,从1920年至1932年,共有75万人因违犯禁酒法而被捕,罚款总额超过7500万美元,没收财产2.05亿美元。另外,禁酒令本来是要整饬社会道德,然而,禁酒令却制造出无数犯罪活动。因为缺乏市场的竞争,制造贩卖私酒的利润显著地提高,而守法商人不可能从事这样的活动,于是,这个黑市上集中了胆大妄为、杀人越货之徒。他们无法通过法律解决纠纷,便诉诸暴力。政府发现,犯罪率急剧上升。尤其是帮派犯罪活动猖獗。犯罪滋生,警察也随之大规模腐败。因为私酒贩子会想尽办法买通警察或结成帮派。禁酒令最终无法维持下去。美国国会于1933年12月批准了宪法第21条修正案,取消了第18条修正案。这是美国宪法史上唯一一条被明令

废止的宪法修正案。

[**要求**]根据以上材料,分析材料中的“禁酒令”发挥了怎样的功能?

课后参阅论文

1. 周旺生:《法的功能和法的作用辨异》,载《政法论坛》2006 年第 5 期。
2. 马长山:《多元和谐秩序建构中的法律功能及其实现》,载《学习与探索》2007 年第 2 期。
3. 丰霏、王天玉:《法律制度激励功能的理论解说》,载《法制与社会发展》2010 年第 1 期。
4. 郭松:《社会承受、功能期待与道德承载——解读〈刑事诉讼法修正案〉的三个关键词》,载《四川大学学报(哲学社会科学版)》2013 年第 5 期。
5. 任国凤:《“五四宪法”基本权利的国家建构功能》,载《环球法律评论》2015 年第 2 期。
6. 李忠夏:《功能取向的法教义学:传统与反思》,载《环球法律评论》2020 年第 5 期。
7. 陈辉:《论功能主义法律解释论的构建》,载《现代法学》2020 年第 6 期。
8. 姜峰:《宪法的结构性与公共审议功能》,载《中国法律评论》2020 年第 6 期。
9. 吴元元:《认真对待社会规范——法律社会学的功能分析视角》,载《法学》2020 年第 8 期。
10. 陈金钊:《法律自主性及其方法论功能》,载《浙江社会科学》2021 年第 3 期。

延伸阅读

功能分析是理解法律问题的重要视角。功能主义是 20 世纪初期逐渐形成的社会理论,目的是从系统的、联系的视角,对社会宏观或微观的现象作出解释。美国社会学家默顿是功能主义的主要代表,默顿认为,在功能分析上,应该注意分析社会文化事项对个人、社会群体所造成的客观后果,应裁定所分析的对象系统的性质与界限,对某个系统具有某种功能的事项,对另一系统就可能不具有这样的功能。默顿提出了外显功能和潜在功能、正功能和负功能的功能分类,还创造了功能选择和功能替代概念,认为某个功能项被另外的功能项所替代或置换后,仍可满足社会的需要。默顿的结构功能主义分析范式为理解法律的功能提供了重要的理论资源。可参阅罗伯特·K. 默顿的《社会理论和社会结构》(译林出版社 2015 年版)。

法律功能表现为对行为本身的激励和对行为背后利益的调控,体现一种“法—社会”关系,是基于法律结构属性而与社会发生关系的状态,表明了法律对社会的一种适应性。并特别提出,法之理在法外,法律以社会为基础。法律功能及于整个社会,企图通过法律进行社会变革是现代世界的一个基本特点,法律正是通过对经济领域、政治领域及文化领域的功能,影响历史的进程。可参阅付子堂的《法律功能论》(中国政法大学出版社 1999 年版)。

第二编　法律价值论

第五章　法 律 价 值

知识结构图

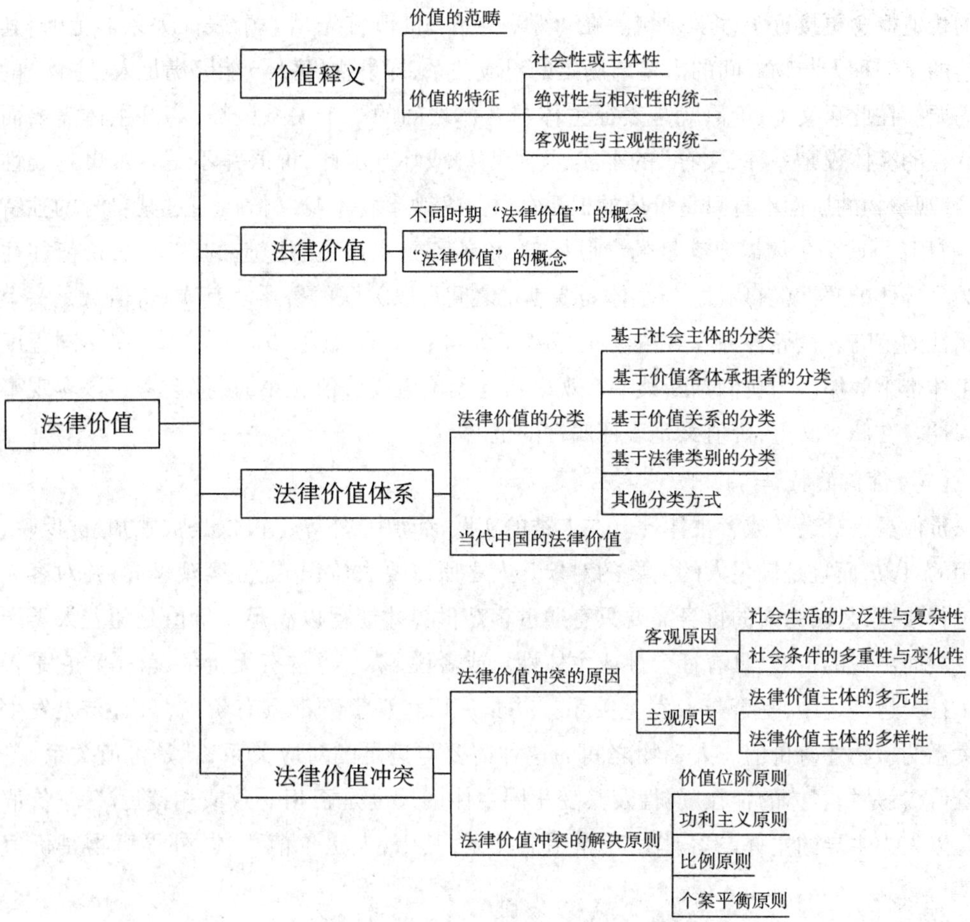

第一节 价值与法律价值

一、价值释义

(一)价值的范畴

从词义上说,价值是指在人们的观念和社会生活中用以判断事物或行为的标准,其含义是“可重视的、可珍贵的、可尊敬的”。经济学所界定的商品价值概念,主要指物化了的人类劳动,劳动是一切价值的基础。不同于经济学对于价值客观性的强调,法律价值论所涉及的价值概念更接近于哲学领域。在哲学领域中,价值首先是一个表征关系的范畴,其所表达的是一种人与物之间的需要与满足的对应关系,即事物(客体)能够满足人(主体)的一定需要。在此意义上,价值就是表征主体与客体之间的一个关系范畴,离开主体需要而独立存在的客体仅是一种“实存”的事实,无所谓好或坏。因此,价值并不是客观事物属性本身,客观事物的属性本身只是价值的根源;同样,客观事物本身又恰恰通过其自身的独特属性(有用性)成为主体需要满足的参照标准,价值不是主体主观臆造的。所以,价值往往被认为是客体的属性(有用性)与主体需要满足之间得以关联的桥梁。其次,价值又是一个表征属性的范畴。世界各种客观事物正是基于各自独特的属性,以不同方式、在不同程度上给主体带来效用。当我们判断某一客观事物有无价值或价值大小时,都会考察该客观事物的属性。在此意义上,价值又是表征属性的范畴。

(二)价值的特征

价值具有社会性或者主体性。在人类的实践活动中,外界不仅仅是被感知、被反映、被作用的对象,而且是满足人的需要的对象。人之所以要去认识、把握客观世界,并对客观世界进行改造,是因为人的自身需要只有通过客观世界才能得以满足。价值是随着人类产生和发展而出现的范畴,具有社会性或主体性。或者说,某一事物有无价值,就是看它是否融入了社会运动之中,是否与人发生关系。并非一切客观事物都具有价值,只有与人发生直接关系的事物才有价值。人和物之间的这种需要与满足的对应关系,就是价值关系。“所谓价值,就是指客体的存在、属性及其变化同主体的尺度是否相一致或相接近。”[1]价值关系是以人为主导的主体与客体相互作用的关系,其中,人是价值主体,外界事物是价值客体。

价值是绝对性与相对性的统一。首先,尽管人们的价值观念和主张具有明显的差异,但生活在同一时代、同一社会的人们也会有某种共同的价值追求,甚至生活在不同时代、不同社会的人们也会有某种共同的价值追求。这反映了价值不随时代、社会、阶级等变化而变化的绝对性或普遍性。其次,事物的价值会随着社会历史条件的变化而变化。每个时代

---

〔1〕 李德顺:《价值论》(第2版),中国人民大学出版社2007年版,第27页。

和每种社会各有一套自己的价值观念和价值规范体系。某一事物的价值不是固定不变的，而是伴随着不同的时代、社会、阶级、群体而呈现出差别性、多样性，这体现了价值的相对性或特殊性。

价值是客观性与主观性的统一。价值是以客观事物及其属性的实际存在为前提的。某物不是虚构的，而是客观存在的，并且其属性也是客观存在的，而人的需要也并非凭空产生的，而是由主体所处的客观物质生活条件所决定的，呈现一定的规律性。因此，表征需要与满足关系的价值，当然也是客观的。如果作为主体的人对某一事物没有需求，事物的任何属性或者功能都不能构成价值。但是，由于价值是以主体的需求为标准的，特定历史条件下的主体需要的任何转移或变化，都使价值呈现出偶然性、个别性和主观性色彩。其实，价值的主观性反映了主体对客观事物在道德的、伦理的、美学的以及个人喜好等方面的情感和意向。当然，价值的主观性与客观性的统一源于主体的社会实践。

可见，价值是标志着人与外界事物关系的一个范畴，它是指在特定历史条件下，外界事物的客观属性对人所发生的效应和作用以及人对之的评价。所以，任何一种事物的价值，从广义上说应包含两个互相联系的方面：一是事物的存在对人的作用或意义；二是人对事物有用性的评价。

二、法律价值

法律价值作为一种具体价值，是社会价值系统中的子系统。从一定意义上说，法律本身就是一个价值系统，反映一定的价值关系。在人类生活中，像经济、政治、道德、艺术、宗教、法律、军事等这些特有领域，本身就是、从来就是人们直接追求和实现某种价值的方式，它们的本身就是一定的价值和价值观念体系，彼此密不可分。[2] 法律既反映社会事实，又设定社会理想和目标。因此，对于法律价值问题的研究，乃是法理学的重大主题之一。法律价值的概念是价值的一般概念在法学研究中的具体应用。因而，对法律价值的正确理解是建立在一般价值的科学观念的基础之上的。

（一）不同时期“法律价值”的概念

美国法学家庞德曾指出：“价值问题虽然是一个困难的问题，它是法律科学所不能回避的。即使是最粗糙的、最草率的或最反复无常的关系调整或行为安排，在其背后总有对各种互相冲突和互相重叠的利益进行评价的某种准则……在法律史的各个经典时期，无论在古代或近现代世界里，对价值准则的论证、批判或合乎逻辑的适用，都曾是法学家的主要活动。”[3]可见，古往今来法学家们都非常关注法律价值问题。古希腊时期的柏拉图就使用过“法律价值”概念。他在《法律篇》中指出：“立法工作是很重要的事情，可是，如果在一个秩序良好的国家安置一个不称职的官吏去执行那些制定得好的法律，那么这些法律的价值就

〔2〕 李德顺：《价值论》（第2版），中国人民大学出版社2007年版，第29页。

〔3〕 ［美］罗斯科·庞德：《通过法律的社会控制·法律的任务》，沈宗灵、董世忠译，商务印书馆1984年版，第55页。

会被掠夺了,并使得荒谬的事情大大增多,而且最严重的政治破坏和恶行也会从中滋长。"[4]这里,"法律价值"具有"法律应起的良好作用"之意。尽管古代思想家一般很少直接使用"法律价值"这一概念,但经常论及法律的自然基础、法律的评价标准、法律的正义性等问题。中世纪基督教哲学家托马斯·阿奎那在谈到法律的正义性时指出:"人类的意志可以根据共同的同意使本身并不违反自然正义的任何事情而具有法律价值。这正就是实在法的范围。所以亚里士多德把那在法律上合乎正义的事情明确地解释为'其本身并不呈现任何价值的区别而是在被规定时才获得价值的事情'。但是,如果一件事情本身违反自然的正义,人类的意志就无法使它成为正义的。例如,如果规定可以偷窃或通奸,就发生这样的情况。"[5]在这里,"法律价值"一词即指法律的正义性。

到了近现代,"法律价值"概念逐渐开始被大量使用。自然法学有时被称为价值法学,因为它注重研究法律产生和存在的根源或基础、法律的目的和意义以及法律应追求的理想境界和评价标准等问题,而这些问题无不与法律价值相关。可以说,自然法学家历来都有一份"价值表",如公共幸福、个人自由等。它们被视为一切法律秩序之基础,法律之效力系于这些价值得以实现的程度。在自然法学家那里,虽然法律价值包含许多具体的内容,但正义通常被认为是法律的最高价值。哲理法学派的代表人物是康德与黑格尔。康德把法律价值看成是法律的理想境界,认为法律价值是相对的,它属于应然领域,并且只能由个人的信仰去把握。黑格尔在《法哲学原理》一书中谈到实在法存在的必要性时说:"这些法律既然按当时情况都有其意义和适当性,从而只具有一般历史的价值,所以它们是实定的,因此之故,它们又是暂时性的。"[6]由此可以看出,他所谓法律价值,乃是指法律存在的必然性。新康德主义法学派是现代西方各种法学流派中专门研究法律价值的学派之一。社会法学派在总体上强调法律的功能和效果,但其中一些代表人物如庞德,则重视研究法律价值问题。他认为,在法律史的各个经典时期,对价值准则的论证、批判或合乎逻辑的适用,都曾经是法学家们经常的活动。他把法律价值理解为一个社会制定和评价法律所依据的标准,但这种评价标准只能通过经验的方法取得。另外,存在主义法学、综合法学、政策法学等法学流派,也对法律价值问题提出过自己的观点。

(二)"法律价值"的概念

从上述关于法律价值问题认识过程的简要追溯可以看出,虽然在不同的历史阶段人们对法律价值问题的认识并不完全一致,但基本都坚持事实与价值之区分的二元论立场。事实属于实然领域,价值属于应然领域。西方学界对法律价值问题的理解,主要寓于抽象的人性、情感、公平、正义等观念之中。马克思主义法学则更加强调法律价值的实践性和社会基础,认为法律价值并非凭空抽象产生的,而是由主体的社会实践及其所处的社会关系决定的,在根本上,则是由社会物质生活条件所决定的。

我们认为,所谓法律价值,就是指在作为客体的法律与作为主体的人的关系中,法律对

---

〔4〕《西方法律思想史资料选编》,北京大学出版社1983年版,第26页。
〔5〕《阿奎那政治著作选》,马清槐译,商务印书馆1982年版,第138页。
〔6〕[德]黑格尔:《法哲学原理》,范扬、张企泰译,商务印书馆1961年版,"导论"第8页。

一定主体需要的满足状况以及由此所产生的人对法律性状、属性和作用的评价。一方面，法律的属性和作用是法律价值得以形成的基础和条件。法律价值作为主体与法律之间特定关系的范畴，标志着法律所追求的一定目标，它包含着人们的需要和理想的成分。因而，法律价值内容具有比较浓厚的道德色彩，即具有伦理性。可见，法律的存在及其内在机制和人们对法律的需求关系就是法律价值关系，这种关系通过具体的法律实践表现出来。另一方面，法律价值是主体需求在法律中的一种表达，主体需求是以法律为落脚点的。也就是说，法律价值具有主体性的特点。离开人，法律是不可能存在的；离开以人的需要为标准的主体评价，法律是无法演进、发展的。在此意义上，法律价值反映了法律作为客体对作为主体的人的从属性，法律价值归根结底反映人与法律的关系。当前，我国学界关于法律价值问题的研究，主要集中于以下问题：一是关于法律本身有哪些价值的研究；二是法律可以促进哪些价值的研究；三是发生价值冲突时法律依据什么标准作出评价。学习和研究法律价值问题，对于培育法律职业人的职业理念，以及引导现实的法律实践等都具有重要的意义。

第二节 法律价值体系与法律价值冲突

一、法律价值体系

法律价值本身是一个体系或系统。组成法律价值体系的各种法律价值并非平行的，而是具有一定的层次性。尽管由法律本质属性所决定，法律价值总体具有一定的倾向性，即维护法律所建立于其上的社会秩序和价值目标，而不可能中立。但是，法律在个别层次上却会实现具体情况下的“价值中立”。正是法律价值的总体倾向性与法律在具体环节上的价值中立性的矛盾运动，促使法律价值最终得以实现。

（一）法律价值的分类

对法律价值可以依据不同的标准进行多角度考察，也可以依据同一标准进行多层次的划分。

从社会主体——人的角度观察，法律价值有群体价值和个体价值之分。群体价值，是指法律对某一社会群体具有或表现出有益的效果。在同一社会中，因社会群体在特定社会经济结构中所处的地位、作用不同而导致社会群体的利益不同，这种利益的不同在一个国度内就法律而言即形成不同的法律的群体价值。群体价值又可以分为民族价值、国家价值、阶级价值、阶层价值以及社会团体价值等层次。法律的个体价值，是就一定的国家的社会个别成员的需要而言的，也可以说是相对于法律的群体价值而言的。法律是社会的客观需要，同时又是社会成员的需要，这种需要所表现出来的价值内容包括：个人的行为自由、平等、权利、人格尊严、个人财产的保护以及个人发展条件获得法律的保护等。

从法律价值关系中的价值的客体承担者来看，法律价值可分为法律的规范性价值和法律的社会性价值。法律的规范性价值,是法律在形式上所具有的优良品质,即指通过法律的规范作用所肯定的人们行为的正当性、有效性和合理性,从而使行为主体达到自己的行为目标。法律的社会性价值,是指通过法律的社会作用所实现或满足一定社会群体和个体的社会需要,反映了法律的创制和实施的宗旨。

从法律价值之间的关系来看,可以分为法律的工具价值和法律的目的价值。法律的本质决定了法律在手段和目的两个方面具有基本的价值。首先,法律的手段或工具价值主要是指,法律规范被用来评价、调节、控制和处理人的行为以维护一定的社会秩序,这时,法律规定和条文作为一套社会评价标准体系,是为主体的社会目的服务的手段。从对社会控制的整体意义来看,法律具有其他任何社会调控手段——如宗教、道德、习俗等无法比拟的工具价值。没有法律的工具价值,法律的目的价值便成为空中楼阁。其次,法律的目的价值就是体现在法律中的人类目标追求。如果法律不具有目的价值,那么,法律便不具有任何实质意义。当然,有的目的价值是局部的或服务性的,如秩序、安全等,从更高的目标来说,它们只是人类生活和社会文明发展的条件。

从法律的不同类别出发,法律价值还可以分为国际法价值、国内法价值和其他法律价值。国际法价值,是指全人类价值需求的法律化,当代世界被公认为是政治趋于多元化而经济趋于区域一体化的世界。不论政治的多元化还是经济的区域一体化,都必须以统一的国际准则来规范之、约束之。在此意义上,"和平共处五项原则"就是国际政治多元化的统一的国际法规则保障。对人而言,国内法往往是比国际法更为完整有效的保障系统和塑造人们意识的支持系统,因此,其价值的现实表现更深刻、更具体、更实在。与国际法相比,国内法并不直接明确地反映全人类的价值追求。然而,在全球化时代,国内法价值必须与国际法价值相一致或相适应。

此外,还可以把法律的历史作为划分根据,划分成法律的历史价值、现实价值、未来价值;依照法律对主体效应的形式,可以分为物质价值和精神价值;以法律对社会生活产生的作用的程度可以划分为现存价值、已经实现和正在实现的价值、潜在价值、尚待认识和开发的价值;从法律价值的可能后果看,可以分为正价值、零价值和负价值;从法律价值的内容来看,可以分为正义价值、人权价值(包括平等价值、自由价值)、幸福价值和秩序价值等。

(二)当代中国的法律价值

虽然价值具有多样性,但在具体时空条件下,社会也会形成相对稳定的价值体系和主流价值观。社会主义核心价值观就是当代中国精神的集中体现。党的十八大报告强调指出,"社会主义核心价值体系是兴国之魂",并首次确立了社会主义核心价值观的主要内容,即"倡导富强、民主、文明、和谐,倡导自由、平等、公正、法治,倡导爱国、敬业、诚信、友善"。党的十九大报告进一步强调,"把社会主义核心价值观融入社会发展各方面,转化为人们的情感认同和行为习惯"。在习近平法治思想中,培育和践行社会主义核心价值观对于全面依法治国的重要意义得到了着重强调。习近平总书记指出:"培育和弘扬核心价值观,有效整合社会意识,是社会系统得以正常运转、社会秩序得以有效维护的重要途径,也是国家治理体系和治理能力的重要方面。”[7] 习近平总书记还明确要求，“全面推进依法治国，首先要把专门队伍建设好。要加强理想信念教育，深入开展社会主义核心价值观和社会主义法治理念教育，推进法治专门队伍革命化、正规化、专业化、职业化，确保做到忠于党、忠于国家、忠于人民、忠于法律”。[8] 因此，理解中国当代的法律价值体系，必须以社会主义核心价值观为根本依托。

二、法律价值冲突

法律价值是一个多元化的庞大体系。其中包含各种不同的准则，而每一个价值又都有自身相对的独特性。这样，多种具有不同规定性的价值共存，在逻辑上就有相互冲突的可能性。例如，法律的自由价值强调以个性展开为实现途径，而法律的平等价值则侧重群体性的整齐划一。所以，自由和平等在逻辑上是有冲突的。当然，此类法律价值冲突可以被看作纯理念形式的或纯粹逻辑的，通常被称为抽象的法律价值冲突。抽象的法律价值冲突不仅表现在不同的法律价值准则、观念之间，而且也表现在法律价值准则、观念的不同性质或不同形式上。当然，法律价值冲突也可能是具体而现实的冲突，这时就要求人们恰当地进行法律价值判断。在特定的历史与社会条件下，具体的法律价值冲突是非常明显的。例如，在制定新闻出版法时，法律的目的究竟是保障自由还是维护秩序，这就是非常具体而现实的冲突。

（一）法律价值冲突的原因

导致法律价值冲突的原因是多方面的。首先，社会生活的广泛性与复杂性，社会条件的多重性与变化性，是导致法律价值冲突的客观原因。社会是人类生活的共同体，社会是由个体的人以“群”的方式组成的，人是社会系统的最基本要素。对特定社会而言，以人与人的交往为纽带，人与人之间会形成多方面的联系，并由此构成广泛而复杂的社会生活。一方面，人要生存必须具备一定的物质和精神条件，而社会所能给予每个人以及不同社会群体的物质和精神条件并不完全相同。也就是说，人们的生存境遇和发展条件不可能完全一样，这可能导致人们在法律价值上一定程度的冲突与对立。另一方面，在同一社会中同一个人或不同的人在不同情况下会形成不同层次的社会需要，从而形成对法律价值的认识与理解、愿望与要求等的不同。不同的群体、个人，在法律实践和法律理论上一旦具有不同的法律价值观念，同一法律价值观念的内部矛盾和不同法律价值观念的相互矛盾就会反映为法律价值冲突。其次，法律价值主体的多元性和多样性是法律价值冲突的主观原因。法律价值的主体非常广泛，法律的制定、适用与遵守等主体都属于对法律进行评价的主体。多元的主体必然持有多元的法律价值观，主体的动态转换又必然加大价值冲突的复杂性。同时，法律价值主体又具有多样性。法律价值主体可分为群体主体和个体主体，而群体主体和个体主体本身可以包含很多单元；每一个单元都包含各自不完全相同的情况，从而不

---

〔7〕 习近平：《习近平谈治国理政》（第1卷），外文出版社2018年版，第163页。

〔8〕 习近平：《坚定不移走中国特色社会主义法治道路　为全面建设社会主义现代化国家提供有力法治保障》，载《求是》2021年第5期。

同的价值主体有不同的价值愿望、价值要求和价值满足感。这些都可能引发个体之间、个体与群体之间或者群体之间的法律价值冲突。

(二)法律价值冲突的解决原则

解决法律的诸价值之间的冲突,在理论上,是法理学研究中的重大课题;在实践中,是立法、守法、执法、司法和法律监督诸环节的关键性问题。在一个法治国家里,不论是立法上还是法律实施上的价值冲突,都应当力求通过合法的方式加以解决。为此,法学家们提出了关于解决法律价值冲突的许多原则,主要包括:

1. 价值位阶原则,即预先对各个法律价值进行优先性关系进行排序,在发生价值冲突时,直接选取排序在前的价值加以保护。

2. 功利主义原则(或利害原则、苦乐原则),即选取在结果上最能够实现"最大多数人的最大幸福"的价值加以优先保护。

3. 比例原则,即为了保护优先级较高的价值而需限制优先级较低的价值时,应选择对优先级较低价值侵害最小的方式进行,不能超过必要限度。

4. 个案平衡原则,即处于同一位阶上的法的价值之间发生冲突时,必须综合考虑主体之间的特定情形、需求和利益,以使个案的解决能够适当兼顾各方利益。

课后作业

一、关键词解释

1. 价值

2. 法律价值

二、选择题

1. 有时被称为价值法学的是(　　)

A. 自然法学　　B. 社会法学

C. 综合法学　　D. 分析法学

2. 下列关于法律价值的表述错误的是(　　)

A. 法律价值问题就是"法律应该是什么"的问题

B. 法律价值就是法律对社会发挥的功能

C. 法律价值不一定能够说明法律是如何发挥作用的

D. 实现秩序是法律追求的终极价值

3. 体现法律的本质属性和使命的是(　　)

A. 法律的目的价值　　B. 法律的规范价值

C、法律的工具价值　　D. 法律的社会价值

4. 出租车司机甲送孕妇乙去医院,途中乙临产,情形危急。为争取时间,甲将车开至非机

动车道掉头,被交警拦截并被告知罚款。经甲解释,交警对甲未予处罚且为其开警车引道,将乙及时送至医院。对此事件,下列哪一项表述是正确的?(　　)

A. 在此交通违章的处理中,交警主要使用了形式逻辑的推理方法

B. 警察对违章与否的解释属于"行政解释"

C. 在此事件的认定中,交警进行了法律价值判断

D. 此事件所反映出的价值之间没有冲突

5. 某外国电影故事描写道:五名探险者受困山洞,水尽粮绝,五人中的摩尔提议抽签吃掉一人,救活他人,大家同意。在抽签前摩尔反悔,但其他四人仍执意抽签,恰好抽中摩尔并将其吃掉。获救后,四人被以杀人罪起诉并被判处绞刑。关于上述故事情节,下列哪些说法是不正确的?(　　)

A. 其他四人侵犯了摩尔的生命权

B. 按照功利主义"最大多数人之福祉"的思想,"一命换多命"是符合法理的

C. 五人之间不存在利益上的冲突

D. 从不同法学派的立场看,此案的判决存在"唯一正确的答案"

6. 临产孕妇黄某由于胎盘早剥被送往医院抢救,若不尽快进行剖宫产手术将危及母子生命。当时黄某处于昏迷状态,其家属不在身边,且联系不上。经医院院长批准,医生立即实施了剖宫产手术,挽救了母子生命。该医院的做法体现了法的价值冲突的哪一解决原则?(　　)

A. 价值位阶原则　　B. 自由裁量原则

C. 比例原则　　D. 功利主义原则

三、材料论述题

[**材料**]

某市为加强道路交通管理,规范日益混乱的交通秩序,决定出台一项新举措,由交通管理部门向市民发布通告,凡自行摄录下机动车辆违章行驶、停放的照片、录像资料,送经交通管理部门确认后,被采用并在当地电视台播出的,一律奖励人民币200~300元。此举使许多市民踊跃参与,积极举报违章车辆,当地的交通秩序一时间明显好转,市民满意。新闻报道后,省内甚至外省不少城市都来取经、学习。但与此同时,也发生了一些意想不到的事:有违章驾车者去往不愿被别人知道的地方,电视台将车辆及背景播出后,引起家庭关系、同事关系紧张,甚至影响了当事人此后的正常生活的;有乘车人以肖像权、名誉权受到侵害,把电视台、交管部门告上法庭的;有违章司机被单位开除,认为是交管部门超范围行使权力引起的;有抢拍者被违章车辆故意撞伤后,向交管部门索赔的;甚至有利用偷拍照片向驾车人索要高额"保密费"的,等等。报刊将上述新闻披露后,某市治理交通秩序的举措引起了社会不同看法和较大争议。

[**要求**]结合以上材料,分析讨论如何看待法律价值及其冲突问题。

课后参阅论文

1. 陈瑞华:《程序价值理论的四个模式》,载《中外法学》1996 年第 2 期。
2. 秦策:《法律价值目标的冲突与选择》,载《法律科学》1998 年第 3 期。
3. 陈东升:《冲突与权衡:法律价值选择的方法论思考》,载《法制与社会发展》2003 年第 1 期。
4. 刘爱龙:《法理学三十年之法的价值问题研究述评》,载《北方法学》2009 年第 1 期。
5. 何柏生:《论法律价值的数量化》,载《法律科学》2011 年第 6 期。
6. 陈景辉:《法律的内在价值与法治》,载《法制与社会发展》2012 年第 1 期。
7. 张波:《助法行为及其价值研究》,载《政法论坛》2013 年第 2 期。
8. 付子堂、宋云博:《对"法的目的"传统理论之批判与反思》,载《政法论丛》2014 年第 2 期。
9. 陈金钊:《"社会主义核心价值观融入法治建设"的方法论诠释》,载《当代世界与社会主义》2017 年第 4 期。
10. 周尚君:《地方政府的价值治理及制度效能》,载《中国社会科学》2021 年第 5 期。

延伸阅读

作为法理学的重要论题,法律价值论是一个庞大的理论体系,需要从总体上进行系统把握。卓泽渊教授的《法的价值论》对法律价值理论进行系统研究。该书分为上、中、下三篇。上篇为"法的价值总论",主要论析了法的意义和法的价值概念,以及法的价值主体、体系、观念等问题。中篇为"法的价值目标",主要论析了生命、自由、平等、人权、秩序、公正、人的全面发展等重要价值。下篇为"法的价值实现",主要论析了法的价值实现条件和障碍、法的价值评价、法的价值冲突和解决等重要问题。参阅卓泽渊的《法的价值论》(第 3 版)(法律出版社 2018 年版)。

第六章　法律与正义

知识结构图

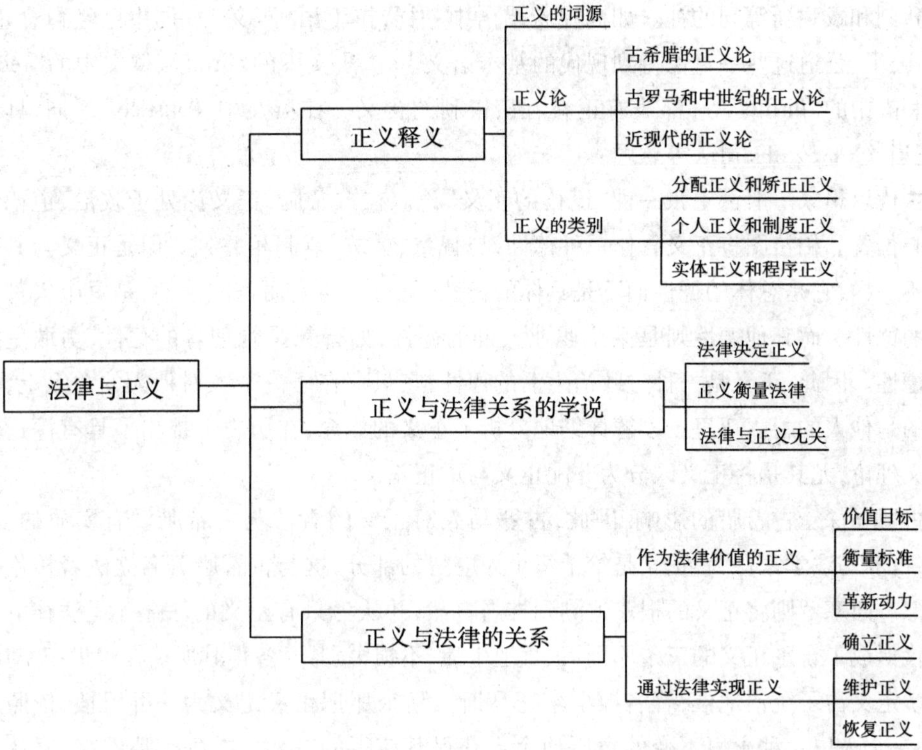

第一节 正义释义

一、正义与正义论

正义是人类普遍公认的崇高价值。在汉语里,正义即公正的道理,与公平、公道、正直、正当等相连。在古希腊,"正义"一词来源于女神狄刻的名字,狄刻是正义的化身,主管人间是非善恶的评判,她是宙斯同忒弥斯之女,忒弥斯是司法律和秩序的女神,在希腊人的雕塑中忒弥斯手执聚宝角和天平、眼上蒙布,以示不偏不倚地将善物分配给人类。拉丁语中"正义"(Justice)一词得名于古罗马正义女神禹斯提提亚(Justitia)。禹斯提提亚是同希腊正义女神狄刻和忒弥斯等同的神。如同在希腊语中一样,拉丁语"正义"一词中已经包含正直、无私、公平、公道这些一直保持到现代的基本语义。[1] 法文中的"droit"、德文中的"recht"、意大利文中的"diritto"等,都兼有正义、法、权利的含义。在英文中,"justice"一词,具有正义、正当、公平、公正、司法等意思。

古代思想家一般都主张一种"道德的正义"论。在古希腊,正义论处于政治、道德哲学的中心位置。柏拉图将正义看作一种德性,与智慧、勇敢、节制相并列。但是正义与其他的德性不一样,它是总体的德性而不是具体的德性,是对一切人而言的德性,是每个人都可以做到的德性。而其他德性则是某个职业人群的德性,如智慧是管理者的德性,勇敢是护国者的德性。因此,正义是一种过政治生活的德性,它只存在于一个人对他人的关系上,并且关切的是他人的善。亚里士多德详细地分析了正义的概念,在历史上提出了具有深远影响的正义理论,尤其是将正义区分为分配正义与矫正正义。

古罗马深受古希腊的影响,因此,古罗马人对正义的看法与古希腊没有实质的变化。例如,古罗马法学家认为,正义是给予每个人应得的部分,这与古希腊著名立法者梭伦的思想相似。西塞罗则将正义的根基追溯到神与自然,并认为只有正义的法律才是法律。古罗马时代形成了合乎正义的三条原则:正直地生活、不损害别人、各得其所。在中世纪,对正义的神学定义占了统治地位,著名神学家托马斯·阿奎那把正义定义为一种习惯,依照这种习惯,一个人以一种永恒不变的意愿使个人获得其应得的东西。在阿奎那看来,服从上帝就是正义。

到了近现代,正义的观念发生了巨大的转变,其中最显著的变化就是个人本身成为正义最重要的内容,20世纪中期之后,平等话语的地位逐步提升。在近代早期,英国的霍布斯将思考社会问题的基点转移到了个人自身,尤其是个人的生命。因此,虽然他强调主权者的决定性作用,并认为只有在确定的秩序下才有正义,但他同时指出,如果主权者发布的法律威胁到个人的生命,任何个人都可以起而反抗。边沁的功利主义正义观主张,正义的标

---

[1] 廖申白:《论西方主流正义概念发展中的嬗变与综合》(上),载《伦理学研究》2002年第2期。

准应建立在“功利”的基础上,即以个人的幸福或痛苦为计算单位,最大多数人的最大幸福成为判断是非的标准。

比利时法学家佩雷尔曼(C. Perelman)对形式正义理论作过系统阐述。他认为,对每个人来说,正义总是意味着某种平等。形式正义,笼统地说,就是抽掉了正义的实质内容,要求不管人们出自何种目的,不管在何种场合,都要以同一方式待人,正义总是意味着平等,意味着同等待人。正义就是给予人——从某一特殊观点看来是平等的人,即属于同一“基本范畴”的人同样的待遇。

美国当代著名政治哲学家约翰·罗尔斯(John Rawls)的正义学说被称为“社会正义论”或“体制正义论”。他在《正义论》中指出:“正义的主要问题是社会的基本结构,或者准确地说,是社会主要制度分配基本权利和义务,决定由社会合作产生的利益之划分的方式。”[2]他提出了正义的两个基本原则:第一,“最大的平等自由原则”(principle of greatest equal liberty),即每个人都应平等地享有基本的自由,包括政治、言论、集会、良心、思想、人身、占有个人财产、不受专横地逮捕与剥夺财产的自由;第二,“差异原则”(difference principle),即确立社会和经济的不平等时,应当对整个社会,特别是应当对处于最不利地位的人有利,而且所有的社会地位和官职对一切人开放或提供平等的机会。

此外,还有一种“经济正义论”,强调正义与否的关键在于能否处理好公平和效益的关系。按照传统观念,公平是正义的核心,然而,效益和公平都是社会应有的美德,是法律应当促成实现的价值。这两种美德(价值)可以和谐共存,但又经常处于张力之中。当公平与效益出现尖锐冲突时,就必须在两者之间作出选择。[3] 值得关注的是,近年学术界特别着力于研究正义内涵的扩展问题,提出了网络正义、空间正义等新概念。

诚如凯尔森所言,“什么是正义”是人类永恒的问题,除了正义,“没有其他问题被如此热烈地讨论过;没有其他问题使我们挥洒这么多宝贵的鲜血和痛苦的眼泪;从柏拉图到康德,没有其他问题是最杰出的思想家如此深入思考的对象;然而,这个问题直到今天仍然没有得到解答”。[4] 虽然客观的正义是存在的,具有超越性,但给正义下一个涵盖历史上各种正义理论的综合定义却难以做到。具体的正义理论和正义标准必然依赖于具体的时代情境,并由具体的个人或群体提出及接受,因此,正义在实践中呈现出一定的变动性。然而,这并不意味着正义完全是主观的信念,相反,这只是表明正义既有客观的抽象价值,又有具体的表现形式。价值虚无主义无法解释为什么人们具有类似的正义感,而价值相对主义则难以澄清为何跨越文化和地域的人们会对某些重要事项共享正义与否的判断。尽管无法给正义确立一个完整的定义,但正义作为基本价值判断基准的特性始终存在。毫无疑问,正义与和平、发展、公平、民主、自由等一体,反映了世界各国人民普遍认同的价值理念的最大公约数,凝聚了人类不同文明的价值共识,超越了意识形态、社会制度和发展水平差异,顺

[2] [美]罗尔斯:《正义论》,何怀宏等译,中国社会科学出版社 1988 年版,第 5 页。

[3] 何建华:《经济正义论》,上海人民出版社 2004 年版,第 57 页。

[4] Hans Kelsen, *What is Justice? Justice, Law, and Politics in the Mirror of Science*, University of California Press, 1971, p. 1.

应历史潮流,契合时代需要,构成了全人类共同价值。

二、正义的类别

(一)分配正义和矫正正义

分配正义考虑的是每个人各得其所。在这里,“正义”意味着与某种标准相称的分配比例。此等标准可能要求政治权力的分配必须以人们的贡献大小为依据;也可能是人们只有具有一定的名望、身份或财富,才能作为要求官职和荣誉的理由。总之,分配正义是指根据每个人的实际情况来分配权力和荣誉。矫正正义不考虑当事人的地位,只要一个人对另一个人造成了损害,就必须弥补该损害。两者的区别在于,前者强调的是根据比例进行分配,而后者是对损害进行等价补偿。

(二)个人正义和制度正义

个人正义即在制度本身具有正义性且个人已接受该制度所安排的利益时,个人应受到的对待;制度正义即社会基本结构的正义。制度正义是首要的正义。因为社会基本结构对个人生活有着根本而贯穿性的影响。它构成了个人和团体的行为发生的环境条件;关于人的行为公正与否的判断,往往是根据社会基本结构的正义标准作出的。例如,当判断一个法官的判决是否公正时,人们使用的公正标准通常是现行的法律制度。这就说明,社会基本结构的正义是关于大是大非的问题,即社会正义问题。社会基本结构的正义标准是个人行为正义与否的尺度。

(三)实体正义和程序正义

实体正义是对实体权利与义务的正当安排,它为社会提供一种秩序,使人们都能发挥自己的才能,享有自由、平等与安全。程序正义实际是一种以程序解决社会冲突的正义,它要求坚持公正的程序标准解决纠纷。程序正义的实现可以使国家权力与公民权利得以协调,并在两者的互动中使实体正义得以实现。因此,程序正义是实现实体正义的前提,没有程序正义的保障就没有实体正义的实现。但同时还有一种不依赖实体正义的独立的程序正义。比如,经过正当程序的审判,尽管不能保证所有处理结果都能实现实体正义,但当事人能够接受;相反,尽管处理结果公允但未经正当程序的审判,当事人仍然会对处理结果的公允性发生怀疑,甚至难以接受。正如美国学者萨默斯(Robert S. Summers)所说,程序正义特别表现为独立存在的程序价值(process value),即据以将一项法律程序判断为好程序的价值标准。在此意义上,程序正义是独立的价值标准,不以实体处理结果的好坏为转移。

第二节 关于正义与法律关系的学说

法律与正义天然密切相关。我国古代思想家强调法“天”,天即“无私、公正”。我国古籍《说文解字》一书中对于“法”字的解释,也含有“公平”的意思。在俄国,古代法典《罗斯真理》中的“法”，既作“真理”解，又作“正义”解。古罗马法学家乌尔比安就认为，法学是“关于正义与不正义的学问”。另一法学家凯尔苏斯称，法律是“善和正义的艺术”。可见法律与正义的关系确非寻常。

法律与正义的关系一直是思想家、法学家们密切关注的问题之一。他们从不同的角度，对法律与正义的关系进行了探讨。总括起来，代表性的学说主要有以下三种：

第一，法律为正义奠定了原则基础，提供了正义的标准。这种观点认为，法律本身就代表正义，即是否正义由法律决定。霍布斯认为，只有主权者制定的命令才能确定什么是正义的和什么是非正义的。自然法和实在法是互相包容而范围相同的，人们把自己的权力转交给了主权者，所以人们自己是实际上的法律制定者；离开主权者的命令，不可能有是非、有正义与非正义。

第二，正义为法律奠定了原则和基础，是衡量法律好坏的标准。这种学说认为，正义和法律密不可分，正义是法律的内容和法律的尺度，法律是正义的体现和实现正义的手段，法律必须蕴藏、体现和实施正义，反之就不是法律。自然法学派的众多思想家认为，法律与正义有密切关系，自然法是理性的体现，代表正义，实在法应根据自然法制定。自然法、正义是衡量实在法好坏、善恶的唯一标准，“恶法非法”。如格劳秀斯认为，自然法是正义的理性法则，任何与理性相适应的行为就是道义上的公正行为，反之就是道义上的恶；法律纵使无武力做后盾，也并非毫无效力，因为遵守法律就是正义，而正直者的良心赞成正义谴责非正义。罗尔斯主张，正义创造法律，法律是依附于正义的。博登海默也认为正义是衡量法律好坏善恶的标准，但不是唯一标准。

第三，法律与正义无关，至少没有必然的联系。这种观点既否认正义是法律的价值和标准，也否认法律是正义的基础和尺度。多数法律实证主义法学家就持这种观点。他们注重分析法律的形式和结构，而不是道德和社会内容，在观察法律结构时，不考虑规范的内容是否正义，而是力图把法学与其他学科，如伦理学、心理学、社会学分开。法律实证主义的奠基人英国的约翰·奥斯丁认为法理学只研究实在法，而不考虑这些法律本身的好坏，认为法律的存在是一回事，法律的好坏是另一回事，主张“恶法亦法”。凯尔森提出“纯粹法学”，他试图将构建一种纯粹而普遍的法律理论，将所有不确定因素都排除出去，他认为正义是特定社会生活的结果，不是普遍的纯粹法学关注的对象。20世纪法律实证主义最杰出的代表赫伯特·哈特认为，法律和道德之间没有必然联系，他实际上坚持了奥斯丁所称的法律和道德相分离的观点，在此视角下，法律存在与否和正义没有直接关系，但他同时认为，人们有权反抗暴虐的法律。

第三节　作为法律价值的正义

一、正义表现为一种法律的价值目标

正义蕴含公平、平等、公道等价值内涵，是政治社会中各种价值体系所追求的最高目

标。法律作为一种最具权威性的价值体系和规范体系,自然也应将实现正义作为自己最终的理想目标。在西方法律思想史上,与正义观念共存并纠缠在一起的是自然法这个概念。自然法的学说,在一定意义上可以说是关于正义的理论,因为它表示一种对正义秩序的信念。自然法的学说认为这种正义秩序是普遍适用的,并且是各种形式的成文法所能存在和有效的根据;因而,实在法必须与自然法相结合,否则就不是"善法",而是"恶法"或"非法"。在中国法律思想史上,特别是在儒家的传统观念中,与西方自然法观念相类似的主张是一套以"仁"为核心、以"礼"为形式的道德法则。"仁""礼"作为理想观念,与自然法具有相同的性质。它所追求的是一种理想的、道德的社会秩序或宇宙秩序。实在法则是这些道德规范的必要补充。在新时代中国特色社会主义的法治理论和实践中,也非常强调公平正义作为法律的价值目标。公正是社会主义核心价值观的重要内容,习近平总书记在一系列重大场合中多次强调,公平正义价值之于法治和法律的重要意义。比如,在阐释"坚持全面推进科学立法、严格执法、公正司法、全民守法"这一项习近平法治思想的核心要义时,习近平总书记明确提出,"要健全社会公平正义法治保障制度,努力让人民群众在每一个司法案件中感受到公平正义"[5]。

二、正义既是法律原则又是衡量法律优劣的标准

正义观既是评价人们行为公正与否、善良与否的标准,也是评价现实法律的重要标准。正义观念存在某些客观的、相对稳定的原则和准则。人们期望通过正义的法律原则,建立起个人和其他主体(社会、公众、政府或个人)以及各主权国家之间的和谐关系。同时,正义也意味着在特定案件中正确运用法律原则所应得到的理想结果。正义与否往往是由多数人进行评判的。正义观念中也存在某些相对稳定的内涵,或者说是最低限度的正义要求。比如,任意杀害一个清白无辜的人是应受谴责的;未违法者不应被判有罪;双方当事人都应获得陈述己见的机会;任何人均不应在涉及自己的案件中充当法官,等等。相对稳定的正义观念就是衡量法律优劣的基本标准。在制定法律时,立法者就不可能不以一定的正义观念作指导并将这些正义观念体现在具体的法律规范之中。就执法而言,首先,要以法律规范中的正义观念为指导;其次,也要受执法者本人正义观念的左右。法律能否被良好遵守的制约因素是多重的,其中极其重要的因素就是法律本身是否具有正义性,具有多大程度的正义性,以及社会民众的正义观念如何,法律所包含的正义观念与社会民众的正义观念是否吻合。没有这些标准,就没有可行的法律制度。

三、正义推动法律的革新

正义作为法律的最高目的,作为区别良法与恶法的标准,始终是法律进化的精神动力。作为一种社会观念和社会准则,正义呈现出各种表现形式,不同时代的正义观念具有一定

---

〔5〕 习近平:《坚定不移走中国特色社会主义法治道路 为全面建设社会主义现代化国家提供有力法治保障》,载《求是》2021年第5期。

的差异。社会正义观的进步,常常是法制改革的先驱。人们在评价法律是否优良或合理时,总是以特定时代的正义观念作标准。正义与自由平等不可分,而对自由平等的最大威胁来自政府滥用权力,正是在正义观念推动下,人类创制了以控权为主旨的宪法和行政法。正义目标的实现要求严格、明确、公正、公开的程序,正义成为程序法进化的直接推动力量。例如,英美法系的正当程序原则大大推动了整个法律程序的理性化、科学化。由于正义的最低要求是相同的情况相同对待,所以正义提高了法律的普遍性。同时,正义要求标准的同一性,符合人们对平等的需求,从而推动法律平等的实现。

第四节　通过法律实现正义

一、通过立法分配权利以确立正义

正义只有通过良好的法律才能实现,立法使正义的要求规范化、明确化。"既然正义秉性的特征是他律,它就只能在一定条件下才能导致正义的行为。为了克服这一条件性,使正义具有自律的外表,社会必须诉诸法律。法律的强制手段迫使人们遵守正义规范,不论他们是否情愿。"[6]任何一个时代的立法,都或多或少地包含一定的社会正义内容。一般来说,正义的要求先于法律的制定,由正义的要求引发立法动机和立法行为,从而使一定的正义要求通过法律形式固定下来。通过立法把正义的原则法律化、制度化,并具体化为权利、义务和职责,实现对资源、社会利益和负担进行权威的、公正的分配。在这种权利义务的分配中,基本权利和义务的分配是根本性的与决定性的。当然,通过权利、义务的分配所确立的正义,只是法律规范意义上的正义。这种法律规范意义上的正义是否能转化为社会现实,既要取决于法律所确认的正义本身的性质、内容,也要取决于法律正义得以实现的条件、手段、方式和途径等。规范意义上的法律正义与社会实践中的法律正义往往有着相当大的差距。同时,即使国家法在本质上是正义的,但一些规范性法律文件也可能因历史条件的变化而失去合理性成为非正义的东西,这就要求加强法律的立、改、废工作,实现立法活动的科学化和民主化。

二、通过惩罚非正义行为以维护正义

正义是法律的价值目标,法律是实现正义的手段。如果正义的要求通过法律形式被固定下来,那么忠实地实施法律就是正义的;如果正义的要求在法律规定中尚未充分固定下来,那么就有必要由执法机关加以弥补。正义作为社会价值可能会遭到各种形式的侵犯,法律依靠其强制性,裁决纠纷,惩治非正义行为,为受害人讨还"公道"。以刑罚为代表的法律上的惩罚之基本目的,主要体现为报应。报应就是通过惩罚罪恶表达正义观念,恢复社

---

〔6〕　慈继伟:《正义的两面》,生活·读书·新知三联书店2001年版,第33页。

会心理秩序。犯罪不仅是违反法律、危害国家和社会利益的行为,而且是违反正义观念的邪恶行为。因此,出于正义的要求,对于恶行应该作出否定评价,对于善行应该给予褒扬。这是基于道义要求所产生的正义观念的应有内涵。在关于惩罚的理论中,包含惩罚的理由、惩罚的对象以及什么是适当的惩罚等问题。无论如何理解惩罚的性质,人们都不能否认惩罚具有伸张正义的作用。当然,社会的发展要求当某种行为由道德或其他社会规范进行调整便足以胜任时,作为维持社会正义最后一道防线的刑法,便不应当轻易介入。

三、通过公正地补偿损失以恢复正义

法律要切实保障正义,必须使因违法犯罪而蒙受的损失受到补偿,从而使正义得到修复。为此,首先,必须有一套公开解决纠纷的规则和程序,并且这些规则和程序必须具有普遍的意义和公正的内容;其次,适用这些规则时,应公正无私、不偏不倚。在现代社会,为了保障冲突和纠纷的公正解决,法律所提供的规则和程序主要有:审判公开,即案件的审理公开进行,接受社会的监督,但不受社会舆论左右;回避制度,即任何人不应审理与自己有利害关系的案件,法律纠纷应该由超然于当事人的第三者来进行审理;律师自由,即律师能够没有顾虑地为当事人提供必要的法律服务;当事人的权利平等,即冲突和纠纷双方均应享有有关程序法规定的诉讼权利,并有公平的机会进行辩论和出示证据;案件的处理应当及时、高效;应有上诉和申诉制度,从而实现上级法院对下级法院判决的公正性和合法性进行审查等。实现正义是法律的出发点,也是法律的归宿。总之,法律在本质上有着追求和实现正义目标的取向,法律的特殊品格使它能够成为维护和促进正义最可靠的保障。

课后作业

一、关键词解释

1. 正义
2. 法律正义
3. 具体正义

二、选择题

1. 亚里士多德把正义分为(　　)

A. 平等的正义　　B. 形式的正义

C. 实质的正义　　D. 分配的正义

2. 罗尔斯认为,正义的主要问题是(　　)

A. 社会的基本结构　　B. 最大的均等自由原则

C. “差异原则”　　D. 每个人都应平等地享有基本的自由

3. 分配正义与平均正义的区别在于(　　)

A. 分配正义强调的是对同等人的同等对待

B. 平均正义要求根据每个人的实际活动来分配权力和荣誉

C. 平均正义要求对一切人都同等对待

D. 分配正义强调对不同等人的不同等对待

4. 认为“法律与正义无关,至少没有必然的联系”的是( )

A. 霍布斯 B. 格劳秀斯

C. 罗尔斯 D. 凯尔森

5. 法律的正义价值体现为( )

A. 追求正义的实现,是法律首要的和最高的理想

B. 正义是一种现实的可操作的法律原则

C. 正义始终是法律进化的精神动力

D. 正义是衡量法律优劣的尺度和标准

三、材料论述题

[**材料**]

被告是纳粹党人的中级官员,1945 年 3 月被任命为“与失败主义进行斗争并提高抵抗意志”的特别专员。他从情报中了解到原告及其丈夫在自己家中藏了一个有半犹太血统的妇女,以保护她不被盖世太保(纳粹党秘密国家警察)逮捕。同时原告及其丈夫还正在为盟国军队(美英军队)准备纳粹党官员名单。被告迅速地逮捕了原告及其丈夫。在原告丈夫企图逃跑时,被告开枪将其击毙。但第二天被告作证说原告丈夫死于心脏病急性发作。这一案件中的一个法理学上的问题是:被告能否以执行国社党命令而逃避自己罪责。法院否认以执行 1945 年 3 月国社党紧急命令作为辩解的合法性。该命令规定德国所有武装人员负有不经审讯击毙逃跑者的义务。法院特别支持拉德布鲁赫的这一观点:一个完全否认平等原则的实在法丧失了法律性质。它还否认有些国社党法学家的一个观点:希特勒的任何有关法律的宣告都可以被认为是具有法律效力的规范。法院认为,这种观点是“法律界成员的自甘堕落以献媚于一个专制者。从法治观点来看,这种观点是不值一驳的”。

[**材料来源**]沈宗灵:《现代西方法理学》,北京大学出版社 1992 年版,第 50 页。

[**要求**]结合以上材料,讨论如何看待法律的正义性问题。

课后参阅论文

1. 陈瑞华:《程序正义论——从刑事审判角度的分析》,载《中外法学》1997 年第 2 期。

2. 孙笑侠:《法的形式正义与实质正义》,载《浙江大学学报(人文社会科学版)》1999 年第 5 期。

3. 江山:《再说正义》,载《中国社会科学》2001 年第 4 期。

4. 张恒山:《论正义和法律正义》,载《法制与社会发展》2002 年第 1 期。
5. 廖申白:《〈正义论〉对古典自由主义的修正》,载《中国社会科学》2003 年第 5 期。
6. 孙海波:《在“规范拘束”与“个案正义”之间——论法教义学视野下的价值判断》,载《法学论坛》2014 年第 1 期。
7. 邓晓芒:《中西正义观之比较》,载《华中科技大学学报(社会科学版)》2015 年第 1 期。
8. 张中秋:《中国传统法律正义观研究》,载《清华法学》2018 年第 3 期。
9. 杨国荣:《重思正义——正义的内涵及其扩展》,载《中国社会科学》2021 年第 5 期。
10. 靳文辉:《空间正义实现的公共规制》,载《中国社会科学》2021 年第 9 期。

延伸阅读

正义是一个宏大的理论问题,古今中西关于“何为正义”有着不尽相同的理解。关于古代正义理论的典型阐述,可以阅读亚里士多德的《尼各马可伦理学》第 5 卷,其中充分讨论了正义的各种分类,包括分配正义和矫正正义。深入理解西方现代正义理论,可以阅读罗尔斯的《正义论》,尤其是该书第二章“正义的原则”,罗尔斯在这一章讨论了这些论题:作为正义的主题的制度、形式的正义的概念、三种程序上的正义、善的地位、在什么意义上正义原则是平等主义的,等等。关于中国特色社会主义法治语境中的正义观念,孙国华教授的《公平正义与中国特色社会主义法治》在梳理西方和中国古今公平正义理论基础上,着重阐述了马克思主义公平正义理论的基本立场、中国特色社会主义公平正义理论的要义,探讨中国特色社会主义事业进程中通过法治实现社会公平正义的实践问题。参阅亚里士多德的《尼各马可伦理学》(廖申白译,商务印书馆 2003 年版),罗尔斯的《正义论》(何怀宏、何包钢、廖申白译,中国社会科学出版社 1988 年版),孙国华的《公平正义与中国特色社会主义法治》(中国人民大学出版社 2018 年版)。

第七章　法律与人权

知识结构图

- 法律与人权
  - 人权释义
    - 人权的历史发展
    - 人权的基本内涵
    - 三种存在形态
      - 应有权利
      - 法律权利
      - 实有权利
  - 法律的自由价值
    - 自由释义
      - 积极自由和消极自由
      - 古代人的自由和现代人的自由
      - 共和主义自由
    - 法律自由的三层含义
      - 规范化的外在自由
      - 权利形式
      - 相对性
    - 法律与自由的关系
      - 通过法律实现自由
        - 化为权利
        - 确定范围
        - 增加效能
        - 提供保障
      - 法律对自由的限制
        - 伤害原则
        - 冒犯原则
        - 家长主义原则
        - 法律道德主义原则
  - 法律的平等价值
    - 平等释义
      - 平等概念的发展
      - 理解平等的三个方面
        - 道德平等
        - 机会平等
        - 福利平等
    - 法律平等
    - 法律的平等价值
      - 化为权利
      - 提供标准
      - 实现手段
  - 法律的人权价值
    - 人权与法律的一般关系
      - 人权对法律的作用
        - 作为源泉
        - 作为标准
        - 作为价值目标
      - 法律对人权的作用
        - 国内法保护
        - 国际法保护
    - 中国对人权的认识和保障

第一节 人 权 释 义

一、人权的历史发展

人权是现代文明的结晶,是现代社会价值的根本体现,构成了现代政治和法律实践及理论的核心。人权问题是近现代以来人类普遍关注的最重大的问题之一,如何维护和保障人权也是当今世界面临的重大的、严峻的挑战。

现代意义上的人权发展大致可以分为三个发展阶段。第一个阶段产生于1789年法国大革命,其主要内容是个人基本权利和公民政治权利,其特点是强调人权的自由性、消极性,即保护公民自由免遭国家专横行为之害,因此,人权实现的途径集中于国家权力的限制。第二个阶段产生于1917年俄国十月革命之后,其内容是经济、社会和文化权利,其特点是强调人权的平等性、积极性,要求国家采取积极行动保障公民平等地享受经济、社会和文化权利。第三个阶段是随着20世纪五六十年代殖民地和被压迫人民的解放运动而产生出来的,其内容主要包括民族自决权、发展权、各国对其自然资源享有的充分主权等。

(一)近代以前的人权

古代没有人权的观念。现代意义上的人权最早可以追溯到欧洲中世纪。1215年,英国国王被迫签署《大宪章》,同意贵族们在《大宪章》中提出的要求。该宪章第29条规定:"对于任何自由民,除非经过与其地位相同的人们或国家法律的合法判决,不得予以逮捕、监禁、流放和处死。"这条规定即后来的"正当程序原则",成为基本人权及其他人权的屏障。《大宪章》是英国历史上最重要的政治、法律文件之一,构成了英国人权保护的基础。1640年和1689年英国先后颁布了《人身保护令》和《权利法案》,它们对保护人的基本权利作出了更为细致的规定。

(二)第一代人权:近代自然权利理论及其影响

近现代意义上的西方人权理论,源于欧洲中世纪末的"文艺复兴"运动。这场运动是新兴的资产阶级在意识形态领域内同封建专制和神权政治进行的一场大搏斗,在历史上具有重大意义。"文艺复兴"时期最主要的思潮是人文主义。以个人主义为核心的人文主义,以自由、平等为口号的人道主义,以唯心史观为基础的抽象的人性论,成为资产阶级人权理论最早的思想渊源。

17世纪由资产阶级思想家最早提出的"自然权利"观念,使人权理论开始走向系统化。"自然权利"的口号是荷兰资产阶级思想家格劳秀斯首先提出来的。古典自然法学派的创始人格劳秀斯(Hugo Grotius)在《战争与和平法》一书中,专章论述了"人的普遍权利"问题。现代人权理论的真正奠基人是英国哲学家霍布斯(Thomas Hobbes)。在《利维坦》第14章"论第一及第二自然律以及契约法"中,霍布斯率先对人的自然权利作出了革命性和奠基性的阐释:"著作家们一般称之为自然权利的,就是每一个人按照自己所愿意的方式运用自己的力量保全自己的天性——也就是保全自己的生命——的自由。因此，这种自由就是用他自己的判断和理性认为最适合的手段去做任何事情的自由。”[1]人的自然权利就是处于自然状态之下的个人的权利。按照这种理解，个人先于国家存在，国家是由处于自然状态中的个人相互缔约并且转让一部分自然权利而形成的。国家是最小的恶，它的产生和存在是为了保护个人的不可剥夺、不可转让的自然权利。之后，英国思想家洛克(John Locke)进一步阐发了自然权利学说。洛克认为，自然权利是指人本身所固有的权利，包括人的生存权(生命权)、平等权、自由权和财产权。他认为，人的生命是上帝赐予的，人生来就平等地享有生存权；人的自由是保护生命、追求财产的前提；人的财产权是维护生存和享受自由的基础。因此，生存权、平等权、安全权、自由权、财产权、反抗压迫权、追求幸福权等自然权利，人人都要享有，且不受侵犯。后来，法国的孟德斯鸠和卢梭，美国的潘恩和杰弗逊等人权的崇信者，都继承和发展了洛克的自然权利学说。

1776年美国的《独立宣言》和1789年法国的《人权宣言》，以政治宣言的形式弘扬了“自然权利”的思想。美国《独立宣言》宣称：“我们认为这些真理是不言而喻的：人人生而平等，他们都从他们的‘造物主’那边被赋予了不可转让的权利，其中包括生命权、自由权和追求幸福的权利。为了保障这些权利，人类才在他们之间建立政府，而政府之正当权力，是经被治理者的同意而产生的。当任何形式的政府对这些目标具破坏作用时，人民便有权力改变或废除它，以建立一个新的政府；其赖以奠基的原则，其组织权力的方式，务使人民认为唯有这样才最可能获得他们的安全和幸福。”法国《人权宣言》被称为“旧制度死亡的证明书”，它在历史上第一次以法律的形式提出了保护“人权”的口号，并庄严宣称：“在权利面前人们生来而且始终是自由平等的”，“任何政治结合的目的都在于保存人的自然的和不可动摇的权利，这些权利就是自由、财产安全和反抗压迫”；它提出建立一个保护人权的政府，“凡权利无保障……的地方，就没有宪法”。法国《人权宣言》表达了“主权在民”的思想，提出了保护人权的法律原则。这个宣言后来成为法国宪法的序言。美国《独立宣言》和法国《人权宣言》成为其后200余年以来人权理论和实践的基石。

《人权宣言》在资本主义社会有着比较广泛的影响，在历史上具有进步作用。从《人权宣言》的提出到它在世界范围内的实现，必然要经历一个艰难曲折的过程。因此，人权问题此后也逐渐演变为一个国际化的问题。19世纪，国际人权保障主要限于禁止贩奴和保护战争受害者的权利。在20世纪，特别是对第二次世界大战中希特勒纳粹政权野蛮侵犯人权、大规模屠杀犹太人的种族灭绝行为的深刻反思，促使正义之士将人权国际化进程推向了高潮。第二次世界大战以后，一系列保护人权的国际宣言、条约迅速达成。1945年10月生效的《联合国宪章》宣布：“决心要保全后世以免再遭我们这一代人类两度身历的惨不堪言的战祸，重申对于基本人权、人格尊严和价值以及男女平等权利和大小国平等权利的信念。”

(三)第二代人权：社会主义革命对人权的促进

随着社会主义革命的胜利，不同于以往的消极的个人权利以及公民权利和政治权利的

---

[1]　[英]霍布斯：《利维坦》，黎思复、黎廷弼译，商务印书馆1985年版，第97页。

经济、社会和文化权利得到突出和强调,并在1948年《世界人权宣言》中与自然权利一道得到承认。《世界人权宣言》第22条宣布:"每个人,作为社会的一员,有权享受社会保障,并有权享受他的个人尊严和人格的自由发展所必需的经济、社会和文化方面各种权利的实现。"1966年联合国大会通过的《国际人权公约》即由《公民权利和政治权利国际公约》和《经济、社会及文化权利国际公约》(和《任择议定书》)一起构成。经济、社会和文化权利的主要内容包括工作和闲暇的权利,公正和良好的工作条件的权利,组织和加入工会的权利,社会保障的权利,家庭、母亲、儿童和少年受特殊保护的权利,相当生活水准的权利,身心健康的权利,受教育的权利及参加文化生活的权利,等等。

(四)第三代人权:第三世界国家的斗争对人权的发展

20世纪后半叶,第三世界国家纷纷走上人权斗争的舞台。1966年《国际人权公约》承认上述两种权利的同时,突出地确认了民族自决权、自然资源和财富的主权等人权内容。1977年召开的第32届联合国大会,通过了由第三世界国家提出的《关于人权新概念的决议案》,强调国家主权、民族自决权、发展权是基本人权。从此,人权的概念不仅突破了个人的范围,还超出了国界成为国际问题,形成国际法上的一个基本原则。第三世界国家对于人权理论的主要贡献,就在于提出并论证了发展权是一项不可剥夺的基本人权。1981年非洲统一组织通过的《非洲人权与民族权宪章》则首次确认了发展权,明确规定:"一切民族在适当顾及本身的自由和个性并且平等地分享人类共同遗产的条件下,均享有经济、社会和文化的发展权。"

1984年联合国大会通过《人民享有和平权宣言》,宣布全球人民享有和平的神圣权利。1986年联合国大会通过《发展权利宣言》,确认"发展权是一项不可剥夺的人权"。1993年联合国世界人权大会通过的《维也纳宣言和行动纲领》,根据"冷战"后国际人权领域的形势,强调了人权普遍性与特殊性的统一和各类人权的不可分割性,并对今后国际人权活动提出了指导原则和行动纲领,集中地体现了第三世界国家的人权观念和主张。

(五)新科技革命与人权发展

20世纪60年代以来,世界爆发了新一轮科技革命。到21世纪,这场革命进入新的发展阶段,被称为"第三次工业革命"或者"第四次工业革命"。[2] 这场革命包含但不限于生物技术、信息技术、机器人和人工智能、纳米技术、太空技术、无人控制技术等领域,它以信息技术创新为核心,衍生出由大数据、云计算、物联网、移动互联网、3D打印、机器人和人工智能等共同组成的技术创新集群。这场革命以数字化信息为基础,以知识、信息、沟通和数据为中心,实际上是一场"数字革命"。

---

[2] 美国学者杰里米·里夫金在《第三次工业革命》一书中以"新的能源与新的通讯方式的交汇"为标准来划分工业革命,认为第一次工业革命发生在19世纪,以蒸汽与报纸的交汇为标志;第二次工业革命发生在20世纪,以电力与电话、广播电视的交汇为标志;第三次工业革命发生于21世纪,以再生能源与互联网的交汇为标志。德国学者施瓦布则在《第四次工业革命》一书中提出"第四次工业革命"的观点,认为第一次工业革命以蒸汽和机器为标志,发生在18世纪;第二次工业革命以电力和流水线为标志,发生在19世纪末;第三次工业革命以计算机和互联网为标志,发生在20世纪60年代;第四次工业革命,作为由人工智能、生命科学、物联网、机器人、新能源、智能制造等一系列创新所带来的物理空间、网络空间和生物空间三者的融合,发生于21世纪。

从人权的角度来看,这场新的科技革命极大地推动了世界人权保障的进步,促进了人权内涵的发展。科技革命推动人权进步的具体表现有:生物技术的飞速发展极大提升了农作物的产量,使全球尤其是发展中国家的人民免于饥饿,生存权得到基本保障;医学生物技术的发展使全球人民的健康权获得更好的保障,全球人均寿命得到显著提升;网络信息技术的发展使许多基本权利的实现突破了地域以及各种有形的物质载体的限制,使广大民众的言论自由、自由交流思想和意见的权利以及政治参与的自由等基本权利得到更加切实的保障和实现,等等。科技革命对人权内涵的发展表现在:一方面催生了一系列新型人权,如互联网权利、数据权或数字人权、环境权等;[3]另一方面也使一些传统的基本人权(如隐私权、人身权、身心健全的权利、言论自由的权利等)获得了新的含义。

但科技革命也是一把"双刃剑"。它在大幅提升人类生活品质、推动人权发展的同时,也带来了巨大的风险与人权挑战。生物技术尤其是基因技术的发展产生了一系列问题:转基因技术所引发的食品安全隐忧,基因编辑、基因增强等基因技术对人身健全所带来的一系列人权和伦理挑战;信息技术和大数据的发展所造成的个人信息泄露、隐私权侵害以及对个人的非法监管;人工智能和自动化技术的发展导致以机器人为主体的智能工厂的出现,引发大量失业和劳动权利方面的问题;自动化武器的出现所包含的人权问题;科技发展进一步加剧发达国家与不发达国家之间的技术不对等,引发两者在知识产权保护方面的激烈冲突和纷争,等等。另外,人工智能的发展也引发了相关的权利问题,如人工智能能否成为权利主体?人工智能是否对其产品拥有知识产权?以及人工智能的发展是否最终危及人类自身的生存?如何维持科技进步与人权保护之间的平衡,如何基于人权理念应对科技进步所带来的挑战,已成为当前世界人权研究的热点之一。

二、人权的基本内涵

从人权的发展可以看出,不同时代、不同地区的人们对于人权的理解各不相同,这就要求我们在马克思主义理论指导下,科学地、合理地来界定人权。我们认为,所谓人权,就是指基于人的本性,并在一定历史条件下,个人或群体按其本质和尊严享有或应该享有的基本权利。这些基本权利包括自由权(自由权、生命权、财产权)、政治权(个人的各种政治权利以及国家主权、民族自决权)、社会权(经济、社会和文化权利)、发展权、和平权等。

对人权的理解,需要注意以下三个方面:

第一,人权的主体包括人的个体(自然人)和群体(团体、集体等范畴)。人权从其本来的意义上讲,就是所有人都可以享受的权利。正如《世界人权宣言》第2条所强调的:"人人有资格享受本宣言所载的一切权利和自由,不分种族、肤色、性别、语言、宗教、政治或其他见解、国籍或社会出身、财产、出生或其他身份等任何区别。"

所谓个体人权,即自然人亦即世界上所有人享有的人权。个体人权不仅包括公民权利

---

〔3〕有学者基于数字时代的来临,提出了"无数字,不人权"的见解,甚至认为"数字人权"构成"第四代人权"。参见张文显:《无数字,不人权》,载《北京日报》2019年9月2日,第015版;马长山:《智慧社会背景下的"第四代人权"及其保障》,载《中国法学》2019年第5期。

和政治权利,而且包括经济、社会和文化权利。所谓群体人权,包括国内集体人权和国际人权。前者如民族种族权利、妇女儿童权利、残疾人权利、犯罪嫌疑人和罪犯权利等;后者主要是指国家和民族等集体在国际社会中应享有的各种权利,如民族自决权、发展权、各国对其自然资源享有的充分主权、和平权、环境权等。

第二,自由是人权的内容要素,平等是人权的形式要素。自由和平等构成人权的基本规定。《世界人权宣言》第1条规定:"人人生而自由,在尊严和权利上一律平等。"人权即意味着人的生存、活动和发展的充分自由,而自由并非恣意横行,而是指外在障碍不存在的状态。无论是个人、国家,还是其他群体或组织,都与其他的个人或群体共存,因而任何个人或群体的自由都不是无限的,自由要求每个人(或群体)都负有尊重其他个人(或群体)的义务,因此自由权和平等权内在地结合在一起。每个人的自由都以平等的他人的自由为前提和条件。

第三,人权在本质上是超历史性和历史性、普遍性和特殊性的统一。人权存在和发展的内因是人的本质属性;外因是社会经济、政治和文化状况。一方面,人权是人之为人所固有的基本权利,这些基本权利是绝对的、普遍的和超历史的,是每一个人生而具有的;另一方面,诚如马克思主义理论所表述,权利的实现无法超越居于一定时空之中的社会的经济结构以及由经济结构所制约的政治、文化发展,因而既具有历史性,又具有地域性。超出一定的时间和地点而空谈普遍、绝对的人权,不是对人权的科学和辩证的理解。

三、人权的三种存在形态

人权可以按照不同的标准进行分类。按享受权利的主体划分,人权包括个人人权和集体人权两种。按照权利的内容划分,人权包括公民、政治权利和经济、社会、文化权利两大类。按照基本存在形态的不同,人权可以分为应有权利、法律权利和实有权利。

(一)应有权利

人权是一种道德权利,属于应有权利的范畴,即基于人的本性和本质所应该享有的权利。人如果失去了这些权利,就失去了做人的资格。人人都要求生存,要求自由,这是由人的生理和心理的自然属性决定的,而这种决定本身又促使人们把人权作为自己追求的基本目标。同时,人又是一切社会关系的总和,不同的人有不同的价值观。因此,人权作为一种道德观念与价值观念的体现,它本身又不是绝对的,不同的人对人权内容有不同的理解,特别是对应有权利范围的认识更有差异。综合起来,一般认为,人的自然属性决定人对人权的要求是共同的,而人的社会属性决定了人对人权的要求又是不同的。因此,人权作为一种道德权利,体现着普遍性与特殊性、共性与个性的对立统一。

(二)法律权利

没有法律的确认,人权就没有保障。人权就其实质而言,是国内法管辖的问题,因此,人权又是一种法律权利。人的"应有权利"只有被法律确认为法定权利后才有了实现的部分可能性。法律本身也体现着公平与正义,它同权利有着不解之缘,所以,在不少民族的语言中,"法律"与"权利"这两个词都是通用的。

(三)实有权利

人权作为一种道德权利与法律权利,如果仅仅为人权的实现提供一种理论可能性和制度可能性,这显然是不够的。因此,人权还必须是一种实有权利,一种实实在在的现实权利。从道德观念与价值观念上提出人权的要求并不困难,可以说这方面的法律文献和伦理观念是众多的,而要使人权切实实现,成为一种具体的现实权利则要复杂得多。因此,强调人权是一种实用或实有权利,无论在理论上还是实践中都有极大的意义。

第二节 法律的自由价值

一、自由与法律自由

(一)自由释义

从人权的角度来看,自由和平等构成人权最基本的精神内核。综上所述,自由构成人权的内容要素,平等构成人权的形式要素。因此,如何理解自由和平等,以及自由和平等之间的关系,也就构成了理解人权含义的关键。

自由是现代价值观的核心。“自由问题是所有哲学反思的真正核心:它是形而上学和神学的核心,就如同是伦理学和社会政治哲学的核心一样。”〔4〕自由不仅是自由主义的核心价值观念,而且是马克思主义和其他与自由主义不同的社会政治理论的核心价值观念。在著名的《共产党宣言》中,马克思和恩格斯表达了他们孜孜以求的崇高理想:“代替那存在着阶级和阶级对立的资产阶级旧社会的,将是这样一个联合体,在那里,每个人的自由发展是一切人的自由发展的条件。”〔5〕

自由是什么?对这一核心问题,不同的人们从各种不同的立场如政治、经济、法律、道德、宗教与哲学等观点出发或者从个人与国家(或社会)的观点出发,给出了各种不同的回答。“或许与罗尔斯的著作中一样,在罗纳德·德沃金的著作中,所有自由主义原则得以推导出来的典范性自由主义关切是平等以及对人的平等关切和尊重,这些规定着——至少对政府而言——对人们的各种善的生活观念保持中立;所有规定着人类拥有什么(比如说自由)的其他原则都来自这一基本的自由主义关切。而对于像 J. S. 密尔、以赛亚·伯林、F. A. 哈耶克以及罗伯特·诺齐克这些风格各异的自由主义者来说,自由主义是那种自由优先于其他政治善的学说。这类自由主义思想家都坚持认为自由优先于其他政治价值,尽管他们对自由的设想可能各异,也不论他们是否在任何逻辑意义上承诺自由的最大化,以及他们确认其优先性的根据是什么。对于像约瑟夫·拉兹这样的自由主义思想家来说,自由与平等都不是构成自由主义政治道德的基本价值,它的核心关切是增进展现自主性行为主

〔4〕[法]阿兰·博耶:《论古代共和主义的现代意义》,载应奇、刘训练编:《公民共和主义》,东方出版社 2006 年版,第 7 页。

〔5〕《马克思恩格斯选集》(第 1 卷),人民出版社 2012 年版,第 422 页。

体的生活样式。自由主义思想家不仅认为置于自由主义政治道德核心或基础地位的价值和原则迥然不同;而且将完全不同的道德理论作为自由主义原则的根据。如果说哈耶克和罗尔斯是不同意义上的康德主义者、伯林和拉兹是价值多元主义者的话,那么约翰·斯图亚特·密尔——他在许多方面仍然是一个典型的自由主义思想家——则众所周知地被认为是功利主义伦理学的修正类型。这些作家中的任何人的实质性规范内容以及奠基性的道德理论都无法毫无疑义地等同于自由主义的本质性构成要素。"[6]

尽管自由主义对自由的理解形形色色,莫衷一是,但就政治和法律自由而言,其要不外乎以下数端。

法国思想家贡斯当(Benjamin Constant)提出并区分了古代人的自由和现代人的自由的基本观念。对现代人来说,自由意味着一种在法治之下受到保护、不受干涉或者独立的领域;而古人的自由则意味着参与集体决策的过程。现代人的自由是个人的自由,而古代人的自由则是国家或者集体的自由。

与贡斯当的区分相似的另一种对自由的区分是将自由区分为消极自由和积极自由。20世纪对此区分作出最重要的论述的是英国思想家伯林(Isaiah Berlin)。在其著名的《两种自由概念》一文中,伯林对"消极自由"和"积极自由"进行了界定,指出"消极自由"的含义是:"我们一般说,就没有人或者人的群体干涉我的活动而言,我是自由的。在这个意义上,政治自由简单地说,就是一个人能够不被别人阻碍地行动的领域。"[7]因而消极自由的本质就在于"不干预",即个人免于他人乃至国家的专断意志的干预。与之相对,"积极自由"则是:"'自由'这个词的'积极'含义源于个体成为他自己的主人的愿望。"[8]积极自由的结果通常是在好生活的蛊惑下产生一种残酷的暴政。伯林认为,在消极自由和积极自由之间,只有消极自由才是真正的自由。

后来也有不少学者力倡"共和主义的自由",认为它是不同于消极自由和积极自由的另一种自由。共和主义是一种比现代自由主义历史远为悠久的政治和法律的实践和理论潮流。从古希腊的亚里士多德,到古罗马的波利比乌斯、西塞罗、李维等人,一直到近代的马基雅维利、卢梭、杰斐逊和当代的斯金纳、佩迪特,都是共和主义的倡导者。如佩迪特就认为,作为消极自由和积极自由之外对自由的一种不同理解,自由既不等于无干预,也不等于积极干预;自由在于"无支配"(non－domination),即没有他人的主人般地任意施加的影响。由此,佩迪特确定了这种自由观的三个核心观念:"一种无支配的自由观念(a conception of freedom as non－domination),一种认为无支配的自由需要一种其中的政策着眼于公共利益之宪法的主张,一种相信某些制度形式——具有罗马特征的——可能成为这样的宪法之一部分的信念。"[9]

因此,就政治自由的角度而言,自由既可理解为保护个人权利的消极自由,亦可理解为

---

〔6〕［英］约翰·格雷:《自由主义》,曹海军、刘训练译,吉林人民出版社2005年版,第127～129页。

〔7〕［英］以赛亚·伯林:《自由论》,胡传胜译,译林出版社2003年版,第189页。

〔8〕［英］以赛亚·伯林:《自由论》,胡传胜译,译林出版社2003年版,第200页。

〔9〕应奇、刘训练:《公民共和主义》,东方出版社2006年版,第117页。

参与国家政治的积极自由。两者并不是相互矛盾的,而是并行不悖的。同时,无论是消极自由,还是共和主义的积极自由,都一致赞成自由是法治之下的自由,自由和法治密不可分。

(二)法律自由

所谓法律自由,是指一定国家的公民或社会团体在国家权力所允许的范围内进行活动的能力,是受到法律约束并得到法律保障的,按照自己的意志进行活动的权利。法国伟大启蒙思想家孟德斯鸠明确指出:"自由就是做法律所许可的一切事情的权利。"法国1789年《人权宣言》第5条对法律自由的规定是:"凡未经法律禁止的行为即不得受到妨碍,而且任何人都不得被强制去从事法律所未要求的行为。"法律自由主要包括以下几层含义:

首先,法律自由受到国家宪法和法律的保障。自由的内容是十分广泛的,包括所谓思想自由、习惯自由、道德自由、哲学自由、政治自由、宗教自由,等等。法律自由只是自由的一个重要组成部分。它是被法律所认可和保障的那种自由,是被规范化了的人的行为自由。它既不能被侵犯,也不能被任意扩大,因为它已经具有了国家意志的属性,受国家强制力的保障。法律自由作为一种"外在自由",乃是一种行为自由,它区别于思想自由或意志自由。如马克思所说,对于法律来说,除了人的行为外,人是根本不存在的。相对于意志自由而言,现代法治社会更为推崇的正是保障外在自由,法律自由的意义因而日益重要。

其次,法律对自由的规定是通过公民权利的形式进行的。在法律中,无论消极自由,还是积极自由,均以权利的形式表达出来。所以,"权利"一词和"自由"一词往往通用,比如,政治权利又称政治自由,人身权利又称人身自由,等等。许多国家的宪法中所规定的自由权,如人身自由、迁徙自由、通讯自由、言论自由、出版自由、集会结社自由等,实际上正是个人在政治和人身方面所享有的基本权利。如《世界人权宣言》第3条规定:"人人有权享有生命、自由和人身安全。"第21条规定:"人人有直接或通过自由选择的代表参与治理本国的权利。"前者是个人消极权利的表达,后者是个人积极权利的表达。我国宪法也作了类似规定。如《宪法》第37条第1款规定:"中华人民共和国公民的人身自由不受侵犯。"第34条规定:"中华人民共和国年满十八周岁的公民,不分民族、种族、性别、职业、家庭出身、宗教信仰、教育程度、财产状况、居住期限,都有选举权和被选举权……"

最后,法律自由是相对的,而不是绝对的。法律自由是文明社会的产物,具有时代特征。一定的历史时代有一定的法律自由,不同的社会有不同的法律自由。没有任何绝对的法律自由。由于社会发展程度和社会性质的不同,法律自由的状况有所差别。法律自由受到一定社会的经济发展水平、社会状况、阶级本质、历史条件等多种因素的决定和制约。从这个意义上说,自由是有条件的,而非无条件的。任何法律自由都不可能超越那个时代的社会生活条件所提供的氛围而独自发展。此外,法律自由的相对性还表现在,它总是与法律责任密切相关。责任是自由的题中应有之义;就法律意义而言,责任可以帮助人们确定义务,并因此而确定惩罚的适用与否,这构成对人们行为自由的约束。

自由在法律价值体系中处于重要地位。自由作为一种价值理想,是法律的灵魂。法律应当奠定在自由的基础之上,必须确认、体现和保障更多人的更多自由。否则,就是不正义的法律,就应当受到谴责。同时,法律也要限制自由,甚至在特定的情况下取消自由。

二、法律的自由价值

自由对于法具有决定性的意义,这意味着:自由是法律的进化基础和基本构成因素,是法律必须和必然追求的基本目标。总之,法是对社会主体需求的记载和满足,自由是法律的最高价值之一。

古希腊哲学家亚里士多德就曾经把法律与自由联系在一起。他说:"法律不应该被看作(和自由相对的)奴役,法律毋宁是拯救。"[10]西塞罗有句名言:"为了得到自由,我们才是法律的臣仆。"近代启蒙思想家洛克也认为:法律就其真正的含义而言,与其说是限制还不如说是指导一个自由而有智慧的人去追求他的正当利益……法律的目的不是废除或限制自由,而是保护和扩大自由。青年马克思也指出,自由是人类的天性,是人民不可剥夺的普遍权利;谁反对自由,谁就是反对人民,也就是违背了国家和法律的本质。"法典就是人民自由的圣经。"[11]这个命题一方面强调了法律的根本任务是维护和保障人民的自由权利;另一方面也强调自由必须受到法律的限制。

所谓法律的自由价值,也就是说,法律应当是"自由的法",是自由的准则、依据和保证,法律规范只能是为了确认和保障自由而制定,法律权利和义务也是为了实现自由而设定,法律实施的出发点和归宿都是自由。简言之,法律以自由为前提和目的,同时必须通过法律实现自由。

(一)通过法律实现自由

自由不是上帝的恩赐,而是人类历史活动的产物。在人类历史上,自由和法律有着不解之缘。没有法律,自由就无法得以具体规定,也无法得到保障。人们通过法律才能实现自由。

第一,法律将自由意志转化为自由权利。法律上的自由权利反映的是主体的个人意志与国家意志之间的同一性,即主体的意志行为在一个确定的范围内是不受法律限制的,主体可以自由地安排自己的行为。法律上的自由权利所表现出的意志不再仅仅是主体的意志,它同时也是国家的意志。任何对它的外在干扰便也是对国家意志的否定,就可能招致法律的制裁。

第二,法律确定各种自由权利的范围。自由并不意味着为所欲为,不是放任或任性。法律划定自由权利的范围,从而实现普遍自由。法律以两种方式确定各种自由权利范围:一是直接界定自由权利的范围,各种法律条文后的但书,大抵都是对这种限制的明确表述;二是对等地设定义务。各种不同的自由构成一个复杂的权利体系,因此,在创设宪法和法律时,必须坚持整体性原则,从而决定各种自由的范围,使整个法律体系都贯彻自由的原则。

第三,法律提供选择的机会,增加自由选择的效能。自由在其社会意义上意味着在各种行为可能之间进行有效的选择。人正是在选择中获得了自由,自由在选择中得到实现。这种行为的自由选择能力,取决于对行为后果的事先预知或合理预测。法律为人们的选择

---

〔10〕[古希腊]亚里士多德:《政治学》,吴寿彭译,商务印书馆1965年版,第276页。

〔11〕《马克思恩格斯全集》(第1卷),人民出版社1995年版,第176页。

提供依据。假如没有法律规则,人们就会无所适从,因而也就没有什么自由可言。

第四,法律保障自由免受侵犯,并不被滥用。构成社会的各个主体因需要、利益、自由等的不同难免会发生冲突,乃至相互侵犯。同时,自由也存在被滥用的可能性。所谓自由的滥用,就是自由的享有者任意扩展其自由的范围和内容,同样会导致其他个体或群体的自由受损害或被剥夺。对自由的侵犯可能起因于自由的滥用,而自由的滥用必然又会导致对自由的侵犯。所以,法律必须在防止自由被侵犯的同时,又防止自由的滥用,由此保障自由的全面实现。这方面最好的例证是,各国刑法一方面赋予公民正当防卫权和紧急避险权,另一方面又对防卫过当和避险过当的情况给予明确制止及适当刑事处罚。

(二)法律对自由的限制

如前所述,亚里士多德认为,法律是对人们行为自由的约束,但这种约束不是对自由或人的奴役,而是对自由或人的拯救。霍布斯也认为,国法乃限制人民之自由也,如果说公民有某种自由,那就是说公民从事某种行为没有受到法律的限制。洛克则认为,法律根本不是对自由的限制,而是通过它的限制使人获得自由。法律自由就其本性而言,是具有某种范围和限制的自由。总之,法律既是一种保护自由的手段,同时又是一种限制自由的工具,这种限制对于自由的实现来说是十分必要的。对于法律限制自由的根据,存在以下四种理论:"伤害原则"(又称为"密尔原则",是"伤害别人的原则"的简称);"父爱主义"原则(又称为"亲缘主义"原则);"冒犯原则"和"法律道德主义"原则(或称"立法伦理主义"原则)。

我国法学界所提出的对自由的法律限制原则主要有以下四项。一般认为,超出了这四项基本原则,就是不合理的限制。

原则一:法律基于社会生活条件的制约而限制自由。法律以社会为基础,法律的产生、存在与发展在根本上取决于一定的社会物质生活条件。自由同样不能不受社会物质生活条件,即生产方式、地理环境、人口状况等的限制。"权利决不能超出社会的经济结构以及由经济结构制约的社会的文化发展。"[12]此外,自由也受到社会经济生活条件、道德意识、风俗习惯的限制。总之,法律所确认的自由及其限制,必须遵循现实性和可能性的准则。

原则二:法律为了社会及他人的利益而限制自由。禁止伤害社会和他人,是所有国家的法律限制自由的内容。人类自由既然依赖于一定的社会秩序,秩序就意味着约束与限制。允许个人有绝对自由,必然会侵害他人的自由权利。美国最高法院法官霍姆斯曾在申科诉美国案(Schenck v. United States)判决意见中指出:对言论自由的最严格的保护也不会保护一个在剧院中妄呼起火而引发恐慌的人。我国现行《宪法》第51条明确规定:"中华人民共和国公民在行使自由和权利的时候,不得损害国家的、社会的、集体的利益和其他公民的合法的自由和权利。"个人自由权利的终点止于他人自由权利的开始之处。禁止伤害他人和社会的法律是一个国家实体法规范的主要构成部分;对危害他人和社会的行为的处理,则构成了司法上的主要活动之一。

原则三:法律为了行为人自身利益而限制自由。法律限制自由有时是为了促进被强制

---

〔12〕《马克思恩格斯选集》(第3卷),人民出版社2012年版,第364页。

者的自我利益。例如,强制接受普及义务教育和专业训练的法律、规定妇女和儿童不得从事某些有害身心健康的生产活动的法律、禁止决斗的法律、强令摩托车驾驶员驾驶摩托车时必须戴安全帽的法律、禁止赌博和吸毒的法律、禁止醉驾的法律等。

原则四:法律为了各项自由的协调而限制自由。世界上不可能有绝对的自由,任何个人都必须为了某些自由而放弃另一些自由。法律所规定的公民的各项自由权利乃是一个统一整体,不能加以肢解。马克思说:"自由的每一种形式都制约着另一种形式,正像身体的这一部分制约着另一部分一样。只要某一种自由成了问题,那么,整个自由都成问题。"[13] 自由权利有多种,它们互相衔接、互相依存,失去或剥夺某种自由,必然影响其他自由权利的行使。这样,对自由的限制就有一个必要的量度问题。法律是所涉及的自由之间相互限制的尺度和准则。

总之,自由从来不可能是绝对的、不受限制的。如果认为自由便是为所欲为,甚至是胡作非为,那么这实在是莫大的误解。自20世纪以来,随着社会经济的发展,凯恩斯主义被广泛采纳,表现在法律领域,最典型的就是对合同自由的限制,出现了标准合同或格式合同形式。许多国家都制定了大量的法律限制合同自由原则。但限制自由不是要否定自由,而是为了更好地保障和实现自由。如何在自由与限制自由之间做出恰当的平衡,是任何社会中法律的一项艰巨任务。一个社会可能会因缺乏自由,导致极权、专制而失去活力,也可能因对自由缺少必要而合理的限制而陷入混乱。

第三节　法律的平等价值

一、平等与法律平等

(一)平等释义

现代社会是一个自由的社会,同样也是一个平等的社会。和自由一样,平等构成现代社会的另一个核心价值。可以说,自由和平等,宛如地球绕日公转的两个焦点,构成了现代社会绕之而旋转的两个核心价值观念。

与自由的观念一样,人们对平等的理解也是各不相同。博登海默指出:"平等乃是一个具有多种不同含义的多形概念。它所指的对象可以是政治参与的权利、收入分配的制度,也可以是不得势的群体的社会地位和法律地位。它的范围涉及法律待遇的平等、机会的平等和人类基本需要的平等。它也可能关注诺成合同的义务与对应义务间的平等的保护问题、关注在因损害行为进行赔偿时做出恰当补偿或恢复原状的问题、并关注在适用刑法时维持罪行与刑罚间的某种程度的均衡问题。"[14]

---

[13] 《马克思恩格斯全集》(第1卷),人民出版社1995年版,第201页。
[14] [美]E. 博登海默:《法理学:法律哲学与法律方法》,邓正来译,中国政法大学出版社2004年版,第307页。

中国古代曾经出现过零星的平等思想，如先秦儒家提出的“贤者与民并耕而食”，墨家的“兼相爱、交相利”等。历代农民起义军也明确提出了“等贵贱、均贫富”的口号。

西方社会的平等观念一直可以追溯到古希腊。随着古希腊智者运动的兴起以及自然和习俗二分的出现，智者们鼓吹希腊人和野蛮人、男人和女人、奴隶和自由人就自然或天性而言是平等的，人们之间的不平等只不过是习俗的结果。希腊智者们的这种观点可以视为现代意义上人格平等观念的先声。同时，对于我们理解平等观念来说，希腊人提供了另外一种政治平等的观念。这种观念表达在“isonomy”（法律的平等）一词中。它指的是人基于公民身份而不是出生而获得的政治参与的平等，从而与现代的平等观相区分。

随着罗马的攻伐和征服，地中海沿岸各个国家和民族都处在罗马帝国的统治之下，民族和国家之间的界限在一定程度上被打破，这为现代意义平等观念的出现奠定了现实的基础。黑格尔指出，在罗马帝国时期，“民族个体性消亡在一种万神庙的统一中，一切单个人降格为私人，他们一律平等，并且都具有形式的权利”。[15] 正是在罗马帝国的基础上，基督教得以产生。基督教的金箴“无论何事，你们愿意人怎样待你们，你们也要怎样待人”第一次将现代意义的人人平等观念以宗教信仰的形式表达出来。随着基督教的传播和在西方精神世界统治地位的获得，人人平等的观念也开始深入人心。当然，基督教宣扬的平等只能是原罪的平等和在上帝面前的人人平等，而不是现实世界的平等。

随着西方近代启蒙运动的出现，现代平等观念才真正形成。启蒙思想家认为平等和自由一样，构成自然人所具有的一种本质特性。如洛克就指出：自然状态“也是一种平等的状态，在这种状态中，一切权力和管辖权都是相互的，没有一个人享有多于别人的权力。极为明显，同种和同等的人们既毫无差别地生来就享有自然的一切同样的有利条件，能够运用相同的身心能力，就应该人人平等，不存在从属或受制关系……”[16] 卢梭也认为，“每个人都生而自由、平等”[17]。近代启蒙思想家大多着重于道德平等，而后来的社会主义者则更是强调财产、资源等社会和经济方面的平等。

大致说来，现代意义上的平等可以从下述三个方面予以理解：(1) 道德平等。道德平等的意思是，每一个人，不论其种族、肤色、性别、语言、宗教信仰等如何，都生而平等。道德平等要求人和人之间的平等对待，每个人作为人都具有平等的尊严和价值。马克思、恩格斯曾经指出：“平等是人在实践领域中对自身的意志，也就是人意识到别人是和自己平等的人，人把别人当做和自己平等的人来对待。平等是法国的用语，它表明人的本质的统一、人的类意识和类行为、人和人的实际的同一，也就是说，它表明人对人的社会的关系或人的关系。”[18] (2) 机会平等。机会平等指的是在获取社会职位、地位等——它们通常会给人带来名望、收入或者其他有益的前景——时，每一个人不因其种族、性别、社会背景甚至自然或者生理条件而具有的公平竞争的机会。机会平等要求社会职位和机会的提供仅仅基于个

---

〔15〕［德］黑格尔：《法哲学原理》，范扬、张企泰译，商务印书馆 1961 年版，第 359 页。

〔16〕［英］洛克：《政府论》（下篇），叶启芳、瞿菊农译，商务印书馆 1964 年版，第 5 页。

〔17〕［法］卢梭：《社会契约论》，何兆武译，商务印书馆 1980 年版，第 9 页。

〔18〕《马克思恩格斯全集》（第 2 卷），人民出版社 1957 年版，第 48 页。

人能力,而不能基于与之无关的其他考虑。(3)福利平等。福利平等指的是对处于社会底层的人提供基本的福利保障方面的平等。一个社会在面对因形式机会与实际机会脱节而导致的问题时,会采取这样一种方法,即以确保基本需要的平等去补充基本权利的平等。旨在实现这一目标的政策可能包括:颁布最低限度工资法、建立福利制度等。

当代美国著名政治哲学家罗尔斯(John Rawls)在《正义论》中曾对几种不同的平等进行思考,并列出了它们之间的先后次序。类似于罗尔斯的排序,在三种平等之间,道德平等要优先于机会平等,而机会平等又要优先于福利平等。

因此,对平等的理解要注意以下几点:

第一,平等不是平均。平均主要指的是在资源占有和财富分配上无视个人的能力和需要而简单地按份分摊。平均主义的错误在于,一方面,混淆了个人的人格或道德平等与社会经济或者物质财富的平等,从而把人仅仅理解为一种物质性的存在,而不是理解为道德的或者人格的存在,因而必然导致对人格尊严的极端漠视;另一方面,平均主义也忽视了社会分配应当基于个人的才能和志向,这必然导致整个社会缺乏效率,完全没有积极性。因此,平均主义是一个极其简单粗俗的平等观。

第二,平等与特权相对立。特权是以其出身和地位等方面的优势而要求具有凌驾于他人平等权利之上的权利。特权既可以体现在根本的道德权利上,也可以体现在机会和福利或者资源的占有上,因而其错误可能是对个人平等的道德权利的违背,也可能是对机会平等的违背,甚至是对福利平等的违背。由此可见,特权与平等是背道而驰的。但要注意,基于机会平等而拥有的更多的社会权利——名誉、地位、财富等——不是特权。

第三,平等与歧视对立。平等的对立面不仅仅是特权,同时也包括歧视。在特权的前提下没有平等,在歧视面前同样也没有平等。作为一种社会人际关系的产物和状态,歧视指的是基于种族、性别、肤色、宗教等的偏见而产生的一种对他人的不公平对待。歧视和特权都是平等的对立面。特权的享有者往往是对他人的"掠夺"和"欺辱",而歧视的承受者往往是被他人所"掠夺"和"欺辱"。特权拥有者的权利在扩张,歧视承受者的权利则被侵害。特权者的权利超出了一般人的限度,歧视承受者的权利低于一般人的水平。歧视的错误在于不是把人当作一个平等的、有人格的人来对待,而是将种族、性别、肤色等当成他人的本质来看待。

第四,平等不反对适当的区别对待。区别对待有时难免会导致特权或歧视的产生,但并不必然如此。适当的区别对待甚至是维护或实现平等所必需的,是平等的表现。法律也不绝对排斥区别对待,而更多的是为区别对待提供标准和界线,以更好地确保平等。中国向少数民族地区的政策倾斜和美国的平权行动都是区别对待的典型。

(二)法律平等

"法律"一词自身就包含了平等的观念。就法律而言,平等纯为一个形式的原则,即相同的情形同等对待,不同的情形不同对待。也就是说,法律的平等要求对相同的和不同的情形予以有差异的并且合乎其本质的对待。作为一条形式的原则,法律平等原则并没有说明什么是平等的,什么是不平等的,以及怎样进行同样的处理和不同的处理。实际上,需要注意的是,所谓的相同和不同只是比较而言的,世上并无绝对相同或者绝对不同的事情或者情形,因而所谓的相同或者不同也就只有在多多少少地相似或者不相似的意义上来理解。

此外,所谓平等或者不平等的行为往往不是基于理性的认识,而是基于决断或者权力。例如,我国《民法典》对于民事行为能力的规定,不满八周岁的未成年人为无民事行为能力人,八周岁以上的未成年人为限制民事行为能力人,十八周岁以上的成年人为完全民事行为能力人。这种划分在很大程度上是基于立法者的权威和法律实践的考量。显然一个七周岁和一个十七周岁的孩子有着显著的差别,而一个刚刚年满十八周岁的成年人和他在十八周岁生日前一天,从自然角度来说,并无大的不同。但从法律的角度而言,就完全不一样。在刑事法律方面也是如此。现实中不存在两个完全相同的凶手,但法律却要求对之予以相同的惩罚。[19]

亚里士多德对上述原则即同等情形同等对待,不同情形不同对待的论述则更深一层。亚里士多德认为,正义的核心是平等,正义可以分为两类,即分配的正义和矫正的正义,两者皆与平等相关。分配正义实际上包含了同等情形同等对待的原则,但不仅仅于此。对亚里士多德来说,平等首先是一个理性的实质的平等观念,而不是现代意义上的人格平等的观念。其基本含义为一个人之应得,即一个人对于善的事物(名誉、地位、财富等)的拥有不应当多于其所应得,也不应当少于其所应得。一个人之所得与其应得相当,即为平等。用亚里士多德的话说,“平等的事是一种适度”[20]。其次,在人与人之间,平等则是两个人及其应得之间的一个适当的比例。亚里士多德指出:“然而平等又至少是两个东西之间的平等。所以,公正必定是适度的、平等的(并且与某些事物相关的)。作为适度,它涉及两个极端(过多与过少);作为平等,它涉及两份事物;作为公正,它涉及某些特定的人。所以公正至少包含四个项目。因为,相关于公正的事的人是两个,相关的事物是两份。而且,这两个人之间以及这两份事物之间,要有相同的平等。因为,两个人相互是怎样的比例,两份事物间就要有怎样的比例。”[21]

另外,值得注意的是,亚里士多德所言之分配正义,就其实质而言,主要是一种政治权利的平等与分配问题。“人们都同意,分配的公正要基于某种配得,尽管他们所要(摆在第一位)的并不是同一种东西。民主制依据的是自由身份,寡头制依据的是财富,有时也依据高贵的出身,贵族制则依据德性。”[22]

二、法律的平等价值

平等是法律的价值取向,法律对平等予以确认、维护,并努力使其实现来作为自己的目的。法律之所以能够保障平等,是因为法律与其他的规范相比有着绝对强大的规范系统,法律具有国家强制性,为对平等的保障提供了现实的可能。法律所具有的平等价值主要体

---

〔19〕[德]考夫曼:《法律哲学》,刘幸义等译,法律出版社2004年版,第232页。

〔20〕[古希腊]亚里士多德:《尼各马可伦理学》,廖申白译注,商务印书馆2003年版,第134页。

〔21〕[古希腊]亚里士多德:《尼各马可伦理学》,廖申白译注,商务印书馆2003年版,第134页。

〔22〕[古希腊]亚里士多德:《尼各马可伦理学》,廖申白译注,商务印书馆2003年版,第135页。

现在以下几个方面:

第一,法律使平等的理念权利化、法律化。平等作为法律的最基本的精神和理念,通过权利化、法律化和规则化,抽象的平等观念就转化为具体的法律权利。因此,无论是道德平等还是机会平等抑或福利平等,都通过转化为法律权利而在法律中得到明确的规定和表达。

法国《人权宣言》第1条规定:"在权利方面,人们生来是而且始终是自由和平等的。只有在公共利用上面才显出社会上的差别。"第6条规定:"法律对于所有的人,无论是施行保护或处罚都是一样的。"《世界人权宣言》第1条规定:"人人生而自由,在尊严和权利上一律平等。"第7条规定:"法律面前人人平等,并有权享受法律的平等保护,不受任何歧视。人人有权享受平等保护,以免受违反本宣言的任何歧视行为以及煽动这种歧视的任何行为之害。"我国《宪法》第33条第2款也明确规定:"中华人民共和国公民在法律面前一律平等。"这些都是以法律的形式规定个人的道德和人格平等的例子。

《世界人权宣言》第23条规定:"人人有权工作、自由选择职业、享受公正和合适的工作条件并享受免于失业的保障。"《经济、社会及文化权利国际公约》第6条规定:"本公约缔约各国承认工作权,包括人人应有机会凭其自由选择和接受的工作来谋生的权利,并将采取适当步骤来保障这一权利。"我国《劳动法》第3条规定:"劳动者享有平等就业和选择职业的权利……"这些规定体现了机会平等的原则。

同样,福利平等的原则也在法律中得到明确规定。《世界人权宣言》第25条规定:"人人有权享受为维持他本人和家属的健康和福利所需的生活水准,包括食物、衣着、住房、医疗和必要的社会服务;在遭到失业、疾病、残废、守寡、衰老或在其他不能控制的情况下丧失谋生能力时,有权享受保障。"《经济、社会及文化权利国际公约》第9条规定:"本公约缔约各国承认人人有权享受社会保障,包括社会保险。"我国《劳动法》第48条规定:"国家实行最低工资保障制度……"

第二,法律对平等权利予以具体规定,为平等的实现提供统一的标准。抽象的平等理念权利化、规则化的过程也就是平等的现实化、具体化、定型化的过程,平等由此而成为得到具体规定的、法律上可以得到切实保护和实施的各种平等权利。从最抽象的理念层面而言,平等如《世界人权宣言》第1条所言,只不过是一个"人人在尊严和权利上面一律平等"的基本理念。最抽象的也就是最难适用的。平等的理念如不得到具体细致、切实可行的规定,那么对于平等的实现来说,终究不过镜花水月而已。因而,法律通过将抽象平等观念转化为具体的、在现实中切实可行的各项平等权利,从而一方面为平等的实现提供了现实的通道,另一方面也为平等的实现提供了有案可稽的统一标准。

平等的首要含义是要保护个人的道德和人格平等。在法律中,这种抽象的人格平等观念就被规定为各项具体的平等权利。在《世界人权宣言》中,这种权利分别体现为生命、自由和人身安全的权利(第3条),免于酷刑的权利(第5条),法律的平等保护的权利(第7条),公开和公正审判的权利(第10条)以及财产权利(第17条),思想、良心和宗教自由的权利(第18条),言论和出版自由的权利(第19条)等各项具体的平等权利。

机会平等权利亦然。《世界人权宣言》第 21 条规定:“人人有平等机会参加本国公务的权利。”《经济、社会及文化权利国际公约》第 13 条规定:“高等教育应根据成绩,以一切适当方法,对一切人平等开放,特别要逐渐做到免费。”它们分别规定了政治参与和教育方面的机会平等权利。

福利平等的权利也具体规定为各项平等的权利。如在《经济、社会及文化权利国际公约》中,涉及福利平等的权利就有社会保障的权利(第 9 条)、儿童的福利权利(第 10 条)、妇女的福利权利(第 10 条)、健康和医疗的权利(第 12 条),等等。

第三,法律是实现平等的切实可行的和最重要的手段。现代社会中,法律构成实现平等的最重要的手段。法律不仅通过立法将平等权利化、规则化,使之切实可行,而且通过司法和行政,使那些得到具体规定的各项平等权利得到实现,从而使平等由抽象的理念和纸上的权利变为现实中人人可以获得和享有的实实在在的权利。

与其他旨在实现平等的手段不同,法律对于保证平等的实现具有极大的优越性。法律以国家的强制力为后盾,国家从根本上保证了法律有效性,使之不至于成为一纸空文。

第四节 法律的人权价值

一、人权与法律的一般关系

人权与法律的关系不能看作纯粹的权利与法律的关系,它反映着更为深层的社会、经济、政治、文化和道德内涵。从更为广泛的意义上讲,人权与法律的关系同时也是一个社会和国家经济、政治、文化、道德与法律之间的关系。在各种社会现象相互作用的过程中,人(尤其是社会的个人)始终是这种作用的出发点和归宿。个人的生存和发展、个人的价值和幸福,总是随着社会现象的发展,渗透到社会生活的各领域。人权体现了人类对自然的认识与超越,体现了人类个体对人类整体的抗争与服从,体现了个人与国家之间的冲突与一致。人权的确立,取决于国家的社会制度、经济制度和法律制度,也取决于一个社会和民族的文化、历史传统和信念。今天,在一些国家和地区,人权法律化的过程仍然充满了荆棘和障碍,争取人权的斗争成为这些国家和地区政治斗争的主要方面。

人权与法律存在不可分割的关系,两者相互作用、相互影响。

(一)人权对法律的作用

首先,人权是法律的源泉。人们组成社会的目的是自身的生存和发展,即人类自身价值的实现;而人类的生存和发展,又经常遇到来自社会和自然界等方面的障碍。人类社会是由具体的个人组成的,而个人又结合为阶级、阶层、群体和集团。每个人为了实现自己的价值,除了要解决其与自然界的冲突以外,还要处理其与阶级、阶层、群体和集团等之间的关系。也就是说,每个人在求得自身生存和发展的同时,也要谋求整个国家、民族和社会的发展。因为后者是前者的前提,前者又是后者的体现。正如 2016 年《发展权:中国的理念、实践与贡献》白皮书指出:“发展是人类社会永恒的主题,寄托着生存和希望。发展权是一项不可剥夺的人权,象征着人类尊严和荣耀。唯有发展,才能消除全球性挑战的根源;唯有发展,才能保障人民的基本权利;唯有发展,才能推动人类社会进步。”一方面,人类社会的一切生产活动,上层建筑中的各种因素及一切形式的意识形态,都应该为了一个目的——由个人组成的社会的存在、进步和发展。只有在社会整体意义上,物质生产提高,自然环境改善,文学艺术繁荣和发展,优良政治制度建立,才可能论及人权的实现,人的各项具体权利受到尊重、得到保障。因此,人权就自然成为法律的目的。另一方面,随着社会发展、科技进步、人类对环境和自身的认识的进一步深化,一些需要用法律去调整的新的社会关系就会大量涌现,而已经有法律调整的社会关系也在变化,所以人权又是法律发展的源泉。

其次,人权是判断法律善恶的标准。法律是一个二元矛盾统一体,就其本性而言,它是公平性与偏私性、规范性与反常性、普遍性与特殊性的统一。它可能体现人类普遍的公平与正义要求,也可能是掌握国家政权的统治者的任性的表现;它可能是“善良意志”“仁慈”的化身,也可能是纯粹暴力的工具;它是套在人们脖子上的枷锁,同时又是保证人们权利和自由不受非法侵害的保护神。法律的这种二重性深深地影响着人们对待法律的态度。一方面,人们敬畏法律、漠视法律、怀疑法律的公正性,从而与法律之间存在深层次的对立。这种对立一旦被一个民族普遍接受,并逐渐沉淀下来,就变成了一个民族根深蒂固的落后的法律文化,阻碍着一个国家法治建设的顺利进行。另一方面,人们又依赖法律,特别是在个人权利受到侵犯时不得不诉诸法律。这样,人们又对法律产生某种幻想、某种寄托,希冀法律能够真正体现正义,对各种社会纠纷和社会冲突作出公平、公正的处理。于是,法律的价值评价就应运而生。

以强调尊重人、关怀人为内容的人权精神,表达了人类相互之间的深刻认同。它不仅是作为一种概念,而且是作为一种人类孜孜不倦追求的理想而存在。它像一把尺子,标出了人类生活的文明程度及未来应当达到的文明指标。人权既是现代民主政治的目的,也是现代进步文明法律的目的,它构成了法律的人道主义基础。人们可以根据人权的精神来判断法律的善与恶。

人权,是文明进步法律所要实现的价值目标之一,同时也作为一种评判法律善恶的价值标准而存在。这是因为,法律是社会关系的调节器,它的着眼点是人,如果法律自身不体现最低限度的道德要求,不体现根本的人权精神,不考虑人的最基本的价值需求(生命、自由、财产、幸福等),根本不反映基本的人道主义内容,那么它不仅是违反人性和道德的,而且,它本身甚至就是社会动荡的直接原因。故此,我们可以说,法律本身也存在合理性、正当性评价问题,即法律应当得到人们内心的深刻认同。从人权和法律的关系而言,不体现基本人权要求的法律就不是好的法律,它永远不会促成法治秩序的形成;而体现人权精神和内容的法律,一般来说都是好的法律,是体现社会进步的法律。

总之,人权对法律的作用体现在:它指出了立法和执法所应坚持的最低人道主义标准和要求;它可以诊断现实社会生活中法律侵权的症结,从而提出相应的法律救济的标准和途径;它有利于实现法律的有效性,促进法律的自我完善。

(二)法律对人权的作用

法治社会是文明社会的必经阶段。可以说,现代社会无法律即无文明;那么,无法律也就无人权可谈,人权和法律不可分离。人类对自身价值、对主体权利的认识程度,是衡量人类文明发展的标志,而人类对自身价值的实现、对主体权利的享有和行使的手段和方式,则又是人类自身完善程度的标尺。在现实生活中,一个人越尊重自己的自由,他就越珍惜别人的自由;那么,他就会正确认识和处理同社会与群体的关系,就会感到处在一种有序、合理、和谐的关系之中。一个人如果真正尊重自己的人权,自然也就会关心别人的人权,也就能够捍卫并遵守国家的法律。

人权的实现要依靠法律的确认和保护。没有法律对人权的确认、宣布和保护,人权要么只是停留在道德权利的应有状态,要么经常面临受侵害的危险而无法救济。人权的法律保护是人权实现的最直接的保障手段,一个国家的法律状况如何将直接影响人权的实现程度,没有法律则根本谈不上人权。对人权的法律保护可以分为两个层次。

1. 对人权的国内法保护

同其他保护手段相比较,此种保护具有明显优势。首先,它设定了人权保护的一般标准,从而避免了其他保护(如政策)手段的随机性和相互冲突的现象。其次,人权的法律保护以国家强制力为后盾,因而具有国家强制性、权威性和普遍有效性。从这一角度来看,人权如果是有效的,那么它必须通过法律形式固定下来,由纯粹的人道主张、习惯权利上升为法律权利。

在当今世界大多数国家,人权的法律保护主要表现为国内法的保护,它主要有立法保护、司法保护和个人保护等形式。

(1)立法保护。人权作为国内法的根本原则和重要内容,首先体现在一个国家的宪法中,特别是体现在宪法关于公民基本权利与义务的规定中。以宪法的形式确认和宣布人权,是近代民主政治和法治的基本特征。一般来讲,公民的基本权利大都属于人权范围。当然,在立法技术上,有些国家的宪法明确写上了人权条款,有些国家则把有关人权的重要文献直接作为宪法序言或宪法修正案。除宪法之外,其他法律部门也把人权作为其主要内容,并以不同的立法方式把宪法确立的人权原则和基本人权规范化、具体化,如民法关于公民财产权、人身权、人格权的规定;刑法对于公民人身自由、生命权等权利的保护;刑事诉讼法、民事诉讼法、行政诉讼法对诉讼程序中当事人的人权保护等。

立法保护的一种重要形式是宣言保护,即在宪法或其他有关的法律文件中强调对人权的尊重,要求公民和国家公职人员严格遵守关于个人的基本权利的规定。这是资产阶级早期对人权的基本保护方式,事实上也属于立法保护的范畴,后来有些内容直接构成了资本主义国家宪法的基本原则。但就宣言保护的法律效力而言,在西方学界一直存在争议。例如,尽管1789年法国《人权宣言》明确规定"法律面前人人平等"的原则,但法国法官在司法实践中一直拒绝适用这一规定。直到1959年,法国的全国行政法院在一个著名的裁判中,援引《人权宣言》的这一规定,才第一次将法律面前人人平等原则确认为司法的"法律总则"。

(2)司法保护。人权的司法保护即通过司法机关的专门活动对人权所进行的保障。这种保护除司法机关严格执行法律的规定保护个人权利外,司法机关自身还担负着特定的保障职能。在西方,司法的特殊保护主要有两种形式,即普通法院司法审查制和宪法法院审查制。两者的目的都在于审查普通法律是否与宪法规定的内容(包括人权)相一致,纠正普通法律对宪法规定的"人权"的侵犯。前者是指普通法院通过审理具体诉讼案件来审查普通法律是否违宪(如美国、日本、加拿大、澳大利亚等国均采用之)。后者则是通过成立专门的法院来审查法律、法规是否违宪(如意大利、德国实行的制度)。宪法法院的审查方式主要是两种:一种是抽象的原则审查,若发现违宪,便不公布;另一种是通过审理具体案件,对有关法律、法规进行审查,并在判决书上宣布有关法律、法规是否违宪。

(3)个人保护。人权的个人保护主要是指公民个人对自己的权利实现所采取的保护措施。这种保护措施应该依法进行,即当公民自己的基本权利受到侵犯时可以诉诸法律,通过法律的救济来恢复自己的权利。在早期的资产阶级法律文献中(如美国的《独立宣言》)也有个人可以有反抗权的相关规定,即公民在遭到沉重压迫和受到迫害时,享有反抗这种压迫的权利。但后来逐渐淡化甚至取消了这项权利规定。第二次世界大战后,联邦德国的基本法和葡萄牙宪法等法律才又对此重新作出了某些规定,但从未真正实行过,事实上成了流于形式的一纸空文。

2. 对人权的国际法保护

第二次世界大战以来,人权问题再也不是单纯意义上的"国内问题"。人权的实现归根结底应该建立在世界各国平等合作、和睦共处的基础上。因此,在国际上,人权的国际标准要通过国际公约来规定和体现;国际人权的实现,不能离开国际法的支持和保障。

第二次世界大战以来,人权问题已经大规模地进入国际法的领域。国际社会普遍加强了对人权的国际保护。1946 年 2 月,联合国成立处理人权问题的主要机构——人权委员会。2006 年 3 月 15 日,第六十届联合国大会通过决议,决定设立人权理事会以取代人权委员会。5 月 9 日,联合国大会选举包括我国在内的理事会 47 个首届成员国。6 月 19 日至 30 日,人权理事会首届会议在瑞士日内瓦召开,标志着联合国人权领域的工作进入一个新阶段。

自联合国成立以来,大量有关人权保护的国际法纷纷出台,并形成了国际法的重要组成部分。今天,一个以《世界人权宣言》为基础,由八十多种人权约法构成的国际人权法律体系,已经形成并在不断地完善。国际人权法大体包括四类:其一,人权宪章类,主要包括《联合国宪章》中有关人权的条款、《世界人权宣言》、《经济、社会及文化权利国际公约》和《公民权利和政治权利国际公约》及其《任择议定书》,以及 1993 年 6 月世界人权大会通过的《维也纳宣言和行动纲领》等。其二,防止和反对种族歧视类,主要有《防止及惩治灭绝种族罪公约》《禁止并惩治种族隔离罪行国际公约》等。其三,特殊主体(社会弱者)人权保护类,其中包括妇女权利、儿童权利、难民和无国籍人的国际保护。其四,战时国际人道主义保护类,如《关于战俘待遇的日内瓦公约》。

我国一贯尊重和赞赏包括《世界人权宣言》在内的国际人权法,承认和尊重联合国宪章保护和促进人权的宗旨和原则,并为促进其进一步发展和充分实现人权而不懈努力。我国作为联合国安理会的常任理事国和人权委员会及人权理事会的重要成员国,积极支持符合发展中国家人民利益的普遍人权概念和人权原则,赞赏和支持联合国普遍促进人权和基本自由的努力,并积极参与联合国人权领域的活动。我们认为,对于危及世界和平与安全的行为,诸如由殖民主义、种族主义和外国侵略、占领造成的粗暴侵犯人权的行为,以及种族隔离、种族歧视、灭绝种族、贩卖奴隶、国际恐怖组织侵犯人权的严重事件,国际社会都应进行干预和制止,实行人权的国际保护。但是,必须看到,人权原则并不能单独列为当今国际法的基本原则,它必须附属于如互相尊重主权与领土完整、互不侵犯、互不干涉内政、平等互利、和平共处等被国际公认的具有普遍法律意义的、构成整个国际法基础或核心的全局性的法律原则。我国多次参加和举办各种人权会议,与许多国家和国际组织就人权问题进行政府和非政府间对话,举行一系列双边或多边研讨会,取得了积极效果。

二、中国对人权的认识和保障

尽管"人权"概念产生于近代西方,但人权观念却并非西方国家所专有。中华文明是世界上最古老的文明之一,有着丰富的思想文化资源,尊重人、爱护人的人道主义精神在中国文化中源远流长。享有充分的人权,是中国人民梦寐以求的理想。然而,中国的人权事业经历了艰难曲折的历程。

中国共产党是代表最广大人民根本利益的政党,从诞生之日起就担负起带领中国人民争取人权的历史责任。应该说,中国共产党从很早的时候开始,就把"人权"作为斗争的口号写在了自己鲜艳的革命旗帜上。早在 1922 年 6 月 15 日提出的《中国共产党对于时局的主张》中就明确要求:无论男女一律实行无限制的普遍选举制,保障人民结社、集会、言论自由权,废止《治安警察条例》和压迫罢工的刑律,制定保护童工女工的法律及一般工厂卫生工人保险法,实行强迫义务教育,承认妇女在法律上与男子有同等的权利。这可以视为中国共产党领导人民争取人权的第一篇重要宣言。1935 年 8 月 1 日,中国共产党驻共产国际代表团发布《为抗日救国告全体同胞书》,通称"八一宣言",其中重要的一条就是号召全国人民"为人权自由而战"。抗日战争时期,各抗日民主政府的施政纲领,几乎都把保障人权作为一项重要的法律内容。1948 年 4 月 13 日《哈尔滨特别市政府布告:为禁止非法拘捕、审讯及侵犯他人人权等行为事》指出:"保障人权为我民主政府的一贯政策……现自卫战争日益胜利,后方日益巩固,为发挥后方人力、物力、财力,发展生产,繁荣经济,支援战争,巩固新民主主义国家经济基础,从而逐渐改善人民生活,必须更进一步地建立民主秩序,保障人权。"总之,中国共产党领导的人民民主革命,实质上是领导中国人民为争取全中华民族的人权而进行的艰苦卓绝的斗争。无论是反对帝国主义的侵略以争取民族的生存权,还是反对封建主义、官僚资本主义以争取人民的民主自由,都可以说是为人权而斗争。

经过多方面的研究和准备,1991 年 11 月 1 日,题为《中国的人权状况》白皮书终于问世。11 月 2 日,国务院新闻办公室主任朱穆之在接受记者采访时指出:"我们发表《中国的人权状况》白皮书,将有助于国内人民和国际社会较全面地、系统地、准确地了解中国人享有人权的事实。"白皮书以大量的事实介绍了中华人民共和国成立后中国人权状况所发生的根本变化。这份人权白皮书的发表,在国内和国际上都获得了良好的反响,这是中华人民共和国成立以来第一部系统阐明中国关于人权的基本观点、政策和中国人权实际状况的权威性文件,是具有中国特色的社会主义的人权宣言。从此以后,学术界开始正式、深入地研究人权与法律的关系等理论问题。政府白皮书已成为中国政府表达中国人权成就和人权主张的重要方式。截至 2021 年 12 月,中国已发表了 140 多部白皮书,除了人权总体状况和个别地区的人权问题外,还涉及民主政治建设、法治建设、政党制度、军控、国防、防扩散、宗教问题、人口问题、能源、环境问题、知识产权问题、食品药品安全、互联网以及西藏和新疆等内容,全面准确地介绍了中国政府在这些重大问题上的政策主张、原则立场和取得的进展,增进了国际社会对中国的了解和认识,受到了国际社会的广泛关注。

2004 年 3 月 14 日,第十届全国人民代表大会第二次会议通过的《宪法修正案》将"国家尊重和保障人权"庄严地载入《宪法》。这是从宪法上对中华人民共和国成立五十多年来人权建设伟大成就的总结和肯定,体现了社会主义制度的本质要求。"人权入宪"具有极其重大的意义,是我国政治文明建设中的一件大事,也是我国人权事业发展的一个重要里程碑,有利于进一步推动中国人权事业的更大发展。

此外,我国重视国际人权文书对促进和保护人权的重要作用,以及与有关联合国条约机构展开合作。目前,中国已加入 26 项国际人权公约,并认真履行公约义务。中国于 1997 年 10 月签署并于 2001 年 2 月 28 日经第九届全国人民代表大会常务委员会第二十次会议审议批准《经济、社会及文化权利国际公约》。2005 年 4 月,联合国经社文权利委员会对中国执行《经济、社会及文化权利国际公约》首次报告进行了审议。1998 年 10 月,中国签署了《公民权利和政治权利国际公约》。目前中国政府正在为批准该公约进行积极准备。这些无疑是我国在人权领域采取的重大举措,进一步体现了我国尊重人权、积极参与人权领域国际合作的一贯立场,是我国人权事业取得的又一新成就。我国政府对这两个人权公约的签署,和"人权入宪"一道,标志着中国人权建设的重大进展,意味着中国对普遍人权概念的认同。

2009 年 4 月 13 日,中国政府制定《国家人权行动计划(2009 - 2010 年)》,就经济、社会和文化权利,公民权利与政治权利,少数民族、妇女、儿童、老年人和残疾人权利这三大类权利中的 22 种具体权利的保障,以及人权教育、国际人权义务的履行、国际人权领域交流合作等做出全面部署,明确中国政府在促进和保护人权方面的 160 多项工作目标和具体措施。这是中国政府制定的第一份以人权为主题的国家规划,是全面推进中国人权事业发展的阶段性政策文件,是贯彻"国家尊重和保障人权"的宪法原则、促进中国人权事业全面发展的一个重要举措,是中国政府就人权问题对国内外做出的庄严承诺,受到国内公众的普遍欢迎和充分肯定,也受到国际社会的广泛关注和好评。在总结前期国家人权行动计划的执行状况和实施经验的基础上,中国政府相继发布第二至四期国家人权行动计划,分别是:2012 年 6 月发布的《国家人权行动计划(2012 - 2015 年)》、2016 年 9 月发布的《国家人权行动计划(2016 - 2020 年)》、2021 年 9 月发布的《国家人权行动计划(2021 - 2025 年)》。连续四期国家人权行动计划的发布和实施表明,以国家人权行动计划的方式进行人权事业的目标治理,已成为中国人权事业的常态。制定和实施国家人权行动计划,彰显了中国共产党执政为民的宗旨,显示了中国政府尊重和保障人权的决心和信心。

2012 年 11 月,党的十八大报告在论述"根据我国经济社会发展实际,要在十六大、十七大确立的全面建设小康社会目标的基础上努力实现新的要求"时,第 2 个新要求即"人民民主不断扩大。民主制度更加完善,民主形式更加丰富,人民积极性、主动性、创造性进一步发挥。依法治国基本方略全面落实,法治政府基本建成,司法公信力不断提高,人权得到切实尊重和保障"。党的十八大凸显了法治在我国人权事业的推进机制中所发挥的重要保障作用。

从 2013 年 11 月 12 日十八届三中全会通过的《中共中央关于全面深化改革若干重大问题的决定》,到 2014 年 10 月 23 日十八届四中全会通过的《中共中央关于全面推进依法治国若干重大问题的决定》(以下简称《决定》),再到 2015 年 10 月 29 日十八届五中全会通过的《中共中央关于制定国民经济和社会发展第十三个五年规划的建议》,对人权的法治保障措施越来越具体、越来越细化,人权的法治保障已纳入到了中国特色社会主义法治体系整体之中,贯穿到社会主义法治国家建设的各个方面,以及国家和社会生活的各个领域。尤其是,十八届三中全会《决定》在"推进法治中国建设"一章里,提出"完善人权司法保障制度",并非常醒目地强调了"国家尊重和保障人权"原则,要求"严禁刑讯逼供、体罚虐待,严格实行非法证据排除规则。逐步减少适用死刑罪名"。要求"废止劳动教养制度""发挥律师在依法维护公民和法人合法权益方面的重要作用"。这与 2013 年《刑事诉讼法》的修改密切相关。在这一年,废除劳教问题也成为司法领域的一个重大事件。十八届四中全会《决定》则专门设置一节强调"加强重点领域立法",其中首要重点即"实现公民权利保障法治化"。十八届四中全会《决定》第四章"保证公正司法,提高司法公信力",将人权司法保障具体归入到司法公正问题之中,专列第五节"加强人权司法保障",强调在诉讼过程中保护当事人和其他诉讼参与人的诉讼权利。十八届五中全会在关于"全面建成小康社会新的目标要求"中,明确强调"人权得到切实保障,产权得到有效保护"。

2017 年 10 月,党的十九大报告作出"中国特色社会主义进入新时代"的重要判断,确立了习近平新时代中国特色社会主义思想的科学体系。习近平新时代中国特色社会主义思想呈现出鲜明的人权意蕴,尤为突出地体现在"以人民为中心"、"人民的美好生活"和"人类命运共同体"三项重要命题之中。在十九大报告中,"人民"一词共出现了 203 次,"坚持以人民为中心"被进一步提升为新时代中国特色社会主义的基本方略之一,并成为一条红线贯穿于新时代坚持和发展中国特色社会主义的全部理论和实践之中。2019 年《为人民谋幸福:新中国人权事业发展 70 年》白皮书,明确将"以人民为中心"表述为中国人权理念。十九大报告提出我国社会主要矛盾已经转化为人民日益增长的美好生活需要和不平衡不充分的发展之间的矛盾。作为矛盾的主要方面,"人民的美好生活"这一具有浓郁人权意蕴的价值追求,并明确作为党的奋斗目标,也对中国人权事业发展也提出了更全面、更高的要求。其不仅要求保障生存权,而且要求保障发展权、环境权;不仅要求保障经济、社会和文化权利,而且要求保障政治权利等,而最终目标在于,更好推动、不断促进“人的全面发展”。自2013年首次在国际场合提出“人类命运共同体”以来,该概念相继被载入联合国的多项决议,得到了越来越多的国际认同,已成为国际人权话语体系的重要组成部分。“人类命运共同体”理念站在“全人类”的大格局上审视国际人权事业,要求以和平、发展、合作、共赢的原则,将一国人民的美好生活与各国人民的美好生活相互映照,为更好地应对国际人权事业所面对的共同挑战提供了重要的中国方案。就十九大报告做出的具体任务部署的内容而言,其中不仅再次明确提出“加强人权法治保障”,多次强调要“加强人民当家作主制度保障”“健全人民当家作主制度体系,发展社会主义民主政治”;还提出了一系列促进人权均衡保障的具体战略,包括乡村振兴战略、区域协调发展战略、可持续发展战略,开展脱贫攻坚、精准脱贫等,以及在教育、社会保险、救助体系等方面的城乡一体化战略。

2019年10月,党的十九届四中全会在“完善中国特色社会主义制度　推进国家治理体系和治理能力现代化”这一主题中,指出“增进人民福祉、促进人的全面发展是我们党立党为公、执政为民的本质要求”;明确强调“坚持法治建设为了人民、依靠人民,加强人权法治保障,保证人民依法享有广泛的权利和自由、承担应尽的义务,引导全体人民做社会主义法治的忠实崇尚者、自觉遵守者、坚定捍卫者”。2020年,党的十九届五中全会通过《中共中央关于制定国民经济和社会发展第十四个五年规划和二〇三五年远景目标的建议》,将“促进人的全面发展和社会全面进步”“促进人权事业全面发展”等作为中国发展的更高目标提出,并具体提出了未来五年及十五年中国经济建设、政治建设、文化建设、社会建设、生态文明建设等各方面建设的目标、任务、方针、措施。

2020年11月,中央全面依法治国工作会议明确了习近平法治思想在全面依法治国工作中的指导地位,将“坚持以人民为中心”确立为习近平法治思想的核心要义之一。习近平总书记明确强调:“推进全面依法治国,根本目的是依法保障人民权益。随着我国经济社会持续发展和人民生活水平不断提高,人民群众对民主、法治、公平、正义、安全、环境等方面的要求日益增长,要积极回应人民群众新要求新期待,坚持问题导向、目标导向,树立辩证思维和全局观念,系统研究谋划和解决法治领域人民群众反映强烈的突出问题,不断增强人民群众获得感、幸福感、安全感,用法治保障人民安居乐业。”〔23〕2021年12月4日,即国家宪法日当天,国务院新闻办公室发布《中国的民主》白皮书,强调:“在中国,人权得到充分尊重和有效保障。人民幸福生活是最大的人权。”

中国人权事业取得了巨大成就,尤其是中国特色社会主义进入新时代以来,中国共产党领导全国人民全面建成小康社会,打赢脱贫攻坚战,有效应对新冠肺炎疫情这一百年来人类经历的最严重全球公共卫生突发事件,不断地在更高水平上保障和实现人民的生存权和发展权。这充分说明,我们已经成功地走出了一条适合本国国情的中国特色社会主义人权发展道路。在这条人权发展道路上,中国坚持中国共产党的领导,确保人权事业发展的

〔23〕 习近平:《坚定不移走中国特色社会主义法治道路　为全面建设社会主义现代化国家提供有力法治保障》,载《求是》2021年第5期。

正确方向;坚持以人民为中心,坚持将人民的美好生活需要作为各项事业的根本奋斗目标,努力实现“人民的幸福生活”这一最大的人权;坚持人权普遍性原则与中国现实国情相结合,在更高层次上保障好人民的生存权、发展权,促进人的全面发展;坚持依法治国,把人权发展纳入法治化制度化轨道;坚持突出重点与全面推进相统一,以平衡充分发展为原则,推动人权建设和各领域建设统筹兼顾、协调发展;坚持继承和弘扬中华优秀传统文化,吸收和借鉴人类文明有益成果。在实现中华民族伟大复兴“中国梦”的征程上,我们倍加珍惜来之不易的人权实践成果和积累的宝贵经验,努力发展有利于人权保障与实现的各项事业,让每个人都能发展自我和奉献社会,共同享有人生出彩的机会,共同享有梦想成真的机会,共同享有平等参与、平等发展的机会。目前,我国的人权事业取得了重要的成就,然而,毋庸讳言,对人权的认识和保障绝不是一朝一夕即可完成的事情,而是一个不断深入的历史过程。正如习近平总书记所言,“在人权问题上没有完成时,只有进行时;没有最好,只有更好”[24]。

课后作业

一、关键词解释

1. 人权

2. 自由

3. 平等

二、选择题

1. 联合国大会通过并发表《世界人权宣言》的时间是(　　)

A. 1948 年 12 月 10 日　　B. 1945 年 12 月 10 日

C. 1948 年 10 月 10 日　　D. 1948 年 10 月 12 日

2. 下列哪种或哪些说法是正确的?(　　)

A. 自由是人权的内容要素　　B. 平等是人权的形式要素

C. 人权在本原上具有历史性　　D. 人权不是天赋的

3.《集会游行示威法》第 4 条规定:“公民在行使集会、游行、示威的权利的时候,必须遵守宪法和法律,不得反对宪法所确定的基本原则,不得损害国家的、社会的、集体的利益和其他公民的合法的自由和权利。”关于这一规定,下列哪一说法是正确的?(　　)

A. 该条是关于权利的规定,因此属于授权性规则

B. 该规定表明法律保护人的自由,但自由也应受到法律的限制

C. 公民在行使集会、游行、示威的权利的时候,不得损害国家的、社会的、集体的利益,因

[24] 中共中央党史和文献研究院编:《习近平关于尊重和保障人权论述摘编》,中央文献出版社 2021 年版,第 3 页。

此国家利益是我国法律的最高价值

D. 该规定的内容比较模糊,因而对公民不具有指导意义

4. 下列关于平等的说法正确的是(　　)

A. 平等的根本含义为道德平等,即人和人之间的平等对待

B. 机会平等是一种形式平等

C. 法律平等就是相同的情形同等对待,不同的情形不同对待

D. 平等意味着任何事情都要一视同仁,不能区别对待

5. 下列哪种或哪些说法是不正确的?(　　)

A. 1997 年 10 月,我国政府签署了《经济、社会及文化权利国际公约》

B. 1998 年 10 月,我国政府签署了《公民权利和政治权利国际公约》

C. 2001 年 2 月,《经济、社会及文化权利国际公约》已经全国人大常委会审议批准

D. 2001 年 2 月,《公民权利和政治权利国际公约》已经全国人大常委会审议批准

三、材料论述题

[**材料一**]

介于法制与自由之间

瑞士:给“死亡旅游”加载法律准绳

2007 年,患有癌症的法国著名女演员马伊亚·西蒙在亲友的陪伴下踏上了她生命中的最后一段旅程,前往瑞士苏黎世在“尊严”组织的协助下实施安乐死;2009 年,几近失明的英国著名指挥家爱德华·唐斯与其患有绝症的妻子琼不堪健康问题的困扰,在共同度过了 54 年的幸福生活后,一同前往瑞士在协助自杀机构“尊严”的帮助下平静离世……近些年来,与他们一样选择前往瑞士进行“死亡旅游”的人并不在少数。面对本国迅速发展的“死亡旅游业”,瑞士政府和议会打破了多年的沉默,正在酝酿给这个特殊行业制定更加严格的法律准绳。

所谓“死亡旅游”,是指那些生活在禁止安乐死国家的人来到瑞士在安乐死组织的帮助下结束自己的生命。随着越来越多的人来到瑞士赴这场死亡的约会,“死亡旅游”这一话题在瑞士国内掀起了一波又一波的讨论热潮,“死亡旅游”甚至还曾当选 2007 年年度词汇,由此可见民众对其的关注程度。

随着“死亡旅游”的日渐繁荣,瑞士国内出现了两种声音:一种认为政府应该采取法律措施,对安乐死组织采取更加严格的管理,使瑞士摆脱“死亡目的国”的名声,保护国家形象;另一种则认为“病人还是应该有自主的权利”,不论是对外国人还是瑞士本国人。

2009 年 10 月 28 日,瑞士联邦政府首次打破多年来对“死亡旅游”现象的沉默,艾维琳·维德默—施龙普夫表示,目前已经将两个修改协助自杀的方案提交议会审核,人们认为这标志着瑞士将重新审查与协助自杀相关的法律,以法律的准绳严格管理“死亡旅游”现象。瑞士联邦政府的这一举措引起了瑞士媒体和国内专家、普通民众的讨论热潮。

“死亡旅游”目前在瑞士已经变成了一种产业,不论瑞士政府和议会此次讨论的结果如

何,值得肯定的一点是,这一现象已经引起了必要的关注,应该用什么样的法律准绳来加以要求和规范,也已经成为政府和民众都在关注的焦点。瑞士的“死亡旅游”究竟会何去何从,不仅与瑞士本国民众的切身利益相关,还与那些渴望到瑞士实行安乐死的外国民众息息相关。

[**材料来源**]《法制日报》2009 年 11 月 10 日。

[**要求**]结合以上材料,并通过网络查找各国法律关于安乐死的不同态度,讨论限制自由的法理依据。

[**材料二**]

《环球时报》记者:

我们注意到,美国非营利组织“枪支暴力档案”网站有关数据显示,2021 年,美国发生单次死伤 4 人的恶性枪支暴力案件达到 691 起,创造了该网站自 2013 年起对美国枪支暴力案件实施跟踪以来的最高记录。请问发言人对此有何评论?

外交部发言人赵立坚:

我注意到你谈到的有关情况,也注意到有关数据还显示,2021 年,美国共有 44750 人死于枪支暴力,其中 1533 人为 17 岁及以下青少年和儿童;40359 人在枪支暴力中受伤,其中 4107 人年龄在 17 岁及以下。这些数字也都是该网站有数据记录以来的最高记录。

美国枪支暴力数据的背后,是无数失去亲人的家庭、悲痛欲绝的亲属。这令人震惊,也令人痛心。一声声枪响把美国梦击得千疮百孔,一阵阵火药味也引发人们的反思与质疑。难道美国标榜的“民主”是罔顾生命的民主吗? 难道美国鼓吹的“自由”是随意开枪的自由吗?

美国的枪支暴力问题已然成为社会毒瘤,并且与疫情失控、毒品泛滥、种族歧视等严峻问题交织叠加,成为严重系统性人权问题。奇怪的是,美国人民深受其苦,而美国政客却始终视而不见,无动于衷,一面醉心于做自我吹鼓手,一面热衷于当他国教师爷。我想问问,他们资格何在? 道义何在? 底气何在? 我们希望这一串串触目惊心的数字能让这些人清醒一些,让他们切实反躬自省,真正为改善本国人权做一些实实在在的事情。

[**材料来源**]2022 年 1 月 25 日外交部发言人赵立坚主持例行记者会上的发言。

[**要求**]认真阅读材料,结合本章内容,回答下列问题:

1. 根据材料一,并通过网络查找各国法律关于安乐死的不同态度,讨论限制自由的法理依据。

2. 根据材料二,分析美国人权话语与人权实践之间存在哪些差异,并结合美式人权的现状,讨论这些差异产生的原因。

课后参阅论文

1. 付子堂:《关于自由的法哲学探讨》,载《中国法学》2000 年第 2 期。
2. 胡玉鸿:《平等概念的法理思考》,载《求是学刊》2008 年第 3 期。

3. 周尚君:《重新审视古典自由主义》,载《学术界》2012 年第 7 期。
4. 付子堂:《法治体系与人权保障》,载《法学研究》2013 年第 2 期。
5. 张永和:《中国大众平等观念评析》,载《中国法学》2015 年第 4 期。
6. 袁正清等:《中国与国际人权规范重塑》,载《中国社会科学》2016 年第 7 期。
7. 石庆环、方瑞华:《论美国法律平等保护的局限性——从黑人争取基本权利的视角观察》,载《求是学刊》2017 年第 1 期。
8. 付子堂等:《改革开放以来人权理论研究中"平等问题"的变与常》,载《人权》2018 年第 4 期。
9. 马长山:《智慧社会背景下的"第四代人权"及其保障》,载《中国法学》2019 年第 5 期。
10. 刘大洪:《市场主体规则平等的理论阐释与法律制度构建》,载《中国法学》2019 年第 6 期。

延伸阅读

关于人权的发展与内涵,可以进一步阅读夏勇的《人权概念起源》(中国社会科学出版社 2008 年版),林·亨特的《人权的发明》(沈占春译,商务印书馆 2011 年版)和卡尔·威尔曼的《人权的道德维度》(肖君拥译,商务印书馆 2018 年版)等。关于我国的人权观念、主张和人权事业进展,可以进一步阅读《中国共产党尊重和保障人权的伟大实践》(中华人民共和国国务院新闻办公室,2021 年 6 月 24 日)以及中国人权研究会、西南政法大学人权研究院《〈国家人权行动计划(2016—2020)〉实施情况评估报告》(人民出版社 2021 年版)。

第八章　法律与幸福

知识结构图

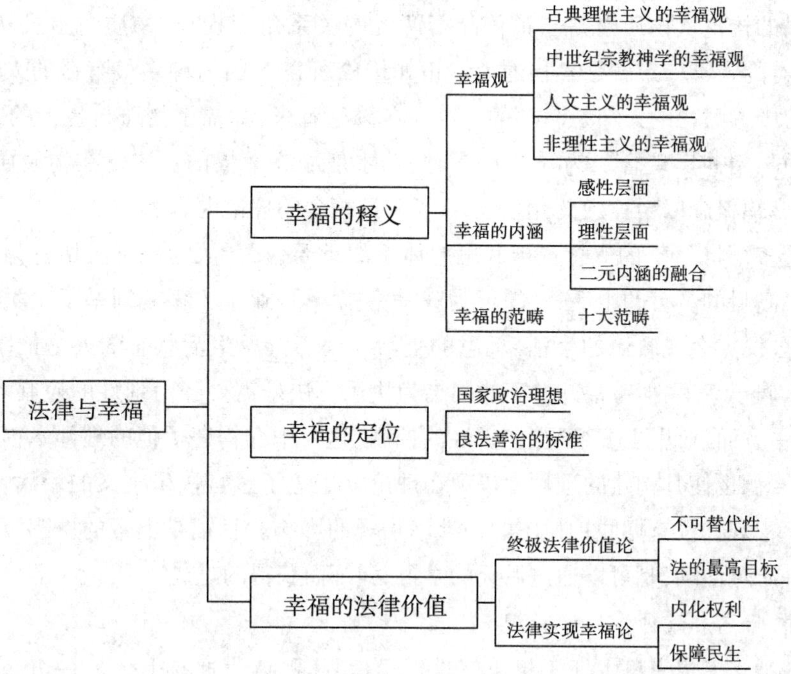

第一节 幸福释义

一、幸福的思想历程

幸福是一种人类普遍追求的理想价值。然而,何为幸福,如何界定幸福却一直没有定论。西方思想家有关幸福的思想,可以分为四个时期,即古典理性主义幸福观时期、中世纪宗教神学幸福观时期、人文主义幸福观时期和非理性主义幸福观时期。

(一)古典理性主义的幸福观

西方学术研究史中的幸福观可以上溯到古希腊时期。古希腊自然科学的进步促使思想家们开始关注人自身的问题。从智者派的苏格拉底开始,出现了探究人类自身的哲学,即关注人的自我意识、个人的幸福、人的现实肉体快乐以及人的精神宁静状态等。

古希腊的梭伦从物质财富与道德品行两者的关系角度提出,物质财富虽然具有重要性,但是富有的人不一定就是幸福的人。正如梭伦所言,“因为许多最有钱的人并不幸福,而许多只有中等财产的人却是幸福的”[1]。在梭伦看来,幸福是物质与精神的“集合物”。只有当物质与精神实现合二为一的状态时,人才是最终幸福的。梭伦在物质层面的基础上,赋予了幸福概念以精神意义,由此丰富了幸福概念的理论内涵。

亚里士多德将“善”的概念置于其思想体系的重要位置,认为善是一切行为的目的,善是人生的最高目的。善的生活、好的行为就是幸福。[2] 亚里士多德列举了三类生活,即享乐的生活、公民大会或政治的生活、沉思的生活。处于沉思生活状态的人是最幸福与最快乐的。快乐属于幸福,但幸福却并不能归结为快乐。快乐需要经由理性的控制才能称为幸福。这样,一方面,亚里士多德通过“理性的控制”这一中介构建了他的理性幸福观;另一方面,亚里士多德也使其构建的理性幸福观在理论上避免了感官快乐主义的诟病。亚里士多德的理性幸福观并没有摆脱柏拉图的神性幸福观的影响。幸福是上帝的恩赐。同时,幸福是人的一种心灵活动,是可以通过后天的学习、训练而获得的。

(二)中世纪宗教神学的幸福观

中世纪神学思想家奥古斯丁提出宗教神学世界观,认为拥有上帝是一切幸福的前提。以宗教神学为基础的幸福观体现出基督教道德理论与希腊德性理论在道德价值诉求上的一致目的性,即超越感性欲望和有形之物的限制。人的世俗幸福被要求取而代之以虚幻的彼岸世界的幸福,人类的理性能力与世俗生活的意义受到了压抑。奥古斯丁进而认为,法律来自神的恩赐,从而完成了其对自然法的宗教解释。阿奎那将基督教改造成理性神学,认为人的本性本身就是人性与神性的统一体。人的双重本性,使人具有了同时享受今生幸

---

〔1〕 转引自冯俊科:《西方幸福论》,吉林人民出版社1992年版,第26~27页。

〔2〕 [古希腊]亚里士多德:《尼各马科伦理学》,苗力田译,中国人民大学出版社2003年版,第9页。

福与天国幸福的双重可能性。在这个意义上讲,阿奎那比奥古斯丁在理论建树上更加“人性化”,即完成了宗教自然法理性化的过程,此过程为人的今生幸福与天国幸福的实现提供理论依据。

（三）人文主义的幸福观

人文主义肯定人自身的价值,要求人作为存在的个体追求人的个性解放与自由平等。人文主义确立了人是万物的主宰者,将人的幸福推向了中心位置。人的价值既然具有如此前所未有的至高无上地位,那么,为了实现人的自由、尊严、幸福等存在价值,就必须建立起一整套尊重人的尊严与幸福的新的道德评价体系和法律制度体系。法律制度或政府行为,都应该以实现人的幸福为中心。人的幸福生活成为法律制度或政府行为的终极关怀。人文主义幸福观以现代人文主义思潮作为其哲学基础,内涵十分丰富。诸如权利本位、契约自由、法律面前人人平等、法无明文规定不为罪、法无明文禁止即允许、自然法理念以及自然权利观念等思想都是人文主义幸福观在法哲学领域的具体体现。

霍布斯在《利维坦》中,将人的本性归结为自保、生存和荣誉。因此,霍布斯认为,人民的幸福来源于对“利维坦”的服从,即人民的幸福建立在对国家权威、国家权力的服从与妥协之上。洛克认为,人民的福利是最高的法律。人民幸福的前提是保护自由与私有财产。卢梭将自然状态预设为人类的最高生存境界。人们要在“人类的最高生存境界”的理想逻辑下,通过社会契约建立国家、制定法律,并以此来保护每个人天生具备的自由平等的天赋权利。创制国家的目的在于实现所有人的幸福。“公意”依托于公共利益,并服务于所有人的幸福这一目的。此外,莫尔在《乌托邦》中提出了快乐的“乌托邦”中实现所有人共同幸福的路径,即反对财产私有、按需分配和宽容的法律制度。

（四）非理性主义的幸福观

非理性主义否定或限制理性在人类认知过程中的作用。非理性主义将理性与直观、知觉、本能等非理性因素对立起来,并将人类的诸如本能、欲望、情感、意志、信念等非理性因素设定为人类甚至是世界的本质。因此,“为理性所不能理解的”“用逻辑概念所不能表达的”等含义就往往成为非理性主义思潮的理论标签。非理性主义思潮也影响了法哲学家们对幸福的理解与阐释。

休谟认为,快乐与利益是一致的,反对从抽象的道德或人性预设出发来认识社会问题。因此,获得幸福的途径在于感知与经验。休谟关于幸福的理论既是经验主义的,又是功利主义的。边沁提出快乐主义幸福论,在其《道德与立法原理导论》开篇就阐释了他的快乐主义理论。“自然把人类置于两位主公——快乐和痛苦——的主宰之下。只有它们才指示我们应当干什么,决定我们将要干什么。”[3]一切义务、责任、正义、德性,都与快乐和痛苦相关。既然幸福与苦乐相关,边沁进而提出对苦乐的计算方案。苦乐值的计算与强度、持续、确定性或不确定性、邻近或偏远、丰度、纯度、广度这七个因素相关。快乐包括感官之乐等十四种类型;痛苦包括匮乏之苦等十二种类型。一切法律的作用就在于增长社会的幸福

---

〔3〕［英］边沁:《道德与立法原理导论》,时殷弘译,商务印书馆2000年版,第57页。

总和。

穆勒是边沁功利主义学说的继承者与发展者。在穆勒看来,功利主义即幸福理论。[4] 幸福不仅包括感性快乐,而且包括德性、正义和自由等价值。"最大幸福原则"是指绝大多数人的幸福,而不仅仅指个人的幸福。"因为功利主义的行为标准并不是行为者本人的最大幸福,而是全体相关人员的最大幸福。"[5] 穆勒的幸福理论调和了功利主义与义务论之间的紧张关系。德里达提出,法律在本质上是可以解构的,而正义不具有可解构性。正义无法转化为经验世界的词语,其仅仅以神秘的方式为人们所感知。因此,人类也无法获得最全面的幸福。

二、幸福的内涵与范畴

人类的幸福,作为一个有待深入的问题,不仅具有现实意义,而且具有重大的理论价值。幸福的概念承载着心理学、伦理学、哲学、经济学、法学及各种人文社会科学上的含义,其内涵可以从感性和理性两个层面来分析。在幸福的内涵之下,又涵盖了幸福的所有范畴。

(一)从感性层面理解幸福

从感性层面理解幸福,幸福就是快乐,就是避苦求乐。避苦求乐符合人性的基本法则,但其中的快乐特别强调生理性的满足,或者说是物欲的满足。痛苦一方面来自不能满足生理性的需求,另一方面则来自疾病、灾害及其被伤害等。这种建立在感官上的快乐主义,尽管符合人性法则,但却一直备受批判。尤其是现代以来,随着物欲主义的盛行,社会公众的幸福观出现了偏差,把人的价值简单等同于金钱与财富,等同于那些能够满足其生理性需求的东西。然而,经验事实证明,感官上的快乐不能持久,金钱和财富也不会自动带来幸福。更为重要的是,物欲主义会使得社会中的其他社会价值遭到破坏,甚至避苦求乐这一"人性法则"将成为违约、违法、犯罪的"合法性"依据,社会秩序必然遭到践踏。

(二)从理性层面理解幸福

从理性层面理解幸福,幸福也是快乐,也是避苦求乐。但其中的苦和乐,与感性层面的苦与乐有本质的不同。理性层面的幸福是指人之价值和意义的实现,而不是指生理性的满足。幸福是一种德性,其包含正义、善行、公平等社会中一切美好的价值。实现这些价值就会幸福,远离这些价值则会使人变得痛苦。

(三)幸福二元内涵的融合

确实,幸福可以表述为快乐和免除痛苦,但其中的快乐和痛苦需要从感性和理性两个层面诠释。幸福需要满足生理性的需求,但幸福本质上是精神的满足,而不是物欲的满足。生理性的满足是一种较低层次的幸福,其只局限于社会个体本身。而精神上的满足,则超越了社会个体,是人之社会价值的体现,也是人的本质所在。因此,准确界定幸福,避免把快

---

[4] [英]约翰·穆勒:《功利主义》,徐大建译,商务印书馆2014年版,第5页。

[5] [英]约翰·穆勒:《功利主义》,徐大建译,商务印书馆2014年版,第14页。

乐和痛苦简单等同于感官主义和物欲主义，可以把幸福界定为快乐而有价值。这一界定把隐藏在快乐之中的德性直观地表达出来，并把感性主义和理性主义的幸福观结合在一起。

（四）幸福的范畴

幸福的内涵是从抽象意义上讨论幸福，比较强调幸福的共性特征的提炼；幸福的范畴则是从具体层面讨论幸福，更侧重全面覆盖幸福的领域。不同国家、不同群体乃至个人，都会有不同的幸福观，但幸福的基本范畴却大体相同。习近平总书记从党和国家保障人民幸福的层面，提出十大幸福，非常全面、精辟地提炼出幸福的范畴。具体而言，这十大幸福如下：一是生活的幸福；二是人民的幸福；三是团结的幸福；四是和平的幸福；五是平安的幸福；六是健康的幸福；七是蓝天的幸福；八是精神的幸福；九是劳动的幸福；十是共享的幸福。

三、幸福是政治法律的价值目标

对幸福的诠释，不能局限于个体层面，还要从国家、社会层面讨论幸福。既然幸福是人类社会普遍的理想，那么人民的幸福必然成为仁人志士的奋斗目标，成为国家政治法律的价值理想，成为仁政、善治及良法的判断标准。

（一）幸福是国家政治的价值理想

近现代以来，幸福逐渐成为人的天赋权利和政府的全部目的。这在西方国家的宪法性文件中有所体现。1776年，美国的《独立宣言》中正式将“幸福”作为一项天赋的基本权利向世人宣告：“我们认为下述真理是不言而喻的：人人生而平等，造物主赋予他们若干不可让与的权利，其中包括生存权、自由权和追求幸福的权利。”1789年，法国的《人权宣言》开篇就提及“确保宪法与全体幸福之维护”。

在我国，无论是康有为的大同世界、孙中山的三民主义，还是马克思主义，都以社会福祉、人民幸福为基本目标。尽管新中国的宪法没有幸福的直接表述，但在宪法序言中，却也内含了人民幸福的含义。2010年，温家宝总理在第十一届全国人民代表大会第三次会议上作政府工作报告时强调：“让人民生活得更加幸福、更有尊严。”之后几乎每一年的政府工作报告都要提及如何让人民百姓幸福安康。由此可见，国家对人民幸福的十分关注与重视。

党的十八大以来，尤其是党的十九大以来，党把人民幸福放在实现初心和使命的高度加以重视。在十九大报告中，共有六处提及“幸福”，强调中国共产党是为人民谋幸福的政党，中国共产党人的初心和使命，就是为中国人民谋幸福；党必须始终把人民利益摆在至高无上的地位，让改革发展成果更多更公平惠及全体人民，朝着实现全体人民共同富裕不断迈进；完善公共服务体系，保障群众基本生活，不断满足人民日益增长的美好生活需要，不断促进社会公平正义，形成有效的社会治理、良好的社会秩序，使人民获得感、幸福感、安全感更加充实、更有保障、更可持续。党的十九届五中全会通过的《中共中央关于制定国民经济和社会发展第十四个五年规划和二〇三五年远景目标的建议》中提出，要“坚持人民主体地位，坚持共同富裕方向，始终做到发展为了人民、发展依靠人民、发展成果由人民共享，维护人民根本利益，激发全体人民积极性、主动性、创造性，促进社会公平，增进民生福祉，不断实现人民对美好生活的向往。”其核心主旨就是为人民谋幸福。

(二)幸福是衡量良法善治的标准

法律作为政治社会中的重要组成部分,在某种意义上服务于政治理想。尤其是在现代社会,政治的法律化推进政治理想内化为法律的基本价值。从法律的终极价值而言,法律的唯一目的就在于实现人民的幸福。因此,党的十八届四中全会通过的《中共中央关于全面推进依法治国若干重大问题的决定》在开篇中专门把法治与幸福关联起来,提出"依法治国,是坚持和发展中国特色社会主义的本质要求和重要保障,是实现国家治理体系和治理能力现代化的必然要求,事关我们党执政兴国,事关人民幸福安康,事关党和国家长治久安"。党的十九届四中全会则把法治提高到了国家治理体系和能力现代化的高度,提出"推动中国特色社会主义制度更加完善、国家治理体系和治理能力现代化水平明显提高,为政治稳定、经济发展、文化繁荣、民族团结、人民幸福、社会安宁、国家统一提供了有力保障"。也就是说,法治不仅关系国家长治久安,关系人民幸福安康。幸福既是中国法治建设的应有之义,也是国家的政治理想。

历史的经验表明,一切以实现人民幸福为宗旨的法治有助于国家政权的长治久安。那些无视人民幸福的统治者,其统治终究难以长远。尤其是在现代社会,人民逐渐当家作主,成为国家的主人,国家必然要把人民幸福视为衡量良法善治的标准。正因为如此,幸福指数应运而生,成为良法善治的基本指标。

幸福指数是评价权利与法律制度的新标准。就法治的角度而言,幸福指数系统应当包括民众道德意识、公共参与的广度与程度、责任政府的效度与限度、人权状况的实现程度、民主程度、司法审判的方式与公开程度以及判决书的质量与学理性等内容〔6〕。其实,幸福指数系统是一个动态的过程性判准体系,即在法治运行的诸如立法、执法、司法、守法和法律监督等环节中都审慎考量幸福因子的变动状态,并始终坚持贯彻幸福范畴的人性关怀。幸福指数系统可以借助实证研究的方法,对影响民众幸福感的法治因素予以量化处理,并经过学理化和问题化的处理,最终由国家在构建民生法治的制度层面公布"中国民生法治幸福指数系统",并在具体的法治实践中不断修正与完善这一法治判准体系。

第二节　作为法律价值的幸福

一、幸福是法律的终极价值

尽管法学理论很少把幸福视为法律的价值,但却一直把幸福视为其他法律价值的基础。实际上,幸福具有其他法律价值不可替代的价值,幸福不仅是一种法律价值,而且是法律的终极价值。

---

〔6〕 李蕾、占红沣:《幸福指数:评价权利与法律制度的新标准》,载《法学家》2009 年第 3 期。

（一）幸福作为法价值的不可替代性

在法律价值体系中，正义、自由和秩序无疑是法律价值的经典范畴。欲证成幸福作为法价值的不可替代性，就不得不首先证成幸福与正义范畴、自由范畴、秩序范畴的不等值性，即正义范畴、自由范畴与秩序范畴不能作为幸福范畴的“替代物”。

与正义强调的规则的一致性不同，幸福强调的是主体在其行为展开的过程及在结果中所获得的愉悦性与优越性。此种幸福实现过程中的愉悦性与优越性不仅仅来源于客观事实的客观可评估性，而且来源于幸福实现过程中参与主体的主观预期实现度。正义不可能成为幸福的替代范畴的原因还在于，正义强调的是程序与结果的公平、公正，即以行为主体行为事实为依据并以法律规则体系为评判准则的公正赏罚状态；而幸福对法律提出了人性化的更高的要求，即在立法、执法、司法、守法和法律监督等法律运行的各个环节上都要体现人性化的价值关怀。

自由与秩序同样不能作为幸福范畴的“替代物”。自由秩序原理的逻辑起点在于个体的人。该学说预设了人的个体性是人的基本属性，即任何人的存在首先是作为个体的，与作为个体存在的人相对的是群体、社会、国家与政府。个体与群体之间的秩序关系是最为基本的秩序关系。欲实现良好的秩序关系，就必须解决个体与群体之间的张力关系，即实现群体对个体的最小干预原则。由此可以看出，自由秩序原理所蕴含的核心价值还是自由。无论是消极自由主义的代表人物诸如斯密、密尔、哈耶克、诺奇克等所阐发的自由主义学说，还是积极自由主义的代表人物诸如凯恩斯、霍布豪斯等所阐发的自由主义学说，都不可避免地围绕着一个核心理论主张，即个人自由与个人权利是目的。这样，自由主义学说就将国家权力放置于个人自由之后，而使其成为实现个人自由的工具。自由主义学说强调对个人的保护。在个人保护的学说根基之上，社会与法律的基础、社会制度的建构与解构等都以实现个人保护为目标。具体而言，即在政治方面强调社会契约、在文化方面强调个人的文化自主权利、在社会生活方面强调保护个人的生活免受政府的侵犯。自由主义学说为人的幸福的实现提供了一定的学理依据。但是，自由主义学说自身的弊端亦可能成为幸福实现的障碍。自由主义学说有可能削弱社会稳定的基础，亦有可能导致国家的混乱动荡，还有可能造成病态社会中的人性异化。自由尤其需要与秩序共同存在且协同作用。自由的生成需要规则的限制，而自由接受规则限制的过程，亦是自由与秩序的双向互动修正过程。自由与秩序两者之间本身存在的张力关系，使自由与秩序作为范畴的周延性受到诟病。因此，自由与秩序也不可能成为幸福的“替代物”。

（二）幸福是法律的高阶价值

幸福不仅是其他法律价值不可替代的法律价值，而且是一种更为高阶的法律价值。首先，幸福是人类理想的共享价值。在人类的社会体系中，共享价值千差万别，诸如中国传统儒家文化的“仁爱”、佛教文化的“众生平等”、伊斯兰文化的“互助互爱”等，都曾经存在甚至现在仍然存在并将继续影响人类精神生活的重要的共享价值观念。但是，共享价值从来都是社会存在与社会发展所不可或缺的“精神黏合剂”。尤其是在社会转型时期，人们的共享价值系统在新旧制度的不断转换与社会自身的“新陈代谢”中，往往表现出混乱与迷茫的状态。众多社会价值的“真理性”的质疑状态,需要一个理想的共享价值来统合其间的纷争与冲突。幸福是一个理想的共享价值,因为,对幸福的追求是世界上一切国家、一切民族和一切阶层在其文明演进过程中所共同凝练并抽象出的共享价值。幸福自身所具有的人性化与和谐性特征,使幸福具有极大的兼容性,即幸福能够作为兼容并包世界上各个国家与各个民族优秀文化遗产的“网络平台”。幸福这个“网络平台”,为多元价值冲突提供了达致和谐秩序状态的最优可能性。其次,幸福包含正义、自由、平等、公平等价值,兼具和睦、公正、宽容、人本等特质。法律各种价值的形成与发展,是人类探寻幸福道路的智慧结晶,符合幸福法则的法律价值被视为法律的优秀品质而保存下来,而不符合幸福法则的法律价值都逐渐被法律淘汰。最后,幸福是衡量良法善治的标准,能弥补其他法律价值的不足。当不同的法律价值产生冲突后,幸福可以成为衡量价值取向的标准。

二、通过法律促进幸福

(一)以幸福为价值建构法律的权利系统

权利是法律的核心要素。权利最初是作为对抗专制与极权的“理论武器”而出现的。权利本身的内涵丰富而多样,举凡“善”“正义”“合理”“良好的治理”等概念都或多或少与权利范畴具有联系性。权利范畴具有为实现人的尊严与人的幸福提供中介的理论功能。权利能够成为幸福实现的中介因素,其原因在于权利自身所蕴含的制度与规则的支撑性,即权利是以法律规范体系的诸种具体规则作为实际支撑的。权利的实现有赖于制度与规则的体系和谐性与运行和谐性。权利既包括主观内容,又包括作为权利享受者的人的主观利益要求。马斯洛曾经将人的基本需求划分为五个由低到高的渐进层次,即生理需要、安全需要、社会需要、尊重的需要以及自我实现的需要。以此为参照,人的幸福感实现状态可以划分为三个由低到高的渐进层次,即人的自然性幸福感、人的社会性幸福感以及人的精神性幸福感。人是自然属性、社会属性以及精神属性相统一的高等动物。法律制度对人的行为的制度规导,必须正视人性的自然属性、社会属性与精神属性的统一性。权利在法律系统中的设置为人类获取幸福提供了不同的依赖途径。将公民对幸福的追求转化为法律权利,是法治保障公民幸福的前提和基础,它使公民对幸福的追求具有不可侵犯的性质,既为公民追求幸福提供法律保障,也为国家机关救济被侵害的权利提供法律依据。[7] 习近平总书记在向纪念《世界人权宣言》发表70周年座谈会所致贺信中也提出,“人民幸福生活是最大的人权”[8]。权利是一个不断变动发展的法哲学范畴。随着法治精神的深入,权利的类型也不断发展变化,并且日益呈现出权利多元化的趋势。幸福范畴的“理论发现”与“理论建构”,需要密切关注各种新兴权利。新兴权利的兴起具有以下几个动因:第一,社会发展与社会变迁的动因。法律以社会为基础。社会的发展变化,导致社会关系的变化。社会关系的变化又反映在法律权利的变化上。第二,物质手段与人的生存状态之间关系变迁的

---

〔7〕 何士青:《论法治与公民幸福》,载《政法论丛》2012年第1期。
〔8〕 习近平:《习近平谈治国理政》(第3卷),外文出版社2020年版,第288页。

动因。现代社会科学技术的新发展，为法律与科技之间的关系注入了新的变量。此种法律与科技之间关系的新变量与新因素，促使一部分新兴权利出现。第三，利益格局变化与利益关系多元化的动因。在现代社会，权利主体利益感知的敏感性增强，权利主体利益诉求的多元化增强，这使权利主体的利益表达呈现出诉求增强的趋势。新兴权利特指以中国社会现实为基础的各种权利的新兴现象与权利的新兴表现样态。新兴权利包括一系列不同性质与不同类型的权利，它是这些根基于社会现实的各种不同性质与不同类型的权利的"理论表征"。譬如，基因权利、信用权利、信息权利，以及《经济、社会及文化权利国际公约》所提出的"适当生活水准权"，我国《公司法》中的"股份回购请求权"等，都是与幸福具有关联性的新兴权利〔9〕。

以权利为中介构建幸福判准系统，还应当注意防止"权利话语"的无限扩张状况。"权利话语"是幸福判准系统构建与完善的理论中介。但"权利话语"是一柄"双刃剑"："权利话语"在为人提供幸福感的同时，亦有可能将人引向自私主义与个人主义的泥潭。权利虽然是法哲学的基石范畴，但同时权利与义务又共同构成法哲学的中心范畴。在现代法治体系中，权利与义务相伴相生，即权利与义务的均衡且良性的配置状态是"权利话语"的理想图景。虽然权利数量与种类的增多有可能为人的生存带来更多的幸福感，但权利的数量与种类的增多并不必然与幸福感的增多呈现出同比例增长状态。权利需要义务的规导与制衡，同样幸福也需要德性的规导与制衡。

（二）以幸福为范畴构建民生法治

幸福是中国法治建设的题中之义。实现幸福有赖于公民的劳动创造，亦有赖于法治所提供的制度保障。在当代中国，法治是幸福实现的唯一且优选的制度保障体系。法治不是凭空臆想出来的规则体系，法治是在人们追求幸福的过程中逐步建立并完善的规则体系，即法治是幸福的制度保障系统〔10〕。法治对于公民幸福的保障主要体现在以下四个方面：第一，法治将事关公民幸福的诸种事项转换为法律权利，并以此来实现公民幸福的"法治化"。幸福不能仅仅停留在道德权利的应然状态，其必须转换为法律权利的实然状态，即通过宪法和法律将与公民幸福有关的利益规定为公民权利。第二，法治对公民幸福的保障不仅体现为将公民幸福进行"权利化"的实然转化，而且体现为通过制度创设确保政府权力围绕公民幸福而运行。政府权力是一柄"双刃剑"。一方面，政府权力具有必要性，政府权力是实现公共事务管理所必不可少的"公共力"；另一方面，政府权力的不正当行使亦有可能对公民幸福的实现造成障碍。因此，必须通过制度创设与制度优化，确保政府权力围绕公民幸福而运行。第三，法治为预防与惩戒各种损害他人幸福的行为提供法律依据与制度保障，即法律能够以其明确性、普遍性、国家强制性等规则特征为公民幸福免受他人的非法侵害提供保障。第四，法治的终极价值目标是公平正义。法治能够为社会弱势群体实现其幸福权利提供特殊保障。例如，个人所得超额累进税制、残疾人保障法、未成年人保护法、妇女

---

〔9〕 姚建宗：《新兴权利论纲》，载《法制与社会发展》2010年第2期。

〔10〕 何士青：《论法治与公民幸福》，载《政法论丛》2012年第1期。

权益保障法、失业保障法等立法均是法治公平性与正义性的具体体现。

课后作业

一、关键词解释

1. 幸福
2. 幸福指数
3. 法律的幸福价值

二、选择题

1. 在西方,“美德即知识”一语出自(　　)

A. 苏格拉底　　B. 亚里士多德

C. 伊壁鸠鲁　　D. 耶稣

2. 下列哪些说法是正确的?(　　)

A. 正义强调规则的一致性

B. 幸福强调某种行为或结果展开的全过程的愉悦性

C. 司法过程是否人性化,是当事人是否感到满意与幸福的关键所在

D. 有些判决结果完全正义并正确,但当事人却感觉不到幸福

3. 规定“追求幸福的权利”的是(　　)

A. 潘恩的《常识》一书　　B. 美国《独立宣言》

C. 英国自然法学派　　D. 法国《人权宣言》

4. 在法律价值体系中引入幸福指数有利于(　　)

A. 打破“有权利无幸福”的困境

B. 打破“权利越多、幸福越少”的悖论

C. 更全面系统地分析人权、法治的成本、实效

D. 进一步彰显社会主义法治国家的优越性

三、材料论述题

1988年4月,霍华德金森24岁,是美国哥伦比亚大学的哲学系博士。他毕业论文的课题是《人的幸福感取决于什么》。为了完成这一课题,他向市民随机派发出了一万份问卷。问卷中,有详细的个人资料登记,还有五个选项:A. 非常幸福;B. 幸福;C. 一般;D. 痛苦;E. 非常痛苦。历时两个多月,他最终收回了五千二百余张有效问卷。经过统计,仅仅只有121人认为自己非常幸福。

接下来,霍华德金森对这121人作了详细的调查分析。他发现,这121人当中有50人,是这座城市的成功人士,他们的幸福感主要来源于事业的成功。而另外的71人,有的是普通的

家庭主妇,有的是卖菜的农民,有的是公司里的小职员,还有的甚至是领取救济金的流浪汉。这些职业平凡、生涯黯淡的人,为什么也会拥有如此高的幸福感呢?通过与这些人的多次接触交流,霍华德金森发现,这些人虽然职业多样、性格迥然,但是有一点他们是相同的。那就是他们都对物质没有太多的要求。他们平淡自守,安贫乐道,很能享受柴米油盐的寻常生活。

这样的调查结果让霍华德金森很受启发。于是,他得出了这样的论文总结:这个世界上有两种人最幸福。一种是淡泊宁静的平凡人,一种是功成名就的杰出者。如果你是平凡人,你可以通过修炼内心、减少欲望来获得幸福。如果你是杰出者,你可以通过进取拼搏,获得事业的成功,进而,获得更高层次的幸福。

毕业后,霍华德金森留校任教。一晃二十多年过去了。如今,霍华德金森也由当年的意气青年成长为美国一位知名终身教授。2009 年 6 月,一个偶然的机会,他又翻出了当年的那篇毕业论文。他很好奇,当年那 121 名认为自己"非常幸福"的人现在怎么样呢?他们的幸福感还像当年那么强烈吗?

他把那 121 人的联系方式又找了出来,花费了三个月的时间,对他们又进行了一次问卷调查。

调查结果反馈回来了。当年那 71 名平凡者,除了两人去世以外,共收回 69 份调查表。这些年来,这 69 人的生活虽然发生了许多变化(他们有的已经跻身于成功人士的行列;有的一直过着平凡的日子;也有的人由于疾病和意外,生活十分拮据),但是他们的选项都没变,仍然觉得自己"非常幸福"。而那 50 名成功者的选项却发生了巨大的变化。仅有 9 人事业一帆风顺,仍然坚持当年的选择——非常幸福,23 人选择了"一般",有 16 人因为事业受挫,或破产或降职,选择了"痛苦",另有 2 人选择了"非常痛苦"。

看着这样的调查结果,霍华德金森陷入了深思,一连数日,霍华德金森都沉浸在自己的思绪当中。

两周后,霍华德金森以《幸福的密码》为题在《华盛顿邮报》上发表了一篇论文。在论文中,霍华德金森详细叙述了这两次问卷调查的过程与结果。论文结尾,他总结说:所有靠物质支撑的幸福感都不能持久,都会随着物质的离去而离去。只有心灵的淡定宁静,继而产生的身心愉悦,才是幸福的真正源泉。

[**要求**]结合以上材料,论述幸福是什么,如何才能幸福。

课后参阅论文

1. 王绍光:《市场、民主与幸福》,载《天涯》2002 年第 4 期。
2. 葛洪义:《法律与幸福》,载《光明日报》2007 年 12 月 18 日。
3. 李蕾、占红沣:《幸福指数:评价权利与法律制度的新标准》,载《法学家》2009 年第 3 期。
4. 许国鹏:《追求幸福:公民积极参与公共事务》,载《河北法学》2011 年第 4 期。
5. 易继明:《财产权的三维价值——论财产之于人生的幸福》,载《法学研究》2011 年第 4 期。

6. 何士青:《论法治与公民幸福》,载《政法论丛》2012 年第 1 期。
7. 马金芳:《社会法的价值旨归——以提升国民幸福指数为视角》,载《北方论丛》2012 年第 5 期。
8. 付子堂、崔燕:《作为法哲学范畴的“幸福”》,载《河北法学》2012 年第 10 期。
9. 宋玉波、程新平:《自由幸福:中国特色社会主义法治的根本追求》,载《西南大学学报(社会科学版)》2019 年第 3 期。
10. 刘飞、何士青:《新时代人民幸福的法治之维》,载《广西社会科学》2020 年第 9 期。

延伸阅读

关于幸福问题的讨论,一直是法理学和政治哲学所关注的严肃问题。牛津大学政治学理论教授戴维·米勒的《政治哲学与幸福根基》,从政治权威、民主、自由与政府的限度、正义、女性主义与文化多元主义、民族国家与全球正义等方面深入探讨了良善政治与人生幸福之关系。参阅戴维·米勒的《政治哲学与幸福根基》(李里峰译,译林出版社 2008 年版)。

第九章　法律与秩序

知识结构图

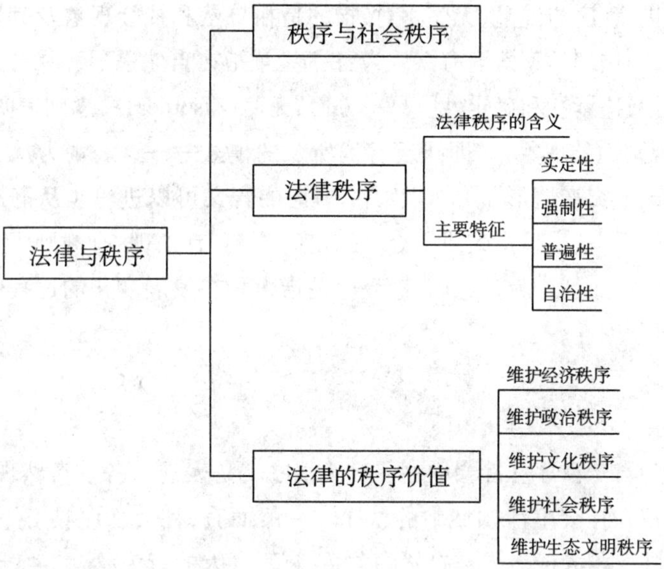

第一节 秩序与社会秩序

一、秩序

在汉语中,秩序由“秩”和“序”组合而成。在古代,“秩”“序”两字,和英文的order一样,都有“次序”“常规”的含义。许慎《说文解字》:“秩,积也”,段玉裁注释为:“积之,必有次叙,成文理,是曰秩。”[1]进一步引申为“常规”“常度”。如《诗经·小雅》:“宾之初筵,左右秩秩”,毛亨释为:“秩,常也。”“序”为“叙”的假借字。《说文解字》:“叙,次弟也。”[2]在陆机《文赋》中,“秩序”作为一个词语出现:“谬玄黄之秩叙,故淟涊而不鲜”,它保持了“秩”“序”两字的原意,直到现在。

从广义上来讲,秩序与混乱、无序相对,指的是在自然和社会现象及其发展变化中的规则性、条理性。美国法理学家博登海默认为,秩序“意指在自然进程和社会进程中都存在着某种程度的一致性、连续性和确定性。另一方面,无序(disorder)概念则表明存在着断裂(或非连续性)和无规则性的现象,亦即缺乏智识所及的模式——这表现为从一个事态到另一个事态的不可预测的突变情形”。[3] “秩序”一词的含义可以进一步从静态和动态两方面来把握。从静态来看,秩序是指人或物处于一定的位置,有条理、有规则、不紊乱,从而表现出结构的恒定性和一致性。就动态而言,秩序是指事物在发展变化的过程中表现出来的连续性、反复性和可预测性。

二、社会秩序

秩序可以分为自然秩序和社会秩序。自然秩序就是表现在各种自然现象之中的规律。社会秩序则是体现在社会生活领域中的秩序。一般而言,社会秩序具有下列共同特征:第一,社会性,即反映人与人或者人与自然的关系,离不开人的行为;第二,稳定性,即意味着某种状态的持续存在;第三,可预测性,即人们能够事先知道或者估计到自己和他人行为的发展变化;第四,功能性,即社会秩序是社会生活得以存在和发展的基础和前提。

社会秩序按照不同的标准可以有不同的划分。按照社会领域来划分,则有经济秩序、政治秩序、文化秩序,等等。以地域为标准,则有国内秩序和国际秩序。更重要的是依照一个社会的主要社会规范来对社会秩序进行分类。据此,社会秩序可以分为宗教秩序、道德秩序和法律秩序等。从历史的发展来看,社会秩序大致经历了一个从宗教秩序、道德秩序到法律秩序的演化过程。

---

〔1〕 段玉裁:《说文解字注》,上海书店出版社1992年版,第325页。

〔2〕 段玉裁:《说文解字注》,上海书店出版社1992年版,第126页。

〔3〕 [美]E. 博登海默:《法理学:法律哲学与法律方法》,邓正来译,中国政法大学出版社2004年版,第227~228页。

人类社会的秩序最早是通过宗教来维系的。在人类早期社会中,如在最早的埃及人、印度人、阿拉伯人、犹太人、希腊人、罗马人那里,宗教都是维持社会秩序最主要、最有效的手段,整个社会生活处于宗教的直接控制之下,甚至与宗教合一。宗教秩序构成了人类早期社会的基本社会秩序。随着人类认识能力的提高,社会秩序就逐渐由宗教秩序演变为道德秩序,德治逐渐成为社会的基本共识。孟德斯鸠指出,古希腊和罗马的民主政治的基本原则是德行。[4] 我国传统社会亦以德治著称。法律秩序是与宗教秩序和道德秩序不同的另一种社会秩序。在这种秩序下,法律和秩序两者达到高度的统一,法律取代宗教、道德成为维护社会秩序的最重要手段。美国法学家 R. M. 昂格尔认为,"法律秩序是一个非常罕见的历史现象"[5]。在他看来,真正意义上的法律秩序,只在现代西方自由主义国家才初次出现。

我国传统社会秩序的演进也大致经历了三个大的阶段。与世界其他早期社会一样,我国最早的社会秩序也是在宗教的控制之下。《国语·楚语下》记载,我国古代曾经有一个民神杂糅的时期,"夫人作享,家为巫史",就是说家家皆可祭祀,人人都是巫师,可以直接通神。这是宗教与生活绝对为一的时期。到了殷商时期,"绝地天通",最后只有集王位和祭师于一身的王才有通天之术。尽管如此,以宗教来规范社会秩序的传统并没有改变。《礼记·表记》说,"殷人尊神,率民以事神"。从周朝开始,这种宗教秩序就开始为道德秩序所代替。武王革命以后,周朝统治者意识到宗教力量的不可靠,"天命靡常",宗教在社会政治秩序中的地位由此下降,故"事鬼神而远之",[6] 转而强调统治者的主观的政治德行,以取代以前鬼神的崇高地位。由此出发,周公在"德"的基础上重新建立起一套礼治秩序。春秋战国时期,这套道德秩序受到以孔子为首的儒家的大力倡导。战国时期,天下大乱,社会完全陷入无序之中,这表明单单依靠道德已经不足以维持社会秩序。此时,秦用商鞅,兼并六国,一统天下,并且建立起一套严整的法律秩序。但是秦至二世而亡,用法律秩序代替道德秩序的努力宣告失败。及至汉代,汉武帝"罢黜百家,独尊儒术",其实质是儒家的"德治"和法家的"法治"的结合。[7] 其后,这种"礼法合一"的社会政治秩序,就成为中国传统社会的常规秩序。美国著名法学家 R. M. 昂格尔指出,这种社会秩序中的法律秩序并不是真正意义上的法律秩序,而只是一种"官僚法","法具有明确的官僚法的性质"[8]。在这种社会秩序下,法律不过是统治者手中的工具和玩物而已。

---

〔4〕［法］孟德斯鸠:《论法的精神》(上册),张雁深译,商务印书馆 1961 年版,第 20 页。
〔5〕［美］R. M. 昂格尔:《现代社会中的法律》,吴玉章、周汉华译,译林出版社 2001 年版,第 63 页。
〔6〕《礼记·表记》。
〔7〕葛兆光:《中国思想史》(第 1 卷),复旦大学出版社 2001 年版,第 264 页。
〔8〕［美］R. M. 昂格尔:《现代社会中的法律》,吴玉章、周汉华译,译林出版社 2001 年版,第 97 页。

第二节 法律秩序

一、法律秩序的含义

对于什么是法律秩序,存在各种不同的观点,但大致可以归为两种不同类型。第一种观点主要是从法律规范、法律制度等出发理解法律秩序,将法律秩序等同于法律体系或者法律制度。如凯尔森认为:"法律秩序是一个规范体系。""法律秩序,尤其是国家作为它的人格化的法律秩序……是一个不同级的诸规范的等级体系。"〔9〕《牛津法律大辞典》也认为:"法律秩序用以指从法律的立场进行观察、从其法律职能予以考虑的,存在于特殊社会中的人、组织、关系、原则和规则的总体……法律秩序这一术语被一些法学家在不同意义上加以使用,或作为组织的同义词,或作为法律制度的同义词,甚至还作为法律的同义词。"〔10〕第二种观点则关注法律在社会生活中的实现,在这种意义上,法律秩序也就等同于法治秩序。如卢曼认为:"按目前的理解,法律秩序是巨大的实在和结构复杂化状态,所谓复杂状态,我们应该理解为经验和行为中可能的总和,当这种可能性实现时,就构成了一种有意义的结构。"〔11〕苏联学者雅维茨也认为,法律秩序"是在社会关系中实现了的法制;它存在于法律地位和权限、权利义务的实现过程所形成的关系中,它包括稳固的法律联系和关系的体系。法律秩序能够被看作是法的实现的终点"〔12〕。我们认为,法律秩序并不仅仅是对于公共和私人领域的权利和义务的抽象的法律条文和规范,也不仅仅是其在现实生活中的实现,而是以上两种观点的内在统一。完善的法律体系和法律制度,是良好的社会秩序的根本前提;而只有这种法律体系能够在现实中切实实现,才能谈得上健全的法律秩序。因而对于法律秩序来说,法律规范及其实现两个方面缺一不可。美国法理学家博登海默指出:"法律秩序中的规范与事实这两个方面,互为条件且互相作用。这两者要素缺一不可,否则就不会有什么真正意义上的法律制度。如果包含在法律规则部分中的'应然'内容仍停留在纸上,而并不对人的行为产生影响,那么法律只是一种神话,而非现实。另一方面,如果私人与政府官员的所作所为不受符合社会需要的行为规则、原则或准则的指导,那么社会中的统治力量就是专制而不是法律。因此,规范性制度的存在以及对该规范性制度的严格遵守,乃是在社会中推行法治所必须依凭的一个不可或缺的前提条件。"〔13〕

二、法律秩序的主要特征

在法律秩序下,法律要实现其普遍而有效的治理,既具有法律的一般特征,又具有其独

---

〔9〕[奥]凯尔森:《法与国家的一般理论》,沈宗灵译,中国大百科全书出版社 1995 年版,第 124、141 页。

〔10〕[英]D. M. 沃克:《牛津法律大辞典》,李双元等译,法律出版社 2003 年版,第 680 页。

〔11〕Niklas Luhmann, *A Sociological Theory of Law*, Routledgea Kegan Paul, 1985, p. 5.

〔12〕[苏]雅维茨:《法的一般理论》,朱景文译,辽宁人民出版社 1986 年版,第 203 页。

〔13〕[美]E. 博登海默:《法理学:法律哲学与法律方法》,邓正来译,中国政法大学出版社 2004 年版,第 255 页。

有的特征。对此,美国法学家富勒在其著名的《法律的道德性》一书中曾予以全面论述。现综合各派的观点,择要列述如下:

(一)实定性

在现代社会,法律秩序本质上是实定法秩序,这是法律秩序得以与道德秩序、宗教秩序等区分开来的一个重要特征。与道德规则和宗教戒律相比较,法律规则在形式上有一个非常重要的差别,即一般而言,法律是由国家政府机关制定、公布的成文规则。康德指出法律和道德的本质区别在于,道德法基于个人的内在立法,而法律则是一种外在的立法,是由一个立法机关所制定的。[14] 奥斯丁也分析了法律和道德的区别,指出:法律"是由政治优势者制定的……这样制定的全部规则,或者其中的一部分规则,就是普遍法理学的真正对象,以及特定法理学的真正对象。简单来说,从严格的意义上来看,'法'这一术语,仅仅适用于这样制定出来的全部规则,或者其中的一部分规则",而道德则"不属于前面所说的那类政治优势者制定的法"[15]。20世纪美国法学家富勒在其《法律的道德性》中也将法律的公开颁布作为法律的内在道德之一。[16] 法律规则的这种实定性,使法律具有了客观、确定的形式,摆脱了主观任意性,使人的行为"有法可依",奠定了法律秩序的基础。

(二)强制性

法律不仅是由政府机构制定的,而且还是由国家的权威强制实行的。强制性是法律秩序的又一重要特征,也是法律秩序最为独特的地方。宗教秩序的维持依靠的是外在的神秘力量所唤起的人的内心的恐惧之感,道德秩序凭借道德主体所具有的道德意识或者对德行自身的尊重,两者都主要诉诸人的内心;而法律则主要诉诸专门的国家机构的强制执行,以保证法律的切实有效。许多哲学家和法学家都强调了法律的这一根本特点。如康德指出:法律的立法,由于不考虑行为的内在动机,"因而必须是强制性的"[17]。奥斯丁也将法律定义为:"法律,是强制约束一个人或一些人的命令。"[18]凯尔森明白指出:"法是一种强制秩序",强制性乃"是我们可以将法与道德、宗教这些其他社会现象加以明确区分的唯一标准"[19]。即使是反对将法律视为强制性规则的哈特也不得不承认,对于服从初级规则的社会大多数人(而不是接受次级规则的法律人)来说,规则仍然是一种强制性的要求,或者奥斯丁所言意义上的强制性命令。[20]

(三)普遍性

普遍性是法律秩序的又一重要特征,甚至可以说是法律秩序的最为本质的特征。法律的普遍性也是人们早就意识到了的。在西方,亚里士多德早就指出,法律始终是一种一般性的陈述。古罗马法学家帕比尼安将法律描述为"一种一般性的命令",乌尔比安指出,

---

〔14〕[德]康德:《法的形而上学原理——权利的科学》,沈叔平译,商务印书馆1991年版,导言第19~22页。

〔15〕[英]约翰·奥斯丁:《法理学的范围》,刘星译,中国法制出版社2002年版,第14~15页。

〔16〕[美]富勒:《法律的道德性》,郑戈译,商务印书馆2005年版,第59~62页。

〔17〕[德]康德:《法的形而上学原理-——权利的科学》,沈叔平译,商务印书馆1991年版,第20页。

〔18〕[英]约翰·奥斯丁:《法理学的范围》,刘星译,中国法制出版社2002年版,第30页。

〔19〕[奥]凯尔森:《法与国家的一般理论》,沈宗灵译,中国大百科全书出版社1995年版,第15、19页。

〔20〕[英]哈特:《法律的概念》,许家馨、李冠宜译,法律出版社2006年版,第109~110页。

法律规定不是为个人制定的,而是具有普遍的适用性。卢梭也认为:“法律的对象始终是普遍的。”[21]奥斯丁同样指出:法律“普遍地强制要求为一类行为,或者不为一类行为”[22]。英美许多著名法学家,如哈特、富勒等人都持有同样的观点。

法律秩序的普遍性包含“立法的普遍性”和“判决的一致性”两个方面,对于一个具有良好法律秩序的国家来说,这两个方面缺一不可,否则法律秩序的普遍性就不可能实现。

(四)自治性

美国法学家昂格尔认为,法律秩序的自治性和普遍性一道构成了法律秩序与官僚法的本质区别。传统中国社会具有成文法,并且由国家强制推行,但是由于这些法律没有普遍性,同时立法和司法机关没有独立性,因而没有能够建立起法律秩序。昂格尔认为,法律秩序的自治性表现在以下四个方面:第一,实体内容的自治性,即一种自治的法律制度不是某种神学观念的法典化。法律规则不仅远离支配人与上帝关系的戒律,并且远离任何一种关于社会关系的宗教认识。这实际上意味着法律完全建立在人的自主的理性基础上,而不要一个外来的权威为我们立法。第二,法律机构的自治性意指立法、行政和司法机关的分离,法律的运用要独立于行政与立法以外。第三,法律方法的自治性,指的是法律推理自身具有一套不同于科学解释以及政治、经济、伦理论证的方法。第四,法律职业的自治性,即一个专业化的法律职业团体控制着法律规则,占据法律机构,进行法律实践。[23] 此外,还有学者指出,法律的自治性还体现在法学和法律教育上。[24]

第三节 法律的秩序价值

法律的秩序价值是其所具有的最基本的价值。博登海默认为法律是“秩序和正义的综合体”,[25]而彼得·斯坦和约翰·香德也将秩序和正义、个人自由并列,作为现代西方社会法律的三大基本价值。[26] 同样,德国著名法哲学家拉德布鲁赫也将秩序作为法律的三个主要价值之一,只不过在他这里,“秩序”一词使用的是“法的安定性”这一用语。[27] 在秩序、正义和个人自由之间,秩序是最基础的法律价值。没有秩序,也就谈不上正义和个人自由。

在现代社会,秩序作为法律的基础性价值,主要表现在以下几个方面。

---

〔21〕 [美]E. 博登海默:《法理学:法律哲学与法律方法》,邓正来译,中国政法大学出版社2004年版,第248页。
〔22〕 [英]约翰·奥斯丁:《法理学的范围》,刘星译,中国法制出版社2002年版,第30页。
〔23〕 [美]R. M. 昂格尔:《现代社会中的法律》,吴玉章、周汉华译,译林出版社2001年版,第51页。
〔24〕 张文显:《马克思主义法理学》,高等教育出版社2003年版,第410页。
〔25〕 [美]E. 博登海默:《法理学:法律哲学与法律方法》,邓正来译,中国政法大学出版社2004年版,第330页。
〔26〕 [英]彼得·斯坦、约翰·香德:《西方社会的法律价值》,王献平译,中国法制出版社2004年版,第2页。
〔27〕 [德]G. 拉德布鲁赫:《法哲学》,王朴译,法律出版社2005年版,第73页。

一、维护经济秩序

经济秩序是社会物质生产、分配、交换和消费活动过程中所形成的一种有序的秩序形态。恩格斯曾说:“在社会发展某个很早的阶段,产生了这样一种需要:把每天重复着的产品生产、分配和交换用一个共同规则约束起来,借以使个人服从生产和交换的共同条件。这个规则首先表现为习惯,不久便成了法律。”〔28〕这里的“生产和交换的共同条件”就是对经济秩序的高度概括。

法律有助于维护经济秩序价值。法律既是一定经济秩序的内在需求,同时又是一定经济秩序的体现。〔29〕一方面,法律有助于保障经济活动的稳定性、连续性和可预测性。习近平总书记指出:“社会主义市场经济本质上是法治经济,经济秩序混乱多源于有法不依、违法不究,因此必须坚持法治思维、增强法治观念,依法调控和治理经济。”〔30〕另一方面,法律在保护所有权、规范经济主体资格、调控经济活动、保障劳动者权益等方面发挥着越来越重要的作用。

二、维护政治秩序

政治秩序是政治主体按照某种价值原则对社会关系进行协调、整合所形成的一种良好的秩序形态。对于任何社会而言,良好的政治秩序都是推动国家发展、维护社会稳定的前提。

法律有助于维护政治秩序价值。国家要实现其对内和对外的各种职能,不仅要依靠军事的、外交的、行政的、经济的手段,也需要通过法律来反映国家活动的各项基本内容,保障国家活动的基本方向。一方面,法律确认和保护掌握国家的根本利益,使国家政权合法化、制度化。另一方面,法律在协调政治关系、规范政治行为、促进社会发展、解决政治问题等方面发挥着重要功能,最大程度地保证政治运行处于一种制度化、规范化和程序化的状态。同时,法律维护权力运行秩序。权力是一柄“双刃剑”,正确运用权力,掌权为公,执政为民,就会使权力造福人民;滥用权力,掌权为己,以权谋私,就会使权力造祸人民。因此,必须采用法律的手段对权力的运行加以规范和约束。实践中,不同的国家有不同的做法。大陆法系的国家,如法国设立了专门的行政司法制度,其中包括专门的行政法院系统,对政府的行政行为进行监督和控制。在普通法国家,如美国,则由最高法院对行政行为是否违法进行裁定。在我国,严密的法治监督体系是中国特色社会主义法治体系的重要组成部分。我国正推动完善立法、执法、司法权力运行制约和监督机制,加强党内监督、人大监督、民主监督、行政监督、司法监督、审计监督、社会监督和舆论监督制度建设,努力形成科学有效的权力运行制约和监督体系。

三、维护文化秩序

文化是一个国家、一个民族的灵魂。文化既是软实力,又是硬实力。作为一种理想信

〔28〕《马克思恩格斯选集》(第3卷),人民出版社2012年版,第260页。
〔29〕《法理学》编写组编:《法理学》(第2版),人民出版社、高等教育出版社2020年版,第91页。
〔30〕习近平:《论坚持全面依法治国》,中央文献出版社2020年版,第129页。

念、价值理念、道德观念,它是精神动力,是软实力;当它转变为文化产业时,它是物质生产力,是硬实力。文化秩序就是在软实力和硬实力的共同作用下,推动文化走向繁荣兴盛的一种秩序形态。文化秩序具有以下三个方面的特征:一是文化秩序与一定的社会政治秩序、经济秩序相适应;二是文化秩序具有与之相应的文化目标,文化进步直接关系到社会的精神文明状态;三是文化秩序是一个具有整合功能、教化功能和凝聚功能的文化自调节系统。

法律有助于维护文化秩序价值。无论是文化生产秩序还是文化市场秩序抑或文化管理秩序,都需要法律作出相应的制度安排,并提供坚强有力的法治保障。文化市场是社会主义市场经济体系的重要组成部分。要加强文化市场综合执法管理,规范文化市场综合执法行为,促进文化市场繁荣健康发展。当前,网络文化的迅猛发展,给不同文化和价值观念交流交融交锋带来了前所未有的影响。习近平总书记指出:"网络空间同现实社会一样,既要提倡自由,也要保持秩序。自由是秩序的目的,秩序是自由的保障。我们既要尊重网民交流思想、表达意愿的权利,也要依法构建良好网络秩序,这有利于保障广大网民合法权益。网络空间不是'法外之地'。网络空间是虚拟的,但运用网络空间的主体是现实的,大家都应该遵守法律,明确各方权利义务。"[31] 构建良好的网络文化秩序,必须全面推进网络空间法治化,实现网络健康发展、网络运行有序、网络文化繁荣、网络生态良好、网络空间清朗的目标。

四、维护社会秩序

社会秩序是指动态、有序和平衡的秩序形态。社会秩序是人类在社会中生活的基本要求,没有秩序,社会生活和社会关系都将陷入无序状态。

法律有助于维护社会秩序价值。一是法律确定权利和义务。法律通过确定社会主体相应的权利和义务,将有限的社会资源按一定标准在社会成员中进行分配,最大程度地避免无序状态的发生。[32] 二是法律以和平手段解决纠纷。针对社会中出现的矛盾纠纷,法律通过明确规定社会纠纷解决的程序与机制,以和平方式实现定分止争。三是法律保障人身安全、财产安全、公共安全和国家安全等。

五、维护生态文明秩序

人与自然的关系是人类社会最基本的关系。生态文明秩序是人与自然和谐共生、全面可持续发展的一种秩序形态。重视生态文明,开展生态文明建设,处理和协调好人与自然环境之间的关系,才能为社会的存在和发展提供必不可少的前提和首要条件。

法律有助于维护生态文明秩序价值。法律既维护人类社会的秩序,也维护自然秩序。法律通过规范人类的行为实现维护自然秩序。生态环境问题归根结底是人类的发展方式

---

〔31〕 习近平:《论坚持全面依法治国》,中央文献出版社2020年版,第64页。

〔32〕 张文显主编:《法理学》(第5版),高等教育出版社2018年版,第326-327页。

和生活方式问题。习近平总书记指出："推动形成绿色发展方式和生活方式，是发展观的一场深刻革命。"[33] 建立良好的生态文明秩序，必须构建完善的生态法治，全面强化法治保障。目前，我国已制定环境保护法、野生动物保护法、森林草原法、水土保持法等法律，建构起监管统一、执法严明、多方参与的环境治理体系，为维护生态文明秩序提供了坚强法治保障。

课后作业

一、关键词解释

1. 秩序

2. 社会秩序

3. 法律秩序

二、选择题

1. 一般而言，从社会规范的角度来看，人类社会秩序大致有(　　)

A. 政治秩序　　B. 法律秩序　　C. 道德秩序　　D. 宗教秩序

2. 我国自汉代以后的传统社会秩序为(　　)

A. 礼制秩序　　B. 礼法秩序　　C. 法律秩序　　D. 道德秩序

3. "法律是一种一般性的命令"体现了法律所具有的(　　)

A. 强制性　　B. 普遍性　　C. 实定性　　D. 客观性

4. 对法律秩序的理解有(　　)

A. 法律秩序是一个体系

B. 法律秩序就是法律制度

C. 法律秩序乃是法律制度在社会生活中的实现

D. 法律秩序就是法治秩序

5. 法律的秩序价值具体体现为(　　)

A. 维护经济秩序　　B. 维护政治秩序

C. 维护文化秩序　　D. 维护社会秩序

三、材料论述题

［材料一］

"法律在本质上是对专断权力之行使的一种限制，因此它同无政府状态和专制政治都是敌对的。为了防止为数众多的意志相互抵触的无政府状态，法律限制了私人的权力。为了防止一个专制政府的暴政，法律控制了统治当局的权力……一个完善且充分发达的法律制度，

〔33〕 中共中央宣传部：《习近平新时代中国特色社会主义思想学习纲要》，学习出版社、人民出版社 2019 年版，第 171 页。

对于无政府状态和专制政治这两种截然相对的形式来讲,处于居间的位置。通过一个行之有效的私法制度,它可以界定出私人或私人群体的行动领域,以防止或反对相互侵犯的行为、避免或阻止严重妨碍他人的自由或所有权的行为和社会冲突。通过一个行之有效的公法制度,它可以努力限定和约束政府官员的权力,以防止或救济这种权力对确获保障的私人权益领域的不恰当侵损、以预防任意的暴政统治。这样,最为纯粹的和最为完善的法律形式,便会在这样一种社会制度中得以实现,在该制度中,人们成功地排除了私人和政府以专断的或暴虐的方式行使权力的可能性。"

[**材料来源**][美]E. 博登海默:《法理学:法律哲学与法律方法》,邓正来译,中国政法大学出版社 2004 年版,第 246 页。

[**材料二**]

社会主义市场经济本质上是法治经济。使市场在资源配置中起决定性作用和更好发挥政府作用,必须以保护产权、维护契约、统一市场、平等交换、公平竞争、有效监管为基本导向,完善社会主义市场经济法律制度。健全以公平为核心原则的产权保护制度,加强对各种所有制经济组织和自然人财产权的保护,清理有违公平的法律法规条款。创新适应公有制多种实现形式的产权保护制度,加强对国有、集体资产所有权、经营权和各类企业法人财产权的保护。国家保护企业以法人财产权依法自主经营、自负盈亏,企业有权拒绝任何组织和个人无法律依据的要求。加强企业社会责任立法。完善激励创新的产权制度、知识产权保护制度和促进科技成果转化的体制机制。加强市场法律制度建设,编纂民法典,制定和完善发展规划、投资管理、土地管理、能源和矿产资源、农业、财政税收、金融等方面法律法规,促进商品和要素自由流动、公平交易、平等使用。依法加强和改善宏观调控、市场监管,反对垄断,促进合理竞争,维护公平竞争的市场秩序。加强军民融合深度发展法治保障。

制度化、规范化、程序化是社会主义民主政治的根本保障。以保障人民当家作主为核心,坚持和完善人民代表大会制度,坚持和完善中国共产党领导的多党合作和政治协商制度、民族区域自治制度以及基层群众自治制度,推进社会主义民主政治法治化。加强社会主义协商民主制度建设,推进协商民主广泛多层制度化发展,构建程序合理、环节完整的协商民主体系。完善和发展基层民主制度,依法推进基层民主和行业自律,实行自我管理、自我服务、自我教育、自我监督。完善国家机构组织法,完善选举制度和工作机制。加快推进反腐败国家立法,完善惩治和预防腐败体系,形成不敢腐、不能腐、不想腐的有效机制,坚决遏制和预防腐败现象。完善惩治贪污贿赂犯罪法律制度,把贿赂犯罪对象由财物扩大为财物和其他财产性利益。

[**材料来源**]《中共中央关于全面推进依法治国若干重大问题的决定》,人民出版社 2014 年版,第 12 ~ 13 页。

[**要求**]结合以上材料,从法律秩序的角度,谈谈对我国当下建设社会主义法治国家的理解。

课后参阅论文

1. 朱勇:《权利换和谐:中国传统法律的秩序路径》,载《中国法学》2008 年第 1 期。
2. 谈萧:《转型中国法律秩序的动力分析》,载《西南大学学报(社会科学版)》2012 年第 1 期。
3. 盛红生:《国际刑法与后冷战国际法律秩序的重构》,载《法学论坛》2015 年第 1 期。
4. 程卫东:《多元法律秩序与欧盟法治的局限性》,载《欧洲研究》2016 年第 1 期。
5. 杨泽伟:《论 21 世纪海上丝绸之路建设与国际海洋法律秩序的变革》,载《东方法学》2016 年第 5 期。
6. 石任昊:《话语逆袭:当代中国的法律秩序》,载《探索与争鸣》2016 年第 11 期。
7. 章永乐:《从秋菊到 WTO:反思国际战略选择与国内法律秩序演变的关系》,载《武汉大学学报(哲学社会科学版)》2017 年第 1 期。
8. 马陇平:《新时代中国特色社会主义背景下法律秩序的冲突矛盾与构建改造》,载《宁夏大学学报(人文社会科学版)》2018 年第 3 期。
9. 邓妮雅:《国际法律新秩序下中国海权战略的选择》,载《中国海商法研究》2019 年第 2 期。
10. 张文显:《构建智能社会的法律秩序》,载《东方法学》2020 年第 5 期。

延伸阅读

关于中国传统社会与法律秩序,可以进一步阅读瞿同祖的《中国法律与中国社会》(商务印书馆 2010 年版),特别是该书附录“中国法律之儒家化”,梁治平的《寻求自然秩序中的和谐》(商务印书馆 2013 年版)以及昂格尔的《现代社会中的法律》(译林出版社 2001 年版)第二章之“中国问题:一种比较分析”。关于当代中国法治秩序的构建,可以阅读季卫东的《法治秩序的建构》(商务印书馆 2019 年版)。

关于西方法律秩序价值理论和西方社会法律秩序理论,可以进一步阅读彼得·斯坦等的《西方社会的法律价值》(王献平译,中国法制出版社 2004 年版),昂格尔的《现代社会中的法律》(吴玉章、周汉华译,译林出版社 2008 年版),於兴中的《法治与文明秩序》(商务印书馆 2020 年版)第一章,大卫·戴岑豪斯的《重构法治》(程朝阳、李爱爽译,浙江大学出版社 2020 年版)。关于国际法治秩序,可以进一步阅读刘禾主编的《世界秩序与文明等级》(三联书店 2016 年版)。

第三编　法律方法论

第十章 法 律 方 法

知识结构图

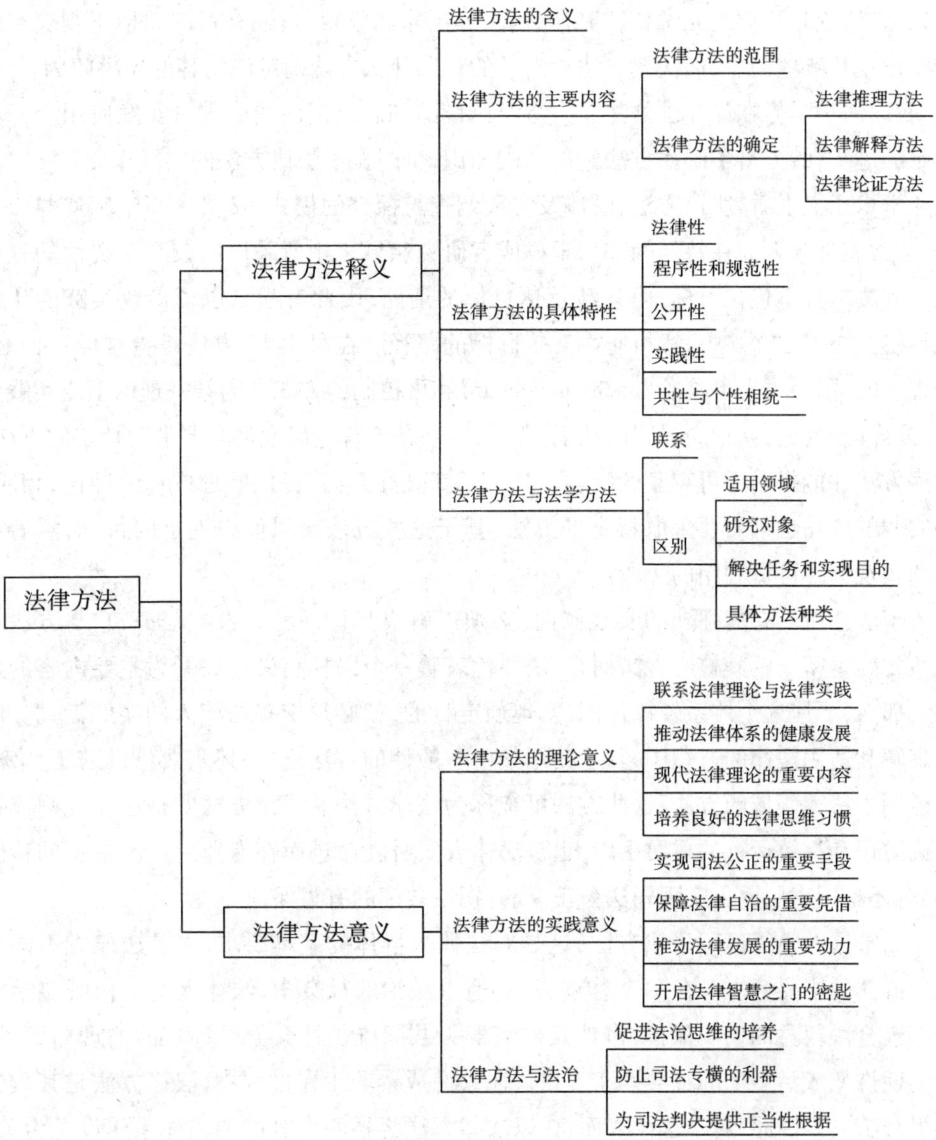

第一节 法律方法释义

法律方法是法理学的重要范畴之一,从本质上来说,它是对法律应用过程中所出现的问题的理论回答。作为法律方法学说体系的法律方法论,与法律本体论、法律价值论和法律社会论并驾齐驱,代表着从不同的角度对法律这一现象进行的理论探究。甚至在有些学者看来,方法论是法律的元学科,“私法、刑法或国家法学科直接、有目的地指明判决和学说赋予特定规范哪些内容,而法律方法论涉及的是用什么方法确定该内容的先决问题。”[1]近年来,我国法理学界在译介国外法律方法经典作品和总结国内法律方法实践应用上都取得了长足的进步,既丰富了法律方法论的基础知识,也凸显了法律方法的实践作用。

从学术意义上看,所谓方法,既涉及实践调查与探究的模式,又贯穿理论阐述与教导的过程,通常表现为人们在特定的知识学科或者研究领域之中所采用的较具系统性的程式或步骤。方法本身不包含目标,而只涉及达目标的道路,因此有学者以理论或实践的认识路径来界定“方法”:“‘方法’意指通往某一目标的路径。在科学上,方法是指这样一种路径,它以理性的,因而也是可检验(nachvollziehbar)和可控制的方式导向某一理论上或实践上的认识,或导向对已有认识之界限的认识。”[2]无疑,任何理论研究都需要借助特定的方法,根据这些方法才能提出无可辩驳的问题,然后再为问题的解答提供顺理成章的结论;相应地,一切实践的成功也都需要采取特定的方法,基于这些方法反思值得追求的目标,然后再为目标的实现选择可资利用的手段。

鉴于法律所具有的强烈的实践倾向,必须以解决具体问题为根本任务,它与方法之间的联系尤为紧密。就其核心含义而言,法律代表着一个以权利义务关系为主要内容的规则体系。那么,要使这个体系发挥作用、实现预定目的,就必须依赖法律人的实践活动。法律人在理解和适用法律的过程中,除了使用某些一般性的方法之外,还需要借助若干特殊的、仅仅适用于法律领域的方法,这些方法可统称为法律方法。法律方法既是法律规则体系得以正确运用和高效运行的重要手段,也是法律人安身立命进而在专业上出类拔萃的特殊技能,同时还是国家层面上实现司法公正、提升司法效率的有力保证。

全面掌握并熟练运用法律方法,这是对法律人群体的基本要求,也是法律人不同于其他职业群体的主要标志。在一个尊重法律、追求法治的社会中,法律人的工作既包括对相关当事人合法权益的切实保护,也涉及群策群力共同维护社会繁荣稳定的治理局面,把对正义的期许变成活生生的社会现实。在法律人完成本职工作过程中,法律方法是其最为有力的思维工具。因此,对于法律人而言,以法律方法为核心内容的能力体系建设尤为关键。

---

〔1〕 [奥]恩斯特·A. 克莱默:《法律方法论》,周万里译,法律出版社2019年版,第6页。
〔2〕 [德]齐佩利乌斯:《法学方法论》,金振豹译,法律出版社2009年版,第1页。

一个人可以通过学习法律获得以下重要的能力:“(1)法律知识:明了现行法制的体系、基本法律的内容、各种权利义务关系及救济程序。(2)法律思维:依循法律逻辑,以价值取向的思考、合理的论证,解释适用法律。(3)解决争议:依法律规定,作合乎事理规划,预防争议发生于先,处理已发生的争议于后,协助建立、维护一个公平和谐的社会秩序。”[3]法律知识、法律思维和解决争议的能力,既是评判法律人职业水准的重要标尺,也是法律人能为社会提供的最有价值的贡献。从这个意义上来说,法律方法关乎法律人的职业前景和使命担当。

一、法律方法的含义

(一)概念上的争议

“法律方法”这一概念本身并非纯粹理论的产物,因为它所指向的问题均源于具体的法律实践,过度的理论分析不利于实际问题的解决。尽管对于任何法律制度的运行来说法律方法都举足轻重,但抽象地讨论法律方法总会存在争议,因为它们更像是需要留待具体法律部门讨论的专门问题。现实中我们看到,无论是在大陆法系国家,还是在英美法系国家,都存在关于法律方法的理论研究和学说脉络。鉴于对法律方法内涵的理解不同,这一知识脉络往往又被冠以不同的称谓。例如,在德语文献中就有“Methodenlehre der Rechtswissenschaft”(法学方法论)与“Juristische Methodenlehre”或“Juristische Methodik”(法律方法论)之分。“德语区多数学者一直采用 Juristische Methoden(法律方法)来涵摄这类法律方法,而以 Juristische Methodenlehre 或 Juristische Methodik 去标称这一学科。”[4]而在英语文献中也有关于“Legal Method”(法律方法)、“Judicial Method”(司法方法)与“Legal Methodology”(法律方法论)的区分。这些概念使用上的细微差异给我们系统地研究该主题带来了一些困难,因此迫切需要我们准确地界定“法律方法”的基本含义。总体来看,我国学界对法律方法的研究起步较晚,“它作为一个研究领域的形成,与中国法律工作职业化、专业化的过程是同步的,是中国法治发展到一定阶段而提出的需要研究的问题”。[5] 就目前的研究状况而言,我国法理学界在法律方法的界定问题上大致有以下几种观点:

1. 法律方法是法律人思考、分析和解决法律问题的方式、技术、方法的统称。[6]

2. 法律方法是应用法律的方法,它不仅着力于实现既有的、正确的法律,还效命于正确地发现新法律。[7]

3. 法律方法是指法律职业者从事职业活动所使用的方法。它包括立法的方法(如法律移植方法、社会调查方法、法律整理与编纂方法)、司法方法(如法律推理方法、法律解释方

---

[3] 王泽鉴:《法律思维与民法实例》,中国政法大学出版社 2001 年版,第 1 页。
[4] 郑永流:《法律方法阶梯》(第 3 版),北京大学出版社 2015 年版,第 27 页。
[5] 葛洪义主编:《法律方法论》,中国人民大学出版社 2013 年版,第 17 页。
[6] 张文显:《马克思主义法理学》,高等教育出版社 2003 年版,第 82 页。
[7] 郑永流:《法学方法抑或法律方法》,载《法哲学与法社会学论丛》(总第 6 辑),中国政法大学出版社 2003 年版,第 26 页。

法、法庭调查方法和法庭辩论方法)以及从事法律研究与教育的方法,即法学方法。[8]

4. 法律方法是法律人在法律运用过程中处理法律问题的手段、技能、规则等的总和。可以这样说,法律方法是关于法律运用的方法,是人们在长期的法律实践活动中积累起来并加以凝固化地认识案件事实、解决法律纠纷的方式、手段和技能。[9]

5. 法律方法是法律人为解决特定法律问题、纠纷和矛盾而采取的法律上正确的途径、路径、步骤、措施、手段等。[10]

以上这些观点基本代表了学者定义法律方法的主要思路,反映了学界对该问题的理解情况。绝大部分学者都把法律方法看成法律人在法律适用过程中分析和解决法律问题所运用的方法和技术的总称,同时有少数学者用法律方法指称法律职业者从事其职业活动所使用的方法,其中包括立法方法、司法方法和从事法律研究与教育的方法,当然还有个别学者把法学研究方法也纳入法律方法之列。要解决这种"仁者见仁、智者见智"的局面必须思考两个基础问题:(1)法律方法是否仅限于法律人所使用的方法?(2)法律人从事其职业、解决法律问题所使用的一切方法是否都属于法律方法?对这两个问题的不同回答,通常构成了法律方法概念上的广义和狭义之分。广义的法律方法概念通常不限制法律方法的适用主体以及适用范围,而狭义的法律方法概念则往往对这二者都有明确的限定。

针对这个问题,我们认为:(1)使用法律方法的主体是法律人(Lawyer)。"Lawyer"这个词常常被人们翻译为"律师",其实,它的内涵要比这一解释广泛得多。它不仅包括律师,而且包括法官、检察官以及法学研究者,此处我们用它指称一切从事法律职业的人。普通公民虽然也会偶尔使用法律方法来对法律运作的结果进行预测,但这种情形的发生并不具有典型性,因此也不是我们研究的重点。(2)法律方法仅指法律适用过程中所使用的方法,那些并非法律适用过程所采取的方法可能与法律相关,但不属于法律方法的概念范畴。(3)法律方法仅指在法律领域中具有独特性的方法。有些方法不仅在法律领域使用,而且在其他领域也广为应用,如果这些方法在法律领域的适用没有独特性,那么就不能称为法律方法。基于以上三点,我们可以把法律方法定义为"法律人在法律适用过程中用于解决法律问题、具有独特性的方法和技巧的总称"。

法律方法这一概念着重强调的是法律人这一职业群体对一个可实证化的知识领域的理解、掌握与运用,凸显的是法律人实践工作的专业性及其利用体制与制度解决实际问题的能力和技术。显然,并非法律人所使用的一切方法都应称为法律方法。比如,德国民法学者在创立民法典时,普遍使用了逻辑公理化方法,这种方法首先是逻辑方法,是逻辑方法在法学领域的具体应用;分析实证主义法学家在研究法律时所广泛使用的分析技巧同样也属于逻辑学、语言学方法;而且法律工作者在运用法律时,有时甚至会运用数学方法,如概率证明方法等,我们不能仅仅因为它们被法律人所使用而将上述所有方法都看成法律方法。因此,那些虽然在法律领域有所应用,但并没有改变根本特性的方法显然不能归之于法律

---

〔8〕 严存生:《作为技术的法律方法》,载《法学论坛》2003年第1期。

〔9〕 黄竹胜:《法律方法与法学的实践回应能力》,载《法学论坛》2003年第1期。

〔10〕 葛洪义:《法律方法讲义》,中国人民大学出版社2009年版,第13页。

方法。只有法律人在法律适用过程中所使用的那些独特方法才属于法律方法的范畴。

（二）法律方法与法学方法

在理解法律方法这一概念时，尤其是对它持一种广义的理解时，很难摆脱它与法学方法概念之间的纠缠。20世纪90年代以来，一批名曰《法学方法论》的著作逐步进入了我们学界的视野。例如，德国法学家卡尔·拉伦茨（Karl Larenz）和齐佩利乌斯（Reinhold Zippelius）的著作都被译作《法学方法论》。除此之外，我国台湾地区学者杨仁寿的著作也称为《法学方法论》。但是，这些学者所阐述的内容有很大的比重涉及的都是法律实践方法的领域，或许以法律方法称之更为合适。这些著作的普及一方面推动了学界对法律方法研究的关注，另一方面也加剧了法律方法与法学方法在概念使用上的混乱。

应当指出，法律方法与法学方法是既相互区别又相互关联的概念。就二者之间的基本界限来说，有学者这样进行区分，"法律方法是应用法律的方法，表现为创制、执行、适用、衡量、解释、修改等，法学方法是研究法律和应用法律的方法，表现为分析、批判、综合、诠释、建构等；法律方法重知识和理性的运用，法学方法重价值和意志的实现；法律方法的运用是一种技术活动，它重视逻辑，讲究程序模式，寻求个案处理，解决本体（客观世界）问题，法学方法的运用是一种人文活动（法学是人学、人文科学），它重视思辨，讲究对程序整体的融合，解决对本体的认识问题。"〔11〕具体来说，法律方法与法学方法的主要区别体现在以下几方面：

1. 适用领域不同

法律方法与法学方法有着不同的着眼点，在适用领域上差别明显。法律方法着力于法律应用，法学方法着力于法学研究。习惯上，人们将法学方法限于理论研究领域，与法学研究方法同义，而法律方法则主要在法律适用领域起作用。

2. 研究对象不同

一般而言，法学方法指的是法学家们用以研究法律现象的工具总称，其研究对象为法律，是关于法律的一种"元理论"研究。不同的法学流派所使用的法学方法往往有所不同，如分析实证主义法学派使用的是实证分析方法，法经济学派使用的是经济分析方法，自然法学派使用的则是价值评判方法，正是由于使用方法上的不同才导致了在各种法律理论之间存在很大的差异。法律方法只是法律适用的技术手段，即法律生成与适用的方法，也就是一个具体的法律制度如何通过技术性手段而得以成立，以及在实践中面对具体个案如何适用的问题。

3. 解决的任务和实现的目的不同

法律方法的主要任务是解决法律上的争端，主要是为法官解决疑难案件提供一种工具，其最终目标是要通过纠纷的解决实现法律所体现的社会公正。同时，法律方法还起到了维系法律职业共同体存在的作用，它能促进特定法律传统和共同法律价值观的形成。法律方法代表着法律适用中的实践技能，是从事法律工作必须具备的基本手段。如果对法律适用的过程进行分析，那么它显然包括两个不可分割的部分：一是法律知识的应用；二是法

〔11〕 戚渊：《法律方法与法学方法》，载《政法论坛》2009年第2期。

律技术的运用。而技术的运用不过是把司法领域当中长期使用的技术规则进一步加以规范而已。从这一角度上讲,法律方法在一定程度上保证了法律职业的某种“精英”性质,将那些未接受过此种训练的人排除在外,从而可以为法律权威的形成奠定良好的社会基础。法学方法的主要任务则是对法律理论进行梳理,使法学成为一个知识系统。它关心的是从何种角度、使用何种工具来分析法律理论,厘清法律概念。因此,法律方法与法学方法从目标到任务都有着很大的不同。

4. 包含的具体方法种类不同

学者们对法律方法所包含的具体内容有一些不同的论述,通常散见于各种著作之中。有学者对其进行了分类,认为应包括以下八大类:(1)法律渊源识别方法,即在规范重叠的情况下,如何选择与个案最相适应的法律规范的技术问题;(2)判例识别方法,即如何运用先例,以及先例与现在的案件有矛盾时如何处理的方法问题;(3)法律注释方法,即如何明确法律条款含义的技术规则问题;(4)法律解释方法,即阐明法律意义的方法与准则;(5)利益衡量方法,即如何确定相互冲突的利益在位阶上的优越性的技术;(6)法律推理方法,即在个案解决中如何进行形式推理与实质推理的技术问题;(7)法律漏洞补救方法,即如何通过类推、目的限缩与目的扩张等方法解决法律中业已存在的漏洞问题;(8)法律说理方法,即作出官方决定的一方如何将其裁决理由告知相关当事人以获得对方的理解问题。[12] 这一分类非常全面,几乎囊括了所有法律方法的种类。

虽然学者们对法学方法的种类观点不一,但他们公认的主要法学方法有:价值评判方法、实证分析方法以及社会分析方法。在这三大类方法当中,还可以分为更加具体的方法,如经济分析方法、逻辑分析方法、语义分析方法等。

既然法律方法与法学方法的适用领域不同,任务和目标也不相同,那么区分二者就不仅十分必要,而且也完全可行。然而,我们也应注意到,尽管二者在概念上存在明显区别,但它们之间仍具有可见的联系,不能在研究当中完全割裂开来。其中的原因在于,不同的法学方法提供了理解法律现象的不同路径,能够在不同层面上对法律实践以及法律纠纷的解决作出贡献。而且,法学方法也是构建法律理论的基础,不同的法学方法决定着不同的法律理论旨趣。一旦法学方法通过法律理论转变为法律人思维的一部分,那么它就会影响法律人对特定法律规范和法律问题的理解与判断。

二、法律方法的主要内容

需要指出的是,既不应混淆法律方法与法学方法,也不应把法律方法直接等同于法律方法论。法律方法的主要内容涉及若干具体类别的方法。从实践层面上来看,它们是得出正确和公正判决的必要手段;从理论层面上来看,它们是作为一门科学的法律方法论的研究对象。尽管学界对法律方法论的具体内涵认识不同,但是,“在我国,方法论始终是一个

---

〔12〕 胡玉鸿:《方法、技术与法学方法论》,载《法学论坛》2003 年第 1 期。

很体系化的东西。所以,法律方法论一词也侧重于表述一个完整的体系化的法律方法”[13]。因此,在确定法律方法的具体内容时,应当尽可能地把一些零散的、杂乱的方法类型整合进连贯的、内在一致的方法论体系之内。

(一)法律方法的范围

针对法律方法所包含的具体内容,学界尚未形成统一的认识,这里不妨先从研究的视角,从法律方法论的角度为其确立一个大致的范围。有些学者把法律方法论界定为研究法律如何运用的学科,认为它应当包括两个方面的内容:“一是如何根据法律的精神,运用法律规则、原则、概念、法学原理、知识等解释法律以及事实的法律意义,即研究如何根据法律进行思考的各种法律方法。二是如何运用法律方法对这些判断和解释结果进行反思,证明已经作出的判断是正确和恰当的或者是错误的。”[14]据此可以看出,这两个方面分别涉及认识和解释法律及具有法律意义的事实的方法,以及通过建构前提进行法律推论和论证的方法。除了这种理论范式,还有另外若干界定法律方法范围的理论路径:

1. 法律解释方法模式

法律解释是法律方法的重要组成部分,较为传统的法律方法论通常以解释理论为主体构建自己的理论体系。所谓的法律解释理论往往以德国法学家萨维尼的“文法”、“逻辑”、“历史”和“体系”四种解释要素或准则作为核心内容。“萨维尼自主的、封闭的法律体系模式的起始点,首先是民法,人们将民法理解成解决个人冲突的规则体系,且因此能远离政治领域。”[15]之所以把法律解释视为最为重要、最为核心的法律方法,在很大程度上源于一种预设:法律是一个封闭的、自主的知识体系,可以从中发现一切现实问题的正确答案。

2. 法律解释 + 其他方法模式

试图通过法律解释得出一切法律问题正确答案的信心难以为继,因为即使最为完备的制定法也不可能预先提供所有未来事项的设计。与其说法律是一个封闭的、自主的知识体系,毋宁说它是一个开放的、有待展开的创作蓝本。“相应于这种开放的法律观,法律方法的内容得到极大拓展,自由裁量、利益衡量、合目的性(结果考量、客观解释)、论题解释、论证、前理解、诠释循环、填补法律漏洞、法律者的是非感、合宪性解释、法官对制定法的正当违背等方法或判断中要考虑的因素被相继提出。”[16]

3. 法律适用方法模式

与法律解释方法模式和法律解释 + 其他方法模式相比,法律适用方法模式是一个更大的统合范畴。它是以对法律问题的分析和解决为核心提出的方法论设计。有学者把它具体分为两类:归入法和关系分析法。[17] 归入法指的是将特定的案件事实归入具体法律条文

---

〔13〕 葛洪义主编:《法律方法论》,中国人民大学出版社 2013 年版,第 20 页。

〔14〕 陈金钊主编:《法律方法教程》,华中科技大学出版社 2014 年版,第 2 页。

〔15〕 乌尔弗里德·诺伊曼:《法律教义学在德国法律文化中的意义》,郑永流译,载《法哲学与法社会学论丛》(总第 5 辑),中国政法大学出版社 2002 年版,第 15 页。

〔16〕 郑永流:《法律方法阶梯》,北京大学出版社 2015 年版,第 25 页。

〔17〕 郑永流:《法律方法阶梯》,北京大学出版社 2015 年版,第 25 页。

适用所要求具备的条件之下从而进行法律适用的方法,其中包括处理大前提的方法和作出判决的过程。关系分析法主要针对出现事实争议如何适用法律的问题,重点在于建构法律适用中的小前提。

4. 法律创制 + 法律应用方法模式

前面的三种路径都预设了相关法律存在且明确这一前提,因此都着眼于已然存在的法律与现实生活世界之间的关联问题。然而,有人认为法律方法的范围还应包括法律创制的方法,这样就把立法的方法,即立法机关立法的方法与法官续造法律的方法,都包括在内了。

另外,还有观点认为,法律方法应以法律逻辑方法为限,因为法律人的训练主要是一种逻辑训练,类推、鉴别和演绎都是他们最为精通的技艺。而且,司法判决的语言也主要是逻辑的语言。逻辑的方法和形式恰恰最能迎合人们对确定性和安宁的渴望。当然针对这种试图简化法律方法的论调,美国法学家霍姆斯大法官早有批判:"确定性往往只是幻想,安宁亦非人的归宿。在逻辑形式的背后,存在着一种涉及彼此竞争的立法理由的相对价值和重要性的判断。它固然多为一种潜意识的、无法言表的判断,但却是整个过程的根基和命脉。"〔18〕

(二)法律方法的确定

试图以一种简单的方式解决学界的分歧并非易事,但必须为法律方法到底应当包括哪些内容提供一个明确的答案,否则人云亦云往往无益于问题的解决。解决的关键之处在于,能否为界定法律方法的主要内容提供一个标准,这个标准必须符合系统论的规定性。也就是说,我们应从系统的角度来看待法律方法问题,因为人们在法律领域适用的方法本身就是一个系统,这些不同的法律方法相互联系、相互补充,形成了一个法律方法论体系。

我们通常所谓的系统是指一个内在协调的整体,它的各个要素之间相互配合、相互补充。按照现代系统理论,一个系统应当具有可靠性、完全性、一致性、简单性等特点。具体到法律方法体系而言,它的一致性指的是无矛盾性,即各个要素之间应当不相互矛盾。法律方法体系的可靠性是指其中所包括的法律方法能够帮助人们得出令人信服的结论。法律方法体系的完全性是指其中的方法应当"够用"。简单性则是与"完全性"相反的一种要求,指的是组成法律方法体系的各个要素不能出现"冗余"的情形。从法律史的角度来看,每一个法系都发展出了符合自己需要的法律方法体系,其要素之间不仅不矛盾,而且能够做到一定程度上的可靠性与完全性。例如,在大陆法系,由于法典比较完备,它主要的法律方法是"涵摄"方法与法律解释方法,这两种方法相互配合、相得益彰,基本上能够满足日常法律适用的需要。在英美法系,由于实行的是判例法,因此就产生了与之相适应的法律推理方法,其中尤以归纳与类比最为重要,法律解释只是起到了补充作用,法律解释技巧不发达。我国则是一个具有制定法传统的国家,但由于我国古代逻辑思维不发达,法律的抽象程度远远不够,因此没有能够建立起类似于罗马法那样庞大的概念体系,在这种情况下,古人们

---

〔18〕 O. Wndell Holmes Jr. ,*The Path of the Law*,Harvard Law Review,Vol. 10,1897,p. 457.

发挥自己的智慧,在司法实践中广泛地使用以经学诠释学为主导、以“比附”方法为主要推理形式、以“涵摄”方法为补充的法律方法体系,这一法律方法系统同样是完全的。

从系统的观点来看,法律方法体系应当主要包括三个方面的内容:一是法律推理方法;二是法律解释方法;三是法律论证方法。其他的一些更为具体的法律方法,如演绎推理、类比推理、法律修辞学、法律论题学、利益衡量等,都可以分别归入这三个方面。对于法律适用来说,这三种法律方法满足了我们前面所说的“体系化”标准,它们不仅够用,而且能够保证法律适用的可靠性。并且,按照体系化的标准,我们还可以把“法律思维”“法律发现”排除在法律方法体系之外,因为我们虽然可以在国外的一些文献当中看到关于它们的零星论述,但这些论述大多比较含糊,而且这两个概念的外延与内涵本身也比较含糊,易于与其他法律方法的外延重合,如果我们把它们作为单独的类别纳入法律方法体系,反而会使法律方法体系产生一些问题。

三、法律方法的具体特性

法律方法作为人类认知与实践方法的特殊形态,它们与其他方法相较既具共性,又有个性,正是这些独特的个性使它们成为独立的范畴。与一般的方法相比,法律方法有着更为复杂的特性。法理学界通常将这些特性归纳为“说理性”“法律性”“正式性”“形式性”“程序性”“明确性”“公开性”七个方面。这里择其要者略论如下:

1. 法律性。这是法律方法区别于其他方法的最为重要的方面。“法律方法就是建立在法律基础上的方法,要根据法律解决问题,即所要解决的法律问题的具体目标,需要依靠法律建构。”[19]这一特征不仅说明法律方法有着特定的适用领域,而且说明法律方法承载着独特的法律价值,如果说经济方法突出的是经济学所追求的效益性这一价值,那么法律方法则主要体现了法律追求公平、正义、秩序的特点,当然,它同时也会兼顾效益。此外,法律方法主要是为了解决法律问题而产生的一种方法,为法律人这一独特的主体所采用,因此其适用的主体是独特的。

2. 程序性和规范性。法律人使用法律方法解决实际生活中的法律问题,必须遵守一定的程序性规定,而且必须在一定的范围内适用。例如,法律解释,它不仅在适用的主体上有严格的要求,而且在解释的效力、范围上也有着严格的规定。同时,法律方法的适用会对人的行为带来一定的约束性后果,这表明法律方法具有规范性特征,这是其他方法所不具有的。

3. 公开性。公开是法律的重要特征之一,同时也是法律方法的重要特征之一。“法律人为了追求特定目标的实现而采取的途径、步骤和措施,一般都应该以公开的规则、制度、设施等为依据,所作出的决定一般也都是公开的。”[20]法律方法的公开性意味着,法律人不仅要公开通过法律方法所得出的结论,还要公开其运用法律方法的过程,这样既可以保证

---

〔19〕 葛洪义主编:《法律方法论》,中国人民大学出版社2013年版,第11页。
〔20〕 葛洪义主编:《法律方法论》,中国人民大学出版社2013年版,第13页。

结论的必然性,也方便民众进行监督。

4. 鲜明的实践性。法律方法的任务是解决一定的法律问题,因此它具有实践导向性,与纯粹的理论研究方法不同。在法律方法的适用过程中,人们需要面对纷繁复杂的社会现象,从而必须灵活地使用各种法律方法,例如,在法律适用过程当中,人们会综合使用法律推理方法和法律解释方法,有时二者相互融合,难分彼此。法律方法的实践性还表现在其规则具有很大的灵活性,例如,法律推理虽是一种推理,但我们不能要求它像逻辑推理一样具有严格的形式化特点,恰恰相反,我们要考虑法律推理的内容与结论将引起的社会效果。

5. 共性与个性相统一。一方面,法律方法具有一定的客观性和普适性,如欧美国家的法学家所探讨的那些法律方法对于世界范围内的其他国家也同样适用。另一方面,法律方法又有一定的主观性和特殊性。由于各国的法律传统有一定的差别,因此在法律方法的使用偏好上会存在一定的差异。我们注意到,英美法系国家的法学家大多喜欢谈论法律推理,而欧洲大陆的法学家则乐于谈论法律论证,从这一点上就可以看出两大法系法律传统的差异。美国法学家弗里德曼曾经把法律推理或论证视为一种内部法律文化现象,借此对不同法律文化下的法律推理或论证形式进行了精到的分析。[21]

第二节　法律方法的理论与实践意义

一、法律方法的理论意义

从理论层面来看,法律方法的地位毋庸置疑。一方面,从哲学的高度来看,方法论是与本体论、认识论和价值论等量齐观的知识领域,离开了方法论既无法正确地观察世界,当然更无法有效地改造世界;另一方面,具体到法理学这门学科而言,法律方法论与法律本体论、法律价值论和法律社会论相互贯通,共同构成了认识法律现象、探究法律本质的完整视角。然而,令人遗憾的是,长期以来我国法学研究者往往不太重视对法律方法的研究,通常不把法律方法视为法理学的理所当然的主题,好在这种局面近年来已经有所改观。正如有学者所评价的,“前不久法律方法论还是一个冷门,但最近关于法律方法论的知识、原理、技巧和智慧几乎在法学界遍地开花”[22]。

鉴于法律方法主要关涉法律适用问题,它的操作性和具体化易于排斥抽象的理论概括,容易被等同于法律实务工作者解决实际问题的策略,因此遭致法理学的冷遇似乎也在情理之中。但是,如果我们放眼法律运行的整个过程就不难发现,法律方法实际上是整个法律体系的一个重要组成部分,从而理应成为整个法律理论的重要组成部分。美国法学家庞德的理论研究很好地诠释了这一点。他认为存在三种意义上的实在法,即法律秩序、权

---

〔21〕［美］弗里德曼:《法律制度》,李琼英、林欣译,中国政法大学出版社 1994 年版,第 261～313 页。

〔22〕陈金钊主编:《法律方法论》,北京大学出版社 2013 年版,第 6 页。

威性资料和司法行政过程。在谈到权威性资料的构成要素时,他指出:“这种意义上的法律包括各种法令、技术和理想,即按照权威性的传统理想由一种权威性的技术加以发展和适用的一批权威性法令。当我们想到第二种意义上的法律时,大概会单纯地理解为一批法令。但是发展和适用法令的技术、法律工作者的业务艺术,都是同样具有权威性的,也是同样重要的。其实,正是这个技术成分,足以用来区别近代世界中的两大法系。”〔23〕显然,庞德所说的法律技术主要是指法律推理和法律解释的方法,在他看来这些技术性的东西既是法律系统的一部分,也是法律传统的一部分。

随着国内对法律方法论针对性研究的深入,不断有学者强调法律方法的重要价值。如有学者认为:“从一定意义上说,法律包含着观念和技术两个方面。如果说法律观念是人们对法律性质、功能、目的的内心认识的话,那么法律技术则是人们适用法律使之发挥这些功能和实现这些目的的方法与技巧。法律的观念告诉人们,法律是什么和干什么的,即目的和功能何在?而法律的技术则回答怎样使法律实现其功能和目的。”〔24〕还有学者断言:“通过法律方法论的学习,能够使我们比较快地掌握法律论断和推理方法,把模糊的法律说清楚,把不确定的法律变得确定,使一般的法律变成具体的判决,既维护法治又智慧地解决社会的纠纷,化解社会矛盾,实现社会公平正义。法律方法论是提升人们理性思维能力和用法律解决问题之能力的必要训练。”〔25〕

上述这些论断无疑为我们理解法律方法的理论意义提供了很好的范例,除此之外,我们可以从以下几个方面来理解法律方法在整个法律理论当中的地位:

1. 在整个法律理论体系中,法律方法论处于由抽象的法律理论过渡到具体法律实践的中间环节,它将法律理论与实践联系起来,其作用大致相当于人的关节。如果没有这些关节,轻则法律理论运转不灵,理论与实践相脱节;重则导致法律理论被悬置,对于法律实践毫无指导作用可言。

2. 法律方法对于法律体系的发展至关重要,而且对抽象的法律理论还能够起到很好的补充作用。众所周知,在英美法系,“法律推理”这一重要的法律方法不仅是一种法律适用的方法,而且是一种“创制法律”的方法,它本身就是法律体系发展的手段。在大陆法系,“法律解释”则是一种重要的法律方法,它不仅有保障法律得到正确应用的功能,而且具有“漏洞补充”与“续造法律”的功能。在我国传统法文化中,作为法律方法的“经学方法”与“比附方法”同样具有弥补法律之缺漏、发展法律体系的功能。

3. 法律方法论是现代法律理论不可或缺的一部分。传统的法律理论一般只介绍法律解释方法,对其他的法律方法普遍不太重视。在现代法理学当中,法律方法的地位日益突出,所占比重也越来越大。这与近现代以来哲学领域的“方法论转向”有很大的关系。自20世纪50年代以来,法理学领域似乎正经历着“方法论转向”,人们越来越多地将目光从抽象的

〔23〕 [美]罗斯科·庞德:《通过法律的社会控制·法律的任务》,沈宗灵、董世忠译,商务印书馆1984年版,第22页。
〔24〕 严存生:《作为技术的法律方法》,载《法学论坛》2003年第1期。
〔25〕 陈金钊主编:《法律方法论》,北京大学出版社2013年版,第1页。

理论问题上移开,转向司法领域,尤其是法律方法领域。从目前的情况来看,法律方法研究正在成为法理学研究的热点之一。

4. 法律方法对于法律职业人养成良好的法律思维习惯、提高法学专业学生的法律思维水平有重要的作用。法学院的学生只有不断地接受法律方法方面的训练,才能彻底转变思维方式,成长为真正的法律人。"法学院的目的是改变人,通过经验使人变成另一种样子——从法律的外行转化为法律人的新锐。法学院为他们提供了运用法律规则并解决法律难题的能力,使他们自己生成一种全新的作为法律专业人士的概念,忠于法律职业的价值观,取得一种费解而神秘的被称为'法律人思维方式'的推理方法。"[26]

正因如此,无论是基于法律理论自身的完整性和体系性,还是基于法律理论对法律实践的引领和指导;无论是基于法律体系自身的发展与完善,还是基于法学教育的提升与进步,正确学习和运用法律方法都是一项值得追求的系统工程。

二、法律方法的实践意义

法律方法不仅具有重要的理论意义,还发挥着不可低估的实践作用。这种实践作用在法律适用过程当中体现得尤为突出,因为法律解释、法律推理和法律论证无不与法律适用息息相关。但从某种意义上来说法律方法的作用亦超越于法律适用的范围,从而延伸到其他层面。一般而言,法律方法的实践作用具体表现在以下几方面:

(一)法律方法是实现司法公正的重要手段

法律方法的作用首先体现在法律适用领域。法律方法能够指引法律人沿着正确的方向思考、分析和解决法律问题。当法律人面对具体的案件事实时,需要借助一定的法律方法来确定哪些事实属于法律事实,这些法律事实又为哪一个法律规范所涵摄。同时,法律方法还使法律问题的解决具有正当性和合法性。法律方法中的法律推理就是一种证成性推理,它能够为法律结论提供理由,具有说服的作用,这些都是实现司法公正的重要保障。

需要指出的是,法律方法所保障的司法公正并非仅是抽象意义上的公正,更重要的是个案上的公正。虽然在相当数量的案件当中,依据人们的正义感或者良知或许能够获得相当公正的结论,但如果离开了法律方法的运用,很难保证个案正义的稳定实现。

(二)法律方法是保障法律自治的重要凭借

法律具有独立性或自治性,这是法治社会的基本标志之一。按照著名法学家罗伯托·昂格尔(Roberto Mangabeira Unger)的解释,法律的自治性表现在实体内容、机构、方法和职业四个方面。所谓方法的自治性,指的是法律方法的独特性、独立性。只有独特的方法才能够把法律人聚集到一起,形成一定的法律共同体,形成特有的法律职业阶层。法律实践的历史已经揭示了这一点。在英美法律史上,正是独特的法律思维和法律方法训练使法律职业阶层越来越具有专业性,越来越把这一职业阶层和其他社会阶层区别开来。

---

〔26〕 [美]博西格诺等:《法律之门》(第8版),邓子滨译,华夏出版社2007年版,第483页。

法律思维是一种专业思维，没有经过特定训练的人是不能够从事法律职业的。由于法律方法具有专门性和职业性特点，形成了独特的法律职业共同体，它拒绝外行的加入，这在一定程度上也保障了法律的自治。

（三）法律方法是推动法律发展的重要动力

法律方法的发展与法律的发展是内在一致的。在野蛮时代，法律非常简陋，这时的法律适用是不需要特定的方法的。只是到了近代，随着法律的丰富和完善，人们才开始有意识地探讨法律方法。因为在法律已经变得非常复杂的情况下离开法律方法的运用，法律适用将变成一件困难的工作。德国著名法学家萨维尼更是首开探讨法律方法之先河。到了现代，随着资本主义的发展，法律体系日益庞杂，这时更多的法律适用技术逐渐为人们所利用。因此可以说，法律的发展史实际上也是一部法律方法的发达史。

（四）法律方法是开启法律智慧之门的密匙

事实与规范的不对称是引发法律方法问题的重要原因，或者说之所以需要法律方法正是因为事实与规范的不对称性。曾有学者总结了事实与规范适应与否以及适应程度的五种情形，它们分别是："事实可与规范相适应"、"事实可与规范相对适应"、"事实与规范不能相适应"、"事实缺乏规范标准"和"事实与规范形式上相适应但实质上不适应"。[27] 如果事实与规范完全对应，那么严格按照规范评价事实即可。但问题是，还存在很多事实与规范不对应或者说不那么对应的情形，这就需要法律人凭借自身特有的技能妥当地回应事实、解决讼争。对法律规范与社会关系之间紧张关系的协调是法律智慧最为重要的体现。

除此之外，法律方法还是实现法治理想的重要保障，是传承法律文化的重要方式。一言以蔽之，法律方法的发展推动着法律理论和实践的发展，在某种意义上可以说，法律方法的先进性程度是衡量一个社会法律文明发达程度的重要标尺。

三、法律方法与法治

目前我国正在逐渐向现代化国家迈进，现代化国家最为显著的标志是市场经济、民主政治与法治文明。其中法治业已演变成为一个综合性的话语体系，涵盖着社会生活的方方面面。它既是国家的政治理想，也是社会文明的重要标尺。改革开放四十余年来，中国法治建设无疑取得了长足的进步，最为突出的表现是法律制度的逐渐完善与法律精神的稳步提升。特别是最近一段时期以来，从国家层面上确立法治原则、推动法治实践代表着中国法治发展的新动向。毋庸置疑，当下法治实践的丰富性和复杂性远远超出任何法治理论的预先设计。如果说法治作为一个治国方略有任何规定性的话，那么它要求通过规则实施统治，从而限制权力的行使，并且妥善地调整公民事务。

尽管当前推进法治进程、实现法治理想业已成为共识，但这并不意味着法治事业会水到渠成。影响法治发展最为主要的因素是法律不能有效地贯彻于生活，纸面上的法律与现

---

〔27〕 郑永流：《法律方法阶梯》（第3版），北京大学出版社2015年版，第13～15页。

实生活脱节。解决这一问题的关键在于牢固树立法治思维,在法治原则、法治规诫和法治精神的指导下,正确运用法律规则、法律原则和法律逻辑分析、综合、判断相关法律问题,最后得出合乎法律的结论。树立法治思维是对每位公民的要求,尤其是对那些掌握权力、适用法律或者足以影响法律运作的人。但是,法治思维的培养绝非一蹴而就,而是需要借助特定的思维步骤养成良好的思维习惯。曾有学者对这种思维习惯进行了细致的描绘,"执政者为认识和解决所遇到或所要处理的问题首先从脑海中'搜索'认识和解决相应问题的法律规范;如果'搜索'不到具体的法律规范,则继而'搜索'相应的法律原则;如果他'搜索'不到具体的法律规范,也'搜索'不到相应的法律原则,他则继而寻求认识和解决相应问题的法律精神。如果他'搜索'到了认识和解决相应问题的具体法律规范和相应法律原则,那么他还要运用脑海中既存的法律精神和法治理念检验相应法律规范和法律原则,确定它们是否与法律精神和法治理念一致,从而决定是否应将之作为认识和解决相应问题的依据。如果确定了法律依据(包括法律规范、原则、精神)然后通过判断、推理,形成认识和解决相应问题的结论、决定"。〔28〕 对于这种法治思维的培养来说,法律方法显然具有积极的助益。

当然,法律方法对法治建设的推进主要还是体现在司法领域。法律方法的运用有助于防止司法专横。正如有学者所言:"在法治社会中,法律方法成为人民限制权力,特别是约束司法权的利器。"〔29〕究其原因,法律解释规则的存在使解释者不能恣肆无忌、曲意迎合,这样就可以最大限度地避免法律本身的不公;法律推理则要求司法机关必须摆出推理前提,无论正确与否都要把推理过程公之于众接受监督,这样就可以使其无法上下其手、徇私枉法;而法律论证意味着作出判断必须给出理由,证成法律命题必须言之凿凿,这样就使其断无无中生有、捕风捉影之理。而且从积极的方面来说,法律方法也为司法判决提供正当性的根据。"正当性的裁判不是凭感觉能够作出来的,需要运用各种法律方法,包括法律发现、法律解释、法律推理、法律论证和价值衡量等方法……法律人需要在事实与法律之间进行目光的来回穿梭,需要在法律规范、法律价值和其他社会规范之间探寻一致性,进行融贯性理解,才有可能获得正当性的判决依据。"〔30〕

从理论上来说,法律方法之于法治的作用并非完全正向,因为过度使用法律方法可能构成对法的安定性的一种损害,而法的安定性乃是法治的最低要求。例如,在法律适用过程中,对法律解释的不当使用,会使人对法律规则的清晰性和充分性产生怀疑,从而导致法律并非完全确定的印象。这种现象的出现无法否认法律方法的作用,只是警惕人们在运用法律方法时需要更加谨慎,以关于法律方法的更加科学的理论约束法律方法的运用。

〔28〕　姜明安:《再论法治、法治思维与法律手段》,载《湖南社会科学》2012 年第 4 期。
〔29〕　周永坤:《法律方法的法本体意义》,载《甘肃社会科学》2010 年第 4 期。
〔30〕　陈金钊主编:《法律方法论》,北京大学出版社 2013 年版,第 36 页。

课后作业

一、关键词解释

1. 法律方法

2. 法学方法

3. 法律思维

4. 法治思维

二、选择题

1. 法律解释、法律推理与法律职业、法律思维之间有着密切的联系，法学院同学甲与乙对此有过讨论。甲认为：①法律职业的独特性与其所特有的法律思维是分不开的；②法律思维是一种仅仅依靠法官自由裁量的思维；③法律解释和法律推理是抽象的，它具体体现在法律思维中。乙则认为：①法律思维是一种仅仅进行形式逻辑推理的思维；②通过进行法律解释和法律推理，能够培养和深化法律思维，有助于保持法律职业的自律和自治。下列何种选项的观点是正确的？（　　）

A. 甲的观点①和②

B. 甲的观点①和乙的观点②

C. 甲的观点③和乙的观点①

D. 甲的观点②和乙的观点②

2. 关于历史上法学家法律解释、法学著作的效力，下列哪些选项是正确的？（　　）

A. 中国西晋及唐朝，律学家、官员对法律的解释经皇帝批准颁行以后，具有法律效力

B. 古代罗马帝国时代，经皇帝授权的法学家的解释具有法律效力

C. 美国有许多著名的法学家同时为杰出法官，他们的法学作品具有立法的意义

D. 在现代德国，法学教授的著述是法官适用民事法律时的重要参考材料

3. 范某参加单位委托某拓展训练中心组织的拔河比赛时，由于比赛用绳断裂导致范某骨折致残。范某起诉该中心，认为事故主要是该中心未尽到注意义务引起，要求赔偿 10 万余元。法院认定，拔河人数过多导致事故的发生，范某本人也有过错，判决该中心按 40% 的比例承担责任，赔偿 4 万元。关于该案，下列哪一说法是正确的？（　　）

A. 范某对案件仅作了事实描述，未进行法律判断

B. “拔河人数过多导致了事故的发生”这一语句所表达的是一种裁判事实，可作为演绎推理的大前提

C. “该中心按 40% 的比例承担责任，赔偿 4 万元”是从逻辑前提中推导而来的

D. 法院主要根据法律责任的效益原则作出判决

4. 法律格言云：“不确定性在法律中受到非难，但极度的确定性反而有损确定性。”对此，下列哪些说法是正确的？（　　）

A. 在法律中允许有内容本身不确定，而是可以援引其他相关内容规定的规范

B. 借助法律推理和法律解释,可提高法律的确定性

C. 通过法律原则、概括条款,可增强法律的适应性

D. 凡规定义务的,即属于极度确定的;凡规定权利的,即属于不确定的

5. 春秋时宋国有一辩士持"白马非马"之说,一日,辩士乘白马出城,守城门的卫兵说,依据法律规定,马过城门须有出城的通关文牒。辩士称"白马非马",故无须通关文牒也可以出城。守门卫兵不为所动,坚称没有文牒则马匹不得通关。最终辩士只能按照卫兵的要求,拿到通关文牒之后乘马出城。就本案而言,下列哪一选项的说法是正确的?( )

A. 辩士与卫兵讨论的问题只涉及法律问题而不涉及事实问题

B. 卫兵所执行的法律的强制性来源于国家权力的保障

C. "马过城门须出示通关文牒"可以直接适用而不需要解释

D. 辩士与卫兵在法律规范上的唯一分歧是白马究竟是不是马

三、材料论述题

[**材料**]

1976年10月,郭寿华以笔名"干城"在《潮州文献》第二卷第4期发表"韩文公、苏东坡给予潮州后人的观感"一文,指称"韩愈为人尚不脱古人风流才子的怪习气,妻妾之外,不免消磨于风花雪月,曾在潮州染风流病,以致体力过度消耗,及后误信方士硫磺下补剂,离潮州不久,果卒于硫磺中毒"等语,引起韩愈第39代直系血亲韩思道不满,向"台北地方法院"自诉郭寿华"诽谤死人罪"。法院经审理,认为"自诉人以其祖先韩愈之道德文章,素为世人尊敬,被告竟以涉于私德而与公德无关之事,无中生有,对韩愈自应成立诽谤罪。自诉人为韩氏子孙,因先人名誉受侮,而提起自诉,自属正当",郭寿华诽谤已死之人,处罚金300元。郭寿华不服,提起上诉,经"台湾高等法院"判决驳回,该案遂告确立。这件判决,在当时曾引起学术界极大震撼,指为"文字狱"。但是,当时的法院是依据我国台湾地区的相关规定作出判决的。我国台湾地区"刑法"第312条第2项规定:"对已死之人,犯诽谤罪者,处一年以下有期徒刑、拘役或1000元以上罚金;"第314条规定:"本章之罪,须告诉乃论;""刑事诉讼法"第234条规定:"'刑法'第312条之妨碍名誉及信用罪,以死者之配偶、直系血亲、三亲等内之旁系血亲、二亲等内之姻亲或家长、亲属,得为告诉。"何谓直系血亲?我国台湾地区"刑法""刑事诉讼法"都没有规定,仅于"民法"第967条中有规定:"称直系血亲者,谓已身所从出,或从自身所出之血亲。"以此推论,韩思道有告诉权。

[**材料来源**]杨仁寿:《法学方法论》,中国政法大学出版社1999年版,第3~4页。

[**要求**]认真阅读材料,结合本章内容分析:法院判决使用的是何种法律方法?法院的判决是否合理?如不合理,应采用何种法律方法消除这种不合理?

课后参阅论文

1. 焦宝乾、陈金钊:《法律方法论学科意识的觉醒》,载《山东大学学报(哲学社会科学版)》2008 年第 3 期。
2. 葛洪义:《法律方法与几个相关概念的比较》,载《法制与社会发展》2010 年第 3 期。
3. 陈林林:《法律方法与法治:以对纳粹司法的反思为中心》,载《法学家》2010 年第 5 期。
4. 陈金钊:《法律方法的界分及其实践技艺》,载《法学》2012 年第 9 期。
5. 谢晖:《论诸法学流派对法律方法的理论支援》,载《法律科学》2014 年第 2 期。
6. 雷磊:《法律方法、法的安定性与法治》,载《法学家》2015 年第 4 期。
7. 郑永流:《欧陆法律方法的方向性进程》,载《清华法学》2018 年第 2 期。
8. 焦宝乾:《我国司法方法论:学理研究、实践应用及展望》,载《法制与社会发展》2018 年第 2 期。
9. 王琳:《法律方法是法官对判决的合理化手段吗?》,载《政治与法律》2019 年第 2 期。
10. 孙光宁、吕玉赞:《法治话语体系建构中的法律方法研究——2018 年中国法律方法论研究报告》,载《山东大学学报(哲学社会科学版)》2020 年第 2 期。

延伸阅读

法律方法论或法学方法论是法理学中一个经典而又常新的主题,关注这一领域的最新发展可以提升我们对法律方法问题的理解。除齐佩利乌斯的《法学方法论》(金振豹译,法律出版社 2009 年版)外,还可以延伸阅读恩斯特 · A. 克莱默的《法律方法论》(周万里译,法律出版社 2019 年版)和萨维尼的《萨维尼法学方法论讲义与格林笔记》(杨代雄译,法律出版社 2008 年版)。这三本著作各有侧重,基本囊括了德语区法律方法或法学方法研究的全部核心议题。国内关于法律方法或法学方法的研究也在持续推进,如舒国滢、王夏昊、雷磊的《法学方法论前言问题研究》,以专题形式阐述了法学方法论的概念、规范论和适用论等问题;一些民法学者尝试以具体法律部门为切入点进行法学方法研究,如王利明的《法学方法论——以民法适用为视角》(第 2 版)(中国人民大学出版社 2021 年版),结合《民法典》和相关案例对法学方法论进行了深入说明;同时,还可以阅读陈瑞华的《论法学研究方法》(法律出版社 2017 年版)以拓展研究视野。

第十一章 法 律 解 释

知识结构图

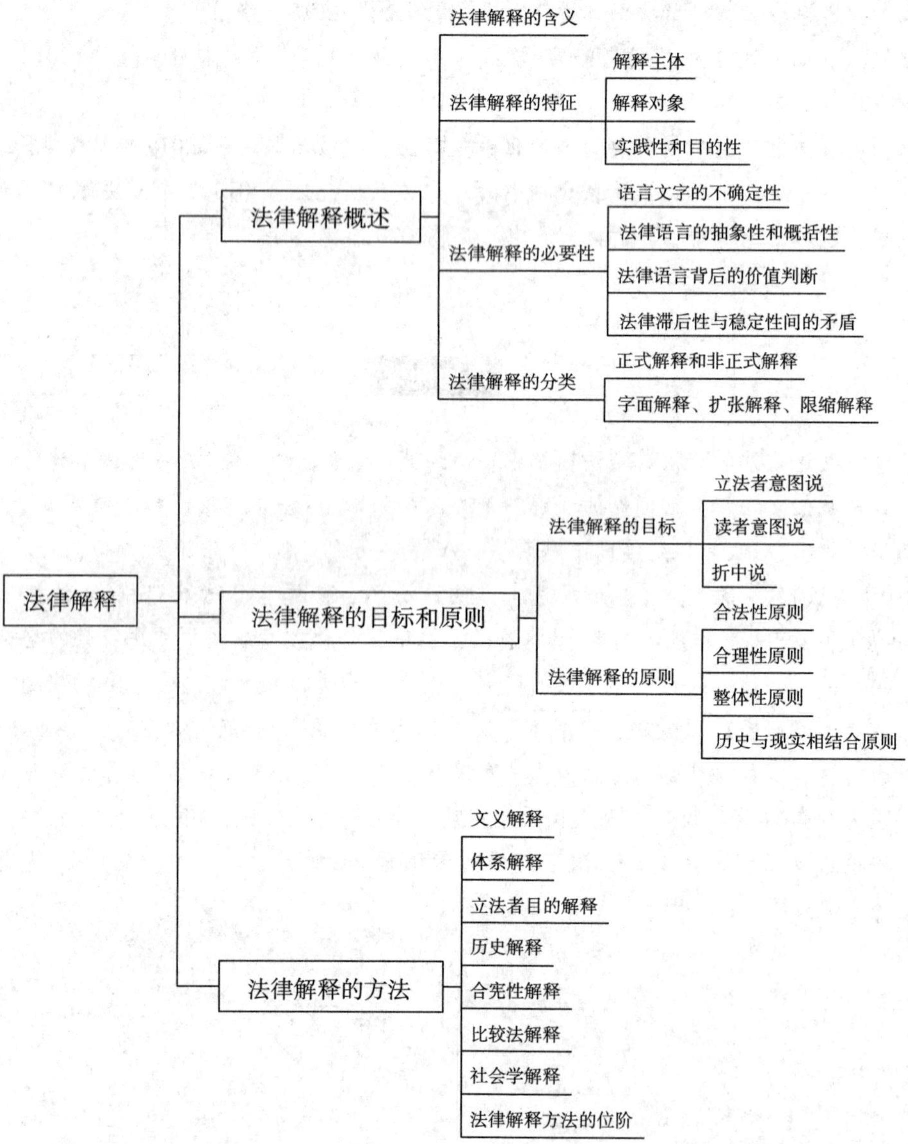

第一节 法律解释概述

一、法律解释的含义及其特征

法律解释,就广义而言,是指一定的解释主体按照一定的标准和原则,对表达法律的语言文字的含义进行阐释和说明的活动。狭义的法律解释则是有权机关根据特定权限和程序,按照一定的原则和标准,对表达法律的语言文字的具体含义进行阐释和说明的国家活动。

根据此定义,法律解释的特征在于:

第一,法律解释的主体存在狭义和广义的不同理解。对于狭义的法律解释而言,其解释主体必须是依法拥有法律解释权的国家机关。对于广义的法律解释而言,这一活动贯穿于法律运行的各个环节,故其解释主体非常广泛,不仅包括依法拥有法律解释权的主体,而且包括没有法律解释权的其他组织或个人。

第二,法律解释的对象是特定的,即"用以表达法律的语言文字"。一方面,法律解释的对象是作为法律渊源而存在的各类文本或资料,既包括法律、法规等制定法,也包括判例法、习惯法等不成文法。对于我国而言,法律解释的对象主要是制定法文本。另一方面,法律解释的对象既可针对上述法律渊源中的具体概念、术语作出,也可针对其中一个或数个完整的条文、语句或段落而作出。

第三,法律解释具有实践性和目的性。法律解释始终是与法律运行实践中的具体案件密切相关的,法律解释往往是因处理具体案件所引起,其目的在于,在具体案件事实的语境中,确定表达法律的语言文字的具体含义,从而实现抽象的法律语言和具体案件事实的沟通、匹配。

二、法律解释的必要性

法律解释是法律实施的必经关键环节,可以说,没有法律解释就没有法律实施。尤其是对于法律适用而言,法律解释是判决获得正当性的前提基础。并且,即使是明确的规范也需要解释。诚如德国学者卡尔·拉伦茨所言:"如果认为只有当法律文本特别'含糊''不清楚'或者'相互矛盾'时才需要进行解释,这无疑是一种误解;毋宁是,所有的法律文本原则上都能被解释,也需要解释。需要解释并不是一种'缺陷',以致需要尽可能精确的措辞来加以排除,相反,只要是制定法、法院判决、决议或者契约不能完全用象征性的符号语言来表达,解释就始终必要。"[1]

具体而言,法律解释的必要性在于以下四个方面:

---

〔1〕[德]卡尔·拉伦茨:《法学方法论》,黄家镇译,商务印书馆2020年版,第265页。

第一,语言文字自身的不确定性。作为法律解释的对象总是以一定的语言形式表现出来,而语言虽然具有确定性的一面,但同时又具有不确定性、模糊性或歧义性一面。就法律概念而言,尽管某一法律文本中对法律概念给予了在立法者看来是明确的界定,通常的案件中也不会发生争议,但疑难案件表明,人们却仍然摆脱不了难以界定某一现象是否应归属于某一法律概念的情况,例如,一个行为是否属于“显失公平”、是否属于“重大误解”、是否属于“善意”等,有时会出现模棱两可的情形,在这种情况下发生争议也就在所难免了。面对这种情况,只有通过法律解释,才能克服法律文本含义的不确定性、歧义性或模糊性。

第二,法律语言所特有的抽象性和概括性。法律规范或法律概念不是针对某个特定的人或事,而是针对一般的人或事而设定的,所调整的行为或事实是经过抽象而获得的“典型性情形”的构成性质。然而,现实中个别行为或事实的性质却是丰富多样的,当抽象的法律规范适用于特定案件的时候,必然使规范与事实之间存在不同程度的缝隙,而弥合这个缝隙的手段就是解释,解释的过程是结合个案事实将抽象的法律规范进行具体化的过程。这说明,只有通过法律解释,才能将抽象的法律规范适用与具体案件结合起来,从而作出符合抽象法律规范的判决。

第三,表达法律的语言文字背后总是隐藏或预设着某种价值判断。任何法律规范以及其中包含的法律概念都承载和储存着立法者的价值观,总是体现了立法者对调整对象、事实及其利益关系的价值评价和价值选择。例如,在一个法律规范中,立法者作出“应当”怎样或“可以”怎样的时候,为什么作出这样的规定,而不作出那样的规定?其适用的条件是什么?为什么确定这些适用条件而不是其他条件?作出这种规定的原因是什么?是在怎样的社会政治、经济条件背景下提出的?反映了什么样的利益关系?规范背后的意图是什么?它体现了立法者的什么价值选择?这些问题实际上都与立法者的价值观紧密相关。再如,从法律概念的形成过程我们可以看到这一点,立法者通过归纳、抽象的方法对现象的已知性质,根据一定的立法意旨和价值取向,将其中的某些性质加以舍弃而保留另一些性质作为特征、标准,也就是将保留下来的性质作为该法律概念所反映的对象的既充分又必要的条件,从而形成该概念的内涵。舍弃的性质在立法者看来是不重要的,而保留下来的性质在立法者看来是重要的。由此可以看出,“保留”“舍弃”无不体现了立法者的价值取向。然而,在法律文本中,在很多情况下并不是将这些价值取向直接或明确表达出来,在这种情况下,当法律适用者应用法律规范适用于个案时,解释者就必须通过解释揭示出规范背后隐藏的价值取向,由此才能对法律文本的含义作出准确的解释,才能提出与规范中所体现的价值取向一致的解决方案。这说明,法律解释不仅仅是从文本中的语词、语句以及结构等方面揭示出规范的表层含义,作为解释者,更应揭示出隐藏在规范背后的深层次价值取向,特别是在文义不明或有争议的情况下不能拘泥于“白纸黑字”的规定而简单地接受,以了解其字面含义为满足,而应当更深入地把握其背后所隐藏的立法者欲实现的目的、意旨和价值取向。

第四,法律的滞后性和稳定性之间的矛盾。从法律规范的形成过程看,它是对过去发生的行为或事实共同特征的概括、抽象的结果,体现了立法者的价值取向,很显然,这是基于过去的经验和当时的价值观对未来的一种规定,这种由过去推知未来的方法,无疑运用的是不完全归纳方法,而不完全归纳方法其结论具有或然性而不具有必然性。这一事实决定了由此形成的法律规范并不能涵盖以后的所有情况,必然具有滞后性。社会生活每时每刻处于不断流动和变化之中,立法者无法预料新的法律现象随时都会发生,这必然使法律永远不可能具有完备性,法律实施中规范与事实之间的错位在所难免,特别是在我国现阶段正处于社会转型时期,涉及政治、经济、文化、生活急剧变化的情况下更是如此。法律固有的滞后性意味着,法律必须与不断变化发展的社会进行调适,以缓解规范与现实的矛盾。这种调适的方法既可以是制定新的法律以调整新的社会发展状况,也可以是修改、废除与社会发展状况不相适配的既有法律。但是,法律作为社会的基本行为准则,具有不可否认的权威性,这就要求法律必须具有稳定性。如若过于频繁地修改、废除既有法律,则必然会伤及法律的稳定性。并且,制定新法、修改旧法也受严格的立法程序制约,需要一个相对较长的过程。因此,社会发展出现的新情况、新问题,若符合既有法律规范的精神,是既有法律规范所能够调整的,便可以通过法律解释的方法,明确其法律适用依据,使既有法律规范适用于新的事实,以减少对法律的修改,保持法律的稳定性。

从上面的论述中可以看出,法律解释具有必要性,它是弥补法律局限性的手段和工具。法律适用并不是机械地适用,也不是毫无限制地自由裁量;法律解释受制于法律的含义,然而,法律并不是僵化的文字条文,法律解释是解释者的一种创造性的活动,可以说,法律的生命因解释而延续,法律的价值因解释而实现。

三、法律解释的分类

(一)正式解释和非正式解释

按照解释主体是否具有解释权或其解释是否具有法律效力,法律解释可以分为正式解释和非正式解释两类。

1. 正式解释

正式解释,又称法定解释、有权解释,是指解释主体按照法律所赋予的权限对法律文本作出的具有法律效力的解释,狭义的法律解释正是指正式解释。正式解释具有以下三个特征:一是解释主体的特定性,即解释主体是法律上明确赋予法律解释权的国家机关;二是解释的内容具有抽象性,即这种解释是对法律文本中某一类事项或案件所作的一般性解释,表现为一般的解释性规定,而不是针对某一具体事项或案件所作的解释;三是法律效力的普遍性,即这类解释具有普遍法律约束力,对法律实施具有规范性指导意义。这三个特征决定了立法解释、司法解释和行政解释属于抽象法律解释,这里的"抽象法律解释"特指法定国家机关在法律实施过程中就法律所作的具有普遍效力的一般解释性规定,与其相对的概念是"具体法律解释",即指法律实施者针对个案对适用法律所作的解释。

根据我国《宪法》、《立法法》和《全国人民代表大会常务委员会关于加强法律解释工作的决议》,我国的正式解释包括立法解释、司法解释和行政解释三种类型。所谓立法解释,一种是指由全国人大常委会针对宪法和法律条文本身需要进一步明确界限或补充规定的问题而进行的解释;另一种是指省、自治区、直辖市人大常委会针对地方性法规需要进一步明确界限或补充规定的问题而进行的解释。所谓司法解释,是指由最高人民法院和最高人民检察院针对审判和检察工作中具体应用法律问题而进行的解释;其中,最高人民法院对人民法院在审判过程中的具体法律应用问题进行的解释,可称为审判解释,最高人民检察院对人民检察院在检察工作中的具体法律应用问题进行的解释,可称为检察解释;在司法实践中,最高人民法院和最高人民检察院有时也采取联合解释的形式,共同作出司法解释。所谓行政解释,是指由国家行政机关对不属于审判和检察工作中其他法律的具体应用问题以及对自己依法制定的法规而进行的解释。

正式解释的分类问题,同时也涉及"当代中国的法律解释体制"这一知识点,对此,可回顾《法理学初阶》第十四章第四节的详细阐述。

2. 非正式解释

非正式解释又称无权解释、无效解释,是指无法定解释权的主体对法律文本作出的不具有法律效力的解释,它可分为学理解释和任意解释。学理解释主要是指法学研究者或者教育者在学术研究或法学教育中对法律文本的解释,从解释的内容来看,它可以针对一般事项或案件作出的抽象解释,大多法学著作或教材等属于这一类;也可以针对某一个别案件作出具体解释,如在研究讨论某一疑难案件中对法律文本作出的解释。学理解释尽管没有法律效力,但对立法、司法和行政等法律制度的完善和发展具有非常重要的促进作用。任意解释是指公民个人、社会团体、案件当事人依自己的理解等对法律文本作出的解释,它同样可以针对一般事项或一般案件,也可以是针对个别事项或案件对法律作出解释,但其解释不具有法律效力。

(二)字面解释、扩张解释、限缩解释

按照解释结果或解释尺度的差异,法律解释可以分为字面解释、扩张解释和限缩解释。

1. 字面解释

字面解释又称平义解释,是指严格地按照法律语言的字面意思来解释法律,既不扩充也不限制。达到这一尺度的解释结果,往往是运用文义解释方法来实现的。字面解释出于最大限度保障法律稳定性和合理限制自由裁量权的目的,也是最易得到接受和认可的一种法律解释尺度。但是,由于语言文字自身具有的模糊性、抽象性,使精确地进行字面解释有时存在困难,对于解释结果与字面含义是否精准对应,也容易发生争议。为缓解法律规范和社会事实之间的矛盾,法律解释的实践中,解释主体往往也会运用多种解释方法,突破字面解释这一尺度,进行扩张解释和限制解释。

2. 扩张解释

扩张解释又称扩充解释、扩大解释,是指表达法律的语言文字的字面含义过于狭窄,不足以反映立法者原意或社会实际需要,因此需要对这些语言文字作出的广于字面含义的解释。应当注意的是,扩张解释虽然对法律条文的文义进行了扩张,但这种扩张是在法律条文的可能文义范围之内。例如,《民法典》第1125条规定,继承人"故意杀害被继承人",即丧失继承权。那么,如果继承人故意杀害被继承人未遂,是否也会导致其丧失继承权？最高人民法院《关于适用〈中华人民共和国民法典〉继承编的解释(一)》第7条进行了扩张解释:“继承人故意杀害被继承人的,不论是既遂还是未遂,均应当确认其丧失继承权。”

3. 限缩解释

限缩解释又称限制解释,是指表达法律的语言文字的字面含义过于宽泛,超出了立法者原意或社会实际需要,因此需要对这些语言文字作出的窄于字面含义的解释。例如,在《民法典》第1063条关于夫妻共同财产范围的规定中,有一兜底条款即“其他应当归一方的财产”。此处的“其他”,含义过于宽泛且模糊不清,若不对其具体语义加以限制,则会背离立法原意且导致实践的混乱。为此,最高人民法院《关于适用〈中华人民共和国民法典〉婚姻家庭编的解释(一)》将其限缩为三种情形,即“一方以个人财产投资取得的收益”,“男女双方实际取得或者应当取得的住房补贴、住房公积金”,“男女双方实际取得或者应当取得的基本养老金、破产安置补偿费”。

第二节　法律解释的目标和原则

一、法律解释的目标

所谓法律解释的目标,是指法律解释所要得到的目的或结果,具体来说,就是指解释者通过对法律文本或立法文献及其附随情况的探究,以达到理解和阐明法律意旨的目的。任何法律规范都存在某种规范意旨,实现法律意旨是任何法律所追求的目的,因此,对法律文本的解释应首先清楚法律意旨究竟是什么,特别是在法律适用时,当规则出现模糊、规则间发生冲突或者补充法律漏洞时,必须探明法律的意旨,以解决当下欲处理的具体法律问题。从这个意义上说,法律解释目标的问题,实际上是在司法适用中如何实现法律意旨的问题。

既然法律解释的目标是理解和阐明的法律意旨,那么,这个意旨是谁的意旨?是法律制定时立法者真实存在的意旨,还是法律文本自身所蕴含的意旨?对于类似这些问题的回答,在19世纪后半叶的西方法学理论中已经形成了两种对立的观点,即主观说和客观说。由于主观说和客观说各有其合理的理由,也有难以克服的缺陷,后来又出现了试图对两者加以整合的折中说。

(一)立法者意图说

立法者意图说又称主观说,这种观点认为,法律解释的目标在于探求立法者制定法律规范时的主观意图。其理由主要有:第一,立法者是有意思行为的主体,它通过法律表达自己的立法意图,这意味着立法者的立法意图是真实存在的,并且立法者自己也是最清楚的。所以,立法意图应在法律解释中表现出来。第二,立法者的立法意图是可以借助于立法文献探知的历史事实,如果所有人在法律解释中都取向于可以被探知的立法意图,所得出的解释结果与立法者的意图相一致,那么司法适用就具有了稳定性和确定性。也就是说,探求立法者的立法意图,可以增强法律的安全性和确定性。第三,根据权力分配原则,立法机关的权力在于制定法律,司法机关的权力在于适用立法机关制定的法律,所以,在法律适用时,阐明立法意图就具有决定性的意义。

根据这一观点,探求并获得立法者意旨不仅是可能的,而且是必需的。如果法官在法律解释中不去探寻和阐述立法者的意旨,不以立法者的意旨为准,而是以自己个人的价值判断为据,则是对立法权的僭越,其解释也不具有正当性和合法性。

(二)读者意图说

读者意图说又称客观说。与立法者意图说相反,读者意图说认为,法律解释的目标在于探求法律文本本身所蕴含的法律意旨。其理由主要有:第一,不存在一个有意思能力的立法者,因为立法机关不是一个人,而是一些代表不同阶层、不同利益集团的一群人组成,他们可能在一些问题上意见并不一致,并且按照立法程序,立法过程中征求了若干部门和各方面专业人员的意见,甚至经过了全体公民的讨论,所以,谁是真正的立法者难以确认。第二,法律与立法者意旨并非一体。法律颁布以后就与立法机关相分离,具有了自己的独立性,成为一种客观存在,其法律意图已经蕴含于法律文本之中。此时,立法者制定法律时所谓的真实意图究竟怎样已不具有拘束力。同时,在实际审判过程中,作为判案依据的法律规范经常是法官从同时或先后颁布的不同法律、不同条文中组合或归纳而成,其中必然要根据法律文本中内在的意义进行整合,此时,法官并不是根据已经脱离了法律的立法者的意旨进行解释,这个事实也说明了法律与立法者意旨也并非一体。第三,受法律规范约束的一般人所信赖的是法律文本中客观而合理的意思,而不是立法者的内心意思。第四,根据客观说立场去实践,最能达成补充或创造法律的功能。[2]

(三)折中说

折中说是试图克服立法者意图说和读者意图说的缺陷并汲取两者合理之处而产生的观点,其目的是使法律解释在法律稳定性与灵活性、合法性与合理性之间达致统一。

立法者意图说的缺陷主要在于过分强调立法者的真实意思,而立法者的真实意思在现实中有时却是难以捉摸的,以致使人无法认知;即使立法者的意思能够被认知,社会的变迁以及人们价值观的变化,也会导致立法者"古老意思"与现实不相适应。读者意图说为解决这类问题提供了可能性,但这一观点却存在忽视立法者真实意思的缺陷,导致无法保证法律的客观性。如果在法律解释中完全按照客观说进行解释,则容易导致解释者先按照自己的意愿得出自己希望得到的解释结果,而后再加上所谓法律依据的现象,在这种情况下,法律解释的结果如何就完全取决于解释者的主观价值判断。

从上述三种观点介绍可以看出,对法律解释的目标问题的探讨,不仅是一个理论的问题,更是一个法律实践问题,因为它涉及法律解释合法性和正当性的根本问题,同时也与法律解释之可能性相关。

---

〔2〕 参见黄茂荣:《法学方法与现代民法》(第5版),法律出版社2007年版,第328页;王泽鉴:《法律思维与民法实践》,中国政法大学出版社2001年版,第217页。

二、法律解释的原则

为使法律解释更好地发挥其作用与功能，法律解释中必须遵守以下原则：

（一）合法性原则

所谓合法性原则，是指法律解释应当符合法律规则、法律原则和法律的基本精神。

第一，解释主体合法。虽然从广义上讲，任何主体都可以成为法律解释主体，但是，对于正式解释而言，仅依据法律明确赋予法律解释权的主体才可作出具有法律效力的法律解释。

第二，解释权限和程序合法。一方面，未经法律明确赋予法律解释权的组织和个人不得作出正式解释；另一方面，正式解释的主体，必须在其法定的法律解释权限内作出法律解释，不得越权解释，并且必须依据严格的法律程序作出。

第三，解释内容合法。无论是正式解释还是非正式解释，都应遵循该原则的如下具体要求：一方面，法律解释应忠于法律原义，被解释的法律条文或语词相对于个案事实其含义是明确的，除非该含义与立法目的、法律原则发生严重冲突，否则应当遵从明确的文义；另一方面，法律解释应遵循法制统一原则，所有关于法律、法规和规章的解释必须与宪法所确立的基本原则、基本精神保持一致，对下位法的解释应当与上位法的相关规定和基本原则、价值取向保持一致。

（二）合理性原则

所谓合理性原则，是指对法律文本的解释应当合乎常理、公理、道理。具体来说，这些“理”至少包括以下几个方面：第一，社会普遍承认和接受社会价值观，包括人类共同生活的基本准则和公理、体现公平正义的社会道德标准等；第二，人们在长期的社会生活中形成的公序良俗；第三，社会发展趋势及其客观规律；第四，自然规律、科学基本原理和公理；第五，最基本的社会常识。

在法律解释中，合法性原则是合理性原则的前提，而合理性原则是合法性原则的补充。

（三）整体性原则

所谓整体性原则，是指将被解释的具体语言文字纳入法律体系的整体中进行理解和阐释。任何一个法律概念、术语、条款、规范，其功能和价值都取决于法的整体功能和价值。任何一个概念、语词、语句，都必须在其所处的语境中得到准确理解，对于表达法律的语言文字而言，亦是如此，这些语言文字所处语境正是法的整体。因此，整体性原则既是合法性原则尤其是法制统一原则的题中应有之义，也是保证法律解释之科学性和合理性的必然要求。

整体性原则的具体要求是：第一，应当将作为解释对象的表达法律的语言文字置于其所处的法的整体中进行理解，这些“整体”包括法律文本之整体、法律部门之整体、法律体系之整体；第二，对法律概念、术语、条文之具体含义的解释，应在法的整体中具有统一性，不得作出相互矛盾的解释；第三，解释的理由和由此获得的结论应符合其所属法律文本、法律部门乃至法律体系的基本原则、立法意图以及价值取向。

(四)历史与现实相结合的原则

这里的"历史"是指在法律文本制定时的特定历史背景以及立法意图;"现实"指的是与当下待决案件及其相关的社会现实状况。历史与现实相结合的原则的基本要求是:对法律文本作出解释时,一方面,要求解释者通过立法时的社会历史背景去准确把握和理解立法意图;另一方面,还要考虑与当下待决案件及其相关的社会现实状况,在保持法律稳定性的同时兼顾已经发展变化的现实,并将两者统一于现实的需要,使"过去"制定的法律适应已经变化了的"现实",从而为解决当下待决案件提供公正、合理的最佳方案。

历史与现实相结合的原则,体现了法律解释具有创造性的性质,同时也是法律发展的形式。

第三节 法律解释的方法

关于法律解释方法的分类,理论上存在不同的见解。本书参照国内学界比较通行的分类体系,将法律解释方法分为文义解释、体系解释、立法者目的解释、历史解释、合宪性解释、比较法解释、社会学解释。

一、文义解释

文义解释,又称文法解释、文理解释等,是指按照表达法律的语言文字的日常含义或专业含义来阐释或说明法律文本或资料的含义。

文义解释的存在依据在于:语言是法律的载体,任何法律条文都是由若干语词根据一定的语法规则组合而成,包括法律文本在内的一切语言表达之所以能够为人所理解,就在于语词存在确定含义,否则人们将无法进行思想的交流。因此,要理解和阐释法律文本,首先就必须理解其中语词的准确含义,否则,法律解释将无从谈起。虽然语词具有模糊性,但我们不能过分夸大这种性质,它同时具有确定性,即具有人们普遍认可的字面含义以及使用方式。语词的这种确定性,使由语词构成的法律条文具有了稳定性、确定性和安全性的价值基础。因此,当法律条文中的用语含义明确而清晰,且不与法律目的、法律原则相冲突时,则应优先采用文义解释,以确保法律的稳定性。

进行文义解释,应同时考察解释对象的日常含义和专业含义,这是因为表达法律的语言包括日常语言和专业语言两种类型。日常语言,是指人们在日常生活交往中共同使用的一套语言规则系统。在解释日常语言时,应当从该语言的普通使用方式或字典含义出发,用其最自然、最常用、最明显的含义加以解释。专业语言,是指某一学科或者某一行业领域内专用的一套语言系统,一般具有单义性、专业性特征,较为准确和简洁。对于专业语言,应当遵从该语言所属的专业语境,揭示、阐述其专业含义。法律中的专业语言,既有法律专业语言,也有其他专业语言。因此,对法律专业语言则应按照法律明确规定或法律共同体具有共识性的含义进行解释,而对于法律文本中出现的自然科学专业语言、非法学的社会科学专业语言,则应作出与之相对应的专业含义保持一致的解释。

需要注意的是,法律规范中的专业语言并非完全脱离日常语言而存在的符号,许多法律专业语言来自日常语言,法律专业语言的专业含义与其日常含义存在或多或少的对应关系。因此,在解释专业语言时,既要防止混淆其日常含义和专业含义,也可以在某些特定情境中,通过分析其日常含义,以阐明、澄清其专业含义。

文义解释有其局限性,主要表现在:它将解释的重点和视角主要限制在字面含义上,不考虑法律条文字义以外的因素,特别是不考虑对法律条文具有决定意义的法律意图,容易忽视法律条文的目的和价值取向等深层意义,导致解释的机械性,甚至对法律条文的误解。因此,当文义解释的结果不符合法律意旨需作出改变含义的解释,或因语义模糊导致语义解释出现多个结果时,则应进一步选取其他的法律解释方法。

二、体系解释

体系解释,又称系统解释、语境解释,是指将被解释的法律条文放置于其所处的整部法律甚至整个法律体系中,联系此法条与其他相关条文的相互关系而理解、阐明该条文含义的方法。

体系解释的存在依据在于:法律体系本身是一个由许多法律条文和法律部门构成的系统,从应然上说,条文与条文之间、法律部门与法律部门之间在价值取向上是统一协调的,内容上是相互补充的。所以,一个条文的意思只有联系其他条文、联系其所在法典或相关法律领域中的条文,才能作出准确的理解。正如有学者言:“没有一个法律规范是独立存在的。它们必须作为整个法律秩序的部分要素来理解。”[3]因此,体系解释的重要意义在于,有助于全面、整体理解和把握法律条文的意思,消除条文中的疑义、歧义和模糊,克服法律条文间的相互不协调、矛盾和冲突。

法律适用中,对某个表达法律规则的条文进行体系解释,可以结合其他表达相近、相关法律规则的条文,以阐明其含义。例如,《民法典》第1081条规定,“现役军人的配偶要求离婚,应当征得军人同意,但是军人一方有重大过错的除外”。那么,如何理解该条文中的“重大过错”?在《民法典》第1079条中列举了三项“重大过错”的情形,即“重婚或者与他人同居”,“实施家庭暴力或者虐待、遗弃家庭成员”,“有赌博、吸毒等恶习屡教不改”。对此,最高人民法院《关于适用〈中华人民共和国民法典〉婚姻家庭编的解释(一)》便作出了体系解释,“民法典第一千零八十一条所称的‘军人一方有重大过错’,可以依据民法典第一千零七十九条第三款前三项规定及军人有其他重大过错导致夫妻感情破裂的情形予以判断”。此外,在法律文本中,除表达法律规则的条文外,还存在表达法律原则和技术性规定的条文,这些条文对于理解、确定表达法律规则的具体条文的含义,也具有极为重要的意义。

体系解释也有其局限性,主要表现在:在体系解释的实际应用中,如果不与其他法律解

〔3〕［德］伯恩·魏德士:《法理学》,丁晓春、吴越译,法律出版社2003年版,第329页。

释方法结合,容易导致拘泥于形式而忽视法律的实质目的,换句话说,当我们运用体系解释时,如果仅仅考虑法条之间意思上的联系,而不考虑法律的实质目的,就可能出现对法律条文的解释结果与法律目的不相符。

三、立法者目的解释

立法者目的解释,又称法意解释、主观目的解释,是指解释者通过对立法者在制定法律时的价值追求和欲实现的目的的探求,来推知立法意图,并在此基础上理解、阐明某个法律文本或资料。这种解释方法是关于法律解释目标之"立法者意图说"的最直接体现。

立法者目的解释的存在依据在于:任何法律都是人类意志的表现,其背后都存在立法者欲实现的目的,由语言所表达的法律文本或资料,其内容在根本上受制于立法者的意图;因此,准确的法意解释所给出的解释结果有较大的可靠性,只有把握立法者的目的,并以此作为依据进行解释,才能真正理解和阐明法律文本的内容和意义;并且,运用立法者目的解释方法,可以将一个法律条文的语义范围限制在符合所探知的立法意图之内,从而合理限制法律解释的结果,以保障法律的稳定性。

立法者目的解释,一般可以将直接体现立法者意图的资料作为依据,这些资料包括立法机关审议情况、草案说明报告、立法说明书、会议记录、委员会报告等。同时,也可以在法律文本自身中查明立法者意图。法律原则集中体现立法者为法律所设定的调整社会应达致的目标,故而,表达法律原则的条文正是可作为进行立法者目的解释的重要依据。并且,立法者目的具有层次性,其不仅是某一个特定法律的具体规范目的,也包括整个法律部门乃至整个法律体系的目的。某一部法律的立法目的,受制于其上位法的立法目的,并在根本上服从于宪法目的。因此,在宪法和上位法中显示的立法目的,也是进行立法者目的解释的重要依据。例如,在一起工伤认定纠纷案中,中学教师李某下班后在家中通宵批阅试卷、积劳过度而猝死,对于此种情况是否应认定为工伤?《工伤保险条例》将构成工伤的时空条件表述为"工作时间"和"工作场所",若根据其字面含义,则李某的情况不得认定为工伤。但是,《工伤保险条例》属于劳动法部门,法院在审理此案时,便基于"保护劳动者"这一劳动法的基本原则,推论《工伤保险条例》的立法目的,从而扩张了"工作时间"和"工作场所"的语义,将李某的情形包含在内,最终认定工伤。

立法者目的解释也有一定的局限性,主要表现在:一方面,此种解释结果的准确性极大地受制于立法背景资料和立法文献的真实性和全面性,如果立法资料不公开或过于简单,便会给立法者目的解释的运用带来困难,这就需要运用其他的解释方法进行补充;另一方面,由于立法者自身局限和法律的滞后性,当社会现实相对于立法时的法律目的发生了巨大变化之时,立法时的法律目的和现今的社会目的就可能冲突,若机械地以立法目的进行解释,可能会使解释的结果与社会发展的现状不符。这种情况下,就不宜采用目的解释方法,而应采用其他解释方法。正如我国台湾地区学者杨仁寿所言:"惟如社会急遽变迁,社会目的与法律目的不同时,则应以社会学的解释为之,使能切合社会之需要。盖目的解释,乃属论理解释之一种,重在法律之安定性,在社会承平时,固扮演着重要角色,惟在社会急遽变化时,则宁以具体的妥当性为主导,始合乎公平正义也。”[4]

四、历史解释

历史解释,是指根据相关历史材料对表达法律的语言文字含义进行说明、阐释的解释方法。

历史解释方法存在两种具体运用形式。第一种运用形式偏重考察文本和规范的历史演变,根据被解释条文所涉法律制度的历史沿革,查明立法者意图,以及该法律文本的含义。在这一种形式中,历史解释所依据的“历史材料”包括解释法律文本制定时的历史背景材料、该法律文本历史沿革的材料,以及反映与被解释法律文本类似或相关法律规范之历史演变的材料。在此意义上,历史解释乃是立法者目的解释的具体方法。

第二种运用形式则偏重考察法律实施的历史实践,这一意义上的历史解释是指,“法官或法律适用者利用正在讨论的法律问题的历史事实作为支持或反对某个法的渊源文本的解释结果的理由”[5]。其逻辑过程是:(1)正在讨论的法律问题的某个具体解决方案在过去一直被执行;(2)该方案导致了一个后果;(3)该后果不符合社会道德标准;(4)过去与现在情形的差异不能充分排除该后果在目前情形下不会出现;(5)该解决方案在目前情形下或许不可接受。[6] 简言之,此意义上的历史解释,是一种“以史为鉴”的方法,依据历史中的法律实践经验,并对历史情形和当前情形进行对比分析,以证明或证伪现有的法律解释结果。根据这一观点,历史解释所依据的“历史材料”主要是反映历史中类似或相关法律规范之实践状况的材料。

历史解释的两种具体形式皆有其存在依据。就第一种形式而言,这种解释方法是立法者目的解释所依赖的重要路径,历史解释可以通过翔实的历史材料以更加准确地查明立法者意图。第二种形式则更能体现历史解释作为一种独立的法律解释方法的价值,历史解释可以作为检验已有法律解释结果之有效性的重要方法,这种解释方法依据历史实践基础,立足于过往和现实状况的比较,故可以作出一个符合实践经验的解释结论,更能直接地体现法律解释之历史与现实相结合原则的要求。

历史解释也有一定的局限性,主要表现在,历史解释的有效性极大地依赖历史材料的真实性和全面性,也受制于解释主体对于历史材料及其与社会现状之关系的理解和论证。

五、合宪性解释

合宪性解释,是指以宪法为根本依据的解释方法。此种方法要求对普通法律进行解释

[4] 杨仁寿:《法学方法论》(第2版),中国政法大学出版社2013年版,第173页。

[5] 舒国滢、王夏昊、雷磊:《法学方法论》,中国政法大学出版社2018年版,第353页。该观点也是目前国家统一法律职业资格考试辅导用书编辑委员会所持观点,参见《2021年统一法律职业资格考试辅导用书》(习近平法治思想·法理学·宪法·中国法律史·司法制度和法律职业道德),法律出版社2021年版,第75页。

[6] 参见舒国滢、王夏昊、雷磊:《法学方法论》,中国政法大学出版社2018年版,第353页;Robert Alexy, *A Theory of Legal Argumentation*, trans. by Ruth Adler and Neil MacCormick, Clarendon Press, 1989, p.239。

时，不得作出违反宪法的解释，当出现两种或多种解释可能时，选取其中与宪法不相抵触的解释。该解释方法正是法律解释之合法性原则的集中体现。

合宪性解释的功能主要在于两个方面：一方面，具有参与法律解释内容之决定的功能；另一方面，具有控制法律解释之结果的功能，亦即确保法律解释的结果，不逸出宪法所宣示之基本价值决定的范围之外。[7]

合宪性解释的存在依据在于：一方面，该解释方法有利于维护法制统一和稳定，现代法治国家的法律体系是一个由不同位阶的法律组成的整体，其内部应具有一致性和无矛盾性特征，所有的法律必须服从最高位阶的法即宪法，这是现代法治的一项基本原则。因此，对一切法律规范作出的解释，在根本上应以宪法规范为依据，这正是法律解释之合法性原则和整体性原则的要求。另一方面，该解释方法有助于约束法律解释主体尤其是司法机关在法律适用过程中的自由裁量权，保证司法机关在解释法律时尽可能地尊重充分体现民主和民意的立法机关和权力机关的价值立场。

六、比较法解释

比较法解释，又称比较解释，是指援引、借鉴或参考外国立法例或判例学说以阐释本国法律规范的意义和内容的一种解释方法。

比较法解释就运用形式来讲包括两种基本形式：一种是直接援引外国法，这是一种直观和明确的方式；另一种是吸收、借鉴或参考外国的法理，这是一种隐蔽或默示的方式，这种形式相对于前一种，乃是更为常见的运用比较法解释的方式。[8]

比较法的局限性主要在于：外国的法律或判例学说，是根植于其所在国的法律体系或法律制度之中，运用比较法解释的前提是对外国法律包括与此相关的外国政治、经济、文化和价值理念等的理解应当是全面而具体的，而且，被援引或借鉴的外国法律对于本国的法律体系而言具有内在合理性，然而，这些都是非常不容易做到的。所以，比较法解释容易造成断章取义，并作出不符合本国实际的解释。正因如此，一般来说，只有当其他论理解释方法都不能解决问题时才能采用比较法解释。

为避免比较法解释的误用或滥用，提高其解释结论的正确性，在运用时要注意以下几个问题：第一，不得局限于法律条文之比较，应扩及判例学说及交易惯例，尽可能对于外国法之真意及现时作用有充分了解，并将所引资料及参考理由进行说明；第二，比较法解释系将外国立法例及判例学说引为解释资料，因此不可因外国立法例较佳，即径为援引采用，以取代本国法律规定；第三，外国法律之斟酌，常可导致对本国法律规定之扩张或限缩解释，但不得超出法律文义之可能范围；第四，外国立法例虽有重大参考价值，但是可否援引以解释本国法律规定或补充法律漏洞，应以不违反本国法律之整体精神和社会情况为度；第五，应经由解释途径，将立法所继受之外国法例，纳入本国立法体系，使之融为一体。[9]

---

[7]　参见黄茂荣：《法学方法与现代民法》（第5版），法律出版社2007年版，第359页。

[8]　参见孔祥俊：《法律方法论》（第2卷），人民法院出版社2006年版，第980页。

[9]　参见梁慧星：《民法解释学》，中国政法大学出版社2003年版，第234～235页。

七、社会学解释

所谓社会学解释，是指将社会学方法运用于法律解释，通过社会效果预测和社会目的衡量，在法律条文可能文义范围内，阐释法律条文具体内容的一种法律解释方法。

社会学解释的一般步骤是：首先，对其中每一种解释结果可能产生的社会效果进行预测；其次，以社会目的对各种社会效果进行对比、评价和衡量；最后，确定何种解释结果所产生的社会效果更佳、更符合社会目的。

社会学解释方法的存在有深刻的法学史背景，这一解释方法直接受到社会学法学的影响。19世纪，受当时盛行的概念法学的影响，此时的法律解释方法所考虑的因素主要限于法律内。至19世纪末，随着概念法学的衰落与社会学法学的兴起，人们对法律的认识已不再限于法律内而扩展至整个社会领域中来理解。按照社会学法学的观点，法律是一种社会现象，要理解法律，就要将法律置于整个社会之中，从法律与社会的实际关系中考察法律及其社会效果；同时认为，对法律适用的理解也不应按照概念法学那样理解为严格的三段论逻辑，作为判决依据的法律，不仅包括“白纸黑字”的法律，而且包括大量社会实际生活中存在的“活法”，观察法官判决的正当性，取决于判决结果的实际社会效果或法官的利益或社会目的衡量，这就为法律解释领域引入社会学解释奠定了理论基础。更具体地说，社会学解释开始运用于法律解释是受到于奥地利法学家埃利希1903年发表的《法律的自由发现和自由法学》和1913年发表的《法律社会学基本原理》的直接影响，埃利希的这两部著作发表之后，社会学解释方法被经常运用于法律适用中。

社会学解释有其独特的意义，尤其是对那些与法律文本边缘意义有关的疑难案件来说，更是如此。一方面，当一个法律条文应用其他解释方法有多种解释结果，而这些解释结果都有一定理由，其说服力和证明力也都不相上下时，就可以运用社会学解释加以解决。另一方面，当运用其他解释方法所达到的解释结果皆与社会发展状况存在明显抵牾时，也可选取社会学解释方法，以化解静态法律文本与动态社会现实之间的矛盾。

社会学解释的方法存在一定的局限性：第一，由于社会学解释将视角从法律内扩大到法律外，即扩大至整个社会，并以符合社会目的作为解释标准，这就使解释的空间更为广泛，解释者的自由度也相应扩大；第二，由于社会目的存在多样性，如政治的、经济的、文化的各种社会目的，又使解释者面对各种社会目的发生冲突的时候必然要依据法律外的理由作出选择，这些情况都使社会学解释的结果具有较大的不确定性；第三，运用社会学解释必须收集大量社会事实作为证据，并对这些事实的真实性和可靠性进行证明，所以，社会学解释一般说来成本较高。鉴于社会学解释的局限性，对其运用应当持谨慎态度，一般来说，当运用文义解释或其他解释方法能够解决问题时就不必采用社会学解释。

八、法律解释方法的位阶

法律解释方法的位阶问题，即不同解释方法之间的先后顺位问题。由于不同的解释方法具有不同的目标、功能和逻辑形式，因此，对同一个法律文本或资料作出解释时，不同的解释方法可能会得出完全不同的解释结果，这就会严重影响法律的确定性和可预测性。如果能够在各种解释方法之间确定一个位阶关系,便可以克服甚至消除这种现象。

综合目前的主流观点,法律解释方法的运用,可大致遵守如下位阶:(1)文义优先规则。文义解释是法律解释的出发点和基石,在各种法律解释方法中具有优先性地位,如文义解释得到的结果是单一的,则一般无须进行其他解释;只有当运用文义解释有多个结果时,才继之以运用其他解释方法。(2)在文义解释难以实现解释目的时,应先运用体系解释和立法者目的解释,如仍不能澄清法律语义的疑义,则进一步作历史解释和比较法解释,在依上述方法初步确定法律意义内容后,作合宪性解释看是否符合宪法的基本价值判断。(3)如经上述各种方法,仍不能确定解释结论,可进一步作社会学解释。(4)文义解释之外的其他解释,其结果不得超出法条文义可能的范围。(5)经解释最终仍存在相互抵触的结果,且各种解释结果均言之有理、持之有据时,则应进行利益衡量或价值判断,从中选出具有社会妥当性的解释结果作为结论。

但需要注意的是,任何一种法律解释方法的位阶关系都并非一个终局性的、绝对的标准,而只能是一个初步的、相对的标准。这是因为,不同的法律解释方法都体现或强调着不同的法律价值,如文义解释、体系解释、立法者目的解释偏重强调法律的稳定性、可预测性和形式正义,而社会学解释则更加注重法律的社会效果和实质正义。正如法律价值的不可公度性使法律价值之间难以形成固定位阶一样,为法律解释方法确定一个一成不变的价值位阶,在理论和实践上也是难以做到的。因此,对于法律解释方法的位阶问题,绝大部分学者对此持一种折中观点,即认为法律解释方法之间既不存在一个固定的位阶关系,但各种法律解释方法之间也绝非平行并列的关系,法律解释主体并不能够随意地进行选择。如卡尔·拉伦茨认为:"虽然……还不能形成一种各种标准之间固定的位阶关系,由此一劳永逸地确定各个标准的重要性,但是,它们彼此之间也并不是毫无关联的。"[10]

课后作业

一、关键词解释

1. 法律解释
2. 正式解释和非正式解释
3. 字面解释、扩张解释、限缩解释
4. 立法者意图说、读者意图说、折中说
5. 文义解释、法意解释
6. 体系解释、历史解释、比较法解释
7. 合宪性解释
8. 社会学解释

〔10〕 [德]卡尔·拉伦茨:《法学方法论》,黄家镇译,商务印书馆2020年版,第434页。

二、选择题

1. 最高人民法院、最高人民检察院《关于办理赌博刑事案件具体应用法律若干问题的解释》第2条规定:“以营利为目的,在计算机网络上建立赌博网站,或者为赌博网站担任代理,接受投注的,属于刑法第303条规定的‘开设赌场’。”关于该解释,下列哪一说法是不正确的?(　　)

A. 属于法定解释

B. 对刑法条文作了扩大解释

C. 应当自公布之日起30日内报全国人大常委会备案

D. 运用了历史解释方法

2. 关于我国司法解释,下列哪些说法是错误的?(　　)

A. 林某认为某司法解释违背相关法律,遂向全国人大常委会提出审查建议,这属于社会监督的一种形式

B. 司法解释的对象是法律、行政法规和地方性法规

C. 司法解释仅指最高人民法院对审判工作中具体应用法律、法令问题的解释

D. 全国人民代表大会法律委员会和有关专门委员会经审查认为司法解释同法律规定相抵触的,可以直接撤销

3. 甲骑车经过乙公司在小区内的某施工场地时,由于施工场地湿滑摔倒致骨折,遂诉至法院请求赔偿。由于《民法典》对“公共场所”没有界定,审理过程中双方对施工场地是否属于《民法典》中的“公共场所”产生争议。法官参考《刑法》《集会游行示威法》等法律和多个地方性法规对“公共场所”的规定后,对“公共场所”作出解释,并据此判定乙公司承担赔偿责任。关于此案,下列哪些选项是正确的?(　　)

A. 法官对“公共场所”的具体含义的证成属于外部证成

B. 法官运用了历史解释方法

C. 法官运用了体系解释方法

D. 该案表明,同一个术语在所有法律条文中的含义均应作相同解释

4. 李某在某餐馆就餐时,被邻桌互殴的陌生人误伤。李某认为,依据《消费者权益保护法》第7条第1款中“消费者在购买、使用商品和接受服务时享有人身、财产安全不受损害的权利”的规定,餐馆应负赔偿责任,据此起诉。法官结合该法第7条第2款中“消费者有权要求经营者提供的商品和服务,符合保障人身、财产安全的要求”的规定来解释第7条第1款,认为餐馆对商品和服务之外的因素导致伤害不应承担责任,遂判决李某败诉。对此,下列哪一说法是不正确的?(　　)

A. 李某的解释为非正式解释

B. 李某运用的是文义解释方法

C. 法官运用的是体系解释方法

D. 就不同解释方法之间的优先性而言,存在固定的位阶关系

5. 2003年7月,年过七旬的王某过世,之前立下一份“打油诗”遗嘱:“本人已年过七旬,一旦病危莫抢救;生老病死本常事,古今无人寿长久;老伴子女莫悲愁,安乐停药助我休;不搞

哀悼不奏乐,免得干扰邻和友;遗体器官若能用,解剖赠送我原求;病体器官无处要,育树肥花环境秀;我的一半财产权,交由老伴可拥有;上述遗愿能实现,我在地下乐悠悠。”

对于王某遗嘱中“我的一半财产权”所涉及的住房,指的是“整个房子的一半”,还是“属于父亲份额的一半”,家人之间有不同的理解。儿子认为,父亲所述应理解为母亲应该继承属于父亲那部分房产的一半,而不是整个房产的一半。王某老伴坚持认为,这套房子是其与丈夫的共同财产,自己应拥有整个房产(包括属于丈夫的另一半房产)。关于该案,下列哪一说法是正确的?(　　)

A. 王某老伴与子女间的争议在于他们均享有正式的法律解释权

B. 王某老伴与子女对遗嘱的理解属于主观目的解释

C. 王某遗嘱符合意思表示真实、合法的要求

D. 遗嘱中的“我的一半财产权”首先应当进行历史解释

6. 某商场促销活动时宣称:“凡购买 100 元商品均送 80 元购物券。对因促销活动产生的纠纷,本商场有最终解释权。”刘女士在该商场购买了 1000 元商品,返回 800 元购物券。刘女士持券买鞋时,被告知鞋类商品 2 天前已退出促销活动,必须现金购买。刘女士遂找商场理论,协商未果便将商场告上法庭。关于本案,下列哪一认识是正确的?(　　)

A. 从法律的角度看,“本商场有最终解释权”是一种学理解释权的宣称

B. 本案的争议表明,需要以公平正义去解释合同填补漏洞

C. 当事人对合同进行解释,等同于对合同享有法定的解释权

D. 商场的做法符合“权利和义务相一致”的原则

7. 法律解释是法律适用中的必经环节。关于法律解释及其方法,下列哪一说法是错误的?(　　)

A.“欲寻词句义,应观上下文”,描述的是体系解释方法

B. 文义解释是首先考虑的解释方法,相对于其他解释方法具有优先性

C. 历史解释的对象主要是法律问题中的历史事实,与特定解决方案中的法律后果无关

D. 客观目的解释中,一些法伦理性的原则可以作为解释的根据

8.《民法典》第 1245 条规定:饲养的动物造成他人损害的,动物饲养人或者管理人应当承担民事责任;但是,能够证明损害是因被侵权人故意或者重大过失造成的,可以不承担或者减轻责任。这里的“动物”是指家畜、家禽和豢养的野兽、宠物等,还包括为人所饲养的其他动物,如鸟、兽、蜂、蝎、蜈蚣、蛇等。

上述解释运用的是(　　)

A. 法意解释方法　　　　B. 目的解释方法

C. 限缩解释方法　　　　D. 文义解释方法

9. 杨某与刘某存有积怨,后刘某服毒自杀。杨某因患风湿病全身疼痛,怀疑是刘某阴魂纠缠,遂先后 3 次到刘某墓地掘坟撬棺,挑出刘某头骨,并将头骨和棺材板移埋于自家责任田。事发后,检察院对杨某提起公诉。一审法院根据《刑法》第 302 条的规定,认定杨某的行为构成侮辱尸体罪。杨某不服,认为坟内刘某已成白骨并非尸体,随后上诉。杨某对“尸体”的解释,属于下列哪些解释?(　　)

A. 任意解释　　　　B. 比较解释

C. 文义解释　　　　D. 法定解释

三、材料论述题

［材料］

基本案情:2006年4月21日,许霆与同事郭安山在广州市天河区黄埔大道西平云路广州市商业银行ATM提款机上,利用系统故障的机会,分别取款17.5万元和1.8万元。事发后,郭主动自首被判1年有期徒刑;许霆潜逃一年落网,2007年12月一审被判处无期徒刑。2008年2月22日,案件重审;3月31日,许霆被判处5年有期徒刑。

2008年4月1日,《南方都市报》报道了广州市中级人民法院解释许霆案重审改判5年原因,其部分内容如下:

许霆案宣判后,广州市中级人民法院刑二庭庭长、法学博士甘正培(下文简称甘)就该案重审判决的相关问题作了进一步的通报说明。

(一)为何算"秘密窃取"

问:许霆是用自己的银行卡输入真实的密码取钱,此行为是否算"秘密窃取"?

甘:盗窃罪中的"秘密窃取",是指行为人采取主观上自认为不被财物所有者、保管者或经手者发觉的方法,暗中窃取财物的行为。至于是否实际上已被当场发觉、是否事后马上被发觉、是否因行为人在窃取财物时留下身份识别标志而事后被发觉,均不影响"秘密窃取"的成立。许霆供述明知其银行卡内仅有170余元,在第一次取款和查询后已意识到自动柜员机出现了异常,仍然连续170次取款174000元,并供述"银行应该不知道""机器知道,人不知道",这均证实了许霆实施取款行为时主观上自认为银行人员不能及时发现,故许霆的行为符合"秘密窃取"的客观特征。

(二)为何是"盗窃金融机构"

问:盗窃柜员机内的资金应当视为"盗窃金融机构"吗?

甘:根据最高人民法院《关于审理盗窃案件具体应用法律若干问题的解释》第8条规定:"刑法第二百六十四条规定的盗窃金融机构,是指盗窃金融机构的经营资金、有价证券和客户的资金等,如储户的存款、债券、其他款物,企业的结算资金、股票,不包括盗窃金融机构的办公用品、交通工具等财物的行为。"自动柜员机是银行对外提供客户自助金融服务的设备,机内储存的资金是金融机构的经营资金。故许霆盗窃柜员机内资金的行为依法当然属于"盗窃金融机构"。

(三)轻判依据是什么

问:我国《刑法》规定盗窃金融机构且数额特别巨大,最低法定刑是无期徒刑,而重审判决对许霆在法定刑以下量刑的依据是什么?

甘:许霆盗窃金融机构,数额特别巨大,没有法定减轻处罚的情节,反而在盗窃后携款逃匿,案发后又没有退赃。重审判决之所以对许霆在法定刑以下量刑,主要基于以下几点考虑:第一,许霆的盗窃犯意和取款行为是在自动柜员机发生异常的情况下发生的,与有预谋、有准备的盗窃犯罪相比,主观恶性相对较小;第二,许霆是利用自动柜员机出现异常,使用本人银行卡指令超出余额取款的方法窃取款项,与采取破坏性手段盗取钱财相比,犯罪情节相对较轻。考虑到许霆案特殊情况,依照《刑法》关于犯罪分子虽不具有刑法规定的减轻处罚情节,但根据案件特殊情况,经最高人民法院核准,也可以在法定刑以下判处刑罚的规定,对其在法定刑以下量刑,判处有期徒刑5年。

当然,根据相关法律规定,本判决最终必须报请最高人民法院核准后方能生效。

(四)量刑为何相差悬殊

问:第一次判处无期,与这次判决相比量刑相差悬殊,如何看待?

甘:本案经我院两次判决,都认定许霆犯盗窃罪,且属于盗窃金融机构,数额特别巨大。依据法律规定,应当判处无期徒刑或者死刑。第一次判决没有适用《刑法》第63条第2款的规定,所以在法定刑以内就低判处许霆无期徒刑。本案经广东省高级人民法院发回重审后,侦查机关、公诉机关补充了有关证据,我院对自动柜员机如何出现异常及发生什么异常等事实进一步查证,更深入论证了许霆行为的社会危害性、犯罪构成等问题。在认真听取控辩双方意见的基础上,充分考虑法律效果与社会效果的统一,根据本案的犯罪事实、犯罪情节和对于社会的危害程度,对许霆予以从宽处罚,在法定刑以下判刑。

当然,根据《刑法》规定,下级法院如果决定在法定刑以下判刑,必须依法报请最高人民法院核准。如果最高人民法院核准了,判决方能生效。

[**要求**]根据上述材料进行分析,广州市中级人民法院法官的解释中对哪些问题作出了法律解释并运用了何种法律解释方法?对此你有何评价?

课后参阅论文

1. 郑永流:《出释入造——法律诠释学何为,与法律解释学的关系》,载《法学研究》2002年第3期。
2. 强世功:《文本、结构与立法原意——“人大释法”的法律技艺》,载《中国社会科学》2007年第5期。
3. 侯学勇:《法律解释方法的证立功能与司法能动主义》,载《华东政法大学学报》2010年第1期。
4. 王利明:《论法律解释之必要性》,载《中国法律评论》2014年第2期。
5. 高鸿钧:《伽达默尔的解释学与中国法律解释》,载《政法论坛》2015年第2期。
6. 杨知文:《社会学解释方法的司法运用及其限度》,载《法商研究》2017年第3期。
7. 孙光宁:《法律解释方法在指导性案例中的运用及其完善》,载《中国法学》2018年第1期。
8. 王夏昊:《论法律解释方法的规范性质及功能》,载《现代法学》2018年第6期。
9. 陈金钊:《体系思维及体系解释的四重境界》,载《国家检察官学院学报》2020年第4期。
10. 李海平:《合宪性解释的功能》,载《法律科学》2021年第1期。

延伸阅读

关于法律解释方法的基础知识及其具体运用实例，可以阅读罗尔夫·旺克的《法律解释》(第6版)(北京大学出版社2020年版)，该书是一本针对法律初学者的入门教材。若想要更深入地了解法律解释理论，可进一步阅读安德雷·马默的《法律与解释：法哲学论文集》(法律出版社2006年版)。除前述译著外，国内亦不乏关于法律解释学的优秀著作，推荐阅读王利明的《法律解释学导论》(法律出版社2017年版)、梁慧星的《民法解释学》(第4版)(法律出版社2015年版)。

第十二章　法 律 推 理

知识结构图

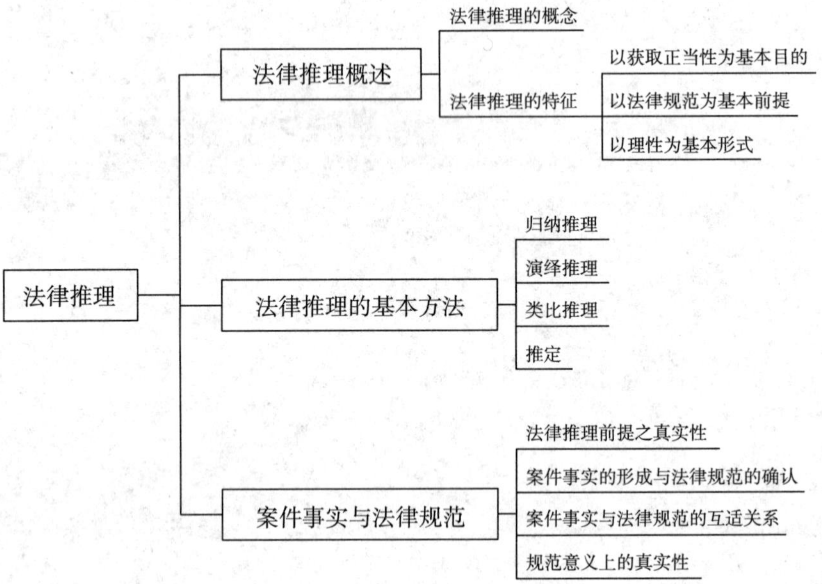

第一节　法律推理概述

法律推理(legal reasoning)是将法律规范与具体事实相结合,推导出裁判结果的法律思维活动,是抽象法律规范与具体裁判结果之间的中间环节,是为判决结果寻求法律正当性支撑的思维过程。

法律乃国家之公器,而非一人之私产。在一个现代法治国家,法律不可能是个人主观意愿的结果。一方面,法律总是需要以某种客观标准的形象展现于人们眼前,这就意味着法律必须具有某种客观普遍性——其规定只能针对某种客观尺度,而不能针对具体的人和事。例如,法律可以规定:一个人年满45岁,具有我国国籍,且经过全国人民代表大会的选举程序就可以当选为中华人民共和国主席。根据该规定,国家主席只能是法律实施的结果,而绝非法律规定本身。另一方面,作为客观尺度的法律只有适用于特殊具体情况才能体现其实践意义,承上例,如果全国人民代表大会从未选举出一位具体的国家主席,那么宪法相应的条款也就与废纸无异。实践中的法律是客观普遍性与具体特殊性的统一,如何将客观规范层面的法律落实为具体的法律适用结果,这就是“法律推理”研究的主要问题。学理意义上的法律推理应具备以下特征。

一、法律推理以获取正当性为基本目的

法律推理的基本目的是为法律适用结果寻求正当性依据。这种正当性既包括法律层面的正当性,也包括道德和社会层面的正当性。因此法律推理既要考虑适用结果的合法性(包括是否存在法律依据,是否符合法律依据,是否正确理解法律依据,是否承担法律责任,是否具有权利义务,是否具有职权职责,等等),又要考虑适用结果的合理性(包括是否符合基本人性,是否符合当地善良风俗,是否有利于维护社会公共秩序,是否有利于保护社会稀缺资源,是否有利于促进人类的进步和发展等)。

在法律推理过程中,合法性与合理性问题往往相互交织,难以分割,在简单案件中尤其如此,例如,一般盗窃行为既触犯《刑法》明文规定的“盗窃罪”,也违反一般道德尺度。但在少数复杂案件中,两者又可能发生矛盾冲突。

以是否将某种价值尺度纳入推理前提为标准,法律推理可以简单地划分为两类,即“形式法律推理”与“实质法律推理”。形式法律推理直接援引法律规范得出适用结果,而实质法律推理在援引法律规范的过程中,还融入了某种形式的价值判断。价值判断在实质法律推理中经常被作为附加前提来适用。例如,某劳动合同中明文禁止劳动者在合同存续期间离开工厂所在地,否则用人单位可以解除劳动合同,而劳动者确实也因过年回家违反了该合同。此时,法官既可以运用形式法律推理的方法,本着就合同论合同的立场,认定劳动者违约;也可以运用法律实质推理的方法,将劳动者的人身自由设定为法律推理的前提,认定

合同的相应条款侵犯了劳动者的基本人身自由,违反"公序良俗"原则,进而否定其效力。在现代法治体系当中,法律成为国家机关第一行动准则,因此法律正当性优先于道德正当性或社会正当性。道德正当性或社会正当性只有在符合法律规范的前提下才能被考虑到法律推理的过程当中。例如,在上述案件中,法官只有在援引"公序良俗"这一条款,并通过完整的举证质证程序取得有效证据的前提下,才能作出合同无效的判决,而绝不能绕过法律,直接援引道德和人类的自然权利作出判决。因此,完整的形式法律推理不一定是成功的实质法律推理,但成功的实质法律推理必须首先是完整的形式法律推理。

2021 年 1 月最高人民法院发布《关于深入推进社会主义核心价值观融入裁判文书释法说理的指导意见》,其第 5 条要求在"有规范性法律文件作为裁判依据的,法官应当结合案情,先行释明规范性法律文件的相关规定,再结合法律原意,运用社会主义核心价值观进一步明晰法律内涵、阐明立法目的、论述裁判理由"。该规定一方面鼓励法官运用实质法律推理,将核心价值观融入法律推理;另一方面又肯定了法律相对于价值观的形式优先性,要求任何法律推理都必须以"法律文件"为第一前提,以"相关规定"为第一阐明内容,以"法律原意"为第一论述对象。

二、法律推理以法律规范为基本前提

法律推理以既定法律规范作为基础,其前提是对规范体系本身不加质疑。法律推理从既有规范推导出适用结果,而不是从预定结果推导出理想法律规范。以规范体系本身为对象,进行价值批判和展望性研究,这有可能属于法律解释或法律论证,但不属于法律推理。

必须注意的是,在法律推理过程中对整个规范体系不加质疑,不等于对所有具体规范的适用都不加质疑。现代法律体系规模庞大、种类繁多,同一事实问题可能涉及大量规范,而规范本身可能存在相互矛盾和冲突,很多情况下,对此规范的采纳就等同于对彼规范的否定。因此,在法律推理过程中,人们往往需要对众多规范的逻辑关系进行辨识和协调,也正是在这一过程中,实质法律推理的价值判断方才具备了形式上的合法性。离开规范体系本身,法律推理就蜕变为一种单纯的政治、道德思维,失去了在法律活动中直接发挥作用的可能性。

例如,G 市某日突然推出一部地方政府规章,规定该市当日 24 时后实施机动车"限牌"(该时间点后,该市每年发放的机动车号牌将进行总额限制),大量群众因害怕以后无法申领到号牌照而彻夜排队购车。对这一现象,人们都加以质疑且理由不一。

第一种质疑理由认为:此类立法行为引发群众恐慌,给群众生活带来较大不便;恐慌性购车造成汽车销量骤升骤降,不利于汽车产业发展;突击立法使群众措手不及,对政府失去信任等。

第二种质疑理由认为:"限牌"属于设立"配额式行政许可"的行政行为,而按照《行政许可法》第 25 条的规定,只有国务院、省、自治区和直辖市政府才有权设立行政许可,G 市不属于直辖市,无权设置该许可;《行政许可法》第 46 条规定,"涉及公共利益的重大行政许可事项"发布前须进行公告和听证,而 G 市在推出相应法规前未履行此类程序;据此我们作出

判断,G 市此政府规章没有法律依据,制定程序不合法,因此效力存在瑕疵。

两种质疑路径都进行了逻辑层面的推理:第一种路径只考虑了相应事实在政治、经济、社会层面的影响,没有将具体法律规范作为推理基础,不属于法律推理;第二种路径完全以相应法律规定(如《行政许可法》相关条款)作为前提,是典型的法律推理。只有第二种思维才可能在相应的法律活动(如全国人民代表大会和地方人民代表大会对规范性文件进行的备案审查)中被直接作为裁判依据使用。

三、法律推理以理性为基本形式

法律推理是一种理性思维,而非一种任意性思维。利用专业理性而非直觉进行判断是法律人的基本职业素养。法律推理的英文表达"legal reasoning"完全可以译作为"法律理性过程",它要求人们在适用法律过程中严格遵循逻辑思维顺序,禁止任意联系,随意归因。为达到这一要求,法律推理必须首先以一种公开、明确的方式展现于特定受众面前,向特定受众进行解释,并接受受众的论辩和检验。

(一)法律推理不同于正义直觉

在很多情况下,法律推理的结果与一般人的正义直觉并不完全相同。例如,在一次合同纠纷中,因洪涝灾害引发的原材料价格暴涨,卖方拒绝履行合同规定的供货义务,一般人的直觉判断是合同不容违反,应当继续履行合同。但理性层面的法律推理并非如此简单,它可能经历以下五个逻辑环节:其一,按我国《民法典》第 577 条的规定,违约行为必然导致违约责任,但违约责任的实现方式并非只有"继续履行"一种,还包括"采取补救措施"和"赔偿损失";其二,《民法典》第 533 条允许在合同基础条件发生重大变化时不采用"继续履行"的责任实现方式;其三,我们以"减少双方当事人损失"作为预设价值目标,哪种责任实现方式给当事人挽回的损失越多,我们就可以采纳何种方式;其四,在核算"当事人损失"过程中,应优先保证守约方而非违约方的利益,在此前提下,也应尽量避免违约方的不必要损失;其五,经过核算,我们认定违约会给守约方造成 10 万元损失,强制违约方"继续履行"会给违约方造成 40 万元损失,导致违约方企业破产,但违约方可以承担 20 万元的违约金赔偿,而不至于破产。据此,我们选择"赔偿损失"而非"继续履行"作为责任实现方式。从上述例证中我们不难发现,理性可以包含某种价值判断(如我们要尽量避免违约企业破产),但这种价值判断依然建立在符合既定法律规范(如《民法典》第 533 条和第 577 条)的基础上。

(二)法律推理不同于数理逻辑

与纯粹的数理逻辑不同,法律逻辑允许以价值判断为导向,允许按照社会生活经验进行事实认定,司法实务当中将通过经验认定事实的过程称为"经验法则"。例如,卖菜摊贩用纸牌标出蔬菜三元一捆,有人不发一语向摊主掏出六元,我们当然将类似意思表示的内容理解为"购买两捆蔬菜",尽管从逻辑学上无法绝对证明这一点。法律实践中,大量的"经验法则"被使用,由此获得的经验证据无法在纯粹逻辑学的意义上获得识别,这使法律推理最终只能由受过训练的法官来完成,而无法像数理逻辑一样通过电子计算机来进行。20 世纪 90 年代末,曾有人提出制造“判决机器”的构想,甚至已经开放了类似的计算机程序,但此类设想最终落空并沦为笑谈。进入 21 世纪,人工智能(AI)通过深度学习已经可能复制出接近于人类经验判断的演算过程,但是否可能将相应算法直接应用于司法实践,这还有待进一步研究和检验。

(三)法律推理不排斥价值判断和经验判断

法律理性绝不排斥价值判断和经验判断,但要求二者与法律适用结果间存在明确的因果关系,且这种因果关系可以为一般人所理解。同时,允许原被告双方就证据真实性、证明力,价值选择的标准、价值实现方式和实现可能性等问题进行有效论辩。程序法、诉讼法以及证据法的立法目的,就在于确保法律推理过程符合上述法律理性的基本要求。

改革开放初期,人民法院当中一度出现过所谓“糊涂判决书”问题,某些判决书写作不规范,法官在列出法律依据后,不经任何论述就直接作出判决,令当事人无法得知判决和法律规定间的关系,极大损害了司法公信力。为此,自 20 世纪 90 年代以来,最高人民法院一直推动“司法文书规范化”。2018 年 6 月制定的《关于加强和规范裁判文书释法说理的指导意见》对判决书法理推理的原则和细节作了大量有针对性的规定,其中第 3 条要求判决书“反映推理过程,做到层次分明”;第 4 条要求判决书明确阐述“证据采纳和采信的理由”;第 7 条要求在没有法律明确规定时“阐明自由裁量所考虑的相关因素”;第 14 条要求“采用附录的方式呈现构成证据链的全案证据或证据目录”。通过对相关领域的不断规范与完善,人民法院在司法判决中运用法律推理的能力和水平已经较过去有了显著提高。

第二节　法律推理的基本方法

法律推理的方法种类繁多,但作为一种逻辑思维过程,其基本方法也以归纳推理、演绎推理及类比推理三者为主,实践中这三类方法的使用也最为普遍。此外,推定也被视为一种推理方法在司法实践中有限使用。

一、归纳推理

归纳推理的基本方法是从多个具体样本中抽象出一般规律和性质。由于一个案件往往牵涉纷繁复杂的大量事实,正是归纳推理将法律规定的各项要件从这些事实问题中抽象出来。因此,在确定案件性质的过程中,归纳推理是不可或缺的。

例如,在一个人身伤害案件中,法官陆续查明四项事实:其一,犯罪嫌疑人与被害人系父女关系;其二,父亲因反对女儿与男友结婚而与女儿发生争吵,并对女儿进行了殴打;其三,父亲因阻止女儿与男友见面,并对男友进行了殴打;其四,父亲某日禁止女儿出门,女儿强行出门时遭父亲殴打。法官据此归纳所有事实,确定案件性质,认为此案既不是普通的人身伤害案件,也不是普通的家庭暴力案件,而是暴力干涉婚姻自由案件。

又如,在一个土地征收拆迁纠纷案中,三位村民因同一房地产开发项目状告同一家拆迁单位。第一位村民诉称拆迁单位逾期未能支付拆迁协议规定的补偿款;第二位村民诉称拆迁单位支付补偿款未达协议规定的数额;第三位村民诉称拆迁单位支付的补偿款未汇入协议规定的账户。法院由此得出结论:主要争议不在于征收土地的范围、征收土地的时间以及征收的方式,而在于拆迁单位未按协议要求支付补偿款,三个案件都是围绕同一拆迁协议履行而产生的合同案件,可以合并审理。

归纳推理的重要特点之一是不允许出现任何反例,一旦出现与结论不相符合的个例,结论可能被推翻。例如,在上述第二个案件中,如果第三位村民诉称拆迁单位在未达成拆迁协议的情况下就强行损坏其房屋,则三起案件的性质就不能被统一概括为"协议履行"问题,那么就无法合并审理。

二、演绎推理

演绎推理的基本方法是从一般性前提推导出特殊性结论。由于法律推理本质上就是将一般性的法律规范适用于特殊事实情况的过程,因此演绎推理也是最重要、最常见的法律推理方法,在大陆法系的法典化系统中尤其如此。

演绎推理是一种必然性推理,也是可靠性最高的推理,如果保证前提和推理方法的正确,则结论也一定正确。典型的演绎推理通常以既定法律规范作为大前提,以确定的事实作为小前提,从而推出法律适用结果。例如,法律规定 18 岁以下的犯罪嫌疑人不能判处死刑,甲不满 18 岁,推出结论:甲不能被判处死刑。

在司法实践中,法律规范的复杂结构往往使演绎推理连续使用,构成一个相对封闭的逻辑链条。例如,一起家庭暴力导致的普通离婚案件就可能涉及四项不同的法律条款,第一项条款规定夫妻关系以法定婚姻登记为准,经查明,甲与乙的确进行了婚姻登记,因此确定是二人是夫妻;第二项条款规定证明"家庭暴力"最有效的证据是公安机关的出警记录、笔录以及医院出具的伤情鉴定书,乙和当地派出所向法院出具了这些有效文书,因此确定甲对乙实施了"家庭暴力";第三项条款规定"家庭暴力"是"夫妻感情破裂"的典型情节之一,因此确定甲乙双方"夫妻感情确已破裂";第四项条款规定"夫妻感情破裂"是法定离婚条件,因此判决甲乙双方离婚。

连续的演绎推理有赖于一系列有效的证据(如上述案件中的结婚证、出警记录、笔录、医院出具的伤情鉴定书等),这些证据按照法律规定的既定结构适配于各种法律规范,形成一个相对封闭的推理链条,这种链条通常被称为"证据链"。简单案件中的证据往往只有一项,或者说"证据链"仅有一个环节,几乎无法称为"链"。而复杂案件可能涉及多项法律规定,且对应于每个规定的证据也可能有多项,这些证据以法律规范的相互关系为引导,前后连缀,往往非常冗长。构建封闭、准确、具有高度证明力的证据链是考验法律工作者业务素质的重要指标。

三、类比推理

类比推理的通常结构为:两个对象的一部分属性相同,据此推出其另一部分属性也相同。

在我国的法典化法律体系中,类比推理经常体现为所谓“参照适用”的情况,即参照一个与当前对象相似的规则或事物来确定审判的依据。此类情况时常出现在新事物刚刚出现,而配套法律法规尚未订立时。例如,当快递行业刚刚兴起时,人们总是将其参照传统邮政运输业务进行法律适用;当“信托”制度刚刚出现时,法官们总是将其比照于“民事代理”制度进行法律适用;当大挂车刚刚在公路上出现时,交通执法部门总是将其比照于“大货车”进行法律适用。

类比推理是一种或然性推理,其可靠程度较演绎推理更低。一般情况下,如果两个类比项之间的相同属性越多,则结论的可靠性就越高;相同属性越少,则结论的可靠性就越低。由于其先天的局限性,类比推理在司法活动中受到一定程度限制,尤其是在涉及公民生命和人身自由的刑事司法领域。例如,在《刑法》没有明确规定的情况下,法律禁止对相关概念进行“参照适用”,这是“罪刑法定原则”的基本内容之一。例如,对同性之间的性侵害不能适用强奸罪,因为强奸罪所保护的仅仅是妇女的性自主权;对拐卖15岁智力障碍男童的行为,不能适用拐卖妇女儿童罪,因为被害人并非妇女,且《刑法》规定的“儿童”必须未满14周岁。

类比推理的另一种体现方式常常被称为“判例法”(将一个案件的处理方法比照适用于另一个案件),这在英美法系的法律适用活动中最为普遍。我国虽不存在严格意义上的判例法,但最高人民法院发布的“指导性案例”对法官的裁判工作依然有明显的参考作用。

例如,在一个“指导性案例”中,甲乙系好友,甲提出希望以两万元购买乙的相机,乙未予正面答复,只是说“拿去用吧”,并且拒绝接受甲支付的钱款,一个月后乙要求甲归还相机,甲认为该相机已经被赠送给自己,拒绝归还,乙随即诉至法院。法院认为“拿去用吧”这句话只是一种“出借”的意思表示,而非“赠与”的意思表示,因此判决甲将相机归还给乙。在另一案件中,丙丁也出现了类似的纠纷,各种情节都基本一致,只不过丁的表述是“好,给你玩吧”。法院在判决中全盘照搬了第一个案例的判决理由,给出了一样的判决,且明确列出了该“指导性案例”的名称和编号。需要注意的是,参照该“指导性案例”必须保证两案的关键情节要完全符合,如在上述案件中,如果丁接受了丙支付的钱款(即便不是全部钱款),那么两案的关键情节就会出现差异,用类比推理进行判决将失去其方法论依据。

四、推定

法律上的“推定”亦即在法律推理过程中以某一法律事实为基础,依经验法则或法律的特殊规定,直接认定另一相关法律事实的思维环节。换言之,只要确认某一事实,就可以确认另一事实,并据此适用法律,无须对推理过程进行说明和证明。推定方法的运用意味着可以免除一方当事人的证明责任,而将相反的证明责任转移给对方当事人,在证据法上造成所谓“举证责任倒置”的局面。

从依据上区分,法律上的“推定”大致可以分为两类:第一,依法律特殊规定进行的推定。例如:《民法典》第1245条规定,饲养动物致人损害的,动物的饲养人和管理人应承担责任;但是,能够证明损害是因被侵权人故意或者重大过失造成的,可以不承担或者减轻责任。换言之,只要存在损害行为和损害结果,法官就可以依据该条款直接推定动物的饲养人和管理人对损害行为负有过错,被侵权人无须对该过错进行证明。如果饲养人和管理人要否认自身过错,就必须自己举证,反过来证明被侵权人对动物损害负有过错(如被侵权人故意挑逗、激怒动物等);如举证不能,饲养人和管理人就不能否认自身过错的存在。第二,依经验法则进行的推定。例如,甲在向乙推销手机的过程中对乙说,"你可以先拿去用用",据此法官依据生活经验,当然认为甲只有将手机出借的意思表示,而没有将手机赠予的意思表示,这无须甲进行证明;如果乙坚持认为甲具有赠予的意思表示,就必须自己额外举证证明这一点,否则法官就维持原有的推定结论。

在司法实践中,法官依经验法则进行推定,或通过直接采信既定常识、既定法律和司法文书,可以获取到一些法律推理过程中至关重要的"免证事实",获取这种免证事实的认知过程被称为"司法认知"。例如,在民事诉讼领域,最高人民法院2019年发布的《关于民事诉讼证据的若干规定》第10条,将民事审判中的司法认知限定为七类[1]。

在刑事诉讼中,通常禁止将通过推定获取的证据直接作为定罪依据,亦即禁止"有罪推定"。《刑事诉讼法》第200条第3项规定:"证据不足,不能认定被告人有罪的,应当作出证据不足、指控的犯罪不能成立的无罪判决。"换言之,一旦证据不足,法官不得进行"有罪推定",亦即先推定被告人实施了犯罪行为,继而让被告人反证自己无罪;与之相反,法官应进行"无罪推定",推定被告人没有实施犯罪行为,并据此作出无罪判决,除非公诉人(或自诉人)能提供新的证据证明被告人的犯罪事实。反对"有罪推定"、坚持"无罪推定"是现代刑事证据制度的重要支柱和价值追求。

第三节　案件事实与法律规范

如果我们从司法视角来理解法律方法,那么"法律推理"(legal reasoning)最直接面向的是如下两个核心问题:其一为"案件事实"问题,即法律推理所使用的"事实"在多大程度上能反映客观世界真相;其二为"法律规范"问题,即人们在选择和确定法律规范时究竟依据何种客观标准。事实上,法律方法的另外两个重要领域——法律解释和法律论证,也须直面这两个主题:形成案件事实和确定法律规范。在拥有成文法传统的地域,法律规范之确定和案件事实之发现,往往需要诉诸形式化的演绎逻辑。当然,归纳和类比等其他主要的

---

〔1〕该条具体内容是:"下列事实,当事人无须举证证明:(一)自然规律以及定理、定律;(二)众所周知的事实;(三)根据法律规定推定的事实;(四)根据已知的事实和日常生活经验法则推定出的另一事实;(五)已为仲裁机构的生效裁决所确认的事实;(六)已为人民法院发生法律效力的裁判所确认的基本事实;(七)已为有效公证文书所证明的事实。前款第二项至第五项事实,当事人有相反证据足以反驳的除外;第六项、第七项事实,当事人有相反证据足以推翻的除外。"

法律推理形式,或者从个别事实中发现一般性的判断依据,或者对事实属性相同的相关案件的判断依据进行规范化的选择,也同样服务于前述两大主题。

一、法律推理前提之真实性

(一)真实性

作为理性思维机制之外在表现,推理(reasoning)在客观上向我们呈现的是理性(reason)所要求的那种由一些判断之"真"到另一些判断之"真"的能力[2]。若想达到理性思维机制的这一目标,法律推理要求待决案件中的法律规范和案件事实都应当是真实、明确和有效的,否则结论之"真"将受到质疑。我们将法律推理前提的这一性质简称为"真实性"。比如,在常见的演绎推理中,有效的既定规范和明确的已证事实无疑是得出确定结论(法律判断)的前提。无论是规范还是事实,任何层面的任何一点不确定,都会直接损及结论的真实性,继而法律推理就难以为相应法律适用提供足够的正当性支撑。

(二)规范意义上的真实性

当然,在法律推理中所说的"真实",只能是规范意义上的真实,而不必然是自然意义上的真实。从认知规律上看,我们对世界的"真实性认知"受到社会历史条件制约。人类文明史已然证明,既定时空背景下的"真实"只能是相对现实意义上的真实。

譬如,对于"神明裁判",由于其所依据的判断标准(无论是规范性的前提还是事实性的证据)是充满偶然性的,因此如果我们以现代法律精神去评价它,会被认为这是不合乎理性的裁判形式;但是如果我们将视角置于当初的时空背景,便容易知道那时人们认知和行为所依托的确定性依据——神明——是真实且有效的。这种偏于"唯心主义"的有效性,为当时人们提供了确定性的心理依托,不仅能够在司法活动中减少不确定性的情感因素的任意支配,更为以"定分止争"为主要目标的法律适用提供了切实有效的正当性支撑。随着社会发展和人类认知能力的进步,神明裁判逐渐不被认同,因为神明不再成为人类获取确定性心理依托的唯一依据,甚至随着文艺复兴、宗教改革和新航路的开辟,人类逐渐发现了自我,进而更多地信任"人"。经历启蒙运动和技术革命的洗礼,理性被人类社会一步步推崇。相应地,人类文明对"真实"这一概念的体验和运用也逐渐发生变化。尤其是随着科技的进步以及理性思维机制的进一步完善,科学世界观体现到"新的证据观"上,人们普遍相信:"如果没有证据就贸然相信是原始思维或不理性的标志,那么先撷取证据而后相信,在某种程度上就可以说是科学思维,或者最起码是信赖和应用人的智识力量。"[3]重视证据,也就意味着抛弃简单化地以直觉为依据而作出证明的陈旧理念。所以在诉讼法上,明确的、合乎程序要求的证据成为诉讼活动的必然要素,而证据链条的完整有效更是重要的程序性要求。不过,在科学理念指导下所形成的证据是否就一定完全真实地还原了案件的自然事实

---

〔2〕 Nicholas Bunnin and Jiyuan Yu, ed., *The Blackwell Dictionary of Western Philosophy*, Blackwell Publishing Ltd., 2004, p. 591.

〔3〕 [美]R. R. 帕尔默:《现代世界史》,何兆武、孙福生等译,世界图书出版公司2008年版,第204页。

呢？我们无法作肯定性的回答。但在既定社会历史背景下，这样的“真实”程度是能够为我们所接受的。当然，案件事实不足以通过事实本身而得以证明，还需要同法律规范相互作用才得以最终成型（详见本节后文）。

又如，早前在DNA鉴定技术尚未达到今日标准的时代，刑事案件中被害人身份之确认、嫌疑人行为之排除或认定等重要的法律适用事实，往往比当下更不易获取。即便在当下，相关需要技术鉴定的案件事实，也未必达到了终极意义上的“真实”，而只是法律规范和社会现实意义上的真实（这也便是所谓规范意义上真实，详见本节后文）。我们往往能够容忍这种未必真实的“真实”，同时也会以诸多必要的制度或原则来弥补之，如刑法上被广泛认可的无罪推定、疑罪从无等原则，正是以明确的制度来防止不真实的推理可能带来的不公正；再如，人们在死刑执行问题上态度愈来愈审慎，甚至日本负责签署死刑执行令的法务大臣一度出现过不轻易（甚至回避）签字的现象。这样的例证，不仅直接呈现了“真实”的时空限定性，而且直接印证了推理前提之真实性在法律推理中的重要意义。

二、案件事实的形成与法律规范的确认

尽管我们知道法律推理以既有法律规范为前提，但在既定案件中，作为大前提的法律规范是否就是先天存在的呢？同时，待决案件的事实是否也是天然地存在，从而可以通过对案件的侦查或证据的搜集而成为法律推理的小前提？或者说，面对一个案件，法律职业者是不是完全可以精细分工合作，全力发现或确认法律规范和案件事实，进而将所获材料汇入法律逻辑的三段论推理之中？若答案是肯定的，那么“电脑判案”〔4〕便是完全可以实现的，因为我们似乎只需输入确定有效的法律规范和案件事实等“数据资料”，电脑就应当可以精确地输出真实可靠的判断结果。从理论上讲，这当然是没有问题的，因为法律规范是现实存在的，且案件事实在理论上也是可以被还原的。

实践证明，即便在简单案件中，无论是法律规范还是案件事实都需要专业的法律从业者去“建构”。于是，待决案件所适用的法律规范将不再是简单的既有规范，案件事实也不是单纯的自然发生的事实。从法律方法上看，与“案件事实之形成”相伴随的是“适用于案件的法条之发现”的过程。恩吉施所谓的“眼光在大前提与生活事实之间的来回流转”〔5〕，正是对这一疑似“循环圈套”的形象描述。恰恰是在这个动态的循环中，案件事实得以确定，而且作出判断所依据的法律规范也逐渐明朗。但这种循环却并不必然陷入错误的循环论证，恰如拉伦茨的证明：

“为了能对实际发生的案件事实做法律上的判断，判断者必须先把它陈述出来，陈述中又只选择对法律判断具有意义的事实；而对法律判断是否具有意义，取决于可能适用于案件事实的法条。判断者以其描述的案件事实为出发点进一步审查，哪些法条可以适用于本

〔4〕 2004年3月开始，山东省淄博市淄川区人民法院施行过所谓“电脑量刑”。此举在理论界和实务界曾引起过不小争议。实际上，坊间所称“电脑量刑”实则是“电脑辅助量刑”，即电脑软件只是起到辅助作用，而其背后对应的则是量刑的规范化（通过电脑软件实践规范量刑）。

〔5〕 ［德］卡尔·拉伦茨：《法学方法论》，黄家镇译，商务印书馆2020年版，第356页。

案件事实,根据这些法条的构成要件再进一步补全案件事实,只要法条本身不能直接进行涵摄,就要根据案件情况作进一步的具体化。只有考虑可能作为裁判依据的法条,关于案件事实的陈述才能获得最终的形式,而法条的选择及其必要的具体化,又必须考虑被判断的案件事实。然而,只有下述情形才是逻辑上错误的循环论证:当判断者把实际事件中未获证实的东西加入作为陈述的案件事实中,或者当判断者'曲解'法条以便可以得到判断者希望的结论。"[6]

可见,眼光往返流转的过程,正如拉伦茨所言,"是一种思想过程,在此过程中'未经加工的案件事实'逐渐转化为最终的(作为陈述的)案件事实,而规范文本(未经加工的规范)也转化为适宜判断案件事实的足够具体的规范形式"[7]。更进一步讲,法律适用过程中的案件事实和法律规范正是在互动的体系中相互证明其有效性,而最终在理论和实践上被认可的法律推理前提——案件事实和法律规范——处于一种相互证明、协调统一的关系之中。

透过法律方法的如上形象,我们容易发现,法律本身即充溢着不容忽视的"实践性"或"经验性",仅仅通过形式上的确定性或规范性并不足以令其获得完整诠释。霍姆斯关于"法律的生命从来不是逻辑而是经验"(The Life of the Law has not been logic:It has been experience)[8]的经典论断,正是法律"经验性"的真实写照。

三、由规范所加工后的事实和由事实所具体化的规范

在法律方法的理论中,作为法律推理之必要前提的法律规范与案件事实应当是相恰互适的。那么二者是如何在具体实践中实现这种互适关系的呢?在此,我们可以通过解析如下简单案件中法律规范与案件事实的形成过程,来直观地认识法律推理中规范与事实的关系,进而更加深入地理解法律推理前提之"真实性"。

案情:被告(委托人)同原告(中介公司)就某处房产签订的《房屋预定委托合同》,除了约定总房款、佣金等内容,还约定了"意向金",即为保证中介公司能够根据约定的购房条件与房屋出售人达成一致,委托人须在委托合同签订同时向中介公司支付意向金3000元。根据合同约定,接受意向金之日起15个工作日内,中介公司应按购买条件与房屋出售人进行洽谈,一旦房屋出售人认可本合同约定的房屋购买条件,中介公司则应将意向金代委托人支付给房屋出售人(该意向金自房屋出售人收到之日起自行转为购买房屋的定金);若所提出之购房条件房屋出售人无法全部接受或部分接受,致使房屋交易无法达成时,中介公司将在3个工作日通知委托人领回意向金。除此之外,合同还约定了所谓"禁止跳单条款",即合同终止前,就本合同房屋,委托人不得再接受第三方委托,收取第三方的意向金;委托人若避开中介公司购买此房,则中介公司有权追究其支付某定额的违约金。合同签订后被

---

[6] [德]卡尔·拉伦茨:《法学方法论》,黄家镇译,商务印书馆2020年版,第356页。
[7] [德]卡尔·拉伦茨:《法学方法论》,黄家镇译,商务印书馆2020年版,第356页。
[8] Oliver Wendell Holmes, *The Common Law*, macmillan & Co. ,1882, p. 1.

告按约定支付了意向金,两日后原告应被告要求退还了3000元意向金。一个月后被告通过另一中介公司以相同价格实现了对之前合同所涉房产的购买。中介公司因此认为被告违约且侵害其权利,遂提起诉讼,要求被告支付居间(中介)服务费,并支付合同约定的违约金。

在这一简单案例中,既有的“未经加工的事实”直接表明,此案涉及“民法”范畴;再进一步,案件涉及“合同法”;更进一步,案件涉及“中介合同”(《民法典》颁布之前的“居间合同”)。但我们该如何选择能够直接适用的法律规范呢?显然,我们需要在宏观和微观上考量既有的事实,在考量事实的同时发现可以适用的法律。此案发生时,我国现行《民法典》尚未颁布,与本案相关的法律规范散见于当时的《民法通则》《合同法》等法律文本之中。下文分析所涉的法律规范将主要以现行《民法典》为依据。

本案双方在居间合同的效力方面没有争议,而且既已查明的事实也没有任何证据证明存在“合同无效”的情形。《民法典》第963条(中介人促成合同成立的,委托人应当按照约定支付报酬)和第964条(中介人未促成合同成立的,不得请求支付报酬)的法律适用,需要有个前提——已经对“中介人是否已经促成合同成立”这一事实作出判定。可见,对适用于本案的法律规范之选择过程,也是案件事实之形成过程。也就是说,判断者需要来回穿梭于事实和规范之间。

对于“中介人是否已经促成房屋交易合同成立”这一事实的认定,在本案中又转化成对另一个事实的确认,即在发生争议之前中介合同所约定的权利义务关系是否已经终止。若已经终止,则说明居间人并未促成合同成立,则选择适用《民法典》第964条,反之则选择适用第963条。于是,判断者有必要考察相关事实,同时根据《民法典》第557条关于合同权利义务终止的规定及其他相关条款内容,以判定中介合同关系是否已终止。

依照现行有效的法律条文和已知的事实,关于中介合同双方权利义务关系是否已经终止的事实之确认,最终落到“签约后双方行为”同“中介合同所约定条款”之间的关系上,裁判者需要考量案件事实与合法有效的合同条款,进而断定合同约定的事由是否已经出现,进而判定引起合同权利义务关系终止之事实是否已经发生。显然,就本案而言,在“适用案件的法律规范”的选择上,我们需要将目光转移至合法有效的“契约”条款。

根据《民法典》第464~465条的规定,合同是民事主体之间设立、变更、终止民事法律关系的协议。依法成立的合同,受法律保护。显然,合同本身涉及当事人之间的权利义务关系,这种权利义务关系受民法所调整。怎样的社会关系能够由民法所调整?最为关键的一点便是社会关系之主体——平等主体,正是因为是平等主体,才有可能在“意思自治”的背景下发生权利义务关系。合同(契约)在本质上是平等主体间所达成的,以调整交易活动为目的,并明确权利义务关系的行为规范协议。当事人签订合同的目的在于规范合同各方在未来交往活动中的行为,从而令合同各方对于自身及对方的行为能够形成合理的预期。合法有效的合同,显然是合同双方在相应约定范围内的行为准则。纠纷发生后,若双方诉诸公共权力机关予以裁决,则合同约定之条款也自然成为主要判断依据。

在本案中,双方的争议焦点是基于对合同中的“禁止跳单条款”约定的不同解读,而法院在具体的审判过程中,也是在认定合同有效的前提下,依据对于合同内容的法律解析而作出判断。由此可见,合同不仅仅对于双方正常交往中的行为有规范意义,而且在司法中也至关重要,甚至能够发挥类似于"法律渊源"的作用。本案所涉合同中关于"3000 元意向金"的条款,直接关系到法院的最终判断。

本案的案件事实和法律规范之形成,归结于对退还"3000 元意向金"这一事实的法律认定。就既有证据来看,根本无法从事实上认定原告已经促成交易。甚至根据合同约定,退还意向金也就意味着原告未促成这笔交易。同时,从日常经验上讲,作为专业的房产中介公司,理应很清楚其退还意向金的行为之法律意义,除非发生法律上的胁迫或重大误解等特殊情形,但这又缺乏足够的证据证明。因此,退还意向金也就意味着原告未促成交易。既然居间人在事实上未促使合同成立,那么在法律上就自然适用《民法典》第 964 条,即不得请求支付报酬。同时,根据合同约定,未促成交易并退还意向金,也就意味着双方中介合同约定的权利义务关系终止。既然关系终止,则无论被告是通过其他中介机构还是直接与房主交易,都与之前中介合同约定的权利义务无关。继而,被告作为委托人并不存在"跳单"事实,没有发生违约,也就不存在违约责任,即无须支付合同约定的违约金。

我们从以上论证过程中发现,在具体案件的法律推理中,所谓的案件事实,是由法律所加工后的事实;而所谓的法律规范,则是由事实所具体化的规范。申言之,法律方法要致力于寻求"规范意义上的案件事实"与"事实意义上的法律规范"。

四、规范意义上的真实性

(一)案件事实与真实事实

面对如上法律方法视域下的案件事实,我们似乎还需要回答一个问题——由法律所加工后的案件事实,是不是真实的事实本身呢?尤其是在前述案件中,是否有可能原告确实已经促成交易但由于特殊原因而退还了意向金,甚至是否有可能被告确实是以中介合同之名而行套取房主信息之实呢?更进一步说,我们会不会因为缺乏足够证据而否定了一些可能"实际发生了的事实"呢?

原告怀疑被告趁着同原告签订协议的机会套取房东信息,而且还怀疑被告同另一中介公司相关手续系事后补签。但对于"案件事实"而言,"有理由怀疑"并不代表"有足够证据证明"。若无足够证据证明相关"怀疑",则法律不可能由此认定其所怀疑的事实。那么,即便被告确实有原告所怀疑的不合理行为,但是由于原告未能提出足够的证据证明其所怀疑的事实;而且被告同房主及另一中介的相关约定和交易,均发生在其同原告合同关系终止之后,故法律所能够认可的案件事实,只能是合同约定的权利义务关系终止,并且被告所做的与涉案房屋相关的任何行为已经与原告之间不再具有原合同意义上的法律关系。实际上,我们并不是从根本上否定了那些可能实际发生了的事实,毕竟事实是客观存在的,任何主观的判断都不可能否定客观的存在。我们只是不能从法律上认定这些事实而已,因为案件事实本身并不是独立存在的,而是需要依托于所要选择的法律规范,并支撑起这些法律规范。因此,所谓的案件事实只能是法律上的案件事实。如果你意欲证明的事实,在法律上没有足够的证据来支撑(不管是因为证据不足还是因其系非法证据而被排除),那么对于这样的事实,即便其“确实发生”,法律也只能“看不见”,即不可能成为案件事实。也许,最终确认的事实在自然意义上不够真实,但它却在“规范意义”上呈现了真实性。不管司法上最终认可的事实同实际发生的事实是否完全一致,任何案件事实都不是单纯的自然意义上的事实,而只能是由既有法律规范所加工过的事实。

曾引起广泛关注的“邓玉娇案”所认定的案件事实亦如此。综合当时所有证据,判断者根本不能认定被害人是否对被告人实施了强奸,而只能认定其实施了推搡、侮辱等行为。当时本案引起“民意”上的极大关注,而民意的焦点恰恰集中于被害人是否对被告人实施强奸这一事实上。在案件事实层面,既有证据确实不能证明被害人实施了强奸。尽管案件事实形成于“大前提与生活事实间之眼光的往返流转”,但它不等同于原始的生活事实本身。但民意集中的焦点,却并非“案件事实”,而是“实际发生的事实”。受情感所支配的“民意”焦灼地聚集于已不可还原的事实之中,而那个不可知的事实中可能确实发生了“强奸”,但由于各种因素最终没形成可靠的证据链,因而呈现在法官面前的只是法律所能够认可的案件事实。

(二)案件事实与真实事实的区分

在现代法治背景下,“案件事实”与“实际发生的事实”是要有所区分的。对于既定案件,“实际究竟发生了什么”是一回事,“法律认为发生了什么”则是另一回事。以“证据”为例,就事实本身而言,即便确实是真实发生的,如若缺乏足够的证据则无法具体化为案件事实;同时,证据链是否具有完整性,证据是否通过合法手段获得等,也直接影响其对于案件事实的证明力。分清了这两种不同的事实,我们可以切实理解刑事法律上的“疑罪从无”理念,以及程序上的“非法证据排除”规则。凡是不能从法律上认定的事实,根本不可能作为论证前提的案件事实。现代司法活动中,法律推理前提之“真”只能是规范意义之“真”,而非自然意义之“真”。甚至有时候我们会产生这么一种困惑:法律明明睁着眼睛,却又“看不见”。显然,容忍“法律看不见”,正是坚持了法律的公平正义。如刑事案件中,排除合理怀疑、阻断非法证据,至少能在很大程度上减少“冤狱”。这种选择或许会导致出现“漏网之鱼”,却能保证尽量少出现“冤死之魂”,两害相权取其轻,是理性的选择。

换一个角度讲,能够从法律上认定的事实,即便与实际发生的事实并不相符,也不影响其成为案件事实,比较典型的例证便是法律(尤其是民法)当中的各种“推定”。譬如,高空坠物致人损害且“经调查难以确定具体侵权人的,除能够证明自己不是侵权人的外,由可能加害的建筑物使用人给予补偿”(《民法典》第1254条),便是对过错推定责任原则的明确肯定。俨然,从实际发生的事实来看,“可能加害的建筑物使用人”绝大多数都肯定不是高空坠物的行为人,但是这些无法证明自己不是侵权人的建筑物使用人,相当于在法律上会被推定为实施了侵权行为,而相应推定的事实也就成了案件事实。由前述法律适用过程中的“推定”延展开来,结合本章第二节的内容,我们会进一步发现,法律推理不仅仅依赖于纯粹的形式意义上的逻辑推理方法,而且还随时会有经验法则、推定以及司法认知等方法的参与。2018年最高人民法院发布的《关于加强和规范裁判文书释法说理的指导意见》便明确了这些方法在证据认定中的积极作用。尽管经验法则、推定及司法认知三者在概念的内涵和外延上不尽相同,但其相互之间俨然是存在关联和重叠的。譬如最高人民法院2019年发布的《关于民事诉讼证据的若干规定》便将经验法则、推定等概念合在一起予以解释说明。综合来看,在法律推理过程中,我们至少会直接确认如下一些事实:其一,一些众所周知的常识;其二,根据已知事实和日常生活经验法则推定出的事实;其三,根据既有的法律规定或司法判断(包含生效判决、仲裁裁决及有效的公证文书)等所确认或证明的事实。

由此可见,在法律推理中,案件事实的形成是一个全方位、多层次、广维度的过程。作为法律推理前提的案件事实和法律规范,二者在相互成全的同时,也共同向我们呈现了"规范意义上的真实性"。若由此反观法律推理甚至整个法律方法体系,我们或可以认为:法律方法不仅仅是一种方法性的理论,它同时也涉及法理学或法哲学的核心议题,尤其是关乎现代法治精神的意旨。

课后作业

一、关键词解释

1. 法律推理

2. 实质性法律推理

二、选择题

1. 法律推理的基本方法包括(　　)

A. 归纳法　　B. 演绎法　　C. 类比法　　D. 对话法

2. 对法律推理,以下说法错误的是(　　)

A. 对法律规范本身的正当性进行检验和反思是法律推理过程中的重要环节

B. 法律推理是严格的形式推理,不受价值判断的影响

C. 价值判断是法律推理的主导力量,法官可以直接依据价值判断得出判决结果

D. 归纳法是可靠性最高的法律推理方法

3. 对法律推理,以下说法正确的是(　　)

A. 法律推理的基本目的是为判决获取正当性依据

B. 法律推理严格排斥经验性判断

C. 类比推理是适用刑法规范过程中的重要方法

D. 演绎法是理论可靠性最高的法律推理方法

三、材料论述题

[材料一]

李某(男)与梁某(女)于2010年2月10日登记结婚,同年11月2日梁某诞下一子。在

此后的三年里,李某越来越感觉儿子与自己长得不像,于是在 2014 年 4 月在某医院进行了 DNA 亲子鉴定。鉴定结果表明,李某与儿子没有血缘关系。李某遂于同月向梁某提起侵权损害之诉,要求梁某赔偿物质和精神损失。

最高人民法院在〔1991〕民他字第 63 号的司法解释中规定:"在夫妻关系存续期间,一方与他人通奸生育子女,隐瞒真情,另一方受欺骗而抚养了非亲生子女,其中离婚后给付的抚养费,受欺骗方要求返还的,可酌情返还。"

问题 1:你认为上述案件能否适用该法条的规定。如果能适用,李某的全部诉讼请求是否都能受到该法条的支持?如不能适用该法条的规定,你认为材料中还缺乏哪些事实或证据才能达到适用该法条的标准?

问题 2:你认为该侵权损害赔偿是否应得到法院支持?如果应当支持,那么梁某侵犯了李某什么权利?这项权利存在于哪部法律的哪一个条款当中?

问题 3:有法学家知晓该案后认为:如果要侵权成立,必须首先在法律中加入某种"血缘知情权",即赋予丈夫以知晓妻子所生子女是否与自己存在血缘关系的权利。这种思维是否属于本章所说的"法律推理"?

[**材料二**]

2010 年 10 月 20 日,陕西西安青年药家鑫在驾车途中撞伤女青年张妙,药家鑫下车检视后因害怕"她以后无休止地来找我看病、索赔",从车内取出一把弹簧刀向张妙胸、肩、颈等处连刺八刀,致张妙死亡后驾车逃逸,此后又因惊慌失措撞伤两名行人被群众截停。交警起初并不知道张妙死亡一事,仅按普通的交通事故肇事处理。药家鑫回家后向父母说出整个案情,经父母劝说,其三日后向警方投案自首。

此案经媒体报道后引起热议,一部分意见认为,药家鑫的行为性质极其恶劣,"不杀不足以平民愤";也有人认为,药家鑫有自首行为,按照法律应当减轻处罚,不能判处死刑,只能这样"才能彰显法治权威"。2011 年 4 月 22 日,西安市中级人民法院对该案进行公开审理,法庭认为药家鑫"犯罪动机极其卑劣,主观恶性极深,手段特别残忍,情节特别恶劣,后果特别严重,属罪行极其严重,应依法惩处。其虽有自首情节,仍不足以从轻处罚",判处死刑,剥夺政治权利终身。药家鑫于 6 日后提起上诉,同年 5 月 20 日,陕西省高级人民法院裁定驳回药家鑫上诉,维持原判。同年 6 月 7 日,药家鑫被依法注射执行死刑。

《刑法》第 67 条规定:"犯罪以后自动投案,如实供述自己的罪行的,是自首。对于自首的犯罪分子,可以从轻或者减轻处罚。"

问题 1:你认为本案一审和二审法院的判决是否正确?是否符合现行《刑法》第 67 条的规定?

问题 2:西安市中级人民法院的一审判决属于形式法律推理,还是实质法律推理,为什么?

课后参阅论文

1. 焦宝乾:《三段论推理在法律论证中的作用探讨》,载《法制与社会发展》2007 年第 1 期。
2. 陈景辉:《规则、道德衡量与法律推理》,载《中国法学》2008 年第 5 期。
3. 韦志明、张斌峰:《法律推理之大小前提的建构及习俗的作用》,载《山东大学学报(哲学社会科学版)》2009 年第 2 期。
4. 雷磊:《法律推理基本形式的结构分析》,载《法学研究》2009 年第 4 期。
5. 郭忠:《法律规范体系中的适用法规范》,载《学术界》2013 年第 8 期。
6. 齐建英:《论假设性法律推理》,载《中南大学学报(社会科学版)》2015 年第 2 期。
7. 高伟伟:《可废止性法律推理的理论与实践——基于严格主义法律推理的检讨》,载《北方法学》2019 年第 4 期。
8. 陈坤:《法律推理中的独特思维倾向及其可能的误区》,载《现代法学》2020 年第 1 期。
9. 徐雨衡:《"法感"在法律推理中的价值及其适用》,载《法制与社会发展》2020 年第 2 期。
10. 张骐:《司法推理价值判断的观念与体制分析》,载《浙江社会科学》2021 年第 2 期。

延伸阅读

法律推理并非简单的形式逻辑过程,它呈现出人类理解、认知和应用法律的理性智慧。在哲学视野下,理性(rationality)被认为是对于理智(reason)的运用,它表达于我们的演绎、归纳、算计以及其他一些思维过程中。可参阅 Nicholas Bunnin and Jiyuan Yu, ed. ,The Blackwell Dictionary of Western Philosophy(Blackwell Publishing Ltd. ,2004)。理性思维机制对行为的驱动作用,是古典自然法的重要逻辑起点。在卢梭的社会契约模型中,社会状态下的人们,行为中正义取代本能,行为被赋予道德性;义务的呼声代替了生理的冲动,权利代替了嗜欲;在听从自己的欲望之前,先请教自己的理性。可参阅卢梭的《社会契约论》(何兆武译,商务印书馆 2003 年版)。在法律方法的研究者眼中,人类的理性智慧令法律规则的司法适用呈现出高超的技艺属性,譬如卡尔·恩吉施所谓的"眼光在大前提与生活事实之间的来回流转"。可参阅 Karl Engisch, Logische Studien zur Gesetzesanwendung(Heidelberg, 1943)。国内法律方法研究者们同样也热衷于探究规则运用的智慧,甚至陈金钊教授认为"法律方法是在规则与无规则之间寻求解决案件的智慧与能力训练"。可参阅陈金钊的《法律方法的概念及其意义》(《求是学刊》2008 年第 5 期)。恰恰在眼光来回流转的思想过程中——正如卡尔·拉伦茨所言"'未经加工的案件事实'逐渐转化为最终的(作为陈述的)案件事实,而规范文本(未经加工的规范)也转化为适宜判断案件事实的足够具体的规范形式"。可参阅卡尔·拉伦茨的《法学方法论》(黄家镇译,商务印书馆 2020 年版),另可参阅卡尔·拉伦茨的《法学方法论》(陈爱娥译,商务印书馆 2003 年版)。

第十三章　法 律 论 证

知识结构图

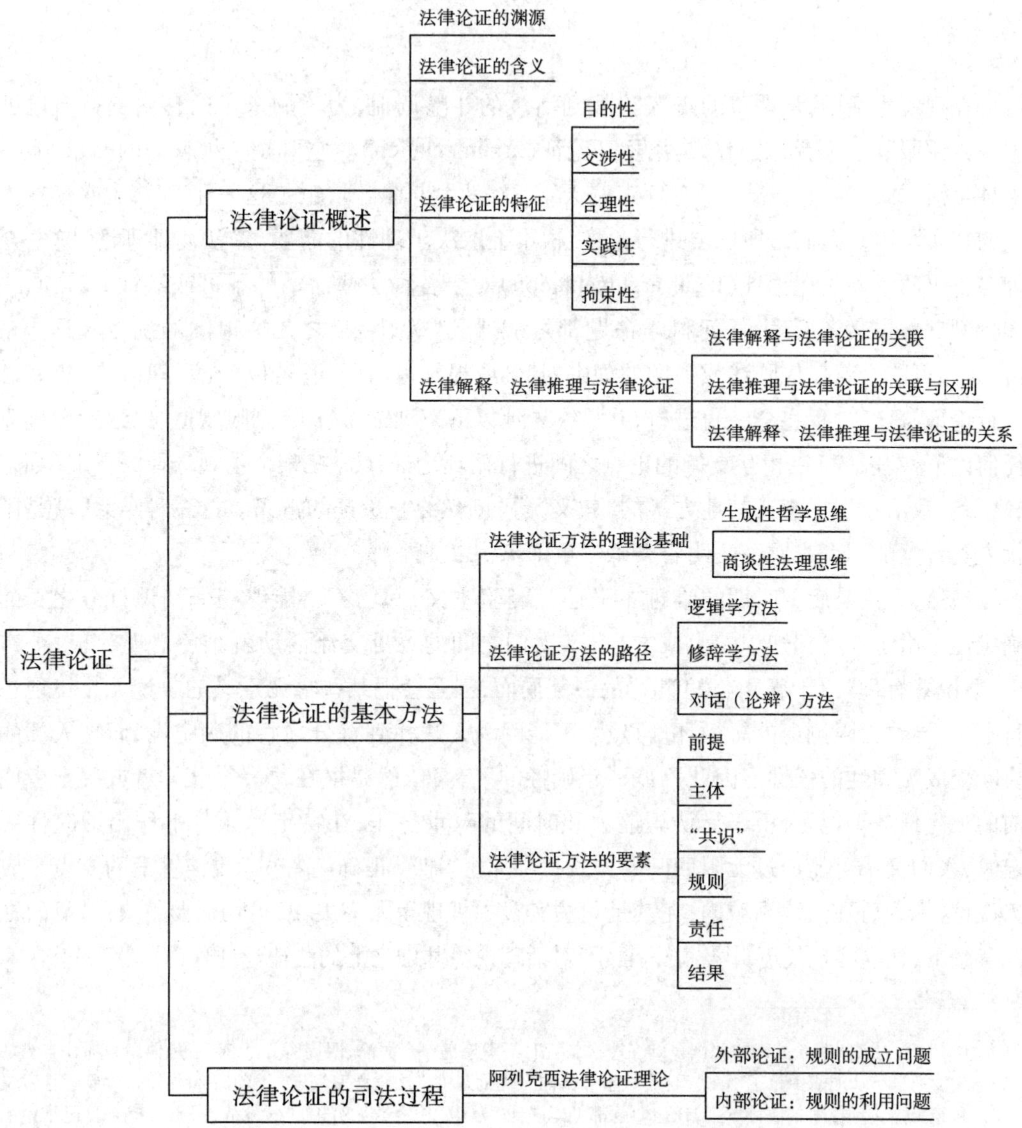

法律论证是论证法律(立法及司法过程)正当性的法律方法,它通过逻辑学、修辞学以及论辩(对话)理论等多学科交叉视野,为保障现代法律的真理性品质开辟了一条新的道路。本章首先概述有关法律论证的理论渊源、基本概念、特征,以及与前面章节的法律解释、法律推理等相关概念进行比较;其次提出关于法律论证的两种思维模式、三种论证效力标准以及论证的具体过程;最后以阿列克西的法律论证方法对案例进行司法论证分析。本章重点掌握法律论证"三大标准",难点在于司法过程中的"共识"证成过程。

第一节 法律论证概述

在现实生活中,从严肃的辩驳论战到活泼的斗嘴调侃,为了用一定的理由支持自己的主张并说服其他论者,人们总是离不开论证(argumentation)。它既是一种普遍的需求,也是一种生活方式和存在方式。"有理走遍天下,无理寸步难行",正是这一生活方式或存在方式的真实写照。人们之所以要进行论证,根本上取决于理性的需要。"法律即理性"这一至理名言更昭示着法律论证(legal argumentation)对于各种法律活动的不可或缺性。然而,一如批判理性主义者所言,任何科学命题都可能遇到"为什么"之无穷追问的挑战。具体来讲,人们可能会就任何陈述或命题的理由、基础或根基提出疑问,若以"充足理由律"为基础进行论证,这个过程将会一直进行,并最终导致以下三种结果:(1)无限倒退,以致无以确立任何论证根基;(2)在相互支持的论点之间进行循环论证;(3)在某个主观选择的点上(如宗教信条、政治意识形态或其他方式的"教义"等)断然终止论证的链条。这三种结果,就是困扰人类智慧的一大难题——明希豪森三重困境[1]。

诚然,无论是启蒙时期的唯理主义还是经验主义,都已不再能够担保知识百分之百的确定性。由于找不到知识的生成之"根",人们之间的意见交流活动就难免出现"公说公有理、婆说婆有理"或干脆"自说自话"的混乱局面,甚至会把某些毫无意义的争论无止境地进行下去,导致无限倒退的恶循环。显然,不能因为无法找到百分之百的确定性,而把人类的决断变成无理性的任性。因此,寻求"正确性的"答案依然是摆在每一个认知者或决定者面前的艰巨任务。但是,由于受认识能力和时间的双重挤压,在特定空条件下作出即时性决定时,人们又不可能通过无限回归的方式找寻那个"唯一正确的答案"或该答案的支点。应当说,这一矛盾在法律领域内,尤其是司法实践中表现得尤为尖锐,迫切需要解决。因而,在此背景下,建立在现代逻辑学、语言哲学、对话理论等基础之上的法律论证理论悄然兴起。

---

〔1〕 18世纪,一名叫明希豪森的德国乡绅在一次旅行时不幸掉进一个泥潭,四周旁无所依,于是他用力抓住自己的头发把自己从泥潭中拉了出来。这个故事被德国当代批判主义法哲学家汉斯·阿尔伯特借用来批判理性主义和经验主义。在阿尔伯特看来,任何命题都可能遇到"为什么"之类无穷追问的挑战,一个人持有自己结论的理由所依赖的命题,会相应接受人们不断地发问,这个过程将会一直进行下去,直到出现上述三种结果,这三种结果被阿尔伯特称为"明希豪森三重困境"。参见[德]罗伯特·阿列克西:《法律论证理论——作为法律证立理论的理性论辩理论》,舒国滢译,法律出版社2002年版,第1~2页。

一、法律论证的渊源

法律的确定性本是法律的一种优良品性。现实生活却是如此纷繁复杂，以至于确定的法律并不能时刻契合客观情况。法律的客观性动摇了现代法律的确定性基础，神圣的“法律帝国”的主人——法官被后现代的结构理论拉下了神坛。人们必须要面对一个现实，即法律并不是完美无缺的，法官也不是法律判决的“自动售货机”。然而，法律仍然是社会秩序构建的基础，人们需要为法律和司法裁判寻找一个可以立足的基石。法律论证理论的兴起就是这种努力的一个结果：它试图通过逻辑的、修辞的或商谈的方法，勾画出法官进行司法裁判时的思维过程，并提供一个开放的、可以检验的理论模型。

立法者的任务是制定清晰明确的法律，法律被设想为完备的封闭的自足体系，现实生活中会发生的任何情况在这一体系内都已经被规定，法官的职责仅仅在于把这些规范适用于具体的案件。法官只需把他们面对的特定案件事实包含于已有的一般法律规则之下。法官被设定为一个可以直接吐出判决的“自动售货机”。到了20世纪，人们对于立法者和法官作用的看法逐渐发生了变化。因为立法者无法预见到所有可能发生的情况和社会的进步，所以，他必然限于规则的一般形式。这些规则可以通过法官的解释而适用于新的情况。那么法官不得不面对更为广泛的任务：他们必须运用法律，享有一定的裁量自由，解释法律规则、为特定案件创设具体规范。实际上，法官无法总是从一般规则中机械地演绎出裁决。

考夫曼从法律规则体系内部对这一问题进行了阐释。法律存在“三阶层构造”：第一阶层由抽象的—普遍的，超实证的及超历史的法律原则构成；第二阶层未具体化的—普遍的，形式的—实证的，非超历史的，但对一个或多或少长久的时期（“制定法时期”）有效的法律规则（法律规范）；第三阶层为具体的，实质的—实证的，历史性的法律。简言之，即法律原则（法律理念）—法律规范—法律判决。

任何人都不能够仅仅从原则、规范、应然而得出现实的法律。法官必须解释法律规则，并在相互冲突的解释中做出选择。为了使最终裁决能被接受，他们不得不阐明其解释：必须证立那些涉及法律规则解释的判决。法学科学的任务在于在一个有限的时间内作出具体的法律裁决，并以一个可以检验的方式来从法律上论证该裁决。因此论证（法律论证）在证立法律裁决中起着重要作用。论证理论家们试图在一般语境和特定语境下都提出一套论证分析和评价模型。

因此，当代法律论证理论具有以下特点：

1. 法律论证理论是实在法的实践问题。法律论证理论的存在就是为了更好地面对和解决实在法在实践中所遇到的问题。法律论证理论使法学研究的视角从法律形而上学转向对实在法的问题尤其是司法判决问题的研究。法律论证理论的核心问题就是一个法律决定（包括法官的判决）何时可以被看作合乎法律及合乎理性的。

2. 法律论证理论属于司法导向的法学理论。对法律论证不断增长的兴趣最主要的一个推进因素是对法官职责之看法的改变。

3. 法律论证理论强调法律论证并不是一种“独白式的证明”。法律的合理性和正确性最终都要通过法律决定的可接受性体现出来。那么法律的证成过程就变成了由众多的交谈者参与对话，商谈式的论辩来相互说服，最终达成对法律的共识的过程。

4. 法律论证具有效力的判断标准。法律论证理论能否实现其目的——达致证立法官裁判的正当性（微观层面），实现司法公正（宏观层面）——需要有相应的判断标准。

二、法律论证的含义

法律论证是20世纪后半叶欧美学界出现的法律方法研究新领域。法律论证是法律方法与法律思维的主要问题之一。一方面，它对法律判决的形成进行着指引；另一方面，它还要为判决的正当性、合理性和可接受性提供必要的理由。

正确理解法律论证应当由对“论证”意义的确认开始。论证“是用某些理由支持某一些结论的思维方式或思维过程”，论证有广义和狭义之分。狭义的论证相当于推理，广义的论证则要复杂得多，它通常是一连串不同推理形式的复合。一个论证同时也是一个运用逻辑方法从理性上进行的证明，它包括三个部分，即论题、论据和论证方式。论题解决的是“是什么”的问题，在一个论证中指的是论证者的观点和主张；论据，也就是论证的理由、根据，主要用来说明论题的真实性，它的核心是“用什么来证明”；论证方式，是论题与论据之间的联系方式，也就是论证者在用论据支持论题时使用什么样的推理方式。

简言之，论证乃是给出合理的理由，将某种主张正当化。鉴于“论证”跟“正当化”或“给出理由”的密切关联性，Justification（正当化、证成、证立）一语成为法律论证理论中常见的一个用语。[2] 因此，法律论证即运用法律理由（说理），将某种法律主张或者法律判断予以正当化。在此意义上，法律论证是对法律命题（或法律判断）的证立过程，是一个说服听众、讲法说理的过程。

由于具有不同的理论背景和思想传统，法律论证理论家们对法律论证概念的界定并不尽一致。有学者认为：“法律推理是实践推理的一个非常精致的个案，它不是形式上证明，而是一种论辩，该论辩旨在通过表明这种选择、决定或取向较之同时存在的其他各种选择、决定与取向皆更为可取来说服对方，令对方信服。”还有观点认为，“法律推理是一种特定的、高度制度化与形式化的道德推理类型”。此外，也有学者认为，论证“是一种言语类型，在论证过程中，参与者把有争议的有效性要求提出来，并尝试用论据对它们加以兑现或检验。一个论据包含着种种与疑难表达的有效性要求有整体关系的理由”。因此，论证是一种沟通（或者“交往”communication）的形式，而不是形式逻辑的一种运用。

其中最有代表性的是“特殊情形命题”：法律论辩是普遍实践论辩之特殊情形。这一观点认为“理性法律论证概念的说明是通过对一系列规则和形式加以阐述来进行的，论证必

---

〔2〕 有学者将justification译为论证，认为论证就是举出理由以支持某个主张或判断，argumentation和justification都可译为论证；但是就“举出理由”的方式来说，justification的内涵要比argumentation宽广得多。法律解释、法律推理等传统法律方法，都可归摄于justification这一概念之下，而argumentation则侧重于通过言说和论辩方法来给出理由，它本身只是justification的一个下位概念。参见陈林林：《裁判的进路与方法》，中国政法大学出版社2007年版，第13页。

须遵循这些规则并且必须采用这些形式，以使其所提出的要求得到满足。当某个论证（论辩）符合这些规则和形式时，由它所达到的结果才可以被称为是‘正确的’。由此，法律论辩的规则和形式就构成了司法判决之正确性的一个标准。”[3]阿列克西的“特殊情形命题”基于以下三个理由：(1)法律讨论和普遍实践论辩一样，均涉及何为义务、禁止与许可等实践问题。(2)法律话语和普遍实践话语均提出了正确性主张。(3)法律论辩是一个特殊情形问题，是因为法律话语中的正确性主张不同于普遍实践话语。它并不涉及何为绝对正确，而是涉及有效法律秩序框架下何为正确的问题。阿列克西谈论的法律论证是通过一系列的规则和形式这种程序性的技术来为法律决定的正确性要求提供某种普遍化的、可靠的理性基础。也就是说，通过遵循一定的论辩规则和论辩形式，使规范性命题以理性的方式予以证立，由此体现出理性实践论辩理论的基本思想特征。

三、法律论证的特征

法律论证是一个由经验与逻辑、直觉与理性交互作用而形成的一个复杂系统。其主要特征包括：

1. 法律论证具有目的性。任何法律活动都是一种目的性活动，都是为了达到一定目的的行为，目的支配着行为过程及其手段和方法的选择。追求法律活动的正当性、合理性及可接受性是法律论证的出发点，法律论证过程就是围绕这一目的展开论证和说理的过程，并最终证明自己主张的正确性和决定的合理性。

2. 法律论证具有交涉性。法律论证活动一般被表述为“论辩”、“对话”或“商谈”，它强调活动中主体之间的交互作用过程。“合理性归根结底就是通过论证演说促使自愿联合和获得认可的力量的中心经验。通过吸取这种中心经验，不同的参与者克服了自己最初仅仅是主观的见解，并且借助合理鼓动起来的信念的共同性，同时也借助客观世界的统一性，以及他们自己生活联系的内在主观性而得到确立。”

3. 法律论证具有合理性。法律论证的合理性是人们在对法律认识理性化的过程中，引发的关于法律的确定性、正当性和可预期性的问题。论证当中，法律主体依据逻辑规则和法律规则进行的说理及证明，不仅具有逻辑上的说服力，而且也具有法律上的正当性；法律论证的基本形式是从已知的前提条件，运用推理的方式进行的思维活动，排除了主观擅断及猜测的成分，使人们能够较为准确地预测自己行为的结果，因而就使法律论证的结果具有较高的预期性。

4. 法律论证具有实践性。在经验层面，法律论证活动渗透于一切法律活动当中，并通过行为者的行为过程和行为方式展现出来。这不仅使行为者为自己的行为作了正当性的辩护，使自己的行为有了合法性根据；而且法律论证的结果还直接产生法律上的效力，并对相应的社会关系产生法律调整的现实效果。

---

[3] [德]罗伯特·阿列克西：《法律论证理论——作为法律证立理论的理性论辩理论》，舒国滢译，中国法制出版社2002年版，第361页。

5. 法律论证具有拘束性。法律论证的拘束性是指它可以多维度形成对司法者任意司法或者主观擅断的方法上的约束。一方面,法律论证的形式化要求,使法官自觉或不自觉地养成了一种保守的思维习惯,惯于墨守成规,因循先例。这种思维习惯及思维方式对于法的稳定性的保持,无疑有着积极的意义。另一方面,法官在进行法律论证时,既要受制于法律规则的外在约束,又要受制于形式逻辑的内在制约,其进行为自己立场或主张说理或证明的论证行为,既要为现行法律规则所允许,又要符合逻辑规则的要求,这就有效地防止了司法过程中法官的恣意,保证了法治的统一性。

四、法律解释、法律推理与法律论证

(一)法律解释与法律论证

在法律论证理论中,发现(the context of discovery)和证立(the context of justification)的二分命题是法律解释与法律论证得以区分的理论前提。这种二分法,首先给出一个假设(hypothesis),根据这一假设推出观察报告(observation)被判断为真,那么这个假设将成立,从而这个假设就可以解释支持它成立的观察报告。这是科学理论上的划分。在司法过程中略为复杂,涉及的不仅是法律和事实的问题,更涉及价值判断。这一模式为区分法律解释与法律论证建立了一种方便的模型。

法律解释的发展是法律论证理论产生的前提条件。拉伦茨如此总结:“每个法律适用都已经是诠释,因为即使认定文字字义本身如此明确,以致根本无须为诠释这项确认本身也以解释为基础。”现在的法律解释奠基于现代诠释学,系法官的视域与案件事实的交融。

法律解释是法律发现、法律方法的核心问题。法律发现是在某一特定的制度内来发现与解决具体问题或者在具体问题上确定与案件相关的法律原则规则的意义而使用的方法。现代的法律解释理论已经说明,法官在司法裁判中并不能够直接地应用法律规范,即使是最简单的案件,法官的思想也经过了对法律规范的解释和生活事实的调整,在案件事实与法律之间作出判断。从法律中获得大前提——法律发现是法官的义务。在简单案件中,事实和规范的这种对应是常规的,法官基于其实践经验,瞬间而无反思地完成,但这一过程仍然是存在的。

法律解释是通过各种方法如文义解释方法、历史解释方法、目的解释方法等来实现实然与应然之间的对接。

这种对接中不可避免地掺杂了法官的主观性,正是这种主观性使人们对法官的判决会持有一种怀疑的态度。同时,裁判过程的参与人是对立的双方,法官在肯定一方的同时,必然会否定对方。那么法官通过解释而得到的结论要得到双方的认可,就必须要说服双方。这个说服的任务是不可能由法律解释来完成的,法官要做的就是如何证立自己的结论。那么这个证立的过程就是法律论证。

法律解释与法律论证之间的密切关系,体现在这两种方法的具体运用上。在具体裁判中,法律解释与法律论证方法彼此相互配合,共同致力于合理法律判断或法律决定的形成。法律解释并不仅单纯地对文本含义进行理解和说明。从法律论证的角度看,法律解释的核心问题是,如何对在多种可能的解释当中所做出的选择进行证立。为什么是这种解释而非其他的解释适合于待决案件?这样对法律解释的理解更合乎司法裁判实践。麦考密克认为,法律解释是法律实践论辩的特定形式。在此,人们主张把对权威文本和资料的某一特定理解当作证立法律判决的某种特定理由。因此法律解释应当在论辩,特别是法律论辩的框架内予以理解。在这种框架中,解释只能在一种更为广泛的规范性的宪法理论与政治理论内(它们属于更为广泛的实践论证的论点)得以阐明。

由此可见,从本质上,法律解释跟论证活动无法同时也不允许截然分开。法律解释只有在论证的框架内才能得以理解。实践中,法律方法论提供的各种解释要素和方法,并不足以解决法律问题,而必须要知道在什么情况下,在哪一推论步骤上来使用这些论据,并遵守什么样的规则,才谈得上对法律判断给出合理的说明。有部门法学者亦认为,我们的解释方法在离开了相应的论证规则的设置的时候,民法的解释方法就不可能得到实在的贯彻和体现。比如,运用文义解释确定某个词语的具体含义的时候,我们可能会运用各种的研究方法来论证自己持守的观点——其实就是证明自己的价值取向具有正当性。可以说,是法律论证使法律及其解释有了可证立性,从而最终实现其有效性和合理性。法律论证使法律及其解释更有力量。

(二)法律推理与法律论证

传统上,国内学者一般将法律推理理解为法官、律师等法律职业者在解决具体法律问题和纠纷的过程中,适用法律规范、查证事实情况并得出法律结论所进行的合乎逻辑的思维活动。从根本上,这种界定其实将法律推理当作形式逻辑在法律中的简单运用。其实,“重要的不是从前提到结论的推导过程,而是法官对其事实与法律上的前提进行正当化的方式。这种正当化不在于追求那种形式正确的证明,而存在于由法律适用规则所引导的论辩之中。”

当今法律推理学说的发展,已经超越传统上那种将法律推理当作形式逻辑在法律中的简单运用的狭隘认识,如法律推理是一个导致作出法律决定的一系列思维过程的集合符号。它涉及情境识别、解释和事实评价,还包括法律(条文)查找、可适用规则的选择和辩论,这个过程还包括对可能决定的不断评价以及制定活动。由于法律理由的形成和选择被运用于作出最佳决定的辩论过程中,因此法律推理是一个十分重要的工作。一般说来,论证描述了形成理由、得出结论,并将其适用于待决情形的过程或行为。麦考密克将法律推理视为实践理性得以应用的一个分支实践理性,人们运用理性决定在特定情形下如何正当行动。麦考密克认为,适用规则的过程是法律活动的核心,因此研究这一过程的理性结构,对于解释作为实践理性一个分支的法律推理的作用至关重要。佩策尼克曾经谈到三种意义上的法律推理,即作为对话的(as a dialogue)、作为推论的(an inference)和作为一种合理的跨越(as a reasonable jump)的法律推理。从上述观点看,人们对法律推理的界定往往与法律论证、论辩相关联。法律推理和法律论证或法律论辩往往在同一种意义上使用。这个概念包括四方面的要素,即法律理由、推导与论证、权威性以及证成方法。可见,这种对法律推理的界定已与法律论证具有密切的关联。

但是,论证与推理之间的区别也是明显的:(1)从思维活动的进程来看,推理一般是从已有的观点推出新的判断,即从前提推出结论;而论证则是先有论题,然后围绕论题寻找根据,以确立论题真实性、正当性;(2)从复杂性方面看,推理有固定的逻辑形式、确定的行动路向和严密的步骤;而论证往往是各种推理的综合运用,且证明的路径没有固定不变的方向;(3)论证是有明确目的性的,是为了一定的解释目的或者说服目的而进行的活动;而推理则是在没有确定的目的指引下所进行的思维活动;(4)论证常常发生在交往活动中,常常被表述为"对话"、"商谈"或"论辩",而推理则更多地体现为个人的思考或头脑内部的推想,并不必然地发生于交往和论辩的场合,也不必然地与他人发生交互行为。

(三)法律解释、法律推理与法律论证的关系

20世纪哲学解释学的兴起在法律领域引致了某种转向,出现了所谓的本体论上的法律解释理论或者"法律诠释学"。但这并不妨碍"推理"在现今法律方法论中作为一种基本范式的意义。实际上,在法律方法论研究中,"推理"无疑仍然是个很重要的理论范式。如果仅仅将"推理"理解为传统的三段论,并因此否弃真正意义上的"推理"范式在法律方法论中的意义,显然是不足取的。如果说存在法律方法论研究范式转换的话,那么应当注意的毋宁是法律论证。

法学史上,法律论证范式在整个法律方法论中的地位逐渐凸显,并最终成为当今法律方法研究的主流。作为法哲学的问题之一,法律推理与法律论证从20世纪60年代开始成为西方法学研究的热点。法律推理与法律论证学说在当今国外研究的兴起与繁荣,是跟"二战"后出现的一系列新的社会矛盾与问题有关。如堕胎、器官移植、代理孕母、安乐死、克隆人等新社会问题,对传统的司法观念提出了严重的挑战。

总体上看,当今法律方法论的重心已然移至对法律文本的理解及其论证的合理性、正当性基础之探求,因此,这就要求理论家们有充分的手段来对支持其主张或观点的论证予以分析和重构,以确定其正当性和可靠性。在高度竞争与利益多元的当今社会,如何将法官作出的判决予以正当化、合理化,已经成为当今法律方法论研究的重要课题。因此,可以说,当今法律方法论是以"论证"为基本理论范式的。法律论证实际上是对法律方法的充实与创新。在当今法律方法体系中,法律论证至少是与法律解释和法律推理具有同等地位的。

因此,这三种法律方法之间的关系,可以简单概括为:法律解释作为法律推理过程的一个环节,本质上是以正当理由解释法律理由的过程。在这里,问题的关键不在于对所适用的法律提出某种解释,而在于适用在法律制度和法律传统中被确认为正当的方式对法律作出的解释。无论是法律解释还是法律推理,均是在整个法律论证框架(包括内部证立和外部证立)中进行的。

第二节　法律论证的基本方法

法律论证理论是20世纪以来西方思想领域的语言学转向在法学领域产生深刻影响的一项重要成果和产物，其法学方法是在承接古希腊先哲的修辞学、辩证法和实践哲学思想之基础上，并充分吸收和借鉴20世纪中后期语言哲学、解释学、逻辑学、修辞学、语用学、非形式逻辑、对话理论、道德哲学和科学哲学等研究成果和知识的基础上，来处理传统法律方法论当中的难题所取得的重大突破和进展。法律论证理论是在西方法学“解释学转向”以后，学者们在实践理性、商谈理论等知识基础上拓展出的法学研究新领域。当然，这种方法在解决复杂的法律问题方面同样还存在某种局限性与缺陷，但它代表着一种发展的方向，一种在实在法之实践问题上寻求多知识进路、多学科方法之研究论证的努力方向。在这个“缺乏根基(root)的时代”，法律论证方法的雄心和细密严谨的论证作风无疑为现代法学重整旗鼓带来了一线希望。

一、法律论证方法的理论基础

(一)生成性哲学思维

在人类哲学史上，如果说本体论的形而上学世界观和认识论的近代科学世界观都体现的是一种“本质先定、一切现成”的本质预成论思维；那么，现代生活世界观则体现的是“存在先定、一切将成”的生成性思维。生成性思维方式的出现是人类哲学观念的重大转变。由于“整个所谓世界历史不外是通过人的劳动而诞生的过程，是自然界对人说来的生成过程”，生成性哲学思维不再关注人之外的世界，不再追求什么凌驾于一切之上的绝对真理，也不为来世烦心。它只关心人的现世命运，而且只是立足于现世来谈论人的命运。因而，它终于使哲学从“天上”回到“人间”。因此，重视“现世”而非“超世”，重视“人间世界”而非“抽象世界”，遂成为这种思维的总体特征。

此外，与以往哲学思维相比较，生成性的现代哲学思维还具有两个重大特征：第一，重视过程而非本质。因为“世界不是既成事物的集合体，而是过程的集合体”。在现代哲学面前，一切所谓固定的东西其实都是处在产生和灭亡的无限过程中。现代哲学的生成性思维则认为“一切将成”，而非“一切既成”，是“存在先定”而非“本质先定”。第二，重视关系而非实体。由于“当我们深思熟虑地考察自然界或人类历史或我们的精神活动的时候，首先呈现在我们眼前的，是一幅由种种联系和相互作用无穷无尽地交织起来的画面”，将目光定格在微观的现实生活世界时人的本质其实也就存在于社会关系的总和之中，人是“共在”。

因此，要摆脱二元分立的抽象思维模式，并反对形形色色的“中心”主义、“主人”话语。主体间性(inter subjectivity)，又称主体际性或交互主体性，作为人的一种社会属性，它指的是生活实践中面对客体的两个或两个以上主体之间的关系。既然人是社会的人，既然其本质是“一切社会关系的总和”,那么,任何相关的主体都不能无视甚至蔑视“他人”这一主体的存在或主体性;相反,必须在相互制约的关系中进行思考和活动。因为,如果某一主体不将他人视为主体(人)、不考虑他人的利益、需要与感情,他人也可能“以其人之道还治其人之身”,从而最终导致两败俱伤。

由此可见,主体间性首先意味着超越单纯的主客体关系模式,形成新的模式。在这里,不仅存在各主体与客体之间的主客体关系,而且还存在各主体与其他主体之间的关系,因而变得更加复杂、多样。同时,主体间性更意味着一种反“中心”主义的思维方式。它承认价值的多元性,主张通过相互尊重和宽容,走进他者的世界;它强调通过相互理解,通过沟通、对话以寻求共识并进行有效的合作。

为此,必须首先搭建一个对话、交流的平台,以便为妥当处置各种价值冲突创造前提条件。需要强调的是,主体间性并不是要否定主客体关系的理论与方法,而只是对它进行必要补充与完善,它仍然是以主客体关系为基础的。因此,当不同主体(复数主体)将同一对象视为客体时,这些不同主体与他们所共有的客体仍分别处于一种主客体关系之中。应当说,正是现代哲学对“过程”及“关系”问题的深刻揭示,为法律论证理论中的“程序观”及“商谈论”提供了最为基础的认识论资源。

(二)商谈性法理思维

“法律商谈论”是对以交往行为论为基础的法哲学思想的高度概括。现代哲学的生成性思维为人们认识法律论证问题提供了一个基础性观察视角;法律商谈论为当代西方社会的“合法性”危机寻找出路的需要,在生成性的现代哲学观与法律论证规则之间架设起了一座法理桥梁。

法律商谈理论是以交往行为理论和商谈伦理学为基础建立起来的,也可以说是商谈伦理学的基本原则在法律领域的运用。交往活动与“劳动”是人类的两大重要活动。劳动活动是一种对象性、工具性的行为,反映的是主体与对象之间的主体—客体关系,建立在技术规则之上;交往活动与之不同,它涉及的是人与人之间的关系,其目的在于协调人的认识和行为,它主要通过语言来进行,反映的是主体之间的关系(主体间性),建立在语言规则之上。因此,交往行动泛指两个以上的主体之间,以语言为工具,以达到理解为目的的活动。简言之,就是主体之间的相互对话、交流及商谈活动。交往形式被分为两种:信息交换与商谈。

一般情况下是按特定规范进行信息交换,但如果规范的正当性受到怀疑则要展开商谈。“商谈”一词有着特殊含义,即在不受强迫控制的环境中的交往。它意味着:各种主张或观点的正确性问题才是讨论的唯一对象;就讨论的参与者而言,对各种见解、论题,除了必须接受有关正确性的检验之外,不受其他约束;除了共同协力寻求真理之外,别无任何动机。可见,商谈是对交往行为而言的。如果说对任何一种言说活动都会提出一些有效性要求的话,那么,商谈就是对这种有效性要求的意义的检验。

就言说活动的有效性要求来说,具体包括四项内容,即“可理解性要求”、“真实性要求”、“正当性要求”和“真诚性要求”。但是,可以通过商谈来兑现的其实仅限于“真实性要求”和“正当性要求”。因为,“可理解性”是所有交往行为得以成功进行的前提条件,只要言说者遵守语法规则,将意思明确表达就可以了,无须商谈。至于“真诚性要求”,则只能看言说者在事后的表现是否言行一致,也无法靠商谈来兑现。

据此,商谈的形式也相应地被区分为两种:一是理论商谈,二是实践商谈。前者的目的是证明论题的真实性要求,解决的是知识论问题;后者的目的是证明规范的正确性要求,解决的主要是伦理或道德问题。其中,对正当性要求的论证,实际上涉及对真理问题的认识。

长期以来,最古老也最为流行的真理观是真理符合论,即真理被认为是话语所陈述的内容与实在事物相符合。但是,人们根据什么来判断这种“相符合”呢?由于人对世界的认识或言说永远是个体的、主观的、存在巨大差异的,不存在所谓主体间可检验的、完全一致的真理判断标准。因此,真理应该被定义为“话语主体通过语言交往而达成的共识”,即著名的“真理共识论”。也就是说,真理的论证、检验过程并非表达主客观之间的符合问题(因为这个符合标准本身不具有客观性),而是主体相互之间能否说服的问题,在于它的“主体间性”。

由于该认识对象涉及“事实”、“理论”及“价值”三个不同层面,真理也相应被划分为事实真理、逻辑真理和价值真理。对于事实问题,真理意味着认识与事实的相符合,这是一个“真”与“假”的判断。对于价值问题,真理意味着认识与主体(又分为个体、群体、整体)需要的相符合,这是一个“正当”与“不正当”的判断。传统上人们对真理问题的讨论更偏重事实真理的判断,若从真理观的分类上看,它属于狭义符合论的范畴。“真理共识论”并非旨在解决事态世界的事实性真理问题,而是意欲把握规范世界的价值真理问题。

规范的“颁行”这一“事实”本身并不意味着公众对它的内心承认或“忠诚”(“有效性”),规范在实质性上的“有效性”(公众的内心承认)只能取决于主体相互之间所达成的“共识”。由此可见,一方面,不能囿于事实真理的狭义符合论立场来排斥对逻辑真理及价值真理等的探索;另一方面,也不能认为对价值真理的揭示就足以替代对事实真理、逻辑真理的认识。应当说,在真理问题上,宏观的标准只能是广义符合论,即“把符合作为判断真理的最高标准”。当然,考虑到认识是在实践基础上形成和发展的,而实践又是一种社会性的活动;任何科学认识都是以社会群体的实践为基础的,对社会问题的认识无法离开社会群体的力量、智慧和最终认同。因此,应当强调指出,民主协商、对话沟通,应是真理发展的重要条件。

所谓“正确性要求”,就不能不论及商谈伦理学。因为,现代社会是各种各样“生活方式”相混合乃至对立的价值多元社会。立足于这一现实,对“善”“正确”等伦理学问题就不能单方决定。由于这不仅事关对某一传统及习惯的优劣问题的判定,而且意味着对其他传统的轻视或压抑。为破解这一难题,有必要重构新的道德伦理规范。这是一种靠所有人来保护的普遍主义的道德规范,它不直接规定如何行动,而只是在决定行动规范的条件、前提以及为此所需的相关方面,间接地、侧面地表达立场。换言之,它已不是具体的、实质的规范,它对人类“好的”生活方式、“正确的”的社会状态不作硬性规定,而只是一种形式层面的规范;至于人人都能遵守的实质规范,只能在大家参与讨论的基础上得以确定。这同时意味着,在交往活动中,尽管人们可以有不同的观点和不同的价值取向,但应当遵循商谈的规则与程序,平等地参加讨论,自由地发表意见;商谈参与者应采取其他人的视角,从事一种普遍的角色转换。

因为,商谈伦理学有两项重要原则:(1)一个规范在应用时,若能得到普遍的认同,才可以成为一个规范;(2)只有那些得到(或能够得到)商谈全体参与者根据其能力表示赞同的规范,才是有效规范。

交往合理性或商谈对于法律论证具有重要影响。因为,法律其实也是一个寻求社会“真理”的过程。无论是什么样的社会真理,它们都是由理性、自由的个人所组成的共同体经过讨论、对话而达成的共识。但由于这一共同体无法超越时间限制而不断探索下去,所以,他们在任何一个时段达成的共识都具有不完备性、暂时性和可更正性。可以说,这种多数人的决策“只是一场正在进行的讨论中的一个中间休止符”。不过,考虑到个人理性的有限性,考虑到不存在超越于这种个人理性之上的集体理性或普遍理性,应当承认,我们所能期盼的最好决策也只能是这种不完备的决策,更何况它也足以完成其暂时性的使命。其实,正由于安排社会秩序、协调社会行动及解决社会纠纷的方案不可能被一劳永逸地获得,我们应关注的只是设计出能不断产生暂时性方案的秩序。

这就要求:每个共同体成员都能自由地表达自己的真实意见,杜绝出现某种意见凌驾于其他意见之上的可能性;各种不同意见最终能汇集成被整个共同体接受的“一致性”意见。法律和民主政治制度正是满足这种需求的行为规则和社会构造。这些制度在确保每个人都获取一个最基本的“私人空间”的同时,又致力于提供一个为人们进行交往和对话之用的“公共领域”。

在这方面,民主的立法秩序与公正的司法程序有异曲同工之妙。它们都在塑造、阐明这种同时体现私人自由和公共自由的权利体系。作为立法秩序最终产品的“法律”和作为司法程序最终产品的“裁决”,其正当性和有效性都同样取决于该生产程序能否满足理性对话、商谈的条件:第一,就立法活动而言,由于每位参与者既是规范的“制造者”,又是该规范的约束对象,他们既要从自己的角度,也要从他人的角度看待同一问题,所以参与者之间的位置互换性应成为立法论证的基本原则。第二,就司法活动而言,由于诉讼参与双方的利益截然对立,要他们进行位置互换显然不现实。因此,这就要求法官居中裁判。

二、法律论证方法的路径

(一)逻辑学方法

在法律论证领域,这种方法的代表人物包括克卢格、勒迪希、索特曼、塔梅洛和魏因贝格尔。有人甚至认为“法理逻辑(法律逻辑)是义务逻辑支持者(卡里诺斯基,冯·赖特)和‘新修辞学’支持者(佩雷尔曼)之间相互争夺的一块地盘”。现代逻辑学家已经发展出各种逻辑系统用于分析和重构各种类型的法律论证:除了传统的三段论逻辑外,还有道义逻辑(也称义务逻辑 demonic logic)、命题逻辑和谓词逻辑等。另外,近年来得到发展的对话逻辑(dialogical logic)中,不同学者扩展了既有的逻辑系统,使之更适合于用来分析和评价法律论证。

在法律论证领域,大多数学者肯定了逻辑在论证理论中的地位。“论证理论主要源于分析学,这仍为今天几乎所有的论证理论家们所确认。”如魏因贝格尔认为,作为现代法学理论的两个标志:一是以凯尔森和哈特为代表的法律结构理论;二是法律理性论证理论。二者都涉及将逻辑应用于法律的问题。逻辑论辩部分的是逻辑演绎,部分是佩雷尔曼意义上的修辞论辩。在主张逻辑方法的论者看来,反对逻辑重要性的主张乃是基于对逻辑之确切作用的误解。其中首要的误解便在于,反对论者把“逻辑”当作“三段论逻辑”了。在当代逻辑理论(诸如命题逻辑、谓词逻辑和道义逻辑)中,人们已经发展出用于分析各种类型论证的理论体系。

因此,对法律论证而言,问题似乎并非法律逻辑是否无关紧要,而应当是根据逻辑推理形式与逻辑演算,法律论证可以在多大程度上予以重建。在法律论证的逻辑分析中,隐含的成分必须予以明晰。在许多案件中,证立某一法律判决的论证仅用日常语言的形式来表现是不够完整的。为了使该论证完整并且逻辑有效,省略的前提必须予以明晰。

这构成阿列克西的内部证成规则之一:应尽最大可能陈述逻辑的展开步骤。其实阿列克西所提出的普遍实践论辩规则以及法律论辩规则中,许多都可视为逻辑规则。如普遍实践论辩的基本规则是:任何一个言谈者均不得自相矛盾。在阿列克西看来:“逻辑规则应承担起最严格的论证之责。若有谁主张‘$p\rightarrow q$’,那么当其谈话伙伴提出‘$\neg q$’时,他就必须要么承认‘$\neg p$’,要么反驳‘$\neg q$’,或者要么放弃‘$p\rightarrow q$’。”另外,阿列克西还谈到道义逻辑在论证理论中的运用。

(二)修辞学方法

与逻辑的方法强调法律论证的形式方面相对应,修辞的方法注重的是法律论证的内容及其可接受性(acceptability)这个方面,在法律论证理论产生的过程中,修辞学本身就是其重要的思想来源。法律论证理论所注重的可接受性即取决于论辩本身对听众(audience)所产生的效果。修辞术是就每一事物觅出所有可能的说服方式的技能。在佩雷尔曼看来,甚至论辩术(辩证法)在亚里士多德之后亦作为一种推理技术而被等同于逻辑;黑格尔更是将辩证法视为通过“正题—反题—合题”方式来达到“客观精神”的必然性逻辑推论。佩雷尔曼虽然反对分析推理的无限扩张倾向,但却无意以论辩推理来取代分析推理,而只是认为二者具有不同的适用领域。当代修辞学方法的杰出代表除了佩雷尔曼的“新修辞学”,还有图尔敏的论证模型和菲韦格的论题学方法。这三位学者尤其对法律论证都有所论述。

基于逻辑学与修辞学这两种论证方法的本质区别,佩雷尔曼的《新修辞学》指出方法论上“论证”(argumentation)与“证明”(demonstration)两种方法的基本差异,强调“论证”在人文学科研究上的重要性,进而主张以“论证”为基础的“非形式逻辑”取代传统的形式逻辑。在法学上,新修辞学的运用颇为广泛。“科学的发现和法律的说理两者结构上的差异,来指出法律说理不能适用科学发现之逻辑……法律说理应是社会说理的一种形式,其强度与社会上所能接受的法律论点和法律命题所决定。”因此,人们对法律过程的理解就超出了传统上所理解的单纯的形式推理,而融入了修辞论辩的成分。在佩雷尔曼看来:“法律推理是实践推理的一个非常精致的个案,它不是形式上的证明,而是一种论辩,该论辩旨在通过表明这种选择、决定或取向较之同时存在的其他各种选择、决定或取向皆更为可取来说服对方,令对方信服。"[4]

与修辞学密切相关的是论题学。在法律领域,论题学"认为法律问题的解答并非借助逻辑推论来达成,而是透过对周遭有关论据的讨论,这种想法主要是由菲韦格引介的,它导致日益增多的对法学论证的前提条件及规则的探究"[5]。相比之下,图尔敏试图将存在本质差异的日常语言也纳入逻辑学里面;而传统形式逻辑则是通过摆脱日常语言来实现计算的准确性与思维的纯粹性。

(三)对话(论辩)方法

近年来,人们发展出一种新的法律论证方法即对话(论辩)的方法。在此,法律论证是从某一论辩程序(依据某些理性论辩规则来支持某种法律观点)的视角加以考虑的。在这种方法(亦可称作对话方法)中,法律论述被视为关于某一法律观点之可接受性的对话的一个组成部分。该论述的合理性取决于论辩程序是否符合可接受性的某些形式标准和实质标准。

在法律理论中,对话方法的杰出代表是阿尔尼奥、阿列克西和佩策尼克。他们的理论直接来源于阿佩尔等学者的论辩理论。如阿列克西的程序性合理论辩理论就是以对话理论为背景的理性论辩理论。它旨在建构理性论辩的规则与分析各种论述之逻辑结构。这种方法要求论辩依据某种程序上的理性标准。对于一个可接受的法律判决来说,重要的是:参与者要遵循某些规则。这套系统的基本原则包括一致性、有效性、可检验性、融贯性、可普遍性和真实性原则。与那些以修辞学为出发点的论者不同,阿列克西认为法律讨论主要涉及"规范性陈述的正确性",而前者认为:"讨论参与者致力于发现'可被接受'的论据,因此其关心的不是陈述的'正确性',而是其'可同意性'。"

总体上,可以说法律论证的方法有两种类型:法理模式和修辞模式。波斯纳同样认为存在两种基本的说服方法:一种是逻辑,它不能用于决定困难和重要的案子;另一种是修辞的伎俩。

三、法律论证方法的要素

如果说"一般论证理论包括论证什么(命题、结论)、依据什么论证(论据)和如何论证(方法)三方面的内容"的话,法律论证理论也概莫能外。不过,法律论证理论关注的问题并不是"结论"本身,而是如何说服他人接受该结论,即"可接受性"。由于法律论证的"可接受性"在于通过商谈达成共识,而理性"共识"的达成在实质上取决于是否遵循了合理的论证规则及程序,因此,对法律论证理论的基本要素可归纳如下:

---

〔4〕［比］佩雷尔曼:《法律推理》,朱庆育译,载陈金钊、谢晖:《法律方法》(第2卷),山东人民出版社2003年版,第139页。

〔5〕［德］伯恩·魏德士:《法理学》,丁晓春、吴越译,法律出版社2003年版,第277～278页。

（一）前提

在法律问题的商谈实践中，“需要证成的领域在相当程度上是加以限制的。它并不要求对一切东西都进行证成”。因为，“什么叫议论（即论证），你提出一个意见或主张，我站起来反驳或者提出代替性方案，这种莫衷一是的会话状态就是议论的开端”。可见，没有对立就没有论证。既然这种“对立”意味着命题或结论之间的对立，如果没有这种对立的“命题或结论”，那就没有真正意义上的法律论证。因此，是否真正具有“对立性”，这是判定论题质量的实质标准，也是判定法律论证真与假的试金石；既然法律论证是一种对话，它导因于言说者之间的分歧，那么，法律论证将是“一体两面”的：既要“立”又要“破”，否则将难以完成使命。

在司法实践中，就大量的“常规案件”而言，不仅事实清楚，而且事实与规范的对应关系十分清晰，对之只要按司法的三段论推理就可轻松得出结论，人们也不存在什么异议或争议。其余案件，要么是法律规范的意思无法准确把握，要么是案件事实找不到相对应的法律规范，对这类案件的法律处断，则人言各异，歧义纷呈。在此情形下，任何一种决断的确立，都必须经过充分论证，才能具有说服力。因此，自哈特提出“简易案件”与“疑难案件”的区分以来，人们一般认为，法律论证活动主要存在于疑难案件中，它本质上属于一种“难题思维”。

（二）主体

法律论证不是“独语”而是“对话”，具有“主体间性”，是论者通过“商谈”试图说服听众的过程。只有当论证者成功地使他面对的听众接受了其主张时，该论证才是有效的。因此，“论者”与“听众”构成了法律论证理论的两个重要主体。

1. 论者。亦称言说者，是指提出某个意见或主张并试图说服他人的人。由于只有理性的对话、商谈才能形成真正意义上的“共识”，而理性对话、商谈的进行必然要求参与这种对话、交流的人应当是理性的，这是“论者”必须具备的所谓“交往资质”，也是语言沟通得以成立的最基本的条件。为此，要求每个言说者遵守真诚性规则，即必须真诚地愿以合理方式解决争议而且当自己的观点被证明是错误的时，必须接受；当他人的观点被成功辩护时，能够承认。因此，就具有“交往资质”的论者而言：“对某一论点未能成功辩护必然导致提出该论点的一方收回论点；同时，另一方对其论点的最终辩护，也必然导致对方收回他对论点的质疑。”

2. 听众。根据佩雷尔曼等人的界定，这里的“听众”，泛指“言说者”在论证过程中企图影响的人。从性质上讲，既包括现实的听众也包括想象的听众；从层次上讲，可以分为三类：第一，所有的人，即普通听众；第二，参与争论的人，即特殊听众；第三，言说者自己。由于普通听众是指所有正常的、有理性的成年人，所以，某一命题若能受到普通听众的接受与认同，当然属于论证的最高层次。但是，普通听众只不过是一个理想，只是言说者在自己经验上的一个建构而已。比如，当其言说无法获得所有人认同时，则将信服者视为精英听众并进而视为“正常的、有理性的所有成年人”，而将不信服者视为异类并排斥在言说对象之外。特殊听众又称单一听众，此类听众与普通听众的不同之处在于：其有机会提出质疑和反对意见。所以与特殊听众的对话所达成的共识更具有说服力。当然,如果论证者想要说服他人,首先得说服自己。其他听众不会接受连言说者自己都不相信的建议。因此"任何一个言说者只许主张其本人所相信的东西"也就当然成为论者应遵守的"诚实性规则"。应当强调的是,言说者将自己当作听众的这一"思考"活动,其实是个人内心进行的思辨过程,而说服特殊听众乃至普通听众,只不过是这一内心思辨的外化与展开而已。

(三)"共识"

"共识"被分为"实在性"共识和"好恶性"共识两大类。前者主要包括事实、真理与推定。其中,为普通听众都认同的事实与真理,因其具有较高接受程度,一般无须再强化论证。不过,当出现以下两种事态时则应进行论证:一是听众开始对之产生合理怀疑时;二是原有听众人数增加,且新增听众具有判别能力、不再认同原有听众的"固有认同"时。

"推定"与前两者有所不同,作为基于人类对既有现状的惯性心理依赖而存在的一种共识,在必要时需要用论证加以强化。后者主要包括价值判断及层级观念等。价值判断能为某种行为提供理由。价值分为抽象价值和具体价值。前者针对的是并非客观存在的、不特定性的问题;后者针对的是业已具体存在的特定事物。抽象价值具有更大的包容性,故在强调社会变革问题的论证时,多以抽象价值作为论证的出发点;反之,当强调维持现状时,多以具体价值为论证的出发点。层次观念是以价值为基础的体系化观念,它包容多元价值,因而易于被不同的特定听众所接受。当然,具体到法律问题的论证中,"出发点包括(制定法和国际条约等规定的)法律规则、一般法律原则、法律教义命题等"。

总之,"共识"是论者与"听众"共有的一致性认识。要对听众进行有效的说服,就必须先适应特定的听众,接受其业已形成并存续的特定理念及预设立场。否则,论证活动就没有可资展开的平台。

作为法律论证出发点的"已有共识"仅仅是一种初期共识。借助论证程序及相关规则,并通过不同层面的交涉和商谈,将一段段、一节节的沟通过程加以衔接、递进,进而达到不断说服听众,使之接受论者提出的主张之目标。如果是这样,则意味着最终达成了新的"共识"。就沟通过程而言,每个步骤都对应着一个由质疑方或批评者提出的问题:你的主张有何理由?你如何证明从理由到主张的步骤?该步骤确实是一个将要进行的可靠步骤吗?你的主张有多大证明力?推翻这种论述的可能性如何?在图尔敏看来,就所有法律问题的论证而言,一一回应并证立这些问题,从形式上讲具有"场域永恒性"。

当然,由于共识的达成,多半只能在涉及很抽象的问题时才有可能;问题越具体,越不能达成共识。因此,一方面,从已有"共识"越往前推进,论证的难度越是加大;另一方面,正如罗尔斯所言,"当人们对具有较低普遍性认识的原则失去共识时,抽象化就是一种继续公共讨论的方式。我们应当认识到,冲突越深,抽象化的层次就应当越高;我们必须通过提升抽象化的层次来获取一种对于冲突根源的清晰而完整的认识"。

(四)规则

1. 论题明确性规则。任何一方不得使用不够明确的或者模棱两可的表达方式,并且要尽量仔细、准确地解释对方的表达方式。

2. 不矛盾规则。任何一个言说者均不得自相矛盾。

3. 同一性规则。不同的言说者不许用不同的意义来作相同的表达。

4. 平等、自由、论辩规则。任何一个能够言说者均可以参加言说；任何人均可以对任何主张提出质疑；任何人均可以在言说中提出任何主张，均可以表达其态度、愿望与需求；任何言说者在行使上述权利时均不受"言说"内外的任何强制。

5. 证立义务规则。任何一个言说者，必须应他人的请求就其所主张的内容加以证立，除非他能举出理由证明自己有权拒绝给出证立。

6. 相关性论辩规则。攻击某个论点必须与对方实际已经提出的论点相关；一方只有提出与论点相关的论证，才能对其论点进行辩护。

7. 普遍性规则。任何一个言说者，当他将谓词 A 应运于对象 a 时，也必须能将 A 应用于所有相关点与 a 相同的其他任一个对象上；任何提出规范性陈述的人，必须假设当其置身于当事人之处境时，也能够接受此命题预设规则所造成的利益变动的结果（换位思考规则）；任何规则造成的对他人利益变动的结果必须能为所有人接受。

（五）责任

论证责任，亦称论证负担，是指论者对听众所应承担的论证及说服责任。这意味着，如果论者不能就该问题进行有效论证与成功说服，那么将承担该主张不能被证立的效果。论证负担的分配，其理论基础是惯性原理。所谓"惯性"，是指假定在没有反证的情况下，原本所有的态度（亦即表现出来的意见以及所喜好的行为）因为对于一致性的期待，或是来自习惯性的强制而使其在未来得以延续。"惯性原理的意思是说：过去一度被承认的观点，若没有足够的理由则不可加以抛弃。"这一原则的实质在于"同样问题同样对待"的平等精神。但凡试图对同样情况进行区别对待的人，必须为此进行证立。

因此，论证责任的分配规则包括：(1)论证责任归于批评通行状况并试图有所变化的人；(2)任何提出将某人 A 与某人 B 区别对待者，必须对这样做的理由进行证立；(3)对自己的命题或立场提出证立的人，只有在其证立被质疑时，才必须提出另外的证立；(4)提出与证立无关或没有任何证明力的命题或主张者，有责任说明为何使用这样的证立（禁止转移论题原则）。

总之，一方面，为了适当减轻论证负担，不需要对一切问题都进行证立；另一方面，"只有改变者才需证成"的规则绝不意味着"凡现实存在的东西应保持不变"；它只是禁止漫无边际地怀疑，只是说："谁要是怀疑什么或批评什么，则必须告知其怀疑或批评的理由。"若不遵循这一原理，论证活动便不可能理性进行。

（六）结果

法律论证追求的是特定背景下对法律问题决断的可接受性。这种可接受性就是法律论证的结果。应当强调指出，这种"可接受性"并非绝对意义上的真理，它只是一种相对的合理性。法律论证之所以具有相对合理性，导因于诸多复杂因素：

1. 历史因素，即任何一种法律论证的合理性都只是特定历史时代的合理性，不可能是被任何一个时代共同接受的、具有永久合理性的法律论证。

2. 文化因素,即任何法律论证都是在特定的文化环境中进行的,文化之间的差异性,使人们在以“彼”文化的眼光来打量“此”文化中法律论证的合理性时,往往发现其合理性是有限的,甚至其“合理性”干脆就是不合理。

3. 个体因素,即法律论证是由一个个活生生的不同个体带着各自不同的“前见”进行的,不仅每个个体的认识能力非常有限,而且其知识观念也在不断变化着。因此,所有的法律论证就不能不带有“暂时性”的特征,亦不可能是一种最终的证立。

4. 法律自身的因素,即法律自身并非像人们长期以来所预想的那样具有确定性,事实上其运行中具有诸多不确定的因素均在起作用。

因此,法律具有不确定性,这种不确定性必然导致法律论证的相对合理性。正因为法律论证只具有相对合理性,所以,在法律问题上并不存在绝对正确、一成不变的所谓“正确答案”。唯一存在的只是能为“主体间”所接受的答案,而且这个答案还必须经得起人们的反复追问。从这个意义上讲,如果说法律论证理论具有“不能保证获得一个最终结果”的固有“缺陷”的话,那么,这个“缺陷”正是该理论的特性所在。

第三节 法律论证的司法过程

考察法律论证在司法过程中的作用,关键是要弄清法律论证的对象是什么?法律论证的目的是什么?阿列克西的法律论证理论只是给我们提供了一个操作模型,在具体的运用之中,如何发挥作用,具有多大的现实意义?至于对于一个案件如何审判,应该遵循一个什么样的程序?该理论并不能提供具体的指引。

需要注意的是,我们这里所讲的程序与审判程序有所不同,这里讲的程序是一系列的论证程序。如果简单地把司法过程分作发现过程和证立过程两个阶段的话,更便于理解法律论证理论。不管法官的裁判过程是怎样的,他都需要对自己的判决进行说理论证。法官作出每一个判决都需要达到一定的目的,是追求个案公正,还是追求社会公正?法官需要说服的对象是谁,是双方当事人,还是社会公众?

阿列克西的法律论证理论将法律论证分为内部论证和外部论证两个层次,从对他的理论介绍过程中我们可以发现,外部证立为内部证立提供论证对象,内部证立为法律发现提供指导。也就是说,内部证成解决的是大规则的如何合理利用问题,外部证成解决的是规则是否成立的问题。

外部证立和法律发现过程紧密联系,外部证成是法律发现的必然要求,因为在法律发现的过程中,可能会出现大量的法源,这些法源,相互之间一方面可能一致,但另一方面也存在冲突。这就需要法官进行选择和甄别,但同时也需要法官对自己为什么这样选择作出论证。在前面谈到外部证立的时候,我们也提到,外部证立主要分为三方面的内容:实在法规则、经验性命题、既非实在法规则又非经验性命题的内容。第三种形式实际上是指在没有法律规定的情况下,或者是在法律规定不明确的情况下,如何解决命题的合法性。也就是我们通常所说的在疑难案件中如何对发现的法律进行论证。阿列克西在谈到外部证成时,作了六种划分,不同的形式将采用不同的论证规则和形式。在有关判例问题的适用上,阿列克西指出有两个重要原则:一个是可普遍化原则,另一个是论证负担规则。现在我们通过探讨案例来加以认识。

1973 年 10 月 19 日下午 4 时左右,麦克洛克林和 4 个小孩在英格兰的一次汽车事故中受伤。麦克洛克林夫人于 6 时左右在家中从一位邻居口中得知这一事故,便立刻前往医院,她在医院里得知女儿死亡并且看到丈夫和其他三个孩子受重伤。她在精神上受到沉重的打击,随后控告由于疏忽大意而酿成事故的司机,并对在不同方面涉及事故的其他当事人也进行控告,要求精神损害赔偿。

她的律师指出,英国法院以前有好几次判决给予由于看见其近亲重伤而在精神上受到刺激的人以精神损害赔偿。但在所有这些案件中,原告不是在事故现场,就是在事故发生后几分钟内就赶到事故现场的(如在 1972 年的一个案件中,一位妻子因受到精神损害而获得赔偿金,因为她是在丈夫丧命后立即赶到其尸体旁边的。1967 年,一位与火车撞车事故受害者并无任何关系的男子连续几小时工作,力图抢救受害者,精神上也经历了这种情况而受到严重的刺激,他获准得到精神损害赔偿金)。因此她的律师就援引这些案例作为先例,要求获得赔偿金。

但是法院的判决并没有支持原告的主张,初审法院的法官认为,先例和本案是有区别的,因为其他人是在遇难者现场而受到刺激,而本案麦克洛克林夫人所遭受的精神刺激是在发生事故两小时后现场外的另一地方,所以这种精神损害赔偿已经超出了被告的合理预见。

原告不服,提出上诉,上诉法院驳回起诉,维持原判,但上诉法院不是根据初审法官的论证认为原告所受到的精神损害超出合理的预见,而是认为政策的缘故,如果作出赔偿会带来一系列的问题,比如会造成此类案件的增多,社会保险成本的增大等危险。原告不服上诉判决,又向上议院提起上诉,上院推翻了上诉法院的判决,要求重新审理此案。虽然上议院的法官作出了一致的判决,但是他们的理由不相一致,有的支持上诉法院的理由,有的支持初审法院的判决理由。

分析上述案例会发现,本案主要存在两个方面的问题:一个是能否适用先例?另一个是如果不适用先例,如何进行论证?当然在论证不适用先例时,又会出现一些新的命题需要论证。

根据阿列克西所提出的判例论证所适用的两个原则,我们首先可以确定,由于原告方律师找出了几例与本案类似的几个先例来支持自己的主张,因此法官不能忽视这些先例,因为在普通法中的首要原则就是"先例拘束原则",但是在本案中法官作出的判决是偏离先例的,由此他必须承担论证责任。

在论证过程中,他需要运用偏离技术,并且要提出偏离理由。一个先例是否适用本案,可以运用两种技术:一种是区别先例与本例的异同,另一种是推翻先例。在本案中,法官采用的是本案与先例的区别技术,论证先例与本案的异同。我们首先看初审法院的判决理由,法官指出先例与本案的一个重要区别是,本案中受害人所遭受的精神损害超出了肇事人的合理预见。这实际上又提出了一个需要论证的新的命题,即什么是合理预见?这个命题是在内部证成的过程中提出来的。因为内部证成和外部证成之间的关系相辅相成,互相补充,并没有绝对的先后。外部证成保证内部证成的合法性,内部证成为外部证成提供论证的对象。

根据前述内部证成的理论先找出本案中一一对应的关系,R:发生先例所规定的精神损害事实,应当赔偿;T:规则所规定的案件事实,即符合先例要求的案件;S:本案所发生的事实;a:具体的案件当事人,肇事司机与受害者麦克洛克林夫人。

于是可以图式如下:

1. (x)　(Tx→ORx)

T 为这样一个规范性事实,即发生了 R 所要求的事件,也就是引起精神损害赔偿的事件。内部证成的关键就是看 S 与 T 是否相一致。如果一致,则 S 也适用规则 R。这是论证所要达到的最终目的。我们将逐步展开分析 S 与 T 的异同。

2. (x)　(M1x→Tx)

M1:类似 T 的事件发生。车祸发生以后,受害人的亲属在很短的时间内到达案发地点,并且亲眼看到事故现场,很明显,受害人的亲属精神受到伤害。这一阶段主要是论证 M1 与 T 是否属于类似案件。需要论证的是什么是精神损害?

3. (x)　(M2x→M1x)

M2:该事件使受害人的亲属遭受到精神损害,但该损害是否是肇事者能够合理预见的。这里需要论证的命题是,什么是合理预见的精神损害,它是如何界定的?

4. (x)　(Sx · M2x)

在这一阶段,需要论证 Sx 是否与 M2 相符。现在麦克洛克林夫人的丈夫和孩子发生车祸,受到重伤。可以看出该案与先例有一定的相似之处,但是否适用先例呢?这就需要我们论证本案与先例的相似性。对照先例与本案,我们发现,在本案中,麦克洛克林夫人是在案发两个小时以后,并且没有到达事故的现场,她的精神损害,对于肇事者讲,能否构成合理预见。如果不符合合理预见的构成要件,那么本案就不能适用先例。法官通过分析认为本案与先例是有区别的,因为本案造成受害人精神损害所发生的时间和地点皆不相同,对此超出了肇事人的合理预见。因此 Sx 不能适用 Tx。

5. ORa

所以本案不能适用先例中的规则。

从上述图式我们可以看出,在 2 中,先例中精神损害发生的时间及地点,需要论证的是精神损害的判断标准。在 3 中提出什么样的精神损害是合理预见的。合理预见的判断标准是什么?4 根据 2、3 确立的标准,本案中麦克洛克林夫人与先例中受害人遭受的精神损害是不同的。所以得出 5——本案不能适用先例。

通过以上分析,我们发现,在内部证成细化的逻辑过程中,层层提出新的命题,如果这些命题通过外部证成取得合法性，那么，由此得出的结论也必然会得到广泛的认可。关于什么是精神损害及其判断标准，这是一个经验性命题。可以通过经验性命题的论证方式达成一致。合理预见是普通法中的一个原则，是指当事人只对自己所能合理预见到的损失负责。当然，在上述的判断标准中，会涉及采用主观说、客观说，还是主客观结合说，但是这些问题是可以通过符合言说规则的辩论程序达成一致意见的。因为精神损害和合理预见通过过渡规则可以转入理论上的论辩，可以转入语言分析的论辩。这样，只要遵循论辩理论的程序和要求，就容易形成一个广泛接受的标准。双方当事人在法官的引导下，对于在内部证成中所导出的命题提出自己的观点，双方在论辩中逐渐达成一致的意见。这样一来，法官作出的判决也就能够得到认可，获得合法性。

课后作业

一、关键词解释

1. 法律论证
2. 明希豪森困境
3. 主体间性
4. 内部与外部论证
5. 有效性、可接受性与融贯性（“正确性”）
6. 符合真理观与共识真理观

二、选择题

1. 保障法律论证效力的标准包括(　　)

A. 真理性　　B. 有效性　　C. 可接受性　　D. 融贯性

2. 法理论证的规则不包括(　　)

A. 明确　　B. 不矛盾　　C. 普遍　　D. 单向

3. 下列关于法律论证的论述哪些是不正确的？(　　)

A. 法律论证是一项通过言说论辩进行的法律正当化活动

B. 法律论证是形式逻辑推理在法律中的一种应用，是“真与假”的判断

C. 法律论证是一种与司法裁判性质相吻合的实践

D. 法律论证不包含法律解释、法律推理等其他法律方法论

4. 下列哪一种要素不属于法律论证的问题？(　　)

A.“论者”　　B.“听众”　　C.“共识”　　D.“权利”

5. 关于法律论证中的内部证成和外部证成，下列哪些选项是错误的？(　　)

A. 法律论证中的内部证成和外部证成之间的区别表现为：内部证成是针对案件事实问题进行的论证，外部证成是针对法律规范问题进行的论证

B. 无论内部证成还是外部证成都不解决法律决定的前提是否正确的问题

C. 内部证成主要使用演绎方法,外部证成主要使用归纳方法

D. 无论内部证成还是外部证成都离不开支持性理由和推理规则

三、材料论述题

[**材料**]

被告成都航天中学系"企办民助"办学体制的事业单位,原告向某2006年从该校毕业并升入北京大学生命科学学院。2008年,被告通过翻拍其保存的2006级2班毕业合影照制作出原告个人头像照片并在某报有关本校招生的专版中使用;2009年4月,被告又在航天中学网站相关网页使用原告个人头像;此外,被告还在学校门外的《航天中学部分精英学子风采》宣传橱窗中使用原告及其他升入北大、清华的航天中学学子照片。被告使用原告肖像的行为一直处于延续状态。原告认为被告未经本人同意将原告的肖像多次多处用于其效益丰厚的招生宣传,严重地侵犯了原告的肖像权,遂于2009年7月向法院起诉,请求判令被告停止侵害、公开赔礼道歉并赔偿精神损失。被告认为使用原告肖像的目的是激励更多的学生努力学习,鞭策原告珍视荣誉并向更高的目标迈进,是对社会有益的行为,并不是以营利为目的,故不构成侵犯名誉权。

[**要求**]认真阅读材料,利用自己学过的民法知识,并结合本章内容,回答下列问题:

1. 假设你是审理本案的法官,你觉得本案原告是否构成侵权?请写出你的法律论证过程,并列出你使用的法律论证的"共识"。

2. 假设你是被告的律师,你将如何构建一个法律论证来证成侵权的理由?

3. 在本案中,法律论证的方向有哪些?

课后参阅论文

1. 焦宝乾:《法律论证的几个基本理论问题》,载《比较法学》2005年第6期。
2. 冉杰:《法律论证理论述评》,载《法律科学》2010年第5期。
3. 雷磊:《法律论证中的权威与正确性》,载《法律科学》2014年第2期。
4. 徐梦醒:《法律论证的推论规则》,载《政法论丛》2015年第2期。
5. 杨洪:《司法论证的逻辑结构与可能——以阿列克西法律论证理论为例》,载《法学》2016年第4期。
6. 王彬:《法律论证的伦理学立场——以代孕纠纷案为中心》,载《法商研究》2016年第1期。
7. 王夏昊:《德沃金司法裁判方案的重构与批判——以法律论证理论为基础》,载《政法论坛》2017年第3期。
8. 彭中礼:《法律论证中的数学方法》,载《政法论坛》2017年第5期。
9. 赵雷:《社会科学与法律论证》,载《山东大学学报(哲学社会科学版)》2018年第5期。

10. 杜文静、蔡会明:《法律论证的人工智能模式》,载《上海政法学院学报(法治论丛)》2019年第1期。

延伸阅读

阿列克西通过程序性的技术为正确性要求提供某种理性的(可靠的、可普遍化的或可以普遍接受的)基础,并试图在其设定的限度内于普遍实践论辩和法律论证领域走出"明希豪森困境"。"法律论辩"是"普遍实践论辩"的特殊情形,因此法律论证理论应当建立在普遍实践论证理论的基础之上。阿列克西正是基于这个思路来一步一步构建其法律论证理论的。可参阅罗伯特·阿列克西的《法律论证理论:作为法律证立理论的理性论辩理论》(舒国滢译,商务印书馆2020年版)。

同时,诺伊曼将上述论证引入到法哲学领域,提出作为一名法律人,其论证都不可避免地是在特定的法律概念之背景下进行的。换句话说,任何法律论证的开展都需立足于特定的法哲学立场。可参阅乌尔弗里德·诺伊曼的《法律论证学》(张青波译,法律出版社2014年版)。

第四编　法律社会论

第十四章　法律与社会

知识结构图

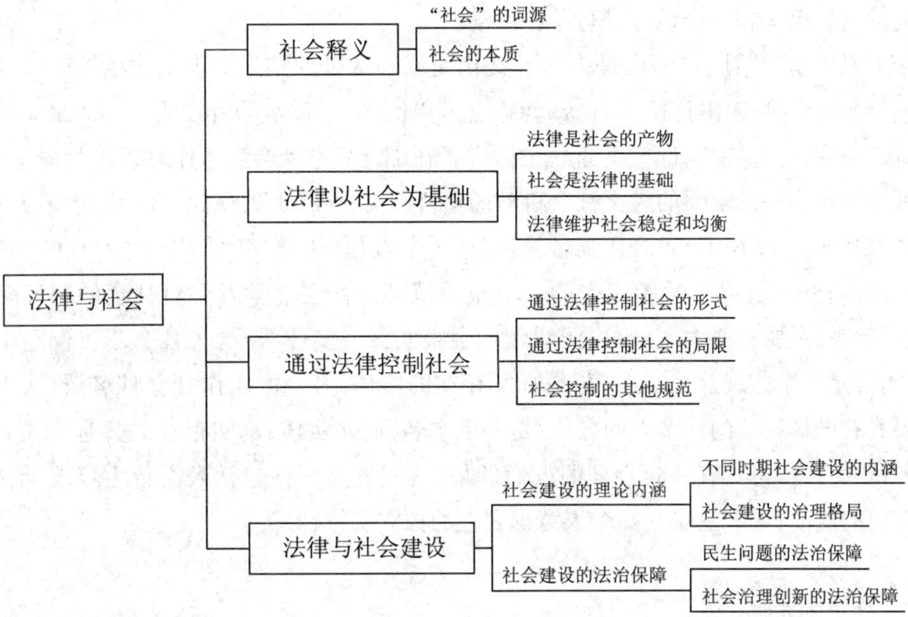

第一节 社会释义

一、"社会"的词源

"社会"一词在中国出现得很早。如《孝经·纬》上便有所谓"社,土地之主也,土地阔不可尽孝,故封土为社,以报功也"。这里的"社"是用来祭神的一块地方。《旧唐书·玄宗本纪上》中记载:"礼部奏请千秋节休假三日,及村间社会";《二程全书》中也载有"乡民为社会"。所谓"社会"意为村民集会。中国古时的"社",也指志同道合者集会之场所,如"文社""诗社"等;有时还指一种地区单位,如"二十五家为社"。"会"则为"聚集"之意。因此,两词连用,就表示在民间在一定地方举行的演艺集会、祭神庆祝活动;或者指许多人为了一个共同的目的聚集在一个地方进行某种活动。

今天汉语里的"社会"一词是中西方文化交流和融合的结果。英语中的"society"和法语中的"societe",均源出自拉丁语"socius",意为"伙伴"。日本学者在明治年间最先将英文"society"一词译为汉字"社会"。近代中国学者在翻译日本社会学著作时袭用此词。

社会学作为一门重要的人文社会科学的学科门类,兴起于近现代。19 世纪 30 年代,法国哲学家孔德(August Comte)在其名著《实证哲学教程》中第一次使用了"社会学"这个名词。从此,"社会"便成为学者研究的一个重要范畴。社会学学者们对社会的解释多种多样,概括起来,主要有两大派别:一派叫作社会唯实派或实体派,认为社会不仅仅是个人的集合,而且是一个客观存在的东西,是真实存在的实体;另一派叫作社会唯名派,认为社会是代表具有同样特征的许多人的名称,是一个空名,而非实体,真实存在的只是个人。还有的学者认为,社会是具有共同心理的人们的集合;或者是一种包括人类行为习惯、情操、民俗等在内的遗产;或者是建立在个人意识之上的独立实体,等等。

二、社会的本质

人的本质是一切社会关系的总和,社会是人们交互作用的产物。正如马克思所说:"因为只有在社会中,自然界对人来说才是人与人联系的纽带,才是他为别人的存在和别人为他的存在,只有在社会中,自然界才是人自己的人的存在的基础,才是人的现实的生活要素。只有在社会中,人的自然的存在对他来说才是自己的人的存在,并且自然界对他来说才成为人。"[1]社会确是由一群人所组成的,但这群人中存在一种相互关系,即社会关系。社会关系乃是由各种社会活动所形成的;没有社会活动,没有人们之间的交往,便没有社会。同时,人们的交往首先是在生产、分配和交换过程中的经济交往,社会存在和人们一切活动的基础以及社会同动物群体的根本区别就是人们进行的物质资料的生产活动。社会

---

〔1〕《马克思恩格斯全集》(第 3 卷),人民出版社 2002 年版,第 301 页。

是以共同的物质生活为基础而相互联系的人类生活共同体，是人们相互作用的结果。

人类要从事政治、法律、文学、艺术、宗教、科技等活动，首先就必须能够维持生存。人要生存，就必须进行物质资料的生产和再生产，这样，人们必须通过使用劳动工具去改造世界。人类的这种改造自然的能力，就是社会生产力。同时，人们在物质资料生产和再生产过程中，除了要同自然界发生联系外，他们彼此之间也会形成各种各样的社会联系，这就是生产关系。这些生产关系的总和，就构成所谓社会。生产力和生产关系的这两方面的有机统一，构成一定的社会生产方式，在这之中，生产力决定生产关系、生产关系对生产力有反作用，生产力的发展会推动和促进生产关系的发展和更替；所以，生产力和生产关系的矛盾运动是社会发展和变革的根本原因。在构成生产方式的这两个方面中，生产力是最活跃的因素，所以它的发展对社会形态的变革和发展也起着最后的决定作用；生产力发展到一定的阶段，必然要引起生产关系的变革，从而引起整个社会的政治法律制度、意识形态的变革。但是，特定社会的政治法律制度和意识形态的性质，并不取决于生产力的状况，而是取决于生产关系的性质。

法律与社会的关系问题，既是法律社会学研究的一个重要问题，也是法理学研究的主要领域。正如要认识故乡，就必须离开故乡，到更广阔的天地中去；要认清地球，就必须离开地球，到更浩瀚的宇宙空间。法学前辈陈守一先生曾指出："学习法律，从法律本身来理解法律是很难的，就法律来理解法律，结果是理解不了法律的。"〔2〕从这个意义上讲，法之理在法外。诚所谓"不识庐山真面目，只缘身在此山中"。认识法律，必先认识社会；掌握了法律，才能掌握世界。

第二节　法律以社会为基础

社会是由各种相互联系、相互作用的因素所构成的复合体，包括经济、政治、文化等社会领域以及法律、道德、宗教等社会规范。在这个复合体中，任何一个社会因素的变化，都会直接或间接地影响到社会整体的均衡和稳定。也就是说，社会生活的各个方面乃是密切联系的统一体，法律作为一种制度形态和一种规范体系，是与其他社会现象不可分割的。所谓"法律以社会为基础"，就包括法律的经济基础、政治基础、文化基础和道德基础，甚至宗教基础，等等。这些都是"法律社会论"这一大课题中的题中应有之义。

一、法律是社会的产物

社会性质决定法律性质，社会物质生活条件在最终意义上决定着法律的本质。不同的社会有不同的法律。即使是同一性质的社会，在其不同的发展阶段上，法律的内容、特点和

---

〔2〕 陈守一：《法学研究与法学教育论》，北京大学出版社1996年版，第200页。

表现形式也往往不尽相同。正如瞿同祖先生所指出:“法律是社会产物,是社会制度之一,是社会规范之一。它与风俗习惯有密切的关系,它维护现存的制度和道德、伦理等价值观念,它反映某一时期、某一社会的社会结构,法律与社会的关系极为密切。因此,我们不能像分析法学派那样将法律看成一种孤立的存在,而忽略其与社会的关系。任何社会的法律都是为了维护并巩固其社会制度和社会秩序而制定的,只有充分了解产生某一种法律的社会背景,才能了解这些法律的意义和作用。”〔3〕例如,我国由传统社会向现代社会转型过程中,曾经发生三次革命性巨变。这三次历史性巨变深刻影响着20世纪中国法律制度和法律生活的变迁进程与发展走向,也催生了20世纪中国法律制度和法律生活的三次历史性变革:1911年辛亥革命的成功,引发了中国从封建专制主义法律向近代民主主义法律的历史转变;1949年中华人民共和国的成立,推动了中国由半封建半殖民地法律向新民主主义和社会主义法律的历史更替;1978年年底开始的改革开放,更使中国处于又一个伟大前程的起点,实现了由传统计划经济体制下的人治型法律,向现代市场经济体制下的法治型法律的历史性变革。中国当前正处于一个社会迅速变革的时期,这一伟大变革必然带来对于新的法律的巨大需求。

但是,法律也如上层建筑的其他组成部分一样,并不仅仅是消极地反映社会,而是对社会起着强大的反作用,或者对社会发展起促进作用,或者对社会发展起阻碍作用。“法律能够独立地(虽然总是在特定时空条件下)参与和影响社会进程。比如,没有法律就不会有在西方文明史上具有重大意义的城市的出现。同样,没有在所谓封建主义之下发展起来的财产法、契约法和宪法性法律等,后来所谓资本主义就是难以想象的。”〔4〕尤其在社会大变革的时代更能体现这一点。法律的使命即在于协调各种社会关系,其社会功能主要表现为对经济、政治、文化等社会领域的调整和规范功能。

二、社会是法律的基础

社会是法律的基础。如果认为法律是社会的基础,实质上就是强迫社会接受那些已经被这一社会生活条件及物质生产本身宣判为无效的法律,把法律看成永恒不变的东西。马克思说:“社会不是以法律为基础的。那是法学家们的幻想。相反地,法律应该以社会为基础。法律应该是社会共同的、由一定物质生产方式所产生的利益和需要的表现,而不是单个的个人恣意横行。”〔5〕马克思还以实例说明了这一基本的法学原理:“现在我手里拿着的这本拿破仑法典并没有创立现代的资产阶级社会。相反地,产生于十八世纪并在十九世纪继续发展的资产阶级社会,只是在这本法典中找到了它的法律的表现。这一法典一旦不再适应社会关系,它就会变成一叠不值钱的废纸。你们不能使旧法律成为新社会发展的基础,正像这些旧法律不能创立旧社会关系一样。”〔6〕

---

〔3〕 瞿同祖:《中国法律与中国社会》,中华书局2003年版,“导论”第1页。
〔4〕 梁治平:《书斋与社会之间》,法律出版社1998年版,第149页。
〔5〕《马克思恩格斯全集》(第6卷),人民出版社1961年版,第291~292页。
〔6〕《马克思恩格斯全集》(第6卷),人民出版社1961年版,第292页。

新的法律不可能产生于旧的社会基础之上，旧的法律也不可能长期在新的社会基础上生存。旧的法律是从旧的社会关系中产生的，它不可避免地要随着生活条件的变化而变化，也必然同旧的社会关系一起消亡，因此不能使旧的法律成为新社会发展的基础。如果保存那些属于前一个社会时代的、由已经消失或正在消失的社会利益的代表人物们所创立的法律，这种法律肯定会同新的社会共同利益发生矛盾，从而容易导致滥用国家权力、强迫大多数人的利益服从少数人利益的结果。法律以社会为基础的另外一层含义，就是由于国家以社会为基础，国家权力以社会力量为基础，所以，国家法以社会法为基础、“纸上的法”以“活法”为基础。

三、法律维护社会稳定和均衡

法律作为一种特殊的制度因素，具有维护整个社会系统稳定和均衡的特殊功能。特别是在现代社会里，法律以推动社会的全面发展为目的，它可以疏通社会关系、缓和各种社会冲突，由此在国内及国际社会现代化的进程中发挥其独特的作用。因此，法律的现代化与社会现代化问题紧密相关。法律现代化的一个重要基础，就是社会的多元结构基础。既然社会是一个复合体，那么，如果只有社会个别因素的现代化，还不能算是整个社会的现代化。社会现代化，实质上是国内与国际社会经济、政治、文化等领域的现代化以及道德、宗教和法律等社会规范的现代化。21 世纪乃是知识经济的世纪。随着高技术的发展，人类社会的普遍联系和依存关系日益加强，“全球化”社会问题日渐凸显。法律现代化是社会现代化的综合表现，又必然对社会现代化给予强大的推动和有力的保障。

总之，法律以社会为基础，不仅指法律的性质与功能决定于社会，而且还指法律变迁与社会发展的进程基本一致。

第三节　通过法律控制社会

整个世界由社会和自然构成。社会发展的方式一般有两种：一种是激烈的革命突变；另一种是平缓的改革渐进。“企图通过法律进行社会变革是现代世界的一个基本特点。”〔7〕法律功能及于整个社会，再由社会而及于自然，因此，法律推动社会变革的方式属于平缓的改革渐进。法律对社会生活日益发挥着强大的作用，有着巨大的社会功能。人类社会的许多方面都需要通过法律加以调整，以便使其融入以法律确认的社会关系和社会秩序中。改革，意味着变法，即试图通过法律的变革来推进社会发展。中外历史上不乏依靠法律维持秩序、统治国家之成功先例；未来一代的社会领导者，完全可以谋求用法律移风易俗，

〔7〕［美］弗里德曼：《法律制度——从社会科学角度观察》，李琼英、林欣译，中国政法大学出版社 1994 年版，第 323 页。

重新规划国家乃至人类的方向。法律在一定意义上具有历史功能,能够左右历史进程;法律既是对历史的记录,又是对未来的规划;通过法律可以改变历史,开辟历史,但如何具体发挥法律的这种历史功能,需要根据各国国情和时代特征设计出具体的方案。所谓法律"规划未来",也就是对人类社会进行控制。

"社会控制"一词是西方社会学的一个重要概念,20 世纪 60 年代以前在美国曾流行一时。所谓社会控制,在广义上是指使人们接受社会价值、原则或规范的全部过程,包括使人们社会化的所有措施;狭义上的社会控制则总是与异常行为相联系,是指人们如何确定异常行为并对异常行为做出反应。社会学家们往往把风俗、习惯、宗教、法律等视为社会控制的工具和实现社会和谐的手段。庞德把"社会控制"一词纳入了自己的理论体系;他不仅认为法律是"社会工程"的工具,而且认为法律是"自然秩序"的基础,是维护社会文明、对社会实行有效控制的一种高度的专门形式。

一、通过法律控制社会的形式

为什么必须通过法律对社会进行控制?在庞德看来,社会控制的目的在于其有可能为大多数人做更多的事情。法律通过调节社会上各种冲突的利益,以求满足人们最大的利益要求。庞德指出,只有通过科学的发展才能实现对外在自然的控制,保证人类过富裕的生活。而对人类本性的控制就要实行社会控制。实行社会控制的手段有三,即法律、道德和宗教。在法律出现伊始,这三者是很难分开的。但是,自 16 世纪以来,法律已逐渐成为社会控制的首要工具。社会的政治组织就随之成为主要的社会控制主体,它保持着一种对强力的垄断。社会控制首先表现为通过法律行使国家的职能。法律有赖于强力,没有强力就实现不了社会控制的职能,法律把强力的行使加以组织化、系统化。因此,所有其他的社会控制手段的行使只能从属于法律,并在法律确定的范围内行使。当然,法律作为社会控制的主要手段,仍需其他社会控制手段的配合。

法律控制社会,还表现为通过法律对社会机体的疾病进行治疗。正是在此意义上,人们往往将法学与医学相提并论,认为正如医学的任务是研究如何给人治病,法学的使命则在于诊断和治疗"社会病"。具体而言,就是运用法律解决经济、政治、文化、科技、道德以及宗教等方面的各种社会问题,由此实现法律价值,发挥法律功能。比如,作为社会细胞的家庭,一旦由于种种原因而出现了裂痕,这时就可通过法律的渠道对这个裂痕进行弥补,或者彻底地使那个已经无法继续存在下去的有病的家庭消失,而另行产生新的健康的社会细胞。又如,吏治腐败问题攸关国家政权的生死存亡,所以,吏治清明就是一个政治问题,必须及时地依靠法律控制加以解决,从而使人民拥有一个健康的政治生活。当今,中国建设法治国家,要求国家的政治生活、经济生活和社会生活的各个方面,实现科学立法、严格执法、公正司法、全民守法,促进国家治理体系和治理能力现代化。实行依法治国,要求国家的各项事业都逐步走上法治化的轨道,实现国家政治生活、经济生活、社会生活的法治化和规范化,使广大人民能够依照宪法和法律的规定,通过各种途径和形式参与管理国家,管理经济事业、文化事业,管理各种社会公共事务。

二、通过法律控制社会的局限

当然，法律毕竟不是万能的，法律万能论其实充其量只不过是一种法学神话。法律作为社会规范体系的一种，在任何时代都不会是包治百病、无所不能的，总是存在固有的缺陷或局限。

法律的局限性首先表现在：有些领域，法律不宜介入；有些情况，法律无力介入。对于这些领域和情况，法律的控制不是唯一的手段，或者说不是最佳的手段。如果一定要以法律进行控制，就可能导致社会成本过大，得不偿失，甚至造成法律的暴政。历史上不乏此类教训。如“秦法繁于秋荼，而网密于凝脂”[8]，结果招致天下仇怨。其次，法律的局限性还表现在每一个社会个体身上。“徒善不足以为政，徒法不能以自行。”[9]即使法律再完备，如果社会公众无动于衷，则法律仍旧游离于社会机体之外，难以发挥作用。当然，一个社会中不同地区、不同阶层的人对不同的法律认知程度及使用能力参差不齐，必定会使不同的法律在不同地区、不同阶层中有着不同的实现效果。所以，普及法律知识，提高全民法律意识，其意义绝不仅仅在于号召民众守法，更重要的还在于教育民众“用法”。人人都善于使用法律，法律的作用才能得以充分发挥。

影响法律局限性的社会因素，除了公众对法律的认知及其使用能力之外，尚有其他。如某一法律并非在任何情况下都能很好地实现，都能发挥积极的或建设性功能。这可能并非由于该法律本身有严重的内在矛盾，或者人们不会运用它，而可能是由于法律应有的功能因其所处人事或环境之变迁而有所差异或失效，故而其调整功能无法如预期的那样被实现。如梅因所言：“社会的需要和社会的意见常常是或多或少走在‘法律’的前面的。我们可能非常接近地达到它们之间缺口的接合处，但永远存在的趋向是要把这缺口重新打开来。”[10]为了使法律功能得以充分地发挥，法律与社会必须不断地相协调。

三、社会控制的其他规范

除了法律之外，还存在其他社会规范，即其他资源分配系统，诸如宗教、道德、政策等。为了有效地通过法律控制社会，就必须使法律与这些其他的资源分配系统进行配合。按照现代德国机能主义法学的观点，社会乃是由人们有秩序的交往所构成的规范世界。[11] 只有当规范支配着人们的交往时，也就是说，只有当规范成为人们行动的标准性解释模式时，社会才是真实的。正是规范使人和社会变得可以把握、可以理解。

总之，法律渗透于现代社会的各个角落，联结着现代社会的方方面面。正是通过与经济、政治和文化等社会领域，以及政策、道德、宗教等社会规范的互动，法律才能改造世界，维护人权，由此直接影响国家的发展进程，从而实现全方位的社会控制。

---

[8] 《后汉书·杜林传》。
[9] 《孟子·离娄上》。
[10] [英]梅因：《古代法》，沈景一译，商务印书馆1959年版，第15页。
[11] [德]格·雅科布斯：《行为·责任·刑法》，冯军译，中国政法大学出版社1997年版，第15页。

第四节　法律与社会建设

一、社会建设的理论内涵

在西方社会学的理论体系中,并无社会建设这一专门术语,但社会学这一学科创立的初旨,就是致力于维护社会秩序的稳定与和谐,确保社会整体的有序发展,如通过社会团结、社会整合等模式,解决欧洲18世纪以来工业化所导致的剧烈的社会变迁和社会冲突问题;在社会学的具体分支学科中,也包括像社会工作与社会政策学这样致力于研究社会福利与社会救济工作的学科。因此,通过社会建设实现社会秩序的重塑与改良,是社会学理论的应有之义。

(一)不同时期社会建设的内涵

19世纪末20世纪初期,随着西方社会学理论以及社会主义思潮在中国的传入和滥觞,在当时政学两界关于中国社会改造、社会变革的讨论中,就不乏社会建设的思想。明确的社会建设概念的提出,当属孙中山先生于1917年撰写的《民权初步(社会建设)》,但孙中山先生所理解的"社会建设"更多的是在通过集会、结社等政治权利的行使将"中国四万万之众"之民力进行整合的国族建构意义上使用的。1934年,著名社会学家孙本文在其撰写的《社会学原理》一书最后一章中设专节"社会建设与社会指导",在其开篇,即对"社会建设"加以界定:"依社会环境的需要与人民的愿望而从事的各种建设,谓之社会建设。社会建设的范围甚广,举凡关于人类共同生活及其安宁幸福等各种事业,皆属之"[12];孙本文还专门创立了《社会建设》的同名刊物。随着社会改良讨论的淡化和社会学学科传统的中断,社会建设这一概念也就淡出视野。

社会建设概念被重新提出和强调,是在2004年9月16日至19日举行的中国共产党第十六届中央委员会第四次全体会议上。十六届四中全会首次提出"构建社会主义和谐社会",并将加强社会建设作为构建和谐社会的重要途径。其后,党和国家将社会建设的理论内涵不断加以深化。2012年11月8日,在党的十八大报告中,更是在第七部分专门论述社会建设,强调:"加强社会建设,是社会和谐稳定的重要保证。必须从维护最广大人民根本利益的高度,加快健全基本公共服务体系,加强和创新社会管理,推动社会主义和谐社会建设。"十八大报告对于社会建设理论内涵的界定,主要是从两个方面着手:一方面,"加强社会建设,必须以保障和改善民生为重点。提高人民物质文化生活水平,是改革开放和社会主义现代化建设的根本目的"。另一方面,"加强社会建设,必须加快推进社会体制改革。要围绕构建中国特色社会主义社会管理体系,加快形成党委领导、政府负责、社会协同、公众参与、法治保障的社会管理体制,加快形成政府主导、覆盖城乡、可持续的基本公共服务

〔12〕　孙本文:《社会学原理》(下册),台北,商务印书馆1974年版,第244页。

体系,加快形成政社分开、权责明确、依法自治的现代社会组织体制,加快形成源头治理、动态管理、应急处置相结合的社会管理机制”。2014 年 10 月 23 日十八届四中全会通过的《中共中央关于全面推进依法治国若干重大问题的决定》强调,要“推进法治社会建设”,“推进多层次多领域依法治理。坚持系统治理、依法治理、综合治理、源头治理,提高社会治理法治化水平”。党的十九大把“法治国家、法治政府、法治社会基本建成”确立为到 2035 年基本实现社会主义现代化的重要目标,开启了新时代全面依法治国新征程。2020 年 12 月,中共中央印发了《法治社会建设实施纲要(2020—2025 年)》,指出:“法治社会是构筑法治国家的基础,法治社会建设是实现国家治理体系和治理能力现代化的重要组成部分。建设信仰法治、公平正义、保障权利、守法诚信、充满活力、和谐有序的社会主义法治社会,是增强人民群众获得感、幸福感、安全感的重要举措。”

社会建设和社会治理话语在当下中国的重新勃兴,是党和国家对改革开放以来我国所取得的成绩、不足的一种全面分析和总结,也是新的历史时期党和国家对于未来几十年总体任务的一种新的判断认识。当下中国社会建设话语的重新提出,体现着党和国家解决改革开放进程中的深层次矛盾的决心和意志,体现着我国在经济建设取得伟大成绩之后期冀实现社会全面发展、和谐有序的“中国梦”的更高追求。改革开放以来,中国在经济建设和市场化改革方面取得了巨大成功,经济总量不断增加,国民生活水平不断提高,但市场化改革一方面无法解决所有问题,另一方面也带来诸多新的问题,如教育、就业、社会保障、医疗等民生问题凸显,贫富差距被不断拉大等,上述问题不仅影响到未来中国经济可持续发展的动力,而且影响到整个中国社会的稳定与和谐。这也说明,经济建设无法替代社会建设,必须使经济建设与社会建设并重。如果说改革开放以来通过市场化改革我国的发展取得了巨大的经济成绩,那么在未来的几十年内必须在此基础上通过社会建设来促进社会和谐。

(二)社会建设的治理格局

加强社会建设,必须以保障和改善民生为重点。所谓民生,按照孙中山先生的说法,“可说民生就是人民的生活、社会的生存、国民的生计、群众的生命便是”。简言之,即关系到人民生活、生产、生计的诸多社会现实问题,如在当前,教育、就业、社会保障、医疗等即为广大人民群众密切相关、极为关注的民生话题。“社会——不管其形式如何——是什么呢?是人们交互活动的产物。人们能否自由选择某一社会形式呢?决不能。”[13]因此,一个社会的稳定与和谐,从根本上取决于作为社会主体的人的生活和发展问题的解决程度,也就是广大人民群众民生问题的解决程度。在民生问题中,教育意味着人作为一个社会主体的发展起点,就业是人作为社会主体生存的基本条件,分配直接关系到特定社会主体在社会关系中经济利益的获得与社会发展成果的共享程度,社会保障则是社会主体得以生存的最后屏障。因此,民生问题作为与人的生存、发展息息相关的社会问题,必然应当成为社会建设的出发点和落脚点。

---

〔13〕《马克思恩格斯选集》(第 4 卷),人民出版社 2012 年版,第 408 页。

加强社会建设,必须加快实现社会治理法治化。社会治理是人类社会永恒的话题,社会治理法治化的根本目的是维护社会秩序、促进社会和谐。中华人民共和国成立以来,党和国家在形成和发展适应我国国情的社会治理制度方面进行了长期的探索和实践;从总体上看,我国的社会治理与我国国情和社会主义制度总体上是适应的。但是,我们也应当清醒地看到,在当前中国社会变迁加速、社会矛盾凸显的情况下,社会治理领域还存在不少问题;经济体制改革的深入、社会利益格局的调整、思想文化观念的深刻变化,也给社会治理带来新的挑战。因此,我们必须认真研究社会治理,提高社会治理科学化水平。首先,在社会治理体制的总体布局上,既要充分发挥党和政府的领导与组织作用,又要充分调动广大人民群众的积极性和能动性、释放社会本身的活力;通过法治的有力保障,形成党委领导、政府负责、社会协同、公众参与、法治保障的社会治理体制,坚持和发展新时代"枫桥经验",加快形成共建共治共享的现代基层社会治理新格局。其次,社会建设的重心是社会成员民生问题的解决,民生问题从另外一个层面来讲也就是社会服务的供给问题,在利益分配日趋多元化的今天,社会服务供给的公平、及时尤为重要,必须加快形成政府主导、覆盖城乡、可持续的基本公共服务体系。再次,与强大的政治、经济力量相比,社会力量总体上仍呈相对薄弱的状态,培育社会组织的自治能力,引导社会组织健康有序发展,鼓励其在社会治理体制中承担更多的职责,进而形成政社分开、权责明确、依法自治的现代社会组织体制,是当前中国社会治理体制创新和社会建设的重要内容。最后,在社会矛盾凸显的今天,只有从源头抓起,才能充分化解社会矛盾、促进社会和谐,因此,必须形成源头治理、动态管理、应急处置相结合的社会治理机制。

二、社会建设的法治保障

在依法治国已经成为基本治国方略的今天,无论是经济建设、政治建设、文化建设、生态文明建设,还是社会建设,都必须纳入法治化的轨道;只有在法治的强有力保障下,社会建设才能真正落到实处。

(一)民生问题的法治保障

以民生问题这一社会建设的重中之重为例。解决民生问题,无疑需要多种社会调控机制的通力合作,如经济方式、行政方式,但如果仅仅依靠其他调控机制,而缺乏法治的有效监督与制约,则很难实现解决民生的初衷,甚至有可能成为腐败工程的温床,这在现实中已有不少事例可循。我们经常讲解决民生问题,第一要有制度的保障,而最坚实的制度保障,则莫过于法治的保障。民生问题从表面上看是一个社会、经济问题,但其实质则是一个典型的权利问题。党的十九届六中全会强调:"补齐民生保障短板,解决好人民群众急难愁盼问题是社会建设的紧迫任务。必须以保障和改善民生为重点加强社会建设,尽力而为、量力而行,一件事情接着一件事情办,一年接着一年干,在幼有所育、学有所教、劳有所得、病有所医、老有所养、住有所居、弱有所扶上持续用力,加强和创新社会治理,使人民获得感、幸福感、安全感更加充实、更有保障、更可持续。"[14]其中,"幼有所育""学有所教"对应教育权,"劳有所得"对应劳动权和取得报酬权,"病有所医"对应健康权和医疗权,"老有所养""弱有所扶"对应社会保障权,"住有所居"对应适度住房权,可以说涉及了《宪法》规定的公民基本权利中的多项重要内容,民生问题中的热点话题,如农民工问题、就业歧视问题,也可以在《宪法》所规定的平等权这项公民权利的首要权利面前获得保障。从某种意义上讲,权利,正是法治的要义所在,法治赋予了人民参政权、教育权、劳动与社会保障等广泛的基本权利,并通过立法、执法、司法等环节给予"民之生计"以全方位的保障;破解民生难题,离不开法治的深入,即通过法治保障民生、构建民生法治。民生法治,要求立法反映人民的意愿、代表人民的利益,充分体现"民之生计"。我国现行《宪法》明确规定:中华人民共和国的一切权力属于人民。《立法法》第5条也规定:立法应当体现人民的意志,发扬社会主义民主,保障人民通过多种途径参与立法活动。只有人民的意志、利益通过法律文件的方式确定下来,才是对民之生计最坚实、最庄重的保障。所以,必须坚持民主立法,通过听证、公众参与等法定程序确保人民在立法进程中的主体地位,并在立法体系中将民生问题、人民反映的热点、难点问题、与人民利益密切相关的问题放在更为突出的位置。当前,在具体立法方面,必须继续加强民主立法、民生立法,加大社会领域等关系到民生问题破解关键症结的领域的立法力度;同时,在涉及国计民生的重大法律法规的立法过程中,在提出法律草案和行政法规草案、地方性法规草案时,通过召开座谈会、论证会、听证会等多种形式,广泛听取各方面意见,增强民生立法的透明度和公众参与度。民生法治,要求行政机关依法行政,从而最大限度地保证民生政策能够真正落实和持续,以实现惠及民生的初衷。政府的权力来源于人民,服务于人民,而不得居于人民的利益之上。当前,在行政执法方面,需要进一步强调依法行政、执法为民。现实法律世界中的各项执法工作,都与民生问题息息相关,广大执法部门,着力解决人民最关心、最直接、最现实的利益问题,把为人民安居乐业提供有力的法治保障和法律服务作为自己的基本职责,从一系列具体法治实践出发,全面满足人民群众的民生需求;并通过行政诉讼、行政复议等法律手段,确保执法为民宗旨的实现。民生法治,要求司法给予公民权利以及时、有效的救济,从而维护权利、实现民生;如果公民的权利很难得到及时、有效的救济,则再美妙的权利设置也将流于形式、当然更谈不上对"民之生计"的落实和保障。在一定程度上,司法既是权利系统的最后防线,同时也是民众对权利法律体系信赖与否的一个重要标尺。当前,尤其需要继续发扬司法为民的光荣传统,深化司法改革,增强司法的公信力;通过司法这一法律实施的最后渠道,给予公民权利以最强有力的维护,进而最大限度地保障民生。

(二)社会治理创新的法治保障

社会治理创新,同样必须在宪法和法律的范围内进行,离不开法治的有力保障。法治,是我国的基本治国方略。现行《宪法》第2条规定:"人民依照法律规定,通过各种途径和形式,管理国家事务,管理经济和文化事业,管理社会事务。"社会治理创新,作为我国当前为

---

〔14〕《中共中央关于党的百年奋斗重大成就和历史经验的决议》,人民出版社2021年版,第47页。

推动社会建设而实现的治理体制的创新,也必须在法治化的轨道中进行。实际上,当前社会治理领域出现的很多矛盾,本身就是未能遵循法治化的路径所致,而也只有遵循法治化路径的社会治理创新,才能具有足够的权威性和长久的生命力。

首先,在社会治理体制的总体布局上,党的十九大报告把"法治保障"作为社会治理体制的五大要素之一,与"党委领导、政府负责、社会协同、公众参与"相并列,要求加强社会治理制度建设,完善党委领导、政府主导、社会协同、公众参与、法治保障的社会治理体制,打造全民共建共治共享的社会治理格局。这意味着对执政党、政府机关、社会组织、公众在社会治理体制中各自权限、职责的界定,意味着执政党必须依法执政、政府必须依法行政;而要充分发挥社会组织在社会治理体制和社会建设中的作用,就必须通过法律的方式保障社会组织的合法地位,形成政社分开、权责明确、依法自治的现代社会组织体制;同样,要想充分发挥广大人民群众参与社会治理的主动性和积极性,也必须通过法治保障公民的政治参与权、表达权、监督权等权利的行使。因此,只有通过法治化的社会治理模式,才能实现国家、政府、社会、公民之间的良性互动与社会秩序的稳定和谐。

其次,社会治理创新要求形成政府主导、覆盖城乡、可持续的基本公共服务体系。公共服务的提供是政府的法定职能,满足社会大多数人的公共服务需求也是政府存在的合法性基础,公共服务提供的平等化也是作为宪法首要基本权利之平等权的必然要求。因此,必须加大教育、医疗、社会保障等领域的立法,确保公民社会权利的平等享有,唯有如此,才能在利益表达日趋多元化的今天充分凝聚社会共识、促进社会稳定。

最后,社会治理创新要求形成政社分开、权责明确、依法自治的现代社会组织体制。"政社分开"即意味着对政府和社会组织的权力边界的法律界定,"权责明确"和"依法自治"则是通过法律的方式确定社会组织的权力与职责、保障社会组织的合法权益。现代社会是治理主体多元化的社会,社会组织在沟通国家与公民、提供公共服务中也起着重要作用。当前,我国社会组织尽管有了长足性发展,但关于社会组织的立法层次仍然偏低、立法内容也有诸多不完善之处。因此,要想充分发挥社会组织在公共服务提供和社会建设方面的作用,就必须加强社会组织法律体系的建立,为社会组织的健康有序发展提供强有力的法治保障。另外,在阶层分化和利益表达多元化已是不争事实的今天,要想从源头上化解社会矛盾,就必须建立起畅通的公民诉求表达、利益协调和权益保障的法律机制。必须充分保障广大人民群众的参与权、表达权、知情权、监督权;绝不能将公民正当行使自己的表达权与监督权视为社会不稳定因素,更不能通过压制甚至牺牲弱势群体的利益表达,来实现短期内、表面上的局部稳定,压着"火苗"酿成"火山"。[15] 所以,"源头治理、动态管理、应急处置相结合的社会治理机制"的形成,其关键在于公民合法的利益诉求表达机制的畅通和权益保护机制的完善;同时也必然要求国家机关在行使国家权力的过程中必须严格遵守宪法和法律。

---

〔15〕 付子堂:《论建构法治型社会管理模式》,载《法学论坛》2011 年第 2 期。

实践证明,在民生问题凸显、利益观念多元的今天,无论是改善、保障民生,还是化解社会矛盾、优化社会治理体制,法治都是最优选择。因此,只有树立法律至上、规则面前人人平等的法治思维,才能真正保障公民的基本权益和民生福祉,才能营造一个和谐、稳定的社会秩序,才能真正实现中华民族伟大复兴的"中国梦"。

课后作业

一、关键词解释

1. 社会

2. 社会控制

3. 法律的局限性

4. 社会建设

二、选择题

1. 第一次使用"社会学"这个名词的是(　　)

A. 庞德　　B. 康德　　C. 马克思　　D. 孔德

2. 马克思曾说:"社会不是以法律为基础,那是法学家的幻想。相反,法律应该以社会为基础。法律应该是社会共同的,由一定的物质生产方式所产生的利益和需要的表现,而不是单个人的恣意横行。"根据这段话所表达的马克思主义法学原理,下列哪一选项是正确的?(　　)

A. 强调法律以社会为基础,这是马克思主义法学与其他派别法学的根本区别

B. 法律在本质上是社会共同体意志的体现

C. 在任何社会,利益需要实际上都是法律内容的决定性因素

D. 特定时空下的特定国家的法律都是由一定的社会物质生活条件所决定的

3. 奥地利法学家埃利希在《法社会学原理》中指出:"在当代以及任何其他的时代,法的发展的重心既不在立法,也不在法学或司法判决,而在于社会本身。"关于这句话含义的阐释,下列哪一选项是错误的?(　　)

A. 法是社会的产物,也是时代的产物

B. 国家的法以社会的法为基础

C. 法的变迁受社会发展进程的影响

D. 任何时代,法只要以社会为基础,就可以脱离立法、法学和司法判决而独立发展

4. 下列有关法律与社会关系的表述何者为正确?(　　)

A. 宗教对于西方社会法律信仰的形成具有重要影响,为"法律至上"观念奠定了基础

B. "法律社会化"表明法律是市场经济的宏观调控手段

C. 凡属法律所调整的社会关系,则不一定为道德所调整

D. 生命科学的发展、器官移植技术的成熟对法律具有积极影响

5. 某国跨国甲公司发现中国乙公司申请注册的域名侵犯了甲公司的商标权,遂起诉要求乙公司撤销该域名注册。乙公司称,商标和域名是两个领域的完全不同的概念,网络域名的注册和使用均不属中国《商标法》的调整范围。法院认为,两国均为《巴黎公约》成员国,应当根据中国法律和该公约处理注册纠纷。法院同时认为,对驰名商标的权利保障应当扩展到网络空间,故乙公司的行为侵犯了甲公司的商标专用权。据此,下列表述正确的是(　　)

A. 法律应该以社会为基础,随着社会的发展而变化

B. 科技的发展影响法律的调整范围,而法律可以保障科技的发展

C. 国际条约可以作为我国法的渊源

D. 乙公司的辩称和法院的判断表明:法律决定的可预测性与可接受性之间存在一定的紧张关系

6. "社会的发展是法产生的社会根源。社会的发展,文明的进步,需要新的社会规范来解决社会资源有限与人的欲求无限之间的矛盾,解决社会冲突,分配社会资源,维持社会秩序。适应这种社会结构和社会需要,国家和法这一新的社会组织和社会规范就出现了。"关于这段话的理解,下列哪些选项是正确的?(　　)

A. 社会不是以法律为基础,相反,法律应以社会为基础

B. 法律的起源与社会发展的进程相一致

C. 马克思主义的法律观认为,法律产生的根本原因在于社会资源有限与人的欲求无限之间的矛盾

D. 解决社会冲突,分配社会资源,维持社会秩序属于法的规范作用

7. 关于贯彻依法治国理念的基本要求,下列哪一说法是不正确的?(　　)

A. 社会成员要知法、信法、守法、用法,这是依法治国方略实施的社会基础

B. 依法治国需要与我国不同发展阶段的主要实践结合起来

C. 实现依法治国的首要目的是运用法律手段加快解决公共卫生保障、文化教育、保障性住房等领域的现实问题

D. 依法治国要求领导干部善于运用法治思维和法治方式深化改革、推动发展、化解矛盾和维护稳定

三、材料论述题

[**材料**]

人,力不如牛,走不若马,而牛马为用,何也?曰:人能群,彼不能群。人何以能群?曰分。分何以能行?曰义。故义以分则和,和则一,一则多力,多力则强,强则胜物……故人生不能无群,群而无分则争,争则乱,乱则离,离则弱,弱则不能胜物。

[**材料来源**]《荀子·王制篇》

现在我手里拿着的这本《拿破仑法典》并没有创立现代的资产阶级社会。相反地,产生于十八世纪并在十九世纪继续发展的资产阶级社会,只是在这本法典中找到了它的法律的表现。这一法典一旦不再适应社会关系,它就会变成一叠不值钱的废纸。你们不能使旧法律成

为新社会发展的基础，正像这些旧法律不能创立旧社会关系一样。

[**材料来源**]《马克思恩格斯全集》（第6卷），人民出版社1961年版，第292页。

[**要求**]结合上述两段引文，试论"法律以社会为基础"的意义。

课后参阅论文

1. 付子堂：《转型时期中国的法律与社会论纲》，载《现代法学》2003年第2期。
2. 范愉：《新法律现实主义的勃兴与当代中国法学反思》，载《中国法学》2006年第4期。
3. 付子堂、常安：《民生法治论》，载《中国法学》2009年第6期。
4. 周尚君：《论法律社会学的知识传统——以关键人物为线索》，载《金陵法律评论》2010年春季卷。
5. 李猛：《"社会"的构成：自然法与现代社会理论的基础》，载《中国社会科学》2012年第10期。
6. 侯猛：《社科法学的传统与挑战》，载《法商研究》2014年第5期。
7. 景天魁：《中国社会学源流辨》，载《中国社会科学评价》2015年第2期。
8. 陆宇峰：《社会理论法学：定位、功能与前景》，载《清华法学》2017年第2期。
9. 丁晓东：《社会法概念反思：社会法的实用主义界定与核心命题》，载《环球法律评论》2021年第3期。
10. 叶静漪、李少文：《新时代中国社会治理法治化的理论创新》，载《中外法学》2021年第4期。

延伸阅读

费孝通先生一生实地调查和总结中国农村社会发展的各种模式，写下了诸多不朽篇章。《乡土中国》是学界公认的中国乡土社会传统文化和社会结构理论研究的代表作。另外，马克斯·韦伯以西方文明中法律观念与实践的日益"理性化"为线索，深入探讨了西方"法"的缘起与变化，详细阐明了法律与政治、经济、宗教等因素的关系，也即法律与现实社会中"人"的关系。此外，韦伯还采用比较方法分析法律"理性化"的在其他文明形态中的表现。米格代尔从方法论、国家社会关系模型、国家权力与妥协、国家人类学、国家的稳定性、个体变迁、发展与变迁的政治学等方面，重新界定了国家与社会的互动关系。对法律与社会关系的进一步理解，可参阅费孝通的《乡土中国》（人民出版社2008年版）、马克斯·韦伯的《法律社会学、非正当性的支配》（康乐、简惠美译，上海三联书店2021年版）以及米格代尔的《社会中的国家：国家与社会如何相互改变与相互构成》（李杨、郭一聪译，江苏人民出版社2013年版）。

第十五章　法律与经济

知识结构图

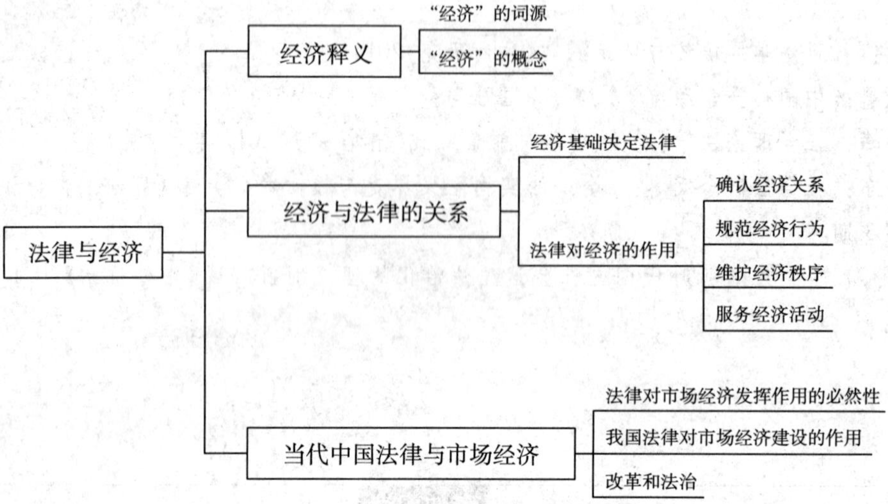

第一节　经济释义

一、"经济"的词源

汉语"经济"一词有两个词源:古代汉语和外文翻译。其中,古代汉语中的"经济"一词所具有的特定含义,现在已不常用。在现代汉语中,"经济"一词的意思来自外文翻译。

我国古籍《周易》中就有了"经""济"二字。公元4世纪初的东晋时代正式使用"经济"一词。据《晋书·纪瞻传》记述晋元帝司马睿褒奖纪瞻的诏书中说:"瞻忠亮雅正,识局经济。"《晋书·殷浩传》记载简文帝司马昱答书:"足下沈识淹长,思综通练,起而明之,足以经济。"《隋书·文中子·礼乐篇》里出现"经济之道"一说。唐代以后,"经济"一词用得渐多。杜甫《上水遣怀》诗中有:"古来经济才,何事独罕有。"宋有"经济之士,必先富其国"的名言。《宋史·王安石传》记载:"朱熹尝论安石,以文章节行高一世,而尤以道德经济为己任。"宋代以后,还出现了一些以"经济"命名的书,诸如宋代滕珙所编《经济文衡》,元朝李士瞻撰、其曾孙李仲辑的《经济文集》,清朝有《皇朝经济文编》等。清代以后,以"经济"命名的书籍逐步增多。综观"经济"一词的具体运用,其在中华传统文化中的本来意思都是"经世济民""经国济物",也就是治国平天下之意。与现代意义上的"经济"最相近的词汇,在我国古代是《尚书·洪范》的"食货"、《荀子》的"富国"、《史记》的"货殖"等。在外文翻译方面,中文"经济"的语源是日译西文。

古希腊色诺芬(Xennophon)著有《经济论》一书,希腊语中的原意是"家政管理"。由于古希腊奴隶制生产以家庭为单位,因此把组织管理奴隶制经济的各种问题都归为"家政管理"。亚里士多德论述了一些大多数人认为与经济学有关的问题,主要是关于如何管理家庭的。经院主义哲学家们探讨了有关经济行为的伦理问题。在现代早期,随着贸易和民族国家日益重要,"重商主义"哲学家和作家主要关注贸易平衡和货币管制。人们日益认识到国家财政管理的复杂性,认识到国家征税和行动的方式有可能影响财富的生产。不过,认为存在一种具有规律性的"经济"则是18世纪之后的事情,彼时人们发现了这种理念:存在待发现的规律,它们支配生产和分配消费品以及生产这些消费品的资源和工具之间复杂的交互集合。亚当·斯密在1776年发表《国民财富的性质和原因的研究》(简称《国富论》),他因此被称为经济学之父。[1]

"经济"一词在我国的现代意义是西学东渐的产物。如同其他诸多词汇,作为语词的"经济"在中国近代也发生了传统意义与现代意义的断裂。西方经济学自19世纪晚期在中国开始传播。"economics"最初被直接译到中国时,对应的中文词是"富国策""生计学""计学""理财学"等。首先用汉字"经济学"翻译"economics"的是日本人。日文"经济"有多重

---

〔1〕 林毅夫、付才辉:《新结构经济学导论》(上册),高等教育出版社2019年版,第52页。

意思,其中有来自汉语“经邦治国”之“经济”的含义,但作为一门“学”则是对西文的日译。日本人在翻译英文经济学一词时使用了汉字“经济”,中国人后来又把西文日译后的这个词“译”回了中国,成为现代汉语中“经济”一词的另一个来源。在中国,将“经济”作为一门“学”来正式使用,则要晚得多。1903 年,日本人杉荣三郎受聘京师大学堂(北京大学前身)的教习时,曾编写《经济学讲义》。1905 年,王景芳译日本人山崎觉次郎《经济学》。也是在 1905 年,梁启超在《驳某报之土地国用论》中说:“言经济学必当以国民经济为鹄,固已。显然,国民之富,亦私人之富之集积也,不根本于国民经济的观念以言私人经济,其褊狭谬误自不待言。”这是中国人最早使用同于西学意义的“经济学”。在这篇文章中,梁启超还用了“经济法则”“经济行为”等词汇。

二、“经济”的概念

那么,究竟什么是“经济”呢? 根据《牛津高阶英汉双解词典》,“economy”的第一种意思是(金钱、力气、时间、资源等的)节省、节约;第二种意思是理财;第三种意思是(国家的)经济管理、经济制度。萧伯纳说:“经济是充分利用人生的艺术。”[2] 以 1992 年诺贝尔经济学奖获得者贝克尔(Gary. S. Becker)为代表,主张“广义经济学”的学者提出,“经济”的概念,就是如何以最小的代价,取得最大的效果,就是如何在各种可能的选择中,即在各种主观与客观、自然与人际条件的制约下,选取代价最小而收效最大的那一种选择。[3]

在这里,我们主要在生产力与生产关系的意义上运用“经济”概念。经济或称经济状况,指的是整个社会的物质资料的生产和再生产;“经济活动”即社会物质的生产、分配、交换和消费活动的统称。

第二节　经济与法律的关系

一、经济基础决定法律

首先,法律基于经济发展的需要而产生。当经济发展到一定阶段,社会产生出对法律的需要时,作为特殊社会规范的法律便应运而生。生产力发展水平与生产关系的性质,决定了以之为基础的法律的本质。一般而言,法律是经济上占统治地位从而在政治上也占统治地位的掌控国家政权的社会集团共同意志的反映。因此,历史上出现过的法律呈现出不同的类型,主要是由于它们赖以存在的经济基础不同。而同一历史类型的各国法律,尽管它们也各有其特点,但由于其赖以存在的经济基础的本质是一致的,所以它们有着共同的本质和基本特征。

---

〔2〕 樊纲:《经济文论》,生活 · 读书 · 新知三联书店 1995 年版,第 3 页。

〔3〕 [美]加里 · S. 贝克尔:《人类行为的经济分析》,王业宇、陈琪译,上海三联书店 1995 年版,第 5 页。

其次，经济基础的发展变化必然反映到上层建筑，要求上层建筑与之相适应并为其服务。尽管上层建筑的各部分都具有不同程度的相对独立性，各有其本身的形成和发展的相对独立的历史，它们并不都是随着经济基础的变化而立即变化，但是，经济基础的根本变革，或迟或早要引起全部上层建筑的根本变革则是确定不移的历史规律。因此，经济基础的发展变化必然引起法律的发展变化。这种发展变化不仅表现在法律随着经济基础的根本变革而发生本质的变化，还表现在，当经济基础发生局部变化时，也会引起法律的相应变化。

任何掌握国家政权的社会集团都不可能离开其经济基础以及生产力水平而随心所欲地制定或认可法律。不仅那些在现实生活中直接调整各种经济关系的法律必须由社会的经济关系的实际内容所决定，而且政治性较强而离具体经济生活较远的法律，也必须符合经济关系所提出的要求。作为掌控国家政权的社会集团的意志表现，法律必然受经济条件的制约，必须正确反映经济关系和社会发展的客观规律，符合经济基础的要求。

当然，也不能因为强调经济基础决定法律，就认为法律不受其他因素的影响，或与其他社会现象无关。上层建筑中的其他部分，如社会的政治观点、法律观点、宗教观点、道德观点、风俗习惯以及阶级力量对比关系和国际环境等，都同法律发生相互影响。这种观点反对经济基础单独决定法律的观念，但是仍认为经济基础对法律起决定性作用。显然，这是对“经济基础决定法律”观的一种修补。恩格斯在晚年曾这样回应对经济基础决定论的批评：“根据唯物史观，历史过程中的决定性因素归根到底是现实生活的生产和再生产。无论马克思或我都从来没有肯定过比这更多的东西。如果有人在这里加以歪曲，说经济因素是唯一决定性的因素，那么他就是把这个命题变成毫无内容的、抽象的、荒诞无稽的空话。经济状况是基础，但是对历史斗争的进程发生影响并且在许多情况下主要是决定着这一斗争的形式的，还有上层建筑的各种因素：阶级斗争的各种政治形式及其成果——由胜利了的阶级在获胜以后建立的宪法等，各种法的形式以及所有这些实际斗争在参加者头脑中的反映，政治的、法律的和哲学的理论，宗教的观点以及它们向教义体系的进一步发展。”[4]恩格斯认为，经济并不能单独决定历史进程的发展，但他还是坚持经济的基础作用，作为上层建筑的法律在这段话里是与经济一道对历史进程起作用，而且在许多情况下上层建筑与经济基础一起决定着历史斗争的形式。

经济的运作有其自身固有的规律，人类不能随意破坏经济规律，但是人类可能由于自身的主观臆断而建立不切实际的经济制度，从而导致人为的经济破坏。从这层意义上说，经济基础决定法律有其合理性。经济基础决定法律（上层建筑）的思想是人类的重要成果，但不能因此而遮蔽乃至抹杀人类的认识能力与选择能力。

二、法律对经济的作用

经济生活是人类生活的重要方面。法律的起源是由于在人类生活的过程中，某些方面

---

〔4〕《马克思恩格斯选集》（第4卷），人民出版社2012年版，第604页。

十分重要而且存在发生冲突的可能,需要以法律来规范人们的行为,避免无序化的冲突带给人类的损害。当法律发展到一定程度,人们在没有显著冲突的情形下,也可用法律规范人们的行为,实现更优良的生活。人们在经济交往中会发生各种冲突,而如果能够建立更优的经济制度,则可以实现更优良的生活。因此,法律实有必要对经济进行规范。否则,仅依靠人们自发行为会造成经济失序与不安全,从而直接危及人类的生存状态。

法律对经济的作用主要表现在以下几个方面:

1. 确认经济关系。法律确认经济关系,是指法律创建新的生产关系及改造旧的生产关系。这种确认功能使社会基本经济关系以制度形式得以合法存在。该功能通常在宪法规范中表现得最为突出。例如,中国宪法对国家允许的所有制形式进行了规定,苏联、朝鲜等国家的宪法也有类似的规定。

2. 规范经济行为。法律对经济的调整主要通过民商法、经济法、行政法和程序法等加以间接调控,对经济行为加以规范,从而使经济在一定的法律秩序中运行。法律对经济行为规范的合理程度常常对经济的稳定与增长起到举足轻重的作用。尤其在当前经济全球化时代,经济要素在全球自由流通,经济运行规范的合理性、开放性及可信度构成主要的经济运行软环境,对经济要素的流动有极大影响,对区域经济发展尤为重要。

3. 维护经济秩序。法律对经济关系不仅可以作出确认、调整,而且可以加以维护和保障,保证其正常秩序不受侵扰,这样才能体现法律经济功能的目的性及其本质。现阶段,我国法律的任务就是严格保护经过确认的各种经济形式和市场经济秩序,对于各种侵扰经济秩序的违法行为,给予应有的法律制裁。

4. 服务经济活动。法律的经济功能不仅通过直接规定经济关系内容的法律规范体现,而且还通过服务于经济活动的各种法律制度来体现。为经济提供服务的制度大致有以下四种:(1)用于降低交易费用的制度;(2)用于影响生产要素的所有者之间配置风险的制度;(3)用于提供职能组织与个人收入之间的联系的制度;(4)用于确立公共产品和服务的生产与分配的框架的制度。[5] 反倾销法(Antidumping Act)的法理基础是通过降低国内交易费用以刺激民族经济的增长,因而具有服务经济活动之功能。

第三节 当代中国法律与市场经济

一、法律对市场经济发挥作用的必然性

市场是商品交换的场所,有市场存在并不意味着是市场经济。市场经济是市场在资源配置中起基础作用的经济制度。市场经济的本体因素如其本质关系、基本框架、基本规则等都是商品及商品生产内在矛盾的外化,没有“姓社”“姓资”之分。然而,市场经济的主体

---

〔5〕 [美]科斯等:《财产权利与制度变迁》,胡庄君等译,上海三联书店、上海人民出版社 1994 年版,第 253 页。

结构关系、运作框架及其具体规则的多样化,形成互有差异的市场经济模式。在中国语境中,自1978年12月以后,虽然《宪法》在某些阶段尚规定计划经济体制,但实际上以市场导向为基础的改革开放一直在进行之中。直到1992年10月,我国才明确肯定经济体制改革的目标,即在坚持公有制和按劳分配为主体、其他经济成分和分配方式为补充的基础上,建立和完善社会主义市场经济体制。1993年3月29日,第八届全国人民代表大会第一次会议所通过的《宪法修正案》第7条规定:"国家实行社会主义市场经济。"社会主义市场经济体制是同社会主义基本制度结合在一起的,就是要使市场在社会主义国家宏观调控下对资源配置起基础性作用。

市场经济是法治经济,即以法律为主要调整规范的经济。中国市场经济建立和健全的过程,实际上就是经济法治化的过程,市场经济越发展,越需要完备的法治。法治是市场经济的内在要求。资本主义市场经济的建立与发展,同以1804年《拿破仑法典》的制定为标志的资本主义市场经济法律制度紧密相连。中国特色社会主义市场经济的建立与发展,也必须与社会主义市场经济法律制度密切相关。现代中国法律的创制必须符合和表达社会主义市场经济规律的要求,形成全面调整市场行为的完备的法律体系。市场经济不同于其他经济体制模式。自然经济是伦理经济,主要依靠血亲、宗法伦理和道德规范等进行调整;计划经济是行政经济,政治与经济融为一体,政府靠行政权力配置资源,而纠纷主要靠行政方式解决,而市场经济体制下,资源配置在很大程度上是通过法律实现的,法律设定出资源配置的制度框架,并由此决定资源的流向和利用方式。德国学者马克斯·韦伯说:"资本主义市场经济与法律之间的联系是经济自身特有的合理性,即可计算性,包括生产过程的可计算性及经济行为的法律环境的可计算性。"美国制度经济学代表人物科斯(Ronald Coase)也说过:"离开制度的资源配置,就像没有筋脉的血液循环一样。"总之,在市场经济条件下,资源合理配置的前提是合理和完善的法律制度。此外,市场经济下经济交往的平等特性、市场运行的稳定背景、市场交易的规模效益需求都决定了法律具有更高程度的运用价值。

市场经济体制的建立,还需要其他方面的改革协同进行,包括所有制形式、分配制度、宏观调控、民主政治、社会保障制度的改革等,若无相关法律制度,这些改革无法推进。总之,市场经济对法制有着特殊的要求,法制对市场经济也有着无可替代的功能。

二、我国法律对市场经济建设的作用

由于中国的市场经济建设是自上而下由政府直接推动的,法律的重要经济功能就是安排改革进程并重构社会。在此意义上,中国法律正被赋予了创造历史的功能。我国法律的经济功能的载体是社会主义市场经济法律体系。它具有以下三个特点:第一,社会主义市场经济法律体系,在总体框架上,是社会主义法律体系的一个子系统,因而,它以宪法为根本,并与其他部门法和谐一致;同时,它又因为把市场经济作为统一的调整对象,而横跨几个法律部门。第二,在法律渊源上,它与其他部门法一样,以宪法有关规定、有关法律(基本法律与非基本法律)、行政法规、地方性法规以及其他具有法律效力的规范性文件为表现形式。第三,从市场运转机制和过程上看,它主要表现为几个主要环节,包括市场主体法、市场行为法、市场管理法、市场体系法、市场宏观调控法和社会保障法等。

我国社会主义市场经济法律体系的功能主要表现在建设市场经济外部法律环境和内部法律环境两个方面。

(一)外部法律环境

我国法律在建设市场经济外部法律环境方面具有重要功能。市场经济的发展与法律发展同步。市场经济发展的规模和速度无不受到一定社会法治状况的制约。社会关系错综复杂,相对于市场经济关系而言,其外部各种社会关系的有序程度深刻影响市场经济关系的发展。市场经济外部法律环境主要包括以下方面:建设民主政治,维护政治稳定;发展科学教育事业,促进文明建设;加强社会公共事务的管理等。法律对外部环境的作用即为市场经济建设提供良好的外部基础。法律经济功能的实现离不开法律的政治功能和公共功能的发挥。

(二)内部法律环境

我国法律在建设市场经济内部法律环境方面的功能,是我国社会主义法直接作用于社会经济关系、发挥其经济功能的主要方面。

1. 确立市场经济的基本走向和基本原则。宪法和有关基本法律的经济功能主要在于,确认和维护国家的社会主义经济制度,规定各种经济成分的不同法律地位,明确经济建设的方针和原则,使市场经济建设具有合法性与合理性,从而推进市场经济的健康发展。在这方面,还要特别注意运用法律协调好社会利益关系,保证"共同富裕"这一社会主义经济政策的逐步实现。

2. 确认和维护各种市场主体的法律地位,规范市场主体微观经济行为。市场经济是主体多元、决策分散型经济,必须承认不同利益主体的法律地位,揭示市场主体的不同形态。市场主体主要是企业和公民,在法律上一般表现为法人和自然人。政府通常不再是市场经营主体。我国所实行的社会主义市场经济,是统一的市场,开放的经济,它以公有制为主体,多种经济成分并存,实行等价交换,倡导公平竞争。市场经济要求法律对各种所有制经济和公私财产给予平等的保护。市场经济要求不再把企业的所有制形式作为区别主体类型的主要标志,而应把企业的财产责任形式和组织形式作为立法分类的主要标准,市场主体不再区分为中、外、公、私,它们的法律地位一律平等。市场主体立法,包括依企业的不同法律形态而制定的公司法、合伙法等,摒弃带有"身份"色彩的法律,维护市场主体在法律面前一律平等的地位。市场主体的行为涉及范围广泛,有关市场行为的规则必然是一个庞大的规范群。依行为的不同性质和特征分类立法,主要有物权法、知识产权法、合同法、票据法、破产法等。通过这些法律功能的实现,市场经济主体可以明确自己在市场经营活动中的行为范围,从而自行进入市场交易。

3. 通过法律培育市场体系,维护市场秩序。社会主义市场经济绝不是自由放任经济,不能将政府干预与调节同市场经济对立起来。市场自发运行固然有其优越性,但又存在各种各样的问题。解决问题的最佳方式就是法律。现代市场经济的发展,离不开国家依据公共权力,从社会整体的利益出发对市场进行干预和调控。但这种干预和调控有别于计划经济条件下的市场行政管理，其目的是维护市场的统一性，创造平等竞争环境，维护公平竞争秩序，保证正当竞争者权益、消费者权益和社会公共利益不被侵犯。这些法律主要包括反垄断法、反不正当竞争法、反倾销法、广告法、消费者权益保护法等。这类法律以公平竞争法为核心，其功能主要是为市场交易行为主体提供公平、公正、自由的经营环境和竞争机会，激励其自主地、创造性地进行经营活动，从而推进市场经济发展。对此，我们也可以称之为法律的微观经济调整功能。

市场固然不等于市场经济，但是，市场毕竟是市场经济全貌的缩影。统一、开放、竞争的市场已经开始成为我们这个时代经济生活的主题，相应的市场体系法律制度建设状况将成为衡量我国总体经济水平和法制水平的重要而有效的尺度。当前培育市场体系的重点是，发展金融市场、劳动力市场、房地产市场、技术市场和信息市场。法律要在确保消费品和生产资料市场进一步发展、改变生产要素市场发育落后的状况等方面发挥功能。

4. 运用法律解决社会保障问题。在建设市场经济的过程中，必须做好社会保障工作。社会保障的主要作用，是帮助人们降低生活和工作中可能遇到的风险，保障社会成员的基本生活，增强他们的生活安全感。社会保障体系是否健全，相关法律是否完备，对一个国家的经济发展和社会稳定会产生直接影响。中华人民共和国成立以来，国家在社会保险、社会救助、社会福利、社会优抚等方面做了大量的工作，有力保障了人民群众的利益。改革开放以来，国家又采取了一系列措施，大力发展社会保障事业，积极推进社会保障制度的改革、健全和完善工作。我国的养老保险、失业保险、医疗保险、国有企业下岗职工基本生活保障和城镇居民最低生活保障等社会保障工作，取得了显著成绩。各地区、各部门在改革社会保障制度、加强社会保障工作中，积累了丰富经验。要建设市场经济，就应当在认真总结这些经验的基础上，不断加强社会保障的法制建设，把我国在社会保障方面长期积累的成功经验用法律形式固定下来。目前，迫切要求注意用适当的法律手段解决诸如国有企业下岗职工的基本生活保障、城市居民的最低生活保障以及一部分遇到困难的离退休人员的生活保障等方面的问题；否则，市场经济的建设就有可能前功尽弃。

5. 运用法律对市场经济进行宏观调控。市场经济发展的历史实践证明，市场这只“看不见的手”并不总是手到病除。市场存在自发性、盲目性和滞后性。市场经济不是自由放任经济，市场经济下的政府在社会经济领域也并非无所作为，而是可以通过“看得见的手”积极干预、调控经济。今天建设中国特色的社会主义市场经济，更是需要加强国家的宏观调控。“在市场作用和政府作用的问题上，要讲辩证法、两点论，‘看不见的手’和‘看得见的手’都要用好，努力形成市场作用和政府作用有机统一、相互补充、相互协调、相互促进的格局，推动经济社会持续健康发展。”〔6〕宏观调控主要是为了克服市场的消极作用，国家通过计划法、预算法、银行法、价格法、投资法、税法等来保证国民经济的协调、稳定、健康发展，保持社会供需总量的大体平衡，避免严重的通货膨胀和经济大波动。另外，国家通过制定反倾销法、反补贴法等措施保护民族经济发展，在一定程度上也属于法律宏观调控功能的体

---

〔6〕《习近平谈治国理政》（第 1 卷），外文出版社 2018 年版，第 116 页。

现。总之,法律是国家实行宏观调控,矫正市场经济弊端,引导市场经济良性运行的有效且极其必要的手段。国家对经济的调控行为通过法律来实现,从隐性功能看,也有利于政府机关的经济管理行为规范化,从而适应法治经济的要求。

三、改革和法治

法治和改革有着内在的必然联系,二者相辅相成、相伴而生,如鸟之两翼、车之两轮。必须在法治下推进改革,在改革中完善法治。党的十八大以来,习近平总书记就改革和法治的关系作出了一系列重要论述,强调全面深化改革需要法治保障,全面推进依法治国也需要深化改革,把法治改革纳入全面深化改革的总体部署;要发挥法治对改革的引领和推动作用,确保重大改革于法有据,做到在法治的轨道上推进改革,以法治凝聚改革共识、以法治引领改革方向、以法治规范改革进程、以法治化解改革风险、以法治巩固改革成果;要有序推进改革,该得到法律授权的不要超前推进,要切实提高运用法治思维和法治方式推进改革的能力和水平,要善于运用法治思维和法治方式想问题、作判断、出措施。

1. 要坚持改革决策和立法决策相统一、相衔接,确保改革和法治实现良性互动。立法主动适应改革需要,积极发挥引导、推动、规范、保障改革的作用,做到重大改革于法有据,改革和法治同步推进,增强改革的渗透力。对实践证明已经比较成熟的改革经验和行之有效的改革举措,要尽快上升为法律,先修订、解释或者废止原有法律之后再推行改革;对部门间争议较大的重要立法事项,要加快推动和协调,不能久拖不决;对实践条件还不成熟、需要先行先试的,要按照法定程序作出授权,在若干地区开展改革试点,既不允许随意突破法律红线,也不允许简单以现行法律没有依据为由迟滞改革;对不适应改革要求的现行法律法规,要及时修改或废止,不能让一些过时的法律条款成为改革的“绊马索”。

2. 善于通过改革和法治推动贯彻落实新发展理念。贯彻落实新发展理念,涉及一系列思维方式、行为方式、工作方式的变革,涉及一系列工作关系、社会关系、利益关系的调整。习近平总书记指出:“要深入分析新发展理念对法治建设提出的新要求,深入分析贯彻落实新发展理念在法治领域遇到的突出问题,有针对性地采取对策措施,运用法治思维和法治方式贯彻落实新发展理念。”[7]立足新发展阶段,必须坚持以法治为引领,坚决纠正“发展要上,法治要让”的认识误区,杜绝立法上“放水”、执法上“放弃”的乱象,用法治更好地促进发展,实现经济高质量发展。

2014 年 10 月,党的十八届四中全会通过的《中共中央关于全面推进依法治国若干重大问题的决定》指出:“社会主义市场经济本质上是法治经济。使市场在资源配置中起决定性作用和更好发挥政府作用,必须以保护产权、维护契约、统一市场、平等交换、公平竞争、有效监管为基本导向,完善社会主义市场经济法律制度。”2017 年党的十九大指出,“贯彻新发展理念,建设现代化经济体系。”“解放和发展社会生产力,是社会主义的本质要求。我们要激发全社会创造力和发展活力,努力实现更高质量、更有效率、更加公平、更可持续的发展。”

---

〔7〕《习近平谈治国理政》(第 2 卷),外文出版社 2017 年版,第 222 页。

2021年11月,党的十九届六中全会通过的《中共中央关于党的百年奋斗重大成就和历史经验的决议》指出,"必须实现创新成为第一动力、协调成为内生特点、绿色成为普遍形态、开放成为必由之路、共享成为根本目的的高质量发展,推动经济发展质量变革、效率变革、动力变革"。总体而言,要坚持和完善我国社会主义基本经济制度和分配制度,毫不动摇巩固和发展公有制经济,毫不动摇鼓励、支持、引导非公有制经济发展,使市场在资源配置中起决定性作用,更好发挥政府作用,推动新型工业化、信息化、城镇化、农业现代化同步发展,主动参与和推动经济全球化进程,发展更高层次的开放型经济,不断壮大我国经济实力和综合国力。

课后作业

一、选择题

1."经济活动"指的是社会物质的(　　)活动的统称。

A.生产　　B.分配　　C.交换　　D.消费

2.法律对经济的作用表现在(　　)方面。

A.确认经济关系　　B.规范经济行为

C.维护经济秩序　　D.服务经济活动

3. 2007年8月30日,我国制定了《反垄断法》,下列说法哪些可以成立?(　　)

A.《反垄断法》的制定是以我国当前的市场经济为基础的,没有市场经济,就不会出现市场垄断,也就不需要《反垄断法》,因此可以说,社会是法律的母体,法律是社会的产物

B.法对经济有积极的反作用,《反垄断法》的出台及实施将会对我国市场经济发展产生重要影响

C.我国市场经济的发展客观上需要《反垄断法》的出台,这个事实说明,唯有经济才是法律产生和发展的决定性因素,除经济之外法律不受其他社会因素的影响

D.为了有效地管理社会,法律还需要和其他社会规范(道德、政策等)积极配合,《反垄断法》在管理市场经济时也是如此

4.《公司法》对市场经济的作用主要是(　　)

A.确认主体地位　　B.规范主体的行为

C.确立基本原则　　D、提高社会保障

5.通过法律应对全球性经济危机,需要(　　)

A.各国通过法律给公民提供社会保障

B.各国通过法律规范金融市场

C.各国通过法律帮助中小企业渡过危机

D.各国通过法律构筑实质性贸易壁垒

二、材料分析题

[材料]

关于使市场在资源配置中起决定性作用和更好发挥政府作用。这是这次全会决定提出的一个重大理论观点。这是因为,经济体制改革仍然是全面深化改革的重点,经济体制改革的核心问题仍然是处理好政府和市场的关系。

1992 年,党的十四大提出了我国经济体制改革的目标是建立社会主义市场经济体制,提出要使市场在国家宏观调控下对资源配置起基础性作用。这一重大理论突破,对我国改革开放和经济社会发展发挥了极为重要的作用。这也说明,理论创新对实践创新具有重大先导作用,全面深化改革必须以理论创新为先导。

经过 20 多年实践,我国社会主义市场经济体制已经初步建立,但仍存在不少问题,主要是市场秩序不规范,以不正当手段谋取经济利益的现象广泛存在;生产要素市场发展滞后,要素闲置和大量有效需求得不到满足并存;市场规则不统一,部门保护主义和地方保护主义大量存在;市场竞争不充分,阻碍优胜劣汰和结构调整,等等。这些问题不解决好,完善的社会主义市场经济体制是难以形成的。

从党的十四大以来的 20 多年间,对政府和市场关系,我们一直在根据实践拓展和认识深化寻找新的科学定位。党的十五大提出"使市场在国家宏观调控下对资源配置起基础性作用",党的十六大提出"在更大程度上发挥市场在资源配置中的基础性作用",党的十七大提出"从制度上更好发挥市场在资源配置中的基础性作用",党的十八大提出"更大程度更广范围发挥市场在资源配置中的基础性作用"。可以看出,我们对政府和市场关系的认识也在不断深化。

在这次讨论和征求意见过程中,许多方面提出,应该从理论上对政府和市场关系进一步作出定位,这对全面深化改革具有十分重大的作用。考虑各方面意见和现实发展要求,经过反复讨论和研究,中央认为对这个问题从理论上作出新的表述条件已经成熟,应该把市场在资源配置中的"基础性作用"修改为"决定性作用"。

[**材料来源**]习近平:关于《中共中央关于全面深化改革若干重大问题的决定》的说明。

[**要求**]根据以上材料并查找 1992 年以来有关立法资料,分析当代中国法律与市场经济之间的关系。

课后参阅论文

1. 公丕祥:《社会主义市场经济与法律调整》,载《法律科学》1993 年第 1 期。

2. 石泰峰:《市场经济与法律发展——一种法社会学思考》,载《中外法学》1993 年第 5 期。

3. 付子堂:《市场经济与私法文化》,载《法学》1993 年第 8 期。

4. 张文显:《市场经济与现代法的精神论略》,载《中国法学》1994 年第 6 期。

5. 孙笑侠:《论法律与社会利益——对市场经济中公平问题的另一种思考》,载《中国法学》

1995 年第 4 期。
6. 周永坤:《经济决定论评析》,载《法学》1996 年第 2 期。
7. 李曙光、肖建华:《中国市场经济法律:进展与评价》,载《政法论坛》2000 年第 5 期。
8. 谢海定:《中国法治经济建设的逻辑》,载《法学研究》2017 年第 6 期。
9. 蒋大兴、王首杰:《共享经济的法律规制》,载《中国社会科学》2017 年第 9 期。
10. 张守文:《改革开放与中国经济法的制度变迁》,载《法学》2018 年第 8 期。

延伸阅读

在《〈政治经济学批判〉序言》中,马克思对经济基础和上层建筑之间的关系进行了总结:"人们在自己生活的社会生产中发生一定的、必然的、不以他们的意志为转移的关系,即同他们的物质生产力的一定发展阶段相适合的生产关系。这些生产关系的总和构成社会的经济结构,即有法律的和政治的上层建筑树立其上并有一定的社会意识形式与之相适应的现实基础。"更多内容可阅读《马克思恩格斯文集(第 2 卷)》。类似的表述还可以阅读《马克思恩格斯全集(第 4 卷)》,其中有言"无论是政治的立法或市民的立法,都只是表明和记载经济关系的要求而已"。

推进对产权与制度问题的理解,尤其是进一步理解权利在经济交易中的作用,可以阅读科斯的《财产权利与制度变迁》(胡庄君等译,上海三联书店、上海人民出版社 1994 年版),该书集中了产权与制度变迁理论的经典文献。这些文献不仅探讨了产权结构对资源配置等的影响,而且从经济学角度研究了制度功能、制度变迁等重要议题。

第十六章　法律与政治

知识结构图

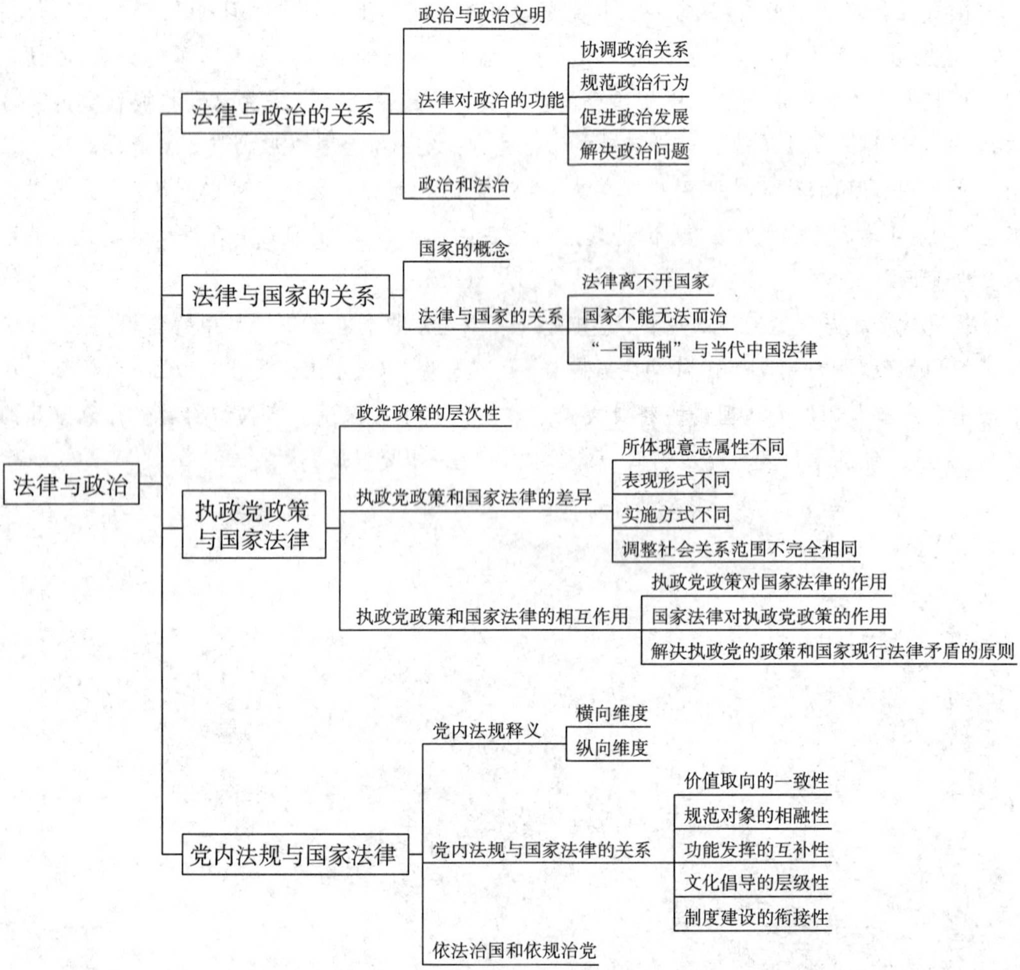

第一节　法律与政治的关系

一、政治与政治文明

政治是人类社会普遍存在的极其重要的社会现象。现代化的社会需要有现代化的政治,现代化的政治应当是法治化的政治。然而,究竟什么是政治?

古希腊亚里士多德所使用的"政治"概念,是从"城邦"(Polis)一词衍生而来的,其含义是关于城邦的知识,是研究城邦问题的理论与技术。他在其传世之作《政治学》一书中,提出了"人天生是一种政治动物"[1]的命题。亚里士多德的政治学理论,对后来的学者影响颇大。

中文里的"政治"一词古已有之[2]。政治作为一门学问,曾是孔门有名的四科(德行、语言、政事、文学)之一。孔子曰:"政者,正也。"[3]他把政治作为一种理想的社会价值追求,一种规范的道德。韩非子曰:"先王所期者利也,所用者力也。"直言不讳地认为,政治就是用权。近代以来,中国有的学者认为"政治是命令与服从的强制关系……就是统治关系";有人认为"政治就是国事";还有人认为"政治乃是用公共的强制力对众人之事的治理",等等。其中对我国影响较大的一种说法,是孙中山先生所作的解释:"政治两字的意思,浅而言之,政就是众人的事,治就是管理,管理众人的事便是政治。有管理众人之事的力量,便是政权。今以人民管理政事,便叫作民权。"[4]他把握住了政治的公共性和管理性。综上所述可以看出,人们对于"政治"一词所作的解释是极不统一的。

马克思主义认为,政治属于历史的范畴,它是人类社会发展到一定阶段的产物,随着阶级的产生而产生,并将随着阶级的消亡而消亡;政治同一定的生产方式相联系,它来源于经济,服务于经济。一切政治变革的终极原因,应该在社会的物质生活条件中去寻找,政治与经济的关系是生产力和生产关系、经济基础和上层建筑之间的关系在现实生活中的反映,而国家政权问题乃是全部政治的核心和根本。马克思主义还认为,政治是一个广泛的社会范畴,它在不同的社会条件下,有着不同的具体内容。不能把"政治"仅仅理解为敌对阶级之间的斗争,更不能把阶级斗争看成是政治唯一的和全部的内容。政治包括处理阶级之间、本阶级内部、民族之间、国家之间等社会关系的活动。概言之,政治就是为了维护或反对现行国家政权而进行的,处理阶级关系、政党关系、民族关系、国家关系以及其他有关社会关系和进行有效治理的活动。

所谓政治文明,泛指人类改造社会所获得的政治成果的总和,是一个社会健康的政治

---

〔1〕［古希腊］亚里士多德:《政治学》,颜一、秦典华译,中国人民大学出版社2003年版,第4页。
〔2〕《尚书·毕命》:"道洽政治,泽润生民";《周礼·地官·遂人》:"掌其政治禁令"。
〔3〕《论语·颜渊》。
〔4〕《三民主义》,载《孙中山选集》(下卷),人民出版社1981年版,第692－693页。

秩序的体现,是政治生活的进步状态。政治文明建立在一定的物质文明和精神文明发展的基础之上,反映着社会物质文明和精神文明建设的制度化、规范化水平。如果说物质文明是人们改造自然的成果,精神文明专指人们在改造客观世界的同时改造自己主观世界的成果,那么政治文明就是人们改造国家和社会的成果。因此,政治文明又可称为制度文明。政治文明以物质文明、精神文明为基础,同时又为社会的物质文明和精神文明建设和发展提供制度与组织保障,使之更加健康稳定协调地向前发展。在政治思想史上,马克思很早就论述过“政治文明”这一概念。1844 年 11 月,在《关于现代国家的著作的计划草稿》中,马克思不仅把政治文明看作是与集权制相对立的范畴,而且把现代国家与政治文明直接联系起来。文明的政治理论、文明的政治制度、文明的政治秩序和文明的政治目的,是一个不可分割的整体,它们相互配合、相互作用,共同展现政治文明的光彩。政治文明的载体是制度,文明的政治制度是政治文明的关键,而法治与民主乃是现代政治文明的两大基本要素。

二、法律对政治的功能

(一)协调政治关系

政治关系是人们在社会生活中基于特定利益要求而形成的,以政治强制和权利分配为特征的社会关系。

政治关系的基础是政治利益,法律通过分配政治利益协调政治关系。法律为政治统治权力披上合法的外衣,使其具有社会正当性。在不求助于合法化的情况下,没有一种政治系统能成功地保证大众的持久性忠诚,即保证其成员意志服从。法律作为一种特殊政治力量的体现,把统治阶级的共同利益“说成是”普遍的利益,或者是人民的利益、国家的利益。虽然这种共同利益可能同普遍利益相交叉、相重合,但是也有可能不完全一致或完全不一致。法律一旦宣布某些利益为国家的根本利益,这些利益就获得了最大限度的神圣不可侵犯性。法律只是由统治阶级的共同利益决定的具有国家形式的共同意志的体现。在不危害这种共同利益的前提下,法律规定出处理同一层次上不同利益主体之间的横向矛盾及不同层次上的利益主体之间纵向利益矛盾的准则,从而把人们本质上为了自己的利益而进行的政治斗争限制在一定的范围之内,以保持社会的政治稳定。

政治关系的一个重要内容是政治权力关系,包括执政党权力与社会公共权力的关系,中央权力与地方权力的关系,立法权、行政权、军事权、司法权之间的关系等。这些权力关系都要经由一定的法律机制加以协调。在不同的国度,协调的方式可能互有差异,因而形成不同的国家结构形式和不同的政权组织形式。宪法的功能主要是协调权力关系,部门法对于权力关系的协调也同样具有重要的功能。

政治关系的另一个重要内容是政治权利关系。政治权利是人们参与政治活动的一切权利和自由的总称,是社会成员实现利益分配的政治资格,是社会成员实现政治利益的手段,包括自由权、平等权、参政权等。资本主义国家和社会主义国家对于政治权利的范围有不同的界定。根据我国有关法律规定,政治权利包括四个方面的内容:(1)选举权和被选举权;(2)言论、出版、集会、结社、游行、示威自由的权利;(3)担任国家机关职务的权利;(4)担任国有企业、公司、事业单位和人民团体领导职务的权利。法律把政治权利规范化,保证政治权利落到实处,同时规定剥夺危害国家安全及其他严重刑事犯罪人的政治权利,对于他们作出政治上的否定性评价。由于政治权利实际上反映了公民同国家的关系,法律确保政治权利的实现,有利于国家政治生活的良性运行及其民主化发展。

(二)规范政治行为

政治行为是人们在特定利益基础上,围绕着政治权力的获得和运用、政治权利的获得和实现而展开的社会活动。作为政治关系的直接动态表现,政治行为包括政治斗争、政治管理、政治统治和政治参与等多种形式。

从一定意义上说,法律既是政治斗争的产物,又是政治斗争的手段。政治斗争的类型反映着法律的历史类型,体现着法律的本质;反过来,法律的本质规定着政治斗争的程度和方式。暴力政治斗争往往导致法律类型的改变。而非暴力政治斗争一般是指在法律范围内的政治斗争,特别是在和平时期,世界上大多数民主国家都要对非暴力斗争的性质和活动方式加以明确的法律规定。这方面的法律制定与实施往往成为衡量一个国家政治民主化、法治化程度的重要标尺。在政治斗争中,主体各方都力图居于支配和控制地位,即掌握政治统治权。

进行政治统治,离不开法律的运用,尤其在一个民主社会,政治统治就是法律统治,即形成一种法治秩序。在人治或专制社会中,统治者往往也要用法律的手段使自己的政治统治合法化,获得社会的遵从和国际的承认。如果说政治统治是国家政权的前提,那么政治管理就是国家政权的基础。政治管理有多种方法,如行政强制方法和思想教化方法等,但以市场经济为基础的现代政治管理则以法律手段为根本,法律使政治权力规范化,把政治领导、政治决策、政治组织、政治协调、政治监督等政治管理方式纳入法律轨道,保证政治法治化的形成和维持。此外,法律还为公民进行政治参与提供必要的途径,使普通公民通过合法途径实现对政府的监督和控制。

(三)促进政治发展

法律对政治发展有自己特有的作用,在巩固政治成果的同时,能够推动政治发展和进步。

政治关系的质变过程即政治革命,是以阶级为政治主体的、旨在推翻另一阶级政治统治的暴力行动,是实现政治权力迅速变更、用一种政治制度取代另一种政治制度的激烈变革。政治革命的斗争锋芒都是指向实行统治的阶级,其首要标志是夺取政权。所以,一般来说,政治革命都要冲破体现旧的统治阶级国家意志的法律,而不可能在旧社会的“法制基础”上进行。革命往往不是通过法律进行,而是直接通过暴力进行。一旦革命成功,胜利者又要以法律巩固自己的成果,法律乃是革命成果的记录。

政治改革是政治关系的量变过程,是对政治关系的调整和完善。这是占统治地位的社会集团中的政治领导集团根据社会利益矛盾状况及其对政治权力的要求,有计划、有步骤地进行的旨在改进政治体制、调节政治关系以巩固和完善其政治统治的政治过程。政治改革或者政治进化(evolution)必然是通过一系列政治措施进行的。作为一种有计划、有步骤的政治变革,往往都伴随着法律变革。法律使政治措施既具有合理性,又具有现实性;法律能够为政治改革指明方向,为政治改革创造良好的环境,保障政治改革的顺利进行并巩固政治改革的成果,从而防止和清除政治弊端,推动政治不断进步。这也是中国历史上的政治改革往往被称为"变法"的原因。

(四)解决政治问题

政治的核心是国家政权问题。有的政治问题要靠暴力甚至战争来解决,但同时有许多政治问题可以、也能够用法律手段来解决。托克维尔认为:"在美国,几乎所有政治问题迟早都要变成司法问题。因此,所有的党派在它们的日常论战中,都要借用司法的概念和语言。"[5]在诸多政治问题中,一个国家民族的政治团结居于突出地位,而法律恰恰能够增强民众的凝聚力。在当代,和平与发展成为世界政治之主题,法律正扮演着越来越重要的角色,日益发挥出特有的功能。1987年4月,邓小平在会见香港特别行政区基本法起草委员会委员时指出:"我们的'一国两制'能不能够成功,要体现在香港特别行政区基本法里面。这个基本法还要为澳门、台湾做出一个范例。"[6]起草工作完成后,他又说这是"一部具有历史意义和国际意义的法律","是一个具有创造意义的杰作"[7]。在中国对香港、澳门恢复行使主权的过程中,1990年4月4日通过的《香港特别行政区基本法》和1993年3月31日通过的《澳门特别行政区基本法》,无疑都发挥了显著的功能。基本法把"一国两制"的伟大政治构想制度化、条文化,由此使人民增强信心,打消顾虑,成为政治决策与现实生活的中枢、桥梁。

三、政治和法治

正确处理政治和法治的关系,是法治建设的一个根本问题。有什么样的政治就有什么样的法治,政治制度和政治模式必然反映在以宪法为统领的法律制度体系上,体现在立法、执法、司法、守法等法治实践之中。习近平总书记指出:"法治当中有政治,没有脱离政治的法治。""每一种法治形态背后都有一套政治理论,每一种法治模式当中都有一种政治逻辑,每一条法治道路底下都有一种政治立场。"[8]我国是中国共产党执政、各民主党派参政,不是三权鼎立、多党轮流坐庄,我国法治体系要跟这个制度相配套。坚持党的领导、人民当家作主和依法治国有机统一,坚持宪法确定的中国共产党领导地位不动摇,坚持宪法确定的人民民主专政的国体和人民代表大会制度的政体不动摇。

党和法的关系是政治和法治关系的集中反映。习近平总书记强调:"党和法的关系是一个根本问题,处理得好,则法治兴、党兴、国家兴;处理得不好,则法治衰、党衰、国家衰。"[9]党的领导和依法治国不是对立的,而是统一的。"'党大还是法大'是一个政治陷

---

[5] [法]托克维尔:《论美国的民主》(上卷),董果良译,商务印书馆1988年版,第310页。
[6] 《邓小平文选》(第3卷),人民出版社1993年版,第215页。
[7] 《邓小平文选》(第3卷),人民出版社1993年版,第352页。
[8] 《习近平关于全面依法治国论述摘编》,中央文献出版社2015年版,第34页。
[9] 《习近平关于全面依法治国论述摘编》,中央文献出版社2015年版,第33页。

阱，是一个伪命题。对这个问题，我们不能含糊其辞、语焉不详，要明确予以回答。”[10]“我们说不存在‘党大还是法大’的问题，是把党作为一个执政整体而言的，是指党的执政地位和领导地位而言的，具体到每个党政组织、每个领导干部，就必须服从和遵守宪法法律，就不能以党自居，就不能把党的领导作为个人以言代法、以权压法、徇私枉法的挡箭牌。”[11]“如果说‘党大还是法大’是一个伪命题，那么对各级党政组织、各级领导干部来说，权大还是法大则是一个真命题。”[12]各级领导干部尤其要弄明白法律规定怎么用权，什么事能干，什么事不能干，把权力运行的规矩立起来、讲起来、守起来，真正做到谁把法律当儿戏，谁就必然要受到法律的惩罚。

第二节 法律与国家的关系

一、国家的概念

（一）国家观概览

古今中外，有关国家的著述浩如烟海。由于时代不同、价值观不同，人们的国家观也是仁者见仁，智者见智。

古代的国家观素重权力。在古希腊，人们认为国家是“权力意志”。针对于此，柏拉图指出国家是“正义的管理者”，以反对这种权力观。古代中国的国家观认为，国家由土地、人民、社稷三要素组成，国家是统治权力的依托和象征，正所谓：“天尊地卑乾坤定，卑高以成上下位。有君即有臣，有臣即有民。民积民成国，国积国成天下。”[13]国家是统治者的私产，“家天下”，家国一体化，“普天之下莫非王土，率土之滨莫非王臣”，这就是中国古代国家观的真实写照。

西方思想家们对国家的论述很多，有所谓“社会契约论”“暴力征服论”“绝对精神论”“全民国家论”等。

现代社会，流行的国家观主要包括：(1)国家是达到某种目的的工具；(2)国家是一种政治制度；(3)国家是一种有机体；(4)国家是政治上组织起来的人民（此说在西方国家很流行）；(5)国家是一种工团的联合，国家至上（此说为法西斯理论）；(6)国家是表示社会文化特征的地区单位和行政单位。

（二）国家释义

从古至今，人们之所以对国家概念众说纷纭，难有一个统一的意见，主要原因在于，国家本身是一个非常复杂的现象，国家形式多种多样，很难对国家下一个十分准确的定义。

---

〔10〕《习近平关于全面依法治国论述摘编》，中央文献出版社 2015 年版，第 34 页。
〔11〕《习近平关于全面依法治国论述摘编》，中央文献出版社 2015 年版，第 37 页。
〔12〕《习近平关于全面依法治国论述摘编》，中央文献出版社 2015 年版，第 37 页。
〔13〕《唐才常集》，中华书局 1980 年版，第 92～93 页。

在讨论近现代国际关系时,“国家”一词往往是指由政府、人民和领土组成的并拥有主权的政治实体。现代国家最根本的属性是主权,对外拥有充分的权力维护国家独立,对内在其领土内拥有制定、适用和解释法律制度的最高权。政府仅拥有政权和机构,但不拥有主权,便不能称为国家。这是国际法上国家的概念。

在国内法意义上,“国家”一词则是指在法律上代表公共利益的具有法人资格的特殊权利主体。国家同自然人一样有独立的人格和意思,享有权利并承担义务。国家是法律上组织起来并且人格化的社会。由于国家人格化和被看成“法人”,国家可以拥有财产,从事工业和商业活动,提供服务设施,制裁犯罪,等等。“国家”一词常常用来指称政治社会。这种意义上的“国家”与“市民社会”相对应,通常被称为“政治国家”,它是国家权力直接发生作用的所有政治社会关系的总和。从国家与社会(市民社会)的关系上来讲,社会是基础的力量;国家则是凌驾于其上的力量。正如恩格斯在《家庭、私有制和国家的起源》一书中所说:“国家是社会在一定发展阶段上的产物;国家是承认:这个社会陷入了不可解决的自我矛盾,分裂为不可调和的对立面而又无力摆脱这些对立面。而为了使这些对立面,这些经济利益互相冲突的阶级,不致在无谓的斗争中把自己和社会消灭,就需要有一种表面上凌驾于社会之上的力量,这种力量应当缓和冲突,把冲突保持在‘秩序’的范围以内;这种从社会中产生但又自居于社会之上并且日益同社会相异化的力量,就是国家。”[14] 因此,国家与社会乃是两个功能不同的存在。国家的作用主要是政治性的,是统治集团的能动作用,其手段主要是强制;社会的作用主要是经济性的,是社会成员的能动作用,其手段主要是自治。国家与社会的关系表现为:国家承认社会的独立性,并为社会提供制度性的法律保障,为社会活动确立普遍规则,协调社会矛盾;社会反过来具有制衡国家的力量,能够使自己免受国家的超常干预。国家是对社会的管理,不能替代社会的功能,国家永远无法代替社会。

在研究法律与国家的关系问题时,我们主要是把“国家”的概念理解为一种政治制度,一种具有合法管理权力的、特殊的政治组织。一般来说,“国家”一词是指国家政权和行使政权的国家机构体系,是由军队、警察、法庭、监狱和官僚集团组成的一套机构,是来自社会又凌驾于社会之上的特殊公共权力。国家是从社会中分化出来的一种机构,是由一批专门从事管理或主要从事管理的人组成的。国家成员被分为被管理者和专门的管理者,后者居于社会之上,称为国家代表。

二、法律与国家的关系

国家和法律是不同的两种社会现象。但是,国家和法律的关系比任何别的社会现象和法的关系都更为密切,中外学者都强调法律与国家密不可分,两者都是在社会出现私有制和分裂为阶级的过程中,为了控制个人之间、阶级之间的利益冲突而产生的。国家与法律在社会结构中都是上层建筑的最重要的组成部分,它们都由社会的经济基础决定并对经济基础发生着最直接、最明显的反作用。国家和法律在阶级本质上是相同的,都具有为阶级

---

〔14〕《马克思恩格斯选集》(第4卷),人民出版社2012年版,第186~187页。

统治服务的职能。国家与法律的一致性决定着两者之间内在的、必然的联系。

（一）法律离不开国家

1. 法律是国家意志的体现，依靠的是国家的力量，法律的立、改、废离不开国家行为。任何历史类型的法律的产生、存在和发展都以一定国家的存在和发展为前提，没有国家就没有法律。制定法离不开国家的立法行为，判例法离不开国家的司法行为，即使习惯法被最终确认也离不开国家行为。同时，法律所依靠的是国家的力量，必须以国家强制力为后盾才能在实际生活中生效，才能在国家权力管辖的范围内要求社会成员一体遵行。法律之所以具有特殊强制的属性和普遍的约束力，其原因并不在于法律本身，而来源于国家。没有国家强制力的保障，法律就不能实施和发挥作用。制定法律和保障法律实施也正是国家行为的重要方面。

2. 法律形式受国家形式影响。国家形式分为国家管理形式和国家结构形式。国家管理形式即政体，是国家的政权组织形式，对法律形式和法律制度有直接影响。例如，在君主专制的国家里，法律形式除采取法律和统治阶级认可的习惯外，君主的命令占有重要的地位，君主的权力不受法律的限制，君主拥有最高裁判权。在君主立宪制的国家里，一般来说，君主的命令已不是主要的法律形式，君主的权力受到法律的限制，司法机关大都能从行政机关中独立出来。在资产阶级共和政体中，法律的形式主要是宪法、法律，在实行判例法的国家里还有判例。国家结构形式指的是国家的整体和部分之间、中央机关和地方机关之间的相互关系问题，它也影响着法律。国家结构形式一般分为单一制和复合制，复合制中较为常见的是联邦制。在单一制国家里，一般由国家最高权力机构行使国家立法权，全国只有一部宪法。在联邦制国家里，除设有全联邦的最高权力机关与相应的联邦宪法和法律之外，各成员国还有自己的最高权力机关，并在不违背联邦宪法和法律的情况下可以制定自己的宪法和法律。

3. 国家是法律规则和原则的直接的、实际的渊源。在一国境内发生效力的法律制度和法律体系是由国家确立的，同时立法机关对国家直接制定的法律不断进行修改和变更；对于效力较低的一般法律的修改和变更，则通过国家行政机关的授权立法以及司法机关的司法解释和判例等途径，其效力渊源均来自国家。总之，法律离不开国家，从属于国家，国家是法律存在与发展的政治基础。

（二）国家不能无法而治

1. 国家通过法律建构起对社会的管理性权力体系。法律是反映国家本质的一种重要形式，是国家权力的一种经常的系统表现。各个取得政权的统治集团，都是用法律确认本国现存政权的合法性，来表现国家的性质，规定各阶级在国家中的地位，使自己的统治合法化、固定化，并运用法律形式使国家权力具体化、普遍化、经常化，保障本阶级系统地行使国家权力，从而顺利实现其对整个社会的领导和管理。

2. 国家通过法律实现其职能。法律制度和法律体系是国家的构成要素之一，法律是实现国家职能的工具。国家职能包括国家对内和对外两个方面的基本职能。国家要实现其对内和对外的各种职能，不仅要依靠军事的、外交的、行政的、经济的手段，而且也需要通过法律来反映国家活动的各项基本内容,保障国家活动的基本方向。

3. 法律是组建国家机构的有效工具。国家机构是国家机关的总称,要实现国家职能,必须建立起各种各样的国家机关,使国家成为有序运行的机器,这样,就需要用法律规定国家机关的组织形式和体系,确定国家机关的组织和活动原则以及各机关的职责权限和相互关系等,从而使整个庞大而复杂的国家机器能有效地运转。

4. 国家通过法律确立其对社会统治的权威和效力。法律能增强国家机关行使权力的权威性。法律是一种公开的、具有普遍强制力的社会规范,国家运用法律打击各种违法犯罪行为,维护国家主权,调整社会关系,维护社会政治秩序、经济秩序、社会生活秩序,保障公民的人身权利、民主权利等,这些均显示出国家权力的权威性。狄骥在对法与政治的关系的社会观察之后认为:"自从有'法'的概念以来,人们认识到,政治力量所发布的命令只有不违背'法'才是正当的,政治力量所采取的具体强制手段只有是为确保对'法'的认可时,才是合理的。"[15]

5. 国家通过法律建构和完善相关国家制度,推进社会变革和发展。法律对完善国家制度有重要作用。国家制度需要随着政治经济的发展变化而有所变化,当政治经济的发展同现存国家制度中的某些环节发生矛盾时,或者当政治经济的发展要求国家制度有所发展变化时,可以通过制定或修改法律来调整和完善国家制度,进行体制改革,弥补国家制度的缺陷,适应新的情况。

现代政治应该是法治政治,意味着国家在依赖法律的同时应该服从法律,按法律的授权和程序行使法律赋予的权力,这是政治法治化最基本的要求,是现代政治的重要特色。"拥有政治权威的人们应该同其运用权威所统治的人们一样服从法律程序。这对于通过法律保护权利(包括人权)所具有的重要意义,是显而易见的。"[16]洛克也认为,"一个没有法律的政府,我以为是一种政治上的不可思议的事情,非人类的能力所能想象"[17]。以权利为重心的法治,首要要求政府服从法律规则,"法治的意思就是指政府在一切行动中都受到事前规定并宣布的规则的约束——这种规则使一个人有可能十分肯定地预见到当局在某一情况中会怎样使用它的强制权力和根据对此的了解计划它自己的个人事务"[18]。在这种意义上,法律是防止权力滥用的重要工具,"法定权力,即使很大,总是有限度的。这就限制了享权之人的希望和奢望。法律必然会提供限制滥用权力的补救办法"[19],"法律是对权力的限制"[20]。法律与国家既相互依存,又相互制衡,彼此不可分离。

---

〔15〕 [法]莱昂·狄骥:《宪法学教程》,王文利等译,辽海出版社、春风文艺出版社 1999 年版,第 23 页。

〔16〕 [英]A. J. M. 米尔恩:《人的权利与人的多样性——人权哲学》,夏勇等译,中国大百科全书出版社 1995 年版,第 192 页。

〔17〕 [英]约翰·洛克:《政府论》(下篇),叶启芳、瞿菊农译,商务印书馆 1964 年版,第 132 页。

〔18〕 [奥]弗里德里希·冯·哈耶克:《通往奴役之路》,王明毅、冯兴元等译,中国社会科学出版社 1997 年版,第 73 页。

〔19〕 [英]大卫·休谟:《休谟政治论文选》,张若衡译,商务印书馆 1993 年版,第 34 页。

〔20〕 [美]罗斯科·庞德:《通过法律的社会控制·法律的任务》,沈宗灵、董世忠译,商务印书馆 1984 年版,第 26 页。

三、“一国两制”与当代中国法律

“一国两制”是我国政府为了促进祖国和平统一而提出的一项重要方针。根据这一方针，我国先后同英国和葡萄牙政府分别就收回香港和澳门达成协议，圆满地解决了这两个历史遗留问题。根据《中英两国政府关于香港问题的联合声明》、《中葡两国政府关于澳门问题的联合声明》及《中华人民共和国宪法》第 31 条的规定，全国人民代表大会分别制定了《香港特别行政区基本法》和《澳门特别行政区基本法》。1997 年 7 月 1 日，我国顺利地对香港恢复行使主权，香港成为中华人民共和国的一个特别行政区。根据《中葡两国政府关于澳门问题的联合声明》，我国在 1999 年 12 月 20 日恢复对澳门行使主权后，澳门成为中华人民共和国的又一个特别行政区。“一国两制”方针取得了巨大的成功。“一国两制”是中国政府充分尊重历史和现实，从世界和中国的实际出发提出的处理港、澳现实问题，和平统一祖国的一项切实可行的基本国策，也是邓小平理论的重要内容之一。这是一个伟大构想，也是一个伟大的实践。习近平总书记指出：“我们要全面准确贯彻‘一国两制’、‘港人治港’、‘澳人治澳’、高度自治的方针，落实中央对香港、澳门特别行政区全面管治权，落实特别行政区维护国家安全的法律制度和执行机制，维护国家主权、安全、发展利益，维护特别行政区社会大局稳定，保持香港、澳门长期繁荣稳定。”〔21〕

在当代中国，研究国家与法律的关系，必然涉及“一国两制”的问题。“一国两制”就是指在坚持“一国”的前提下，允许在一些特殊地区长期存在不同的制度。“一国两制”以祖国统一、一个中国为前提。实现“一国两制”后，也就相应地出现了“一国两法”的独特情况，这是世界历史上少有的一种政治现象。诚如邓小平所言：“我们的社会主义制度是有中国特色的社会主义制度，这个特色，很重要的一个内容就是对香港、澳门、台湾问题的处理，就是‘一国两制’。这是个新事物。这个新事物不是美国提出来的，不是欧洲提出来的，也不是苏联提出来的，而是中国提出来的，这就叫做中国特色。”〔22〕因此，我们有必要从法理学的角度进一步探讨“一国两制”与“一国两法”的问题，诸如“一国两制”下我国的国家结构必然发生变化，而国家结构形式对国家的法律制度又有着直接的影响；我国现在和将来的法制是统一主权国家内存在两种不同历史形态的法制；在一国的主权下，内地（大陆）和港、澳、台各自有自己的法律体系；“一国两制”对中国当代法律体系、法律渊源、法律创制、法律实施、法律解释等方面已经和正在带来多方面的影响，等等。

2005 年 3 月 14 日，中华人民共和国第十届全国人民代表大会第三次会议以赞成 2896 票、弃权 2 票的结果，高票通过了《反分裂国家法》。这部法律虽然只有短短的十条内容，但其重要意义在于凝聚了包括台湾同胞在内的 13 亿中国人民的共同信念，表达了反对和遏制“台独”分裂的坚强决心，向国际社会完整昭示了中国人民的共同意志和主张。《反分裂国家法》将执政党长期以来所坚持的对台方针、政策，以国家法律的形式明确、完整地固定下来，不仅表达了追求和平统一、反对“台独”分裂、维护台海和平的国家意志，而且体现了国

---

〔21〕 习近平：《在庆祝中国共产党成立 100 周年大会上的讲话》，载《人民日报》2021 年 7 月 2 日，第 2 版。

〔22〕 《邓小平文选》（第 3 卷），人民出版社 1993 年版，第 218 页。

家主权和领土完整神圣不可侵犯的宪法精神,同时也体现了"依法治国"的治国理念。对台政策的法律化,将有利于保持政策的稳定和落实,也将有利于推动两岸关系的稳定与发展。

第三节 执政党政策与国家法律

现代政治是政党政治,即实行以政党制度为基础的权力配置与运作机制。因此,研究政治与法律问题,必须关注政党问题和政党政策,特别是执政党政策与国家法律的相互关系,包括二者的区别、联系以及相互作用等问题。在新时代,必须处理好中国共产党的政策和国家法律的关系,两者在本质上是一致的。党的政策是国家法律的先导和指引,是立法的依据和执法司法的重要指导。要善于通过法定程序使党的政策成为国家意志、形成法律,并通过法律保障党的政策有效实施,从而确保党发挥总揽全局、协调各方的领导核心作用。党的政策成为国家法律后,实施法律就是贯彻党的意志,依法办事就是执行党的政策。党的全面领导在法治领域,就是党领导立法、保证执法、支持司法、带头守法。

一、政党政策的层次性

所谓政党政策,是指一定的政党在一定历史时期,为调整特定的社会关系和实现特定的任务而规定的路线、方针、规范和措施等行动准则的统称。

我国《宪法》规定:"中国共产党领导的多党合作和政治协商制度将长期存在和发展。""中国共产党是中国特色社会主义最本质的特征。"中国共产党领导的多党合作和政治协商制度是中国的一项基本政治制度。这一制度既植根中国土壤、彰显中国智慧,又积极借鉴和吸收人类政治文明优秀成果,是中国新型政党制度。政党政策的范围不仅包括执政党(中国共产党)的政策,而且也包括参政党(各民主党派)的政策;既包括中央的政策,也包括地方的政策。但我们一般所讲的"党的政策"一词,通常是指中国共产党的中央政策。

政策的内容结构可以分为三个层次:总政策、基本政策和具体政策。

执政党的总政策,就是指规定执政党在某一个历史时期根本的、全局性的总路线,它决定着执政党的各项基本政策和具体政策,在国家生活中起主导作用。总政策一经制定,在一定的历史阶段,一般是不会改变的,它具有极大的权威性。

执政党的基本政策,是指执政党在某一领域或某一方面,为实现总任务、总政策所规定的重大决策和基本原则。所谓"某一领域或某一方面",比如经济、政治、文化、军事、外交等方面或领域。执政党的基本政策在指导国家社会生活中起着十分重要的作用,它虽然是从属于总政策的,但也具有很大的权威性和稳定性。

执政党的具体政策,主要是指在总政策和基本政策的指导下,执政党为了解决某一类或某一个具体问题,或者为了完成某一项具体工作所规定的具体行动准则。同总政策和基本政策相比,具体政策具有及时性和灵活性的特点。随着客观形势的发展变化,人们的实践经验不断地丰富,认识水平也不断提高,具体政策就会相应地发生变化。具体政策的不断发展和完善,正是保证整个政策体系的权威性和稳定性所必需的。

当然,执政党政策的层次划分不是绝对的,而是相对的。政策的层次性,反映了社会实际生活的复杂多样性以及政策在国家社会生活的各个方面所起的不同作用。区分执政党政策的层次性,对于正确理解和运用政策,以及处理政策与法律的关系,都具有重要的意义。

二、执政党政策和国家法律的差异

执政党政策与国家法律,二者在赖以建立的经济基础、指导思想、基本精神和历史使命等方面,都是相同的。然而,二者毕竟是社会上层建筑中两种不同的现象,各有其自身的特殊性。

(一)所体现意志的属性不同

在我国,国家法律和执政党政策都是工人阶级领导的广大人民意志的体现。但是,法律是由国家制定或认可的,通过国家机构所反映的人民的意志,具有国家意志的属性;而执政党的政策本身仅仅是党的主张,不具有国家意志的属性。尽管执政党的政策对国家法律的制定具有重要的指导作用,是制定法律的重要依据,体现了政策的法律转化,但无论如何,在党的代表大会上是绝不能制定国家法律的。

党的政策转化为法的不同形式,如宪法、法律、行政法规和地方性法规等,通过不同层次的国家机关按照法定程序加以制定。这种转化不只是表现在形式上,而且有实质性的内容。这个过程实际上是以经过实践检验、更加成熟的党的政策为基础,再在党的领导下充分发扬民主,集中正确的意见,使党的主张同广大人民的意见达到统一,形成人民的共同意志。所以,党的政策代表了广大人民群众的利益和要求,但要使它具有国家意志的属性,必须通过法定程序,由国家机关制定为法律。

(二)表现的形式不同

党的政策作为党的文件,是以纲领、宣言、声明、指示、建议等形式出现的,它的内容相对来说规定得比较原则,带有号召性和指导性。

法律则以条文形式公开颁布施行,有自己特定的表现形式。它作为国家的规范性文件,以宪法、法律、行政法规、地方性法规等形式出现。它是一般的规范,具有确定性和规范性的特征;它以国家名义规定人们的权利和义务,便于国家机关和公民对它的普遍遵守和执行,也便于人民群众对执法进行监督。党的政策虽然也具有规范人们行为的属性,但是,它或者比较原则、概括,灵活性太大,或者完全是一种个别的具体指示,而这两种情况都容易为主观任意性大开方便之门。

此外,法律必须是公开的,而执政党政策尤其是具体政策,有时可能是“秘密”甚至是“机密”的。因而,党章往往要求党员必须“保守党的秘密”。

(三)实施的方式不同

国家法律是由国家强制力保证实施的。不论是宪法、法律,还是行政法规,一经国家公布施行,一切国家机关和武装力量、各政党、社会团体、公职人员和全体公民都要严格遵守,任何人的违法行为都要负法律责任,都要受到国家的制裁。执政党政策的贯彻执行,不是依靠国家强制力。党的政策是由党的组织制定的,它对党的组织和党员具有约束力,违反政策的党的组织或党员要受到党的纪律处分。非党人士、党外群众遵守和执行党的政策,一般是基于对党的政策的信任和拥护。党的性质决定了党的政策的贯彻执行要靠宣传教育和深入细致的思想工作,以党员干部和广大党员的带头作用,特别是党的领导干部的模范作用来保证。

当然,在我国,共产党是执政党,党的许多重要政策已被国家所接受,有的已被制定为法律、法规。这些政策已不单纯是党的政策本身,而是具有了国家法律、法规的形式,从而具有国家意志的属性。它们的贯彻实施,一般也要有国家强制力的保证。但这并不是党的政策本身所固有的属性。

(四)调整社会关系的范围不完全相同

由于党对国家、社会的领导作用主要是依靠政策来实现,因此,党的政策不断地渗透到社会生活的各个领域并发挥积极作用。

国家法律一般是调整那些对社会整体状况有直接和重大影响的社会关系,如关于国家的经济制度、政治制度、国家机关的组成、职权和相互关系、公民的基本权利和义务,以及严重危害国家制度、统治秩序和公民合法权益的行为、婚姻家庭关系等。这些都是由宪法、法律、行政法规等来调整的。党的政策和国家法律调整的社会关系有交叉,有重合,但也有区别。国家在制定法律时,不仅要参照政策,还要参照其他因素。政策并不都要上升为法律,法律也并非都从政策而来。

总之,法律和政策的区别,表明二者是不同的社会规范,各有其特殊性和特殊作用。我们既不能以党的政策去代替国家法律,否定法律的特殊作用;也不能用法律去否定党的政策,取消政策的指导作用。

三、执政党政策和国家法律的相互作用

习近平总书记指出:“要正确处理党的政策和国家法律的关系。我们党的政策和国家法律都是人民根本意志的反映,在本质上是一致的。党的政策是国家法律的先导和指引,是立法的依据和执法司法的重要指导。要善于通过法定程序使党的主张成为国家意志、形成法律,通过法律保障党的政策有效实施,确保党发挥总揽全局、协调各方的领导核心作用。党的政策成为国家法律后,实施法律就是贯彻党的意志,依法办事就是执行党的政策。党既领导人民制定宪法法律,也领导人民执行宪法法律,党自身必须在宪法法律范围内活动,做到党领导立法、保证执法、带头守法。政法工作要自觉维护党的政策和国家法律的权威性,确保党的政策和国家法律得到统一正确实施,不能把两者对立起来、割裂开来。如果两者之间出现矛盾,就要努力做好统一正确实施工作。”[23]法律和政策是两种不同的治理国

---

〔23〕 习近平:《论坚持全面依法治国》,中央文献出版社2020年版,第43页。

家、管理社会的重要方式。在我国,执政党政策和国家法律都是人民意志的体现,都是社会上层建筑的重要组成部分,共同为自己的经济基础服务,都是现代化建设所不可缺少的。在国家社会生活中,它们相辅相成、相互补充、同步发展,谁也离不开谁,谁也代替不了谁。

(一)执政党的政策对国家法律的作用

我国除《宪法》明确了中国共产党的领导地位以外,其他法律也有相应规定。例如,《全民所有制工业企业法》第 8 条规定:"中国共产党在企业中的基层组织,对党和国家的方针、政策在本企业的贯彻执行实行保证监督。"《国防法》第 21 条规定:"中华人民共和国的武装力量受中国共产党领导。武装力量中的中国共产党组织依照中国共产党章程进行活动。"《高等教育法》第 39 条规定:"国家举办的高等学校实行中国共产党高等学校基层委员会领导下的校长负责制。中国共产党高等学校基层委员会按照中国共产党章程和有关规定,统一领导学校工作,支持校长独立负责地行使职权……"

那么,中国共产党又是怎么样来实现自己的领导呢?主要是通过政策来实现,没有政策就无法指导国家的社会生活与政治生活。从总体上说,党的政策对国家的一切活动都有着重要的指导作用,有关法律的活动当然也离不开政策的指导。但是,这种指导并不意味着政策高于法律、决定法律。

执政党政策对法律的指导作用,主要表现为:

第一,执政党的政策,特别是党的总政策和基本政策是制定国家法律的重要依据之一。在我国,执政党是人民利益的代表,党的政策是在集中全国人民共同意愿,反映客观规律的基础上产生的。因此,在制定法律时,以党的政策为依据,通过法律形式把党的政策定型化、条文化、规范化,也就能够保证法律体现全体人民的利益和意志。在这个意义上,有人说"政策是法律的灵魂"。政策是内容,法律是形式;没有一定的政策指导,立法目的就难以确定,就无从确定权利义务。

在理解立法以执政党的政策为依据的问题时,需要注意两点:其一,把党的政策上升为法律,是指把经过实践检验证明的、行之有效的、符合人民利益和客观规律,需要较长时期贯彻实行的政策,通过国家用法律的形式固定下来,使之定型化、条文化、规范化。这些政策一般是那些稳定的党的政策,如把党在一定历史时期的总任务、总路线、基本政策等,通过宪法、法律的形式肯定下来,并不是一切党的政策都需要制定为法律。其二,在制定法律时要贯彻党的政策精神,并不是原封不动地照搬党的政策。特别是在党的总政策与法律的关系上,前者比较原则,涉及面大;后者则要求具体,是针对社会关系的某个方面而规定的。因此,不可照搬党的政策,而是以党的政策为指导,把政策的精神贯穿于法律条文之中。

第二,在实施法律中也不能脱离党的政策的指导,党的政策特别是具体政策,有助于法的执行和适用与形势相适应,促使法律实施合乎社会实际。既然已经有了法律,那么依法办事就可以了,为什么还必须以党的政策为指导?问题在于,从法的制定到法的实现这个转换不是一个简单的过程。立法机关制定出了法律,还需要有关国家机关保证法律的实施,法律不能自动运用于生活。在这个过程中,存在一个如何适用法律才能更适应实际,从而收到更好的社会效果的问题,存在一个法律如何与形势相符合的问题。

在当代中国社会转型时期,在建设法治国家的进程中,执行法律和社会形势的关系是一个非常重要的问题。社会形势是变动的,有时甚至变动很大,法律则是一般的、稳定的规范。因此,在执法和司法工作中,往往存在这样的矛盾,即不变的法律规范与变动的社会状况之间存在冲突。为了解决这个矛盾,一方面需要政策的指导,因为政策对形势的变化反应较快;另一方面需要有关机关对现行法律及时作出相应的补充规定或修改。

总之,只有理解了执政党的政策,才能正确、全面地掌握国家法律的基本精神和内容,从而更好地执行法律。但是,政策对执法、司法工作的指导是一种思想性、原则性的指导,是在法律规定的范围以内,把适用法律与政策精神有机地结合起来,而不是不顾法律的规定,甚至借口执行政策而违反法律规定。不能把坚持依法办事同坚持党的政策的指导对立起来。

第三,一些特定问题的处理,没有法律明文规定时,在不违背宪法法律基本原则的前提下,可以按执政党政策办事。这时,执政党政策实际上就起着法律的作用。但是,情况的变化,要求我国必须从依靠政策办事,逐步过渡到不仅依靠政策,还必须建立健全法制,依法办事。

(二)国家法律对执政党政策的作用

国家法律对执政党政策具有制约作用,执政党政策的制定和实现离不开法律。

执政党政策对国家法律起着指导作用,这是党的政策与国家法律相互关系的一个方面,不能只强调这一方面而忽视法律的作用。事实上,国家法律是实现执政党政策的一种重要的、不可缺少的工具。法律在制定和贯彻执政党的政策中也起着一种特殊的作用。

执政党的政策的贯彻实施,需要通过法律并转化为法律,这时,执政党政策成为制定国家法律的根据,相关法律法规也要体现政策的要求,一旦国家机关将党的政策定型化、法律化,就使党的政策具有了国家法律的性质。因此,从实质上说,执行了法律也就实现了党的政策。宪法对执政党基本政策的制定,基本法律对执政党在某些具体政策的制定上都具有指导作用。国家法律体现了执政党政策的精神和内容,有时执政党政策可以直接成为法律的构成要素。立法可以丰富和发展既定政策,促进政策的完善。

法律的特征也决定了它是实现执政党政策最有效的手段:

第一,国家法律以国家意志的属性保证执政党政策的实现。也就是说,党的政策一旦通过国家机关制定为法律,便获得了国家意志的属性,从而具有了普遍约束力,社会各个团体、组织和个人都必须加以遵守。这样,就使政策在整个社会范围内得以实现。

第二,国家法律以国家强制的属性保证执政党政策的实现。党的政策和法律在实施手段上是不同的,法律的国家强制性使它具有最高的权威性和效力,政策一旦转化为法律,就应得到坚决执行,不许触犯其权威。

第三,国家法律以国家规范的属性保证执政党政策的实现。政策一旦法律化,便成为规定人们可以做什么、应该做什么、不应该做什么的行为规则,就转化为具体的权利义务。这样,就有利于国家机关、政党、社会团体、企事业单位以及公民对它的遵守和执行,从而有利于政策的实现。

总之,国家法律的制定与实施离不开执政党的政策的指导,执政党政策的贯彻和实现也离不开国家法律的作用,甚至要直接转化为法律。

(三)解决执政党的政策和国家现行法律矛盾的原则

从整体上说,我国法律和执政党政策是统一的,有其内在一致性,一般不产生矛盾。但是,在实际生活中,在具体问题上,由于客观形势的发展变化,原来与法律相一致的执政党的政策已经发生了变化,而应该及时修改的法律还未来得及修改,这时两者就可能发生矛盾;也可能是由于某些具体政策不够正确而与某些法律规定相矛盾。

第一,执政党领导人民制定了宪法和法律,党必须在宪法和法律的范围内活动,必须坚持依法执政。从理论原则上说,当政策和法律出现矛盾时,应当按照法律办事,不能只强调政策对法律的指导作用,而忽视法律对政策的制约作用。《宪法》第5条规定,各政党都必须遵守宪法和法律。一切违反宪法和法律的行为,必须予以追究。任何组织或者个人都不得有超越宪法和法律的特权。这项原则表明,在人民当家作主的国家里,国家的一切权力属于人民,执政党的权力只是人民权力的一部分。国家的宪法和法律,是党的意志和人民意志的统一,是人民权力的最高体现。因此,应要求党的活动必须在宪法和法律的范围内进行,受宪法和法律的制约,而不得有超越宪法和法律的特权。党的政策保证宪法和法律的实施,党的组织要带头遵守法律,严格依法办事。

共产党作为执政党,必须依法执政。依法执政作为一种执政方式,是指执政党依照宪法和法律规定的国家政权运作方式来掌握国家政权。这就不仅要求我们党执政所依据的是国家宪法和法律,而且要求执政依据法定的国家权力的运作方式。

依照《宪法》和法律的规定,我国的一切权力属于人民,人民行使国家权力的机关是各级人民代表大会;人民代表大会由人民选举产生,向人民负责,接受人民的监督;国家行政机关和司法机关由人民代表大会产生,向人民代表大会报告工作并接受其监督。这表明,我国的《宪法》是按照人民主权原则制定的,国家权力的运作方式反映了现代民主政治的要件,而且具有自己的特色。

《宪法》规定了中国共产党在国家政治生活中的领导地位,因此,党对国家政权的领导同样也是我国政治制度的规范性内容,必须坚持。按照依法执政的要求,党要通过法定的国家政权组织执政,党对国家的领导不是简单的行政领导,而是政治原则、政治方向、重大决策的领导。作为执政党,要就内政、外交、经济、国防等各方面的重大问题作出决策,但党的主张只有转变为国家意志,才能对国家和社会具有普遍的约束力和强制性。依法执政意味着党通过制定大政方针、提出立法建议、推荐重要干部等执政权力的行使,使党的主张经过法定程序变成国家意志,支持和保证人民代表大会、人民政府、司法机关依法履行职能,实现党的领导。

党的十八届四中全会通过的《中共中央关于全面推进依法治国若干重大问题的决定》进一步明确了执政党与法治的关系。在法治建设过程中,党的政策与法治具有内在一致性,不可分离。我们要深刻认识到,“党的领导是全面推进依法治国、加快建设社会主义法治国家最根本的保证”。要“把党的领导贯彻到全面推进依法治国全过程”[24]。一方面,党的政策是实现党的领导的重要方式,国家法律是执行党的政策的重要途径;另一方面,党要依据宪法法律治国理政,依据党内法规管党治党,据此达成依法治国基本方略同依法执政基本方式的统一。

第二,在具体问题的处理上,从实际出发,区别对待。如果实践证明,是执政党政策滞后于社会形势的变化,就必须通过法定途径及时改变或者调整政策;如果是某项法律或某个法律条文存在问题,不能适应形势发展的需要,则应及时地通过法定程序对法律加以修改补充或另立新法。

但是,在应该修改的法律尚未修改之前,原来的法律并未失去效力,因而不能简单地以政策取代法律。在这种情况下,一方面,必须遵循依法办事的原则;另一方面,又要根据新的政策精神来恰当地适用法律,在不违背法律基本原则的前提下,使二者很好地结合起来,实事求是地处理好二者的关系。

如果不是政策和法律不适应社会形势的变化,而是现实生活中的矛盾,则应根据法律和政策的精神进行深入细致的思想教育,在此基础上贯彻依法办事的原则,使现实生活中存在的矛盾得到有效的解决。总之,在实际工作中要注意防止两种倾向:一种倾向是只强调政策的作用,不讲依法办事。这种倾向实际上混淆了政策与法律的相互关系上的不同情况,容易造成以政策代替法律,以党代政的局面,甚至削弱和破坏国家法制。另一种倾向是夸大法律的作用,只讲依法办事,忽视政策在国家社会生活中的重要作用。应该看到,法律的作用巨大,但仍有限度,政策的社会功能是法律所不能替代的。重政策轻法律固然错误,而重法律轻政策也是不正确的。因此,正确认识执政党政策和国家法律的关系,对于正确处理党政关系和建设民主政治具有重大意义。

第四节 党内法规与国家法律

2014 年 10 月 23 日十八届四中全会通过的《中共中央关于全面推进依法治国若干重大问题的决定》,正式将“形成完善的党内法规体系”确定为建设中国特色社会主义法治体系的重要任务之一。这要求我们从法治建设的高度,科学认识党内法规及其与国家法律的关系,确保党内法规与国家法律的衔接与协调。

一、党内法规释义

从法学视角审视,党内法规是党内具有一定级别的组织制定的,为规范党组织工作、活动和党员行为的成文形式的党内规章制度的总称。

---

[24] 《中共中央关于全面推进依法治国若干重大问题的决定》,人民出版社 2014 年版,第 33 页。

规范党组织的工作、活动和党员行为的党内法规数量众多,且不是以单一文本的形式出现,这就要求在不同的党内法规之间有所区分,使之以体系化的形式出现。2017 年《中共中央关于加强党内法规制度建设的意见》提出:“到建党 100 周年时,形成比较完善的党内法规制度体系。”党的十八大以来,党中央制定和修订了一大批标志性、关键性、基础性的党内法规制度,大大推进了覆盖党的领导和党的建设各方面的党内法规体系的形成。中国共产党党内法规体系是以党章为根本,以民主集中制为核心,以准则、条例等中央党内法规为主干,由各领域各层级党内法规制度组成的有机统一整体,主要可以从横向和纵向两个维度加以考察。

(一)横向维度

横向维度的党内法规体系,主要反映了党内法规在规范内容上的差异性。

从横向维度来看,按照不同的调整领域,党内法规体系形成了一个“1 + 4”的架构。“1”是指党章。“4”是指按照“规范主体、规范行为、规范监督”相统筹、相协调原则形成的四大制度板块,即党的组织法规制度、党的领导法规制度、党的自身建设法规制度、党的监督保障法规制度。

(二)纵向维度

纵向维度的党内法规体系,主要反映了党内法规在效力位阶上的差异性。

第一,党章。党章对党的性质和宗旨、路线和纲领、指导思想和奋斗目标、组织原则和组织机构、党员义务和权利以及党的纪律等作出根本性规定。《中国共产党党内法规制定条例》第 31 条第 1 项规定:“党章在党内法规中具有最高效力,其他任何党内法规都不得同党章相抵触。”党章修改工作由党的全国代表大会负责,其他党内法规的制定、修改以及废止都应该以党章为根本依据。

第二,准则。准则对全党政治生活、组织生活和全体党员行为作出基本规定,在党内法规体系中的效力仅次于党章。例如,中共中央 2015 年 10 月 18 日正式印发的《中国共产党廉洁自律准则》。

第三,条例。条例对党的某一领域重要关系或者某一方面重要工作作出全面规定,在党内法规体系中的效力低于准则。例如,《中国共产党纪律处分条例》《中国共产党政法工作条例》等。

第四,规则、规定、办法、细则。其对党的某一方面重要工作或者事项作出具体规定,规则、规定、办法、细则的效力在条例以下,比较党章、准则,内容最具体,比较多地用于解决具体问题。

二、党内法规与国家法律的关系

党内法规与国家法律的关系,在理论和实务中都无法回避。党的十八届四中全会指出,要“注重党内法规同国家法律的衔接和协调”。表明无论是将党内法规定位成“软法”[25],还是国家法治体系中的一部分,都面临着与国家法律的关系的处理问题。习近平总书记提出,“全面推进依法治国,必须努力形成国家法律法规和党内法规制度相辅相成、相互促进、相互保障的格局”[26]。要想形成国家法律法规和党内法规制度相辅相成、相互促进、相互保障的格局,必须正确把握和处理党内法规与国家法律之间的关系。

(一)价值取向的一致性

建设中国特色社会主义法治体系,要形成完备的法律规范体系、高效的法治实施体系、严密的法治监督体系、有力的法治保障体系,形成完善的党内法规体系。可以看到,党内法规与国家法律在国家法治体系中呈现出一种价值同向性关系。两者共存于中国特色社会主义法治体系中,在根本价值指向上一致。党内法规是党要管党、从严治党的制度依据和保障,目的是让党更好地为人民服务;国家法律是推进国家治理能力和治理体系现代化的制度依据和保障,目的是让人民生活得更美好。党内法规和国家法律统一于人民利益福祉这一最高目标之下。正是在此意义上,习近平总书记强调:“新形势下,我们党要履行好执政兴国的重大职责,必须依据党章从严治党、依据宪法治国理政。”[27]

(二)规范对象的相融性

《中共中央关于全面推进依法治国若干重大问题的决定》强调,依法执政“既要求党依据宪法法律治国理政,也要求党依据党内法规管党治党”。[28] 可以看到,党内法规着眼于全体党员,体现党的主张,规范党组织的工作、活动和党员行为,保证党的理想信念宗旨,是执政的中国共产党党员的行为底线;国家法律着眼于全体公民,体现国家意志,规范公民行为,是全体公民的行为底线。二者并不相互排斥,反而相互支撑、相互融洽,这正是中国特色社会主义法治体系建设的要求。作为执政党的党员应当是公民中的优秀分子,对党员更加严格甚至苛刻的要求对于其他公民的向善向上具有示范意义。但在实践中,有的党内法规的规范对象不仅仅是党组织和党员,还包括其他公权力机关和公职人员。

(三)功能发挥的互补性

在国家治理体系中,党内法规与国家法律发挥着具体而不同的功能。其实,早在苏俄十月革命胜利之初,列宁就曾对执政党和国家政权机关进行了区别,认为二者是两个不同性质的组织,不能把党的组织和国家机关的职能混为一谈。1921 年 3 月,在俄共(布)十大会议上,尽管列宁明确指出党的代表大会所通过的决议对于整个共和国都是必须遵守的,但他更提醒人们注意:“我们不能立刻颁布一项法律。我们决议的缺点就在于它不完全是法律——在党的代表大会上是不能制定法律的。”[29] 当然,从当代中国的实践层面看,党内

---

〔25〕 关于“软法”的相关研究,参见罗豪才、宋功德:《软法亦法——公共治理呼唤软法之治》,法律出版社 2009 年版;姜明安:《论中国共产党党内法规的性质与作用》,载《北京大学学报(哲学社会科学版)》2012 年第 3 期。

〔26〕 习近平:《关于〈中共中央关于全面推进依法治国若干重大问题的决定〉的说明》,载《求是》2014 年第 21 期。

〔27〕 《习近平谈治国理政》(第 1 卷),外文出版社 2018 年版,第 142 页。

〔28〕 《中共中央关于全面推进依法治国若干重大问题的决定》,人民出版社 2014 年版,第 5 页。

〔29〕 《列宁全集》(第 41 卷),人民出版社 1986 年版,第 64 页。

事务和国家事务之间或许没有一条“泾渭”界限,这是一个值得深入探析的问题。《中国共产党党内法规和规范性文件备案规定》提出,建立党内法规和规范性文件备案审查与国家法规、规章和规范性文件备案审查衔接联动机制,则为解决这类问题指出了一种路向。中国共产党在国家事务中处于领导地位,规范党内事务往往涉及政务。因而,很多党内法规采取党、政联合发文的形式,旨在进一步加强党的领导。为了建立健全党的法规制度体系,提高党的建设科学化水平,党内法规在制定主体和规范对象上要严格符合《中国共产党纪律处分条例》的规定,实现党内法规规范党内事务,国家法律规范国家事务,明确二者在所规范的事务上的分野性。

(四)文化倡导的层级性

党内法规在制度标准上要严于国家法律。借用著名法学家朗·富勒的学说,“如果说愿望的道德是以人类所能达致的最高境界作为出发点的话,那么义务的道德则是从最低点出发”[30]。可以说,党内法规体现了“愿望的道德”,是社会高标准的道德;而国家法律则体现了“义务的道德”,是社会最低限度的道德。其实,两种道德的背后都关涉人与人之间的社会关系。比较典型的例子是《中国共产党纪律处分条例》,专门对严重违反社会主义道德的行为进行了相应规范,与此相比,国家法律对一些纯道德行为并不作规范;另外,《关于领导干部报告个人有关事项的规定》对领导干部报告个人事项的义务进行了规定,与此相比,国家法律对普通公民个人事项的报告义务并不作要求。应该看到,党内法规这样的制度设计是与党的先进性、纯洁性直接相关的,与中国共产党“是中国工人阶级的先锋队”“同时是中国人民和中华民族的先锋队”直接相关。中国共产党代表中国先进文化的前进方向,因此,就必须用党内法规把“党要管党、从严治党”落到实处,促进党员、干部更加严格地带头遵守国家宪法法律。

(五)制度建设的衔接性

《中国共产党章程》规定:“党必须在宪法和法律的范围内活动。”党内法规是中国共产党内部的规范,国家的宪法和法律为党内法规进行了制度意义上的托底。以宪法为遵循,就是要保证党内法规体现宪法和法律的精神和要求,保证党内法规制度体系与中国特色社会主义法律体系的内在统一;以党章为根本,就是要按照党章确定的基本原则、要求和任务,推进党内法规制定工作。这不仅关系党内法规与宪法法律是否相衔接,而且关系党的主张和人民共同意志是否相统一。

三、依法治国和依规治党

国有国法,党有党规。依法治国、依法执政,既要求党依据宪法法律治国理政,也要求党依据党内法规管党治党。依规管党治党是依法治国的重要前提和政治保障。只有把党建设好,国家才能治理好。正确处理依法治国和依规治党的关系,是中国特色社会主义法治建设的鲜明特色。党的十九大提出要坚持依法治国和依规治党有机统一,并将其纳入新时

---

〔30〕 [美]富勒:《法律的道德性》,郑戈译,商务印书馆2005年版,第8页。

代中国特色社会主义基本方略之中。习近平总书记强调:“要发挥依法治国和依规治党的互补性作用,确保党既依据宪法法律治国理政,又依据党内法规管党治党、从严治党。”[31]要坚持依法治国与制度治党、依规治党统筹推进、一体建设,注重党内法规同国家法律法规的衔接和协调,统筹推进依规治党和依法治国,促进党的制度优势与国家制度优势相互转化,提升我们党治国理政的合力和效能,提高党的执政能力和领导水平,促进国家治理体系和治理能力现代化,推动中国特色社会主义事业不断取得新成就。

要完善党内法规体系。党内法规体系是中国特色社会主义法治体系重要组成部分。党内法规是党的中央组织、中央纪律检查委员会以及党中央工作机关和省、自治区、直辖市党委制定的体现党的统一意志、规范党的领导和党的建设活动、依靠党的纪律保证实施的专门规章制度。党内法规体系是以党章为根本,以民主集中制为核心,以准则、条例等中央党内法规为主干,由各领域各层级党内法规制度组成的有机统一整体。要从全面依法治国和全面从严治党相统一的高度,科学认识党内法规及其与国家法律的关系,确保党内法规与国家法律的衔接与协调。

坚持依规治党带动依法治国。作为执政的中国共产党的各级组织和全体党员,必须受到党规党纪的刚性约束,必须确保各级党组织和全体党员模范遵守宪法和法律,为全面推进依法治国提供根本保障。习近平总书记指出:“依规治党深入党心,依法治国才能深入民心。”[32]只有坚持依规治党,切实解决党自身存在的突出问题,才能使中国共产党始终成为中国特色社会主义事业的坚强领导核心,才能为全面依法治国确立正确的方向和道路,才能发挥好党领导立法、保证执法、支持司法、带头守法的政治优势。只有坚持依规治党,使各级党组织和全体党员牢固树立法治意识、规则意识、程序意识,弘扬宪法精神和党章精神,才能对科学立法、严格执法、公正司法、全民守法实行科学有效的领导,在全面依法治国中起到引领和保障作用。

2021 年 7 月 1 日,习近平总书记在庆祝中国共产党成立 100 周年大会上宣布,我们党已经“形成比较完善的党内法规体系”[33]。截至 2021 年 7 月 1 日,全党现行有效党内法规共 3615 部。其中,党中央制定的中央党内法规 211 部,中央纪律检查委员会以及党中央工作机关制定的部委党内法规 163 部,省、自治区、直辖市党委制定的地方党内法规 3241 部。党内法规使用党章、准则、条例、规定、办法、规则、细则 7 类名称,现行有效党内法规中,党章 1 部,准则 3 部,条例 43 部,规定 850 部,办法 2034 部,规则 75 部,细则 609 部。[34] 2021 年 12 月 20 日,全国党内法规工作会议召开,习近平总书记作出重要指示要求,要发挥好党内法规在维护党中央集中统一领导、保障党长期执政和国家长治久安方面的重大作用,在推进新时代党的建设新的伟大工程、落实全面从严治党方面的重大作用,确保党在坚持和发展中国特色社会主义的历史进程中始终成为坚强领导核心,为全面建设社会主义现代化国家、

---

〔31〕 习近平:《论坚持全面依法治国》,中央文献出版社 2020 年版,第 231 页。
〔32〕 习近平:《论坚持全面依法治国》,中央文献出版社 2020 年版,第 223 页。
〔33〕 习近平:《在庆祝中国共产党成立 100 周年大会上的讲话》,载《人民日报》2021 年 7 月 2 日,第 2 版。
〔34〕 中共中央办公厅法规局:《中国共产党党内法规体系》,载《人民日报》2021 年 8 月 4 日,第 1 版。

实现中华民族伟大复兴的中国梦提供坚强政治保证。在新的历史起点上完善党内法规体系,必须深入贯彻习近平法治思想,把形成完善的党内法规体系作为建设中国特色社会主义法治体系、建设社会主义法治国家的必然要求,充分发挥依法治国和依规治党的互补性作用,正确把握党内法规和国家法律的关系,注重党内法规同国家法律的衔接和协调,努力形成党内法规和国家法律相辅相成、相互促进、相互保障的格局,以更加完善的法治保证党履行好执政兴国的重大历史使命。

课后作业

一、关键词解释

1. 政治

2. 政治发展

3. 依法执政

4. 党内法规

二、选择题

1. 法律与政治具有密切关系,下列哪一说法没有正确揭示法律与政治的关系?(　　)

A. 法律对政治有确认、保障作用,法律确认政治体制,反映政治要求,调整政治运行

B. 法律对政治有预测作用,法律可以预知政治的发展

C. 政治可以影响法律的内容,政治也可以为法律的发展提供条件和环境

D. 政治对法律有影响和制约作用,政治状况的变化影响法律的发展变化

2. 国家是法律存在的基础,下列哪一说法没有正确表达这一点?(　　)

A. 法律是完善国家制度所必需的手段

B. 法律的实施离不开国家的强制

C. 法律的发展、变化受国家的发展、变化的影响和制约

D. 法律的特征、表现形式和内容受国家的特征、形式、传统和职能等方面的影响

3. 法律保障国家职能的实现,可以从下列哪些方面来理解?(　　)

A. 法律是确认国家权力的一种重要的表现形式

B. 法律是执行国家职能的有效工具

C. 法律是完善国家制度所必需的手段

D. 法律保障国家权力规范、有效运行

4. 法律与政策相比,具有下列哪一个或哪些特点?(　　)

A. 灵活性更强　　B. 具有保守倾向

C. 具有较大稳定性　　D. 应对性更强

5. 近年来,一些党员领导干部利用手中权力和职务便利收受巨额贿赂,根据党内法规和

法律被开除党籍和公职,并依法移送司法机关处理。对此,下列哪一说法是错误的?(　　)

A. 这表明党员领导干部在行使权力、履行职责时要牢记法律底线不可触碰

B. 依照党内法规惩治腐败,有利于督促党员领导干部运用法治思维依法办事

C. 要注重将党内法规与国家法律进行有效衔接和协调,以作为对党员违法犯罪行为进行法律制裁的依据

D. 党规党纪严于国家法律,对违反者必须严肃处理

三、材料论述题

[**材料**]

党的领导是中国特色社会主义最本质的特征,是社会主义法治最根本的保证。把党的领导贯彻到依法治国全过程和各方面,是我国社会主义法治建设的一条基本经验。我国宪法确立了中国共产党的领导地位。坚持党的领导,是社会主义法治的根本要求,是党和国家的根本所在、命脉所在,是全国各族人民的利益所系、幸福所系,是全面推进依法治国的题中应有之义。党的领导和社会主义法治是一致的,社会主义法治必须坚持党的领导,党的领导必须依靠社会主义法治。只有在党的领导下依法治国、厉行法治,人民当家作主才能充分实现,国家和社会生活法治化才能有序推进。依法执政,既要求党依据宪法法律治国理政,也要求党依据党内法规管党治党。必须坚持党领导立法、保证执法、支持司法、带头守法,把依法治国基本方略同依法执政基本方式统一起来,把党总揽全局、协调各方同人大、政府、政协、审判机关、检察机关依法依章程履行职能、开展工作统一起来,把党领导人民制定和实施宪法法律同党坚持在宪法法律范围内活动统一起来,善于使党的主张通过法定程序成为国家意志,善于使党组织推荐的人选通过法定程序成为国家政权机关的领导人员,善于通过国家政权机关实施党对国家和社会的领导,善于运用民主集中制原则维护中央权威、维护全党全国团结统一。

[**材料来源**]《中共中央关于全面推进依法治国若干重大问题的决定》

[**要求**]请根据以上材料,谈谈在法治建设中如何处理法律与政治的关系。

课后参阅论文

1. 赵震江、付子堂:《论政治法治化》,载《中外法学》1998 年第 3 期。
2. 姚建宗:《法律的政治逻辑阐释》,载《政治学研究》2010 年第 2 期。
3. 周祖成:《法律与政治:共生中的超越和博弈》,载《现代法学》2012 年第 6 期。
4. 何勤华、王帅:《法治与王权的博弈:布雷克顿的实践》,载《政治与法律》2014 年第 12 期。
5. 付子堂:《法治体系内的党内法规探析》,载《中共中央党校学报》2015 年第 3 期。
6. 周祖成、万方亮:《党的政策与国家法律 70 年关系的发展历程》,载《现代法学》2019 年第 6 期。
7. 李红勃:《通过政策的司法治理》,载《中国法学》2020 年第 3 期。

8. 宾凯:《政治系统与法律系统对于技术风险的决策观察》,载《交大法学》2020 年第 1 期。
9. 石伟:《论党内法规的制度边界》,载《社会主义研究》2020 年第 6 期。
10. 宋功德:《党内法规的百年演进与治理之道》,载《中国法学》2021 年第 5 期。

延伸阅读

法治不是在真空中建立的,而是在政治结构中具体地生成的。英国法学家马丁·洛克林非常关注公法与政治之间的互动关系,致力于探析各种公法理论背后所潜藏的政治价值取向,指出公法不过是一种复杂的政治话语(political discourse)形态而已,公法领域的争议只是对政治争论的扩展。参阅马丁·洛克林的《公法与政治理论》(郑戈译,商务印书馆 2021 年版)。中国法治立基于中国政治,理解中国法治,首先需要理解中国政治。林尚立教授的《当代中国政治:基础与发展》一书主张,从中国的历史和现实出发来把握中国政治的本质,提出通过现代民主政治的建构和实践来逐步形成中国特色的社会主义民主政治格局,提供了从大一统与中国政治、共和制与国家转型、党与国家、宪法与法制、人民民主、权力监督和国家治理理解中国新型政治体系的视角。参阅林尚立的《当代中国政治:基础与发展》(中国大百科全书出版社 2017 年版)。

第十七章　法律与文化

知识结构图

- 法律与文化
  - 法律文化
    - 文化释义
      - 文化是精神的产物
      - 文化是人实践活动的产物
      - 文化的核心是实践活动中人的素质、能力与价值取向
    - 法律文化释义
      - 视角文化性
      - 影响相互性
      - 形式多样性
  - 法律与道德
    - 道德释义
    - 道德和法律的区别
      - 产生背景不同
      - 表现形式不同
      - 规范内容不同
      - 实施方式不同
      - 违反后果不同
    - 法律和道德调整人的行为的不同形态
      - 道德、法律同样许可或禁止
      - 道德不许可，法律许可
      - 道德许可，法律不许可
    - 依法治国和以德治国
  - 法律与宗教
    - 宗教释义
    - 宗教与法律的一般关系
    - 法律与宗教教规的区别
      - 产生方式不同
      - 内容不同
      - 适用范围不同
      - 实施保障不同
    - 宗教与法律的相互影响
      - 宗教对法律的影响
      - 法律对宗教的影响

第一节 法律文化

一、文化释义

古汉语经典《易经》中《贲卦·彖传》有“观乎天文，以察时变；观乎人文，以化成天下”之语。以“人文”“化成天下”，是指用礼仪、风俗、典籍教化天下苍生。此处“文”与“化”虽未连接成词，但已有当今“文化”所指之意。“文化”一词据说最早出于西汉刘向《说苑·指武》“圣人之治天下也，先文德而后武力。凡武之兴为不服也。文化不改，然后加诛”。这里的“文化”意指文治为法，以礼乐典章制度为依据教化臣民，与当今“文化”所指十分接近。

英语“文化”（culture）一词来源于拉丁语“cultura”和“colere”，意为“耕耘”“耕作”，其最初的含义就有人们对于自然界的开拓之意。到了欧洲文艺复兴时代，人们将农业、手工业、商业以及教育等活动都归入文化的范畴，认为凡是与自然状态、天然状态相对立的都属于文化现象。德国学者普芬道夫曾这样定义文化概念：文化是社会人的活动所创造的东西和有赖于人和社会而存在的东西的总和。按照这个定义，文化既包括物质因素也包括非物质因素。总的来看，英语 culture 在语义上除农业栽培外，还将动物驯化、个人品格修养等含入其中。

当前学术界关于文化的定义，主要集中在对文化与人的关系，文化与经济、政治的关系，以及不同文化的个性与共性等问题的探讨上。特别是文化与人的关系问题，关涉如何认识文化的本质与文化建设的目标。大家在文化是人类社会所特有的重要标志这一点上已形成共识，承认文化是人的创造物，具有较强的社会性和实践性。然而，在对文化作为实践产物的具体理解上，又存在不同意见。

1. 文化是精神的产物。文化是由知识、信仰、哲学、法律、道德、艺术、风俗、习惯等组成的观念形态。文化虽然要通过语言文字与其他物质载体才能发挥作用，但其价值在于观念，离开观念的载体就无文化可言。

2. 文化是人实践活动的产物。文化的内涵应当着重从人本身作为历史主体发展的角度给予界定，文化和人的关系建立在实践基础上，人的一切创造物都是文化，人创造了文化，同时文化塑造了人。在此意义上，文化不但是精神的产物，而且是物质的产物，文化是创造价值的活动，体现了人类的自我创造、自我发展、自我发现、自我实现。

3. 文化的核心（文化核）是蕴含在实践活动中的人的素质、能力与价值取向。因此，以人格为内核的文化不应局限于观念形态，而应扩展到全部社会活动。

综上所述，所谓“文化”，可以看作是与自然现象不同的人类社会劳动的全部成果，包括人类所创造的一切物质的和非物质的成果。

二、法律文化释义

法律文化的概念五花八门。有人认为，法律文化核心乃是法学家群体及其派生物：法学教育、法律思想、法律知识体系及其传统。有人把法律文化说成是关涉法律价值和态度之网。有法学家倾向于把法律文化的概念确定在人们对待法和法律制度的态度、信仰、评价、思想和期待上。苏联的法学家倾向于把法律文化理解为“一种特殊的精神财富”“社会精神文明”,即法律制度、法律设施、法律运行和法律意识达到的“某种”状态。有日本学者将法律文化理解为以法律意识为核心,包括法律制度和设施在内的社会文化现象。中国学者梁治平认为:实际上,大多数人在使用这个词时似乎更愿意采取某种不甚严格的态度,因为它给人们提供了一种方便,即可以笼统和含混地用它来指与法律有关的历史、传统、习惯、制度、学理和其他任何东西。法律文化其实是一种立场和方法,实际上是“法律的文化解释”。他建议用“法文化”取代“法律文化”概念,因为“法文化”概念比较完整,也比较确定和明晰,还包含了某种方法论上的思考。[1]

综合来看,法律文化是一个共同体在长期共同生活过程中所认同的、相对稳定的、与法和法律现象有关的制度、意识和传统学说,以及由此产生的与法律活动相关的器物的全部内容。法律文化概念强调以下几个方面:

1. 视角文化性。法律文化首先把法律作为一种“文化”现象来研究。“法律一开始就明显不仅仅是法律问题,而同时也是政治问题、社会问题、历史问题和文化问题。”[2]法律文化的形成是由某一个共同体的社会背景、物质基础、价值标准决定的,法律文化是对这些因素的真实反映。这也是为什么法律文化从其发端就呈现出多元状况的重要原因。

2. 影响相互性。在演进过程中,法律文化与其他文化相互影响。法律文化虽然具有相对独立性,但其他文化(如政治文化、宗教文化等)对法律文化的影响始终存在,法律文化对其他文化同样具有影响力。

3. 形式多样性。法律文化在不同的时代、不同的地域或民族具有不同的表现形式。从宗教文化的角度,法律文化可以分为非宗教法律文化和宗教法律文化,而在宗教法律文化中又可以分为基督教法律文化、伊斯兰教法律文化、佛教法律文化等。根据不同的法律学说,可以基于不同的理论而形成如儒家法律文化、法家法律文化、道家法律文化等。根据时空的顺序还可以将法律文化划分为传统法律文化和现代法律文化。

一般认为,法律文化具有独特的民族性与普适性、鲜明的时代性与历史性、相对的独立性与相关性、相互的兼容性与排斥性等特征。

第二节　法律与道德

一、道德释义

汉语“道德”一词最早是分开使用的。“道”原指人们行走的道路,引申为自然规律和社

---

〔1〕 参见梁治平:《法律的文化解释》,生活·读书·新知三联书店1994年版,第2~5页。

〔2〕 梁治平:《法律的文化解释》,生活·读书·新知三联书店1994年版,第6页。

会发展规律；“德”和“得”意义相近，意指由“道”而得的规律或性质，通过对“道”的认识和修养而有得于己，老子的《道德经》有“道生之，德畜之”的说法。“德”是指人对道的把握和遵从，或指人事之道；“道”则指本体、法则、根据。在中国先秦儒家思想中，“道”与“德”构成完整的两个部分：“道”谓之规范；“德”谓之内心品质。道、德两字连用是在春秋末期，始见于《管子·君臣上》“道德定而民有轨矣”，后《荀子·劝学》中说“故学至乎礼而止矣，夫是之谓道德之极”。在孔子看来，道与德的关系是“志于道，据于德”，即信仰政治理想、执守道德修养；中华传统文化中的“道德”，就是指成己、成人、成天的行为法则，包括内在的心性修养和外在的行为规范。只有拥有正义美德的人，才可能了解如何去运用法则。

英文“道德”(morality)一词源于拉丁语 mos、moris，即风俗习惯，在这一词根基础上演变成为 moralis，即道德的。从西方古代文化中关于“道德”一词的含义来看，它所指的是人们在一定历史条件下共同生活关系中的风俗习惯，这些习俗和习惯表现为一定的行为规则，从而调整人与人之间以及个人与社会之间的相互关系。习俗和习惯产生于禁忌、风俗、礼仪，而禁忌、风俗、礼仪又是与原始巫术交织而生的远古时期人类活动的痕迹。正如恩格斯所说：“在大多数情况下，历来的习俗就把一切调整好了。”[3]随着社会生活的复杂化，社会关系日趋复杂，习俗和习惯已不可能完全调整社会中的全部关系，一些带有全局性的、牵扯到人们生活根本利益的社会关系就由从风俗习惯中上升出来的道德进行调整。以道德为研究对象的科学——伦理学(Ethos)，分为元伦理学和规范伦理学。

所谓道德，就是由人们的物质生活条件所决定的，评价人们的思想和行为的善与恶、荣誉与耻辱、正义与非正义、公正与偏私、诚实与虚伪等问题上的观念、原则和规范传统，主要依靠社会舆论、风俗习惯和人们的内心信念等力量保证其遵守。随着生产力的进一步发展，社会产生了比道德更强有力、更广泛、更普遍的标准去规范人们的行为，法律即应运而生。在我国历史上，很早就有德刑相辅、儒法并用的思想。

二、道德和法律的区别

1. 产生背景不同。道德是在原始规范的基础上产生的，最早表现为禁忌、风俗、礼仪。法律是在道德作为一种规范已经存在的基础上产生的，是社会矛盾尖锐化而道德已无力对现实的社会关系进行规范调整的情况下产生的结果。道德产生于社会观念中并存在于人们的信念里，是一种自发的过程和结果。法律却是由国家制定或认可的，并以特定的形式表现出来。

2. 表现形式不同。道德和法律的表现形式并不简单区分为是否形成文字或典章，而在于体系化和制度化。道德规范的产生远比法律早，但至今仍是一种非制度化、非系统化的形式。道德存在于社会流动的观念和人们的信念中，所以往往不以文字或条文的形式表现出来，也不需要专门的机构和人员制定和颁布。法律通常有专门的形式和制定程序。即使带有明显自发的、约定俗成痕迹的不成文法，在制度化方面，其系统化和明确性仍然是道德

〔3〕《马克思恩格斯选集》(第4卷)，人民出版社2012年版，第109页。

所不能比拟的。例如,英美法系的判例法,虽然不以条文的形式出现,却是具有严谨的内在体系、规范的制度。

3. 规范内容不同。在法律产生之前,社会重大的带有全局性关系的规范调整,主要由道德来完成。法律出现后,道德的一部分内容分离出来,改由法律规范调整。道德在规范人们行为时更多强调的是义务和禁令;而法律在规范人们行为时不但强调义务,同时还强调权利。

4. 实施方式不同。道德的实施主要是靠人们自觉遵守,其次靠舆论的强制、内心信念的约束等。法律的实施,虽也需要人们自觉遵守,但其具有道德所不具有的强制实施力量——国家强制力。

5. 违反后果不同。违反道德引起两种后果:一是惩罚,二是自我良心的谴责和社会舆论的压力。作为道德本源的习俗、习惯的遵守,靠人们的严格自我抑制,以及历代传承的习惯势力。在古代社会,先民们视违反禁忌为罪孽,所以对违反者往往施以各种处罚,如忏悔、献祭,严重的被驱逐出群体。社会舆论是来自外界的不确定的压力,这种压力只有为个人的良心所承受,即道德规范的外在要求要经良心的转换才起作用,才能产生压迫感。自我良心的承受能力在道德中起到主要作用,如果个人蔑视甚至无视社会舆论,道德规范自然失效。例如,面对一个落水者,一个人有能力抢救而又不去实施抢救,如果他认为自己的行为并无不妥,道德对他是无能为力的。由于法律的确定性和以国家的强制力作为后盾,当违法行为出现时,法律不考虑违法主体的承受能力,法律确定行为违法与否的准则就是法律本身。依法律指引办事,将获得肯定性后果,反之则承担否定性后果。

三、法律和道德调整人的行为的不同形态

法律出现后,道德规范和法律规范共同在人们的社会生活中对社会重大的、带有全局性的关系进行规范调整,如法律对犯罪行为的惩罚、对守法行为的奖励,道德对善的褒扬和对恶的评价。但对于同样的行为,法律规范和道德规范可能会表现出不同的态度:

1. 道德禁止或许可,法律也禁止或许可。犯罪行为一般是违反道德的,守法行为一般也是符合道德的。在日常生活中,如杀人、盗窃、合同违约、欺诈等行为是违反道德的,在法律上也是禁止的;而诚实信用、尊老爱幼、见义勇为等是道德上许可的,法律上也是许可的。

2. 道德不许可,但法律许可。违反了法律规范,一般也违反了道德规范,而违反了道德规范并不一定违反法律规范。如在特定期间内,债权人未向债务人主张债权,债务人也未主动向债权人履行义务,一旦超过了诉讼时效,债权人的实体权利虽然并不消灭,但将丧失胜诉权。有人在道德上可能不认可这种法律规定。

3. 道德许可,但法律不许可。如暴力复仇,在道德意义上是许可的,但在法律上却是禁止的。

由此可见,法律是成文的道德,道德是内心的法律。法律和道德都具有规范社会行为、调节社会关系、维护社会秩序的作用,在国家治理中都有其不同的地位和功能。法是他律,德是自律,需要二者并用、双管齐下。

四、依法治国和以德治国

法安天下，德润人心。习近平总书记指出："法律是准绳，任何时候都必须遵循；道德是基石，任何时候都不可忽视。在新的历史条件下，我们要把依法治国基本方略、依法执政基本方式落实好，把法治中国建设好，必须坚持依法治国和以德治国相结合，使法治和德治在国家治理中相互补充、相互促进、相得益彰，推进国家治理体系和治理能力现代化。"[4]中国特色社会主义法治道路的一个鲜明特点，就是坚持依法治国与以德治国相结合，强调法治和德治两手抓、两手都要硬，既重视发挥法律的规范作用，又重视发挥道德的教化作用，这既是历史经验的总结，也是对治国理政规律的深刻把握。

1. 强化道德对法治的支撑作用。坚持依法治国和以德治国相结合，就要重视发挥道德的教化作用，提高全社会文明程度，为全面依法治国创造良好人文环境。要在道德体系中体现法治要求，发挥道德对法治的滋养作用，努力使道德体系同社会主义法律规范相衔接、相协调、相促进。要在道德教育中突出法治内涵，注重培育人们的法律信仰、法治观念、规则意识，引导人们自觉履行法定义务、社会责任、家庭责任，营造全社会都讲法治、守法治的文化环境。

2. 把道德要求贯彻到法治建设中。以法治承载道德理念，道德才有可靠制度支撑。法律法规要树立鲜明道德导向，弘扬美德义行，立法、执法、司法都要体现社会主义道德要求，都要把社会主义核心价值观贯穿其中，使社会主义法治成为良法善治。要把实践中广泛认同、较为成熟、可操作性强的道德要求及时上升为法律规范，引导全社会崇德向善。要坚持严格执法，弘扬真善美、打击假恶丑。要坚持公正司法，发挥司法断案惩恶扬善功能。

3. 运用法治手段解决道德领域突出问题。法律是底线的道德，也是道德的保障。要加强相关立法工作，明确对失德行为的惩戒措施。要依法加强对群众反映强烈的失德行为的整治。对突出的诚信缺失问题，既要抓紧建立覆盖全社会的征信系统，又要完善守法诚信褒奖机制和违法失信惩戒机制，使人不敢失信、不能失信。对见利忘义、制假售假的违法行为，要加大执法力度，让败德违法者受到惩治、付出代价。要提高全民法治意识和道德自觉，使全体人民成为社会主义法治的忠实崇尚者、自觉遵守者、坚定捍卫者，争做社会主义道德的示范者、良好风尚的维护者。要发挥领导干部在依法治国和以德治国中的关键作用，以实际行动带动全社会崇德向善、尊法守法。

第三节　法律与宗教

一、宗教释义

宗教是一种文化现象，是人类社会发展到一定阶段的历史现象。宗教是人类文化的一

---

〔4〕 习近平：《论坚持全面依法治国》，中央文献出版社2020年版，第165页。

个重要组成部分,不但有其存在的独立性,而且在发展过程中形成了一套系统。我们仍然能够在社会的存在中找出宗教的反应物。“一切宗教都不过是支配着人们日常生活的外部力量在人们头脑中的幻想的反映,在这种反映中,人间的力量采取了超人间的力量的形式。”[5]宗教作为社会意识形态的一种表现形式,由社会存在所决定,并和其他意识形态一样,对社会存在产生影响。

宗教观念的产生,是原始先民对自然现象的神秘、不可知的心理反应。由于自然现象对人们来说是如此神秘和不可知,因此自然崇拜、图腾崇拜、祖先崇拜也就出现了。这也反映了当时的社会物质生活条件,他们所崇拜的物和现象,一定是他们所接触和感受到的。他们或是对这种物或现象的强大力量的畏惧,或是认为自己、自己的祖先与这种物和现象存在某种密不可分的关系,因此,将它们奉若神灵,对其崇拜。例如,原始先民若以狩猎为生,他们所崇拜的一定是他们所接触的野兽、自然物、植物。若生活在江河边以捕捞为生,往往崇拜他们所接触到的鱼类、自然物、植物。随着社会生产力的发展,社会生活不断改变,人们的崇拜对象也随之改变,但是,宗教的真正形成是人们对于苦难不可知的感受。这种苦难一部分来自自然,但更多的是来自社会中无知的异己力量。他们对这种无知的异己力量无能为力,并对这种力量所带来的巨大苦难感到恐惧和绝望,希望通过自己的一时苦难以获取赦免,或是通过今生的修行以获得今生的平安或在肉体死亡以后灵魂进入天堂得到来生的幸福。

由于地理、经济、政治、文化的原因,世界上没有形成一个全人类统一的宗教。宗教最早是部落的,后来演变成民族的,最后演变成世界性的。

二、宗教与法律的一般关系

在人类社会早期,很难区分何为法律规范、何为宗教规范。我国古代即有法律与宗教合为一体的情况,祭神时的祭礼,就包括有媚神的诗歌、测神意的占卜及神的命令。梅因在《古代法》中写道,在东方和西方,在古希腊、古罗马和古印度,法典“不管它们的主要性质是如何的不同,它中间都混杂着宗教的、民事的以及仅仅是道德的各种命令;而这是和我们从其他来源所知道的古代思想完全一致的,至于把法律与宗教从道德中分离出来,则非常明显是属于智力发展的较后阶段的事”[6]。《圣经》中最早编辑成册时有五卷,名为《律法书》,它奠定了《圣经》中《旧约》全书的基础,又被称为“摩西五经”“摩西十诫”,内容是从世界的起源到摩西率领以色列人逃出埃及最后来到迦南边境的神话与传说。“摩西五经”中很多内容都具有社会约束力。如“人若向邻舍借什么,所借的或受伤、或死、本主没有同在一处,借的人总要赔还”(《出埃及记》第22章),这很显然是对借贷行为的规范。再如,“不可随伙布散谣言,不可与恶人联手妄作见证”(《出埃及记》第23章),这里规定的是对他人人身权利的保护。《律法书》从分类的角度来看,属于宗教的戒律,但从规范的内容角度来

---

〔5〕《马克思恩格斯选集》(第3卷),人民出版社2012年版,第703页。

〔6〕[英]梅因:《古代法》,沈景一译,商务印书馆1959年版,第9~10页。

看,即使在今天,也不能简单地归为宗教的戒条。古印度文明《摩奴法典》就是古印度有关宗教、哲学和法律的汇编,包括按照婆罗门教戒条规定的印度在个人生活和社会生活中的行为规范,也包括有关管理国家和诉讼程序的训谕。两河文明的《汉穆拉比法典》同样是集王权与神权,法律与宗教为一体的。

中世纪的欧洲,法律与宗教在观念上融为一体,宗教作为至高无上的力量,统治着整个欧洲大陆。教会的权力大大高于世俗皇权,教会法无论是对于宗教信徒,还是对于非宗教信徒,都具有绝对的权威。一切人,只要是在思想上不能和宗教保持一致就被认为是犯罪。"宗教裁判所"对异端邪说进行审判,审判的对象已经超出教徒的范围。随着西方资本主义的兴起,宗教的社会影响受到了很大的削弱,没有了中世纪的辉煌,法律和宗教分离为各不相干的两大系统。但是,宗教仍然作为一种社会现象普遍存在。

三、法律与宗教教规的区别

法律和宗教教规作为意识形态和社会规范,有着许多共通之处、并在发展过程中相互影响,但两者由于价值取向的不同,区别也是显而易见的。

1. 产生方式不同。法律是人们在对自己认识的过程中产生出来的具有普遍约束力的社会规范,是人们自我认识、自觉规范的结果,是一种行为规范;同时,法律是社会规范系统化、制度化的产物,是国家意志的表现,具有国家意义。宗教教规是社会规范的一种特殊表现形式,是人们对自己认识异化的结果。

2. 内容不同。法律是一定社会物质生活条件的反映,法律的内容是基于一定的社会物质生活条件所建立起来的特定的权利义务关系,起着规范社会关系、维持社会秩序的作用。宗教从最终意义上讲仍受制于社会物质生活条件,但相对于法律,则是远离社会物质生活条件,具有较大的相对独立性。作为一种社会规范,宗教教规对社会关系和社会秩序的调节与维护,是通过人对神的义务的中介来实现的,具有间接性。

3. 适用范围不同。法律主要是"属地"的,在一国领域内的主体大都是法律适用的对象。一般来说,宗教具有"属人"的性质,宗教教规存在于一定的社会范围之内,某一宗教规范只能适用于某一教派的教徒。从这个意义上讲,如果没有宗教信仰或不信仰某一教派而信仰另一教派,某一宗教教规或某一教派的规范对他就不起作用;而哪怕是不在同一国家的某一教派教徒,其宗教规范也可能同样有效。

4. 实施保障不同。法律是国家意志的体现,并通过一定的国家机关,依据专门的程序制定或认可,所以,法律是以国家的强制力来保障实施的。一般来说,宗教教规不具有国家意志的属性,它的产生通常是以某一创始人业已形成的某种信仰为基础整理提炼而形成的。宗教教规的实施一般依靠存在于教徒内心的对超常力量的敬畏信念,但有时也依靠某种外在的力量来保障。

四、宗教与法律的相互影响

宗教与法律在发展过程中相互伴生、互为促进,但由于法律仍然是宗教的表现形式,内容仍然是宗教的,或宗教是法律的表现形式,而内容是法律的。所以,早期的宗教和法律长时期保持一种互为表里的关系,不存在影响与否的问题。

法律真正从宗教中分离出来是 11 世纪的事情,也就是基督教在西方得到巨大发展的时期。法律从宗教中分离之时,宗教对法律的影响被深深地铭刻在法律之中。宗教和法律都是意识形态和社会规范,两者虽各为独立的系统,分属不同的范畴,但其观念和具体规范的相互影响是深远并具根本性的。法律中仍然保留了许多宗教的痕迹,如现在西方法庭上常常见到的证人宣誓制度,当证人作证时,必须将手放在《圣经》上,以表示其证言以《圣经》的名义保证真实,否则,将受到上帝的惩罚。

(一)宗教对法律的影响

1. 观念的影响。在观念上,宗教对法律的最大影响莫过于人人平等的思想。在早期,法律把人分为很多等级,严格地规定了一个人一旦出生,他的社会地位就永远不再变。如《摩奴法典》就以种姓制度严格规定了每一个人的社会等级,佛教在批判种姓等级制度上提出了众生平等学说。虽然西方人人平等的概念在古希腊时期早就有之,但如此广泛的传播,如此深刻地为人们接受,却应归功于基督教的传播。基督教教义关心所有的人,只要信上帝,无论是女人或男人、奴隶或自由人、穷人或富人、儿童或成年人,在上帝的面前都是平等的。在以后的法律制度中,人人平等观念被完全接受,并成为法治的一个重要原则。这一理念在法律上的反映就是,法律作为具有普遍性的社会行为规范,对于每一个人都应予以平等的对待。

2. 司法程序的影响。法律制度中对程序的注重源于中世纪时宗教对法律的影响。早期司法活动具有随意性,例如,审判方式保留神明裁判制度和仪式宣誓裁判。神明裁判常见的有水神明裁判、火神明裁判或吃食神明裁判等。仪式宣誓主张一方首先以宣誓的仪式要求相对方给予权利补偿等,而相对方则同样以仪式的形式宣誓否认其主张。最终结果是:谁能流畅地、重复地在仪式中完成其宣誓,谁就是胜者。中世纪时,宗教裁判所的裁判官在审判时要求对被告的控诉必须有证据证明。虽然他们所审判的被告往往被认为思想上犯罪,而证明思想犯罪的最好证据是获得被告的思想,思想的表达一定是通过言行完成的,所以"口供"在中世纪的宗教裁判所中就成为"证据之王"。但是,如果不提供"口供",宗教裁判所则无法对被告定罪。在法律程序不断完善的过程中,对证据的要求成为审判中不可缺少的重要组成部分,这其中就有宗教对法律的影响因素。

3. 汇编方式、概念术语的界定完善等的影响。例如,以前的汇编都是按时间的先后进行,在宗教的影响下,法律开始以分类的形式进行汇编。

(二)法律对宗教的影响

1. 观念影响。权利概念被引进了宗教教规并大量运用,使之与宗教形成一个整体。如《天主教法典》第 220 条规定:"不准任何人非法损害他人既得的良好名誉;亦不得侵犯个人维护自己的隐私权。"第 229 条规定:"信徒亦有权利在教会大学、院系或自己学院获得更深的圣学知识,上课并考取学位。"

2. 编纂技术影响。体系上,法律对宗教的影响表现在宗教法典的系统化、规范化,使之形成一套严格、完整的法典体系。

3. 概念术语影响。概念和术语上，法律也对宗教产生了巨大的影响。自然人、法人、无行为能力人、成年人、未成年人等概念被大量运用，如《天主教法典》第 97 条规定："年满 18 岁者为成年人，18 岁以下者视为未成年人。未成年而未满 7 岁者，为婴儿，视为无行为能力之人；年满 7 岁者，推定为有辨别能力之人。"第 113 条规定："在教会内除自然人外，亦有法人，即依教会法符合其性质，作为义务及权利的主体。"

课后作业

一、关键词解释

1. 法律文化

2. 道德

3. 宗教

二、选择题

1. 道德与法律都属于社会规范的范畴，都具有规范性、强制性和有效性，道德与法律既有区别又有联系。下列有关法与道德的几种表述中，说法错误的是（　　）

A. 法律具有既重权利又重义务的"两面性"，道德具有只重义务的"一面性"

B. 道德的强制是一种精神上的强制

C. 马克思主义法学认为，片面强调法的安定性优先是错误的

D. 法律所反映的道德是抽象的

2. 下列关于法与道德、宗教、科学技术和政治关系的选项中，表述不成立的是（　　）

A. 宗教宣誓有助于简化审判程序，有时也有助于提高人们守法的自觉性

B. 法具有可诉性，而道德不具有可诉性

C. 法与科学技术在方法论上并没有不可逾越的鸿沟，科学技术对法律方法论有重要影响

D. 法的相对独立性只是相对经济基础而言的，不表现在对其他上层建筑（如政治）的关系之中

3. 东部某市是我国获得文明城市称号且犯罪率较低的城市之一，该市某村为了提高村民的道德素养，建有一条"爱心互助街"，使其成为交换和传递爱心的街区。关于对法治和德治相结合的原则的理解，下列哪一选项是错误的？（　　）

A. 道德可以滋养法治精神和支撑法治文化

B. 通过公民道德建设提高社会文明程度，能为法治实施创造良好的人文环境

C. 坚持依法治国和以德治国相结合，更要强调发挥道德的教化作用

D. 道德教化可以劝人向善，也可以弘扬公序良俗，培养人们的规则意识

4. 关于中国法律传统，以下说法正确的是（　　）

A. 礼法文化的思想基础是“尊尊”和“亲亲”,价值追求是三纲五常的伦理秩序

B. 德治是中国古代颇具特色的治国理论,虽然也重视制度建设,但更强调由有道德觉悟的贤人、君子等社会精英来治国,因此本质是人治

C. 重刑轻民并不意味着中国传统只有刑法而没有民法

D. 在中国古代,很难将司法权和行政权区分开来

5. 关于“礼”以下说法正确的是(　　)

A. 礼与法的关系,在中国古代就是礼与刑的关系

B. 礼是人们生活实践的行为规范,通过周公制礼形成系统化和规范化,从而形成了一种贵贱尊卑的等级秩序和制度

C. 传统礼法文化中的伦理主义精神是和中国古代宗法家族的社会背景相联系的

D. “礼”对一些最基本的社会关系的伦理规定,是处理中国古代伦常关系的基本信条

三、材料论述题

[**材料一**]

国家和社会治理需要法律和道德共同发挥作用。必须坚持一手抓法治、一手抓德治,大力弘扬社会主义核心价值观,弘扬中华传统美德,培育社会公德、职业道德、家庭美德、个人品德,既重视发挥法律的规范作用,又重视发挥道德的教化作用,以法治体现道德理念、强化法律对道德建设的促进作用,以道德滋养法治精神、强化道德对法治文化的支撑作用,实现法律和道德相辅相成、法治和德治相得益彰。

……

加强公民道德建设,弘扬中华优秀传统文化,增强法治的道德底蕴,强化规则意识,倡导契约精神,弘扬公序良俗。发挥法治在解决道德领域突出问题中的作用,引导人们自觉履行法定义务、社会责任、家庭责任。

[**材料来源**]《中共中央关于全面推进依法治国若干重大问题的决定》

[**要求**]从以上材料中任意选取一个命题,草拟一篇小论文,训练自己分析问题的能力。

[**材料二**]

(一)以下是古罗马《十二铜表法》第七表中有关民事的部分条文:

如供役地人未把道路保持在可供通行的状态时,则有通行权者得把运货车通过他认为适宜的地方。(第8条)

用人为的方法变更自然水流,以致他人财产受到损害时,受害人得诉诸赔偿。(第8条)

树的高度已达十五尺,为了不使它的阴影影响邻地,邻地所有人也可诉请赔偿。(第9条)

树上的果实落于邻地时,得入邻地拾取之。(第10条)

(二)以下是《唐律疏议》中有关民事的部分条文:

诸受寄财物,而辄费用者,坐赃论减一等。诈言死失者,以诈欺取财物论减一等。(第397条)

诸负债违契不偿。一疋以上,违二十日笞二十,二十日加一等,罪止杖六十;三十疋,加二

等;百尺,又加三等。各令备偿。(第398条)

诸侵巷街、阡陌者,杖七十。若种植垦食者,笞五十。各令复故。虽种植,无所妨废者,不坐。(第404条)

诸不应得为而为之者,笞四十;谓律、令无条,理不可为者。事理重者,杖八十。(第450条)

[**要求**]根据以上材料,讨论中西法律文化的差异性。

课后参阅论文

1. 郭忠:《论冲突中的道德和法律》,载《法律科学》2000年第2期。
2. 高鸿钧:《法律文化的语义、语境及其中国问题》,载《中国法学》2007年第4期。
3. 孙笑侠、麻鸣:《法律道德性:法律,抑或道德?》,载《法制与社会发展》2008年第3期。
4. 米健:《法律文化交往与文化主体意识》,载《中国法学》2012年第2期。
5. 张晋藩:《论中国古代的德法共治》,载《中国法学》2018年第2期。
6. 建志栋:《中国古代宗教治理的法律解读》,载《政法论坛》2019年第2期。
7. 张守东:《城隍神的构造原理:法律与宗教互动的古代中国经验》,载《财经法学》2020年第2期。
8. 张龑:《例外状态与文化法治国》,载《法学家》2021年第4期。
9. 王绍喜:《法律文化解释理论及其限度》,载《中国法律评论》2021年第4期。
10. 郭忠:《发现生活本身的秩序——情理司法的法理阐释》,载《法学》2021年第12期。

延伸阅读

"文化"在外延上涵盖的范围有多大,取决于我们如何界定文化的内涵。据殷海光的统计,关于文化的定义有一百多种,他将其分成记述的定义、历史的定义、规范性的定义、心理的定义、结构的定义、发生的定义六组。参阅殷海光的《中国文化的展望》(商务印书馆2017年版)。对文化的不同理解,也导致人们对于"法文化"或"法律文化"理解的差异性和多样性。从而,也就有了从文化视角看待法律,从社会视角看待"法律文化"或"法律与文化",以及特定共同体法律中的文化等不同的"法文化"或"法律文化"现象。通常,在一个"共同体"中,法文化或法律文化的形成、特征等往往受到该共同体的历史传统、文化风俗、道德习惯、宗教信仰等多重因素的影响。20世纪八九十年代,梁治平的《法辩:中国法的过去、现在与未来》论文集中所收录的系列论文的发表,在国内掀起了一阵研究法律文化特别是中国传统法律文化的热潮,参阅梁治平的《法辩:法律文化论集》(广西师范大学出版社2020年版)。

第十八章　法律与科技

知识结构图

- 法律与科技
  - 科学技术释义
    - 什么是科学和技术
    - 科学与技术的关系
  - 科学技术对法律的影响
    - 科学技术对立法的影响
    - 科学技术对司法的影响
    - 科学技术对公民法律意识的影响
  - 法律对科学技术的作用
    - 通过法律规范科技活动
    - 通过法律促进科技经济一体化、科技成果商品化
    - 通过法律预防和抑制科技活动和科技发展所引发的各种社会问题
  - 网络社会的法律新问题
    - 网络改变社会
    - 法律是调整网络秩序的重要规范
    - 构建网络社会法治秩序
      - 立法先行
      - 加大执法力度
      - 提高司法公信力
      - 建立法治化的网络治理模式

第一节 科学技术释义

一、什么是科学和技术

"科学"一词由英文"science"翻译而来。在我国清朝末年,"science"曾被译为"格致"。"格致"一词源出春秋时期的《礼记·大学》:"致知在格物,物格而后知至。"所谓"格物致知",就是深究事物的原理以求知识。但是,用"格致"来解释今天的"科学"所包含的内涵显然已有片面性。明治维新时期,日本学者接受了法国哲学家孔德关于科学分类的观点,把"science"译成"科学",以"分科之学"来区别中国统一体系的儒学。康有为则首先把日文汉字"科学"直接引入中文。他于1898年在"戊戌奏稿"中提出"外求各国科学"。严复先生于1896年翻译《天演论》和《原富》两本书时,也曾把"science"译成为"科学"。"科学"一词遂于20世纪初开始在中国流行起来,几十年以后又摆脱了分科之学的狭隘理解,形成目前的整体科学概念。传统观点认为,科学是人类所积累的关于自然、社会和思维的系统知识体系。如日本出版的《世界大百科辞典》中写道:"科学是认识的一种形态……是指人们在漫长的人类社会生活中所获得的、积累起来的,现在还在积累的认识成果——知识的总体和持续不断的认识活动本身。"1999年版的《辞海》将科学定义为"运用范畴、定理、定律等思维形式反映现实世界各种现象的本质的规律的知识体系"。

"技术"一词的希腊文词根是"tech",其原意是个人的技能或技艺。"'技术'一词,在早期只是各种辅助人类工作之机械工具的代名词而已。"在手工业时期,技术主要指个人的手艺和技巧,以及家庭世代相传的制作方法和配方等;到了大工业时期,机器和工具的优越性在效率中得以充分体现。随着科学的不断向前发展,技术的涵盖力又有了很大的增强。在漫长的技术发展过程中,每一个历史阶段都有其中心技术和相应的辅助技术,中心技术往往成为人类历史发展的时代标志。

本章所说的"科学",仅仅特指研究自然现象及其规律的自然科学;"技术"则只是泛指根据自然科学原理和生产实践经验,为某一实际目的而协同组成的各种工具、设备、技术和工艺体系,不包括与社会科学相应的技术内容。

二、科学与技术的关系

科学与技术是辩证统一体,技术提出课题,科学则完成课题。科学是发现,是技术的理论指导;技术是发明,是科学的实际运用。在古代,科学和技术一般是分离的。技术一般由平民和工匠掌握,技术的改进完全依靠经验摸索。科学知识由贵族掌握,科学理论一般落后生产实践。在古代人看来,科学是一种理解自然的求真的智力活动,技术只是体力劳动,因而轻视技术。随着生产的发展和科学技术本身的进步,近代以后,科学与技术的关系越来越密切,原来意义上的区别也越来越小。高科技的一个重要特点就是科学的技术化和技术的科学化。技术逐渐以现代科学实验和科学理论为基础发展起来。进入20世纪下半叶,科学技术在更高层次上的发展,使两者的关系变得极为密切。今天,人们一般认为科学是以实验观察为基础的、以系统地发现因果关系为目的的社会实践,侧重以认识世界为目的;而技术则是人类改变或控制客观环境的手段或活动,以改造世界为目的。

人类社会文明的发展史,同时也是生产和科学技术发展的历史。数千年的历史表明,科学技术从一开始就是由生产决定的。被认为人类第一项发明和最早一次技术革命的"钻木取火"技术,就是早期社会的人类群体进行狩猎和畜牧生产活动的自觉产物。公元前800年至公元前600年,古希腊文明兴起,成为后来西方文明的发源地。古希腊时期航海业名扬天下。为解决农业生产和生活中的实际问题,中国的农业科技的发展水平数千年来处于世界领先地位,其中的数学、天文历法、水利、医药尤为世人称道。社会生产不断给科学技术开辟新领域,提出新的研究对象。

科技是生产力发展的产物,反过来,它又推动了生产力的发展。中国的四大发明——指南针、造纸术、火药、印刷术先后于12世纪至15世纪传到欧洲,得以推广使用。其后的13世纪至16世纪,意大利的文艺复兴运动产生了学识、技艺和思维能力上的巨人。文艺复兴运动是后来英国的科学革命、技术革命和产业革命的思想文化上的先导,而这种先导作用,离不开中国四大发明输入欧洲的决定性影响。虽然"生产受益于科学与技术"这个命题得到了历史验证,但是在18世纪英国工业革命以前,科学与技术运用于生产还只是偶然的和不自觉的行为。那时,科学和技术一般是分离的和脱节的。技术由平民工匠掌握,技术的进步全凭经验摸索和传统技艺的提高和改进。科学知识则属于贵族哲学家,科学理论常常落在生产实践之后,只是概括和总结实践过程中积累的经验材料。

真正把科学技术广泛地应用在生产上,并引起社会深刻变革的,是发端于18世纪60年代的英国工业革命、技术革命和产业革命。科技生产的巨大威力在人类社会发展史上第一次改变了整个世界的面貌。20世纪,电力作为新的能源取代了蒸汽机而占据了统治地位。第一次工业革命以18世纪后半叶英国纺织机械化为标志,使19世纪的世界发生了翻天覆地的变化;第二次工业革命以20世纪初福特汽车公司大规模生产流水线的诞生为标志,为20世纪的人们开创了新世界;第三次工业革命则是以数字化制造及新型材料应用为代表,同样也将在21世纪从根本上改变人们的生活和工作。

自2008年国际金融危机爆发以来,如何走出危机实现复苏成为全球性的争论,为此引发了国外诸多学者关于"第三次工业革命"的讨论。著名经济学家、美国华盛顿特区经济趋势基金会总裁杰里米·里夫金(Jeremy Rifkin)提出,目前我们正处于第二次工业革命和石油世纪的最后阶段;这是一个令人难以接受的严峻现实,因为这一现实将迫使人类迅速过渡到一个全新的能源体制和工业模式。否则,人类文明就有消失的危险。他敏锐地发现,历史上数次重大的经济革命都是在新的通讯技术和新的能源系统结合之际发生的。新的通讯技术和新的能源系统结合将再次出现——互联网技术和可再生能源将结合起来,将为第三次工业革命创造强大的新基础设施。"第三次工业革命在今后几十年将迅猛发展,大概在2050年达到顶峰,然后在21世纪下半叶保持平稳状态。不断上升的曲线已经预示了一个新经济时代的到来，它将摆脱主导过去两个世纪的工业化经济发展模式，开创一种协作的生活方式。工业革命转变到合作革命是经济史上的一个伟大转折点。"[1]无疑，建立在互联网和新材料、新能源相结合的基础上的第三次工业革命，将使全球技术要素和市场要素配置方式发生革命性变化，也将推动人类社会进入个性化制造的崭新时代。

第二节　科学技术对法律的影响

一、科学技术对立法的影响

随着科技的发展，出现了大量新的立法领域。科技成果一旦开始应用于生产领域，种种新的社会关系就相继出现，法律问题也接踵而至。1474 年，威尼斯共和国颁布了人类历史上第一个专利法，开创了以法律保护技术发明的先河。到工业革命开始后，美国、德国、法国、俄国、日本等国家都相继颁布了专利法，成立了专利机构。这是科技发展影响立法的一个重要阶段。从此，许多国家开始通过立法来干预科技活动，调整科技领域中新的社会关系和社会秩序。特别是现代科学技术的发展，导致了计算机法、基因技术法、航空法、原子能法等的出现，许多新的法律纷纷登上法制史的舞台。自从 1957 年苏联把第一颗人造地球卫星发射到太空，1969 年美国"哥伦比亚"号宇宙飞船试航成功，宇宙空间的法律秩序开始逐步确立，宇宙空间的立法方兴未艾，尤其是外层空间的军事活动，需要法律加以调控。国际社会已经认识到外层空间的利用应以和平为目的，《外层空间条约》的制定便是这一目的指导下的立法成果。随着有关科技法律的大量涌现，科技法也终于从原有的法律体系中脱颖而出，成为一个独立的法律部门；与此同时，关于科技法的研究也随之广泛开展起来，科技法学作为一个新的独立的学科，也被广泛承认。

科学技术的发展，对一些传统法律领域提出了新挑战。例如，基因科技对人类影响越来越大。一方面，现代医学突飞猛进，人工授精、试管婴儿、人类胚胎移植等新技术的突破性发展，标志着人类自主干预生殖过程成为现实。但是，人工授精的广泛应用和试管婴儿的大量诞生，从而形成的新型父母子女关系、抚养关系以及继承关系等，使传统婚姻家庭和继承方面的法律受到了极大冲击。另一方面，转基因生物安全问题越来越引人注意，尤其是转基因食品安全问题。根据卫生部颁布的《转基因食品卫生管理办法》，食品产品中含有转基因成分的，要在包装上标明"转基因标识"，如转基因大豆在进口时应在外包装上注明"转基因大豆"；进口经加工为豆油后，应注明"转基因大豆加工品"；如果某面食的加工中使用了转基因豆油，但制成品中已检测不出转基因成分，仍要注明"本产品加工原料中含有转基因豆油，但本产品中已不含有转基因成分"。如何通过更为精细的法律调控，更有效地保障

---

〔1〕［美］杰里米·里夫金：《第三次工业革命：新经济模式如何改变世界》，张体伟、孙豫宁译，中信出版社 2012 年版，第 274 页。

权利是不容回避的问题。在著作权法领域,由于影印和静电复印技术的应用和普及,传统著作权法的效力大大减弱。特别是由于数字技术(包括计算机、数据库、多媒体、信息高速公路等)的发展,使著作权领域的法律问题更加突出。比如,由电子计算机创作的音乐、美术、诗歌等作品已大量出现,其著作权归属也成为棘手的法律问题。同时,由于科学技术的迅速发展,国际法也面临种种新挑战。2022 年 1 月 20 日,欧洲议会表决通过了《数字服务法》,以确保互联网平台对其算法负责。

科技知识及其研究成果被大量运用到立法过程中,法律规范的内容得以日趋科学化。例如,我国现行《民法典》婚姻家庭编的关于禁止直系血亲和三代以内的旁系血亲结婚、关于禁止患麻风病未经治愈和患其他在医学上认为不应当结婚的疾病的人结婚,就是以医学、遗传学和其他生物科学原理为依据的。同时,法律规范的数量不断增加,实际上就是许多传统的和新兴的科技领域的立法不断发展和完善的过程。随着人类科学技术的发展以及立法水平的不断提高,法律运行各环节中所必须应用的专门技术与方法的规定,如关于立法技术的规定,关于解释法律和进行法律推理的方法与技术的规定等越来越受到重视,从而出现了新的法律规范形式——技术法律规范,并逐渐形成了庞大的技术法律规范群。

二、科学技术对司法的影响

在事实认定方面,越来越多的高科技产品被用于查明案件事实领域,收效明显。借助于微电子技术、计算机技术、通信技术、生物技术、医学技术、摄影技术、化学技术及物理学方法,司法机关和司法人员能够快速准确地查获证据,认定事实。1905 年,英国伦敦破获一起凶杀案,被公认为世界上第一个用指纹来确定罪犯的案例。在此之后,不断发展的化学技术、摄影技术、电子脉冲技术表明不仅指纹,还有声纹、味纹、唇纹、眼纹和血纹都是终身不变和不可更改的,科学对上述人体特征进行鉴别认定,极大地提高了侦破案件的效率。

在法律适用主体方面,传统的单一法官判案已经受到某种挑战。1997 年超级计算机“深蓝”使世界头号国际象棋大师卡斯帕罗夫“俯首称臣”。这使许多智能机器人设计者认为可以通过机器人来履行法官审判职能。因为“法律推理应该依据客观事实、明确的规则以及逻辑去决定一切为法律所要求的具体行为。假如法律能如此运作,那么无论谁作裁决,法律推理都会导向同样的裁决”[2]。换言之,智能机器人可以通过“人工的、模拟的、假的”智能,而法官可以通过自然的、原型的、真的智能,解决同样的法律问题。只要两者能发挥出同样的功能,无须苛求哪个是钢铁结构、哪个是血肉之躯。尽管计算机先驱思想家莱布尼茨的愿望——“我们要造成这样一个结果,使所有推理的错误都只成为计算的错误,这样,当争论发生的时候,两个哲学家同两个计算家一样,用不着辩论,只要把笔拿在手里,并且在算盘面前坐下,两个人面对面地说:让我们来计算一下吧!”[3]——仍显浪漫,但是人工智能的发展的确为拓展法律适用主体提供了某种可能。

---

〔2〕 [美]史蒂文·J. 伯顿:《法律和法律推理导论》,张志铭、解兴权译,中国政法大学出版社 1998 年版,第 3 页。
〔3〕 转引自肖尔兹:《简明逻辑史》,张家龙译,商务印书馆 1977 年版,第 54 页。

在司法方法上，一方面，司法的过程不断吸收新的科学技术方法，将之纳入案件事实认定和裁判中；另一方面，以新技术发展为依托，司法方法自身不断实现自我创新。

随着科学技术的长足进步，处理复杂的法律问题越来越多地使用新的科学技术手段。例如，有关亲子关系的司法鉴定，主要是运用 DNA 技术，但鉴定结论则是司法工作的依据。再如，犯罪分子利用先进的科学技术实施高技术、高智商的犯罪活动，这就要求司法人员将先进的科技手段用于侦查、取证等，这些科技成果也就转化成为现实的"破案力"。现在，西方有些法学家将行为科学引进法学领域，在运用控制论、系统论等多种科学方法来研究法官行为等方面的问题。近年来我国某些科学家提出了"法治系统工程"的研究课题，计算机在法律领域的应用也越来越普遍。这些都表明在方法论上，司法呈现出更注意吸收科技新成果的趋势。实际上，自然科学的某些常用方法早已在我国立法和司法实践中得到了运用。例如，法律草案的局部试行鉴定，改造罪犯的新的措施试点对比，就是生物学中分组对照控制实验方法的法学翻版。现在的问题是，需要提高运用自然科学的严谨程度和自觉程度，并应充分考虑到法律问题上的一些不能控制、不可估量的干扰因素以及社会现象的复杂性。

同时，许多国家的科学研究者都在致力于开发各种人工智能计算机系统，探索新的司法方法创新。例如，在法律推理的定量化问题方面，1970 年布坎南（Buchanan）和海德里克（Headrick）发表了《关于人工智能和法律推理若干问题的考察》一文，开启了法律推理的人工智能研究进程；20 世纪 70 年代初由沃尔特・波普（Walter G. Popp）和伯恩哈德・施吕克（Bernhard Schlink）开发了 JUDITH 律师推理系统。1977 年，杰弗里・梅尔曼（Jeffrey Meld－man）开发了计算机辅助法律分析系统。1981 年 D. 沃特曼和 M. 皮特森开发了法律判决辅助系统。总体上，人工智能的发展对司法发展的影响是深远的。有人指出，人—机系统解决方案立足于人与机器的功能互补，目的是解放人的脑力劳动，服务于国家的法治建设。该方案的实施可以分为两个阶段：第一阶段以人为主，机器为人收集信息并作初步分析，提供决策参考。律师受理案件后，可以先用机器处理大批数据，并参考机器的起诉和辩护方案，再做更加高级的推理论证工作。法官接触一个新案件，或新法官刚接触审判工作，也可以先看看"机器法官"的判决建议或者审判思路，以此作为参考。法院的监督部门可参照机器法官的判决，对法官的审判活动进行某种监督，如二者的判决结果差别太大，可以审查一下法官的判决理由。这也许可以在一定程度上制约司法腐败。在人—机系统开发的第二阶段，会有越来越多的简单案件的判决与电脑推理结果完全相同，因此，某些简单案件可以机器为主进行审判，例如，美国法庭的一些小额案件；我国法庭也可用简易程序来审理的一些案件。法官可以作为"产品检验员"监督和修订机器的判决结果。这样，法官的判案效率将大大提高，法官队伍也可借此"消肿"，有可能大幅度提高法官薪水，吸引高素质法律人才进入法官队伍。[4] 这种分析对于司法建设的发展走向是有深刻意义的。

---

〔4〕 张保生：《人工智能法律系统的法理学思考》，载《法学评论》2001 年第 5 期。

三、科学技术对法律意识的影响

法律意识对立法起着指导作用,其常常受到科技发展的影响和启迪。例如,随着生理学、医学的发展,人们对于自然人的死亡的法律鉴定提出了更严格的要求,一些国家在法律上已经接受了“脑死亡”的概念;由于生理学、医学的发展,人们强调对于犯罪的精神病理因素持宽容态度,等等。

同时,科技发展促进了人们法律观念的更新,出现了一些新的法律思想、法学理论。如法律信息论、法律系统论、法律控制论,以及人工智能法学、计算机法学、网络法学,等等。另外,科学技术的发展,对于历史上已经形成的各个法系以及对于法学流派的产生、分化和发展也产生着重要的影响。

第三节　法律对科学技术的作用

随着时代的发展和社会生活的日益丰富,法律规范所调整的范围越来越广,法律的社会作用日益加强。与此同时,法律对于科技发展的影响和作用也越来越明显。

科学技术本身既能带来无止境的财富和利益,使人类社会文明程度不断提高;也会造成惨痛的灾难和损失,构成人类文明的障碍。科学技术是衡量人类精神文化境界的层次标准,是国家实力的象征和国际竞争与合作的基础。然而,科学技术的滥用和失控也会引起种种公害,破坏人与自然的协调和平衡。鉴于科技的这种“载舟覆舟”的双重特性,法律对科技的影响作用,一言以蔽之,在于“兴利”与“除弊”。

一、通过法律规范科技活动

第二次世界大战以来,人类迎来“大科学”时代,科学技术已经突破了科学家个体或少数人集体研究的小天地,成为一项国家事业,政府和企业都参与进去,实现了政治家、企业家与科学家的结合。科学家们的协同努力和集体攻关,离不开国家的科技发展规划以及对专门人才的培养和财政经费的支持,也离不开企业、银行、金融机构的资金投入。科技活动本身已是一项巨大的系统工程,涉及各环节的组织、协调、管理。所有这些,都需要一个良好的优化的法律环境,都需要法律来规范。

法律可以确认科技发展在一个国家社会生活中的战略地位。美国早在 1950 年就制定了《科学基金法》,为形成现代科学技术体系打下了基础。1976 年美国又制定了《国家科技政策、组织和重点法》,依法设立白宫科技办公室,参与国家财政预算制定,明确科技投入对于国家进步的支柱性作用。英国于 1965 年制定了《科学技术法》,韩国于 1967 年制定了《科学技术振兴法》,奥地利于 1970 年制定了《科学研究组织法》,法国于 1982 年制定了《科学研究与技术发展指导和规划法》,墨西哥也于 1985 年制定了《协调和促进科学技术发展法》。1993 年 7 月 2 日第八届全国人民代表大会常务委员会第二次会议通过《科学技术进步法》,这是指导我国科技事业发展的基本法律,该法于 2007 年 12 月 29 日和 2021 年 12 月 24 日已经过两次修订。

法律可以对科学技术的国际竞争进行促进和保障。科学技术国际化已成为当今世界的重要发展趋势,不同国籍的科学家之间的合作日益扩大,科技事业由国家事业发展为国际事业,通过国家间的科技合作,结成国家联盟,以便实现科技知识的共同生产和成果共享,保证在国际市场竞争中获得规模效益,增强本国经济实力。另外,当代的经济活动引发了许多全球性问题,如环境污染、气候变化、土地沙漠化、热带雨林及大气臭氧层的破坏以及人口、资源和能源等问题。这些问题的解决已超出了单一国家的能力范围,触及了全人类的共同利益,为此必须按照国际法和国际惯例的要求,签订各种形式的国际科技合作法律文件,如条约、协定、合同等,对国际科技合作进行指导和调整。法律文件一旦生效,即对合作各方都产生约束力。

法律可以对科技活动起到组织、管理、协调作用。在科技人员管理制度上,法律可规定科技人员的社会地位,明确其待遇分配、工作条件和生活条件,另外,还可以规定人才流动、专业技术职称、结社和引进人才方面的制度和运作;在研究开发机构制度上,法律可确认其法人地位,确定其设立、审批和管理程序,规定其权利义务;在科技发展计划制度上,法律可规定科技计划的编制、审批、组织实施和实施监督;在科技奖励制度上,法律可以规定奖励的种类、对象范围和条件、审定程序和奖励办法等;在科技投入方面,法律可规定科技投入的基本目标、体系、资金来源渠道等;在科技信息管理制度上,法律可规定信息管理体系、机构、网络化措施、职责和保密措施等。

二、通过法律促进科技经济一体化、科技成果商品化

"科学技术是第一生产力",并不等于有先进的科学技术,经济就会自然而然地发展。如果科学技术的存在状态仅仅停留在学术报告、实验图纸、展览样品的阶段,那么它还只是潜在的而非现实的生产力。只有使科技和经济相结合,大力促进科技成果商品化,经济才能高速增长,进而使社会对科技的物资、资金投入不断增加,使科技规模得以扩大,以保持或赢得经济上的竞争力,形成科技经济一体化协调发展的良性循环。然而,科技成果转化是一个复杂的系统工程,除了物质、资金投入外,还要解决其他一系列问题,如技术上要解决安全性问题、技术配套问题;体制上要解决科技与经济相脱节与平行发展的问题等。上述问题解决了,还有一个全局性的关键问题,即能否形成健全的机制。只有这个问题解决了,才能为成果转化提供多功能的社会服务体系,使研究、后续试验、开发、应用、推广直至形成新产品、新工艺、新材料,进而发展新产业等各个环节得以顺利和高效运作。在这些方面,法律都是不能忽视的重要基础因素。

国家可以规定各级政府部门在科技成果转化和推广中的地位和作用,明确其职责范围。有一些国家专门通过立法设定相应的政府职能部门来对科技成果转化进行管理、指导、协调,如英国的国家技术集团、日本新技术开发集团、澳大利亚的国家技术集团、法国的国家科研促进会等。在我国,根据 1996 年 5 月通过、2015 年 8 月修订的《促进科技成果转

化法》规定,由国务院科学技术行政部门、经济综合管理部门及其他有关行政部门管理全国范围的科技成果转化工作,地方各级人民政府管理本行政区域内的科技成果转化工作。

法律可以有力地保护知识产权,规范无形资产的评估价值。科技成果的专利权、版权、商标权、技术秘密权等知识产权,是促进科技成果转化的利益驱动力量,是对权利人付出的回报。知识产权法律制度是否健全、完善,是否符合国际标准,是衡量一个国家科技成果转化的运行环境好坏的重要尺度。我国的知识产权法律制度虽然起步较晚,但是通过不懈努力,目前基本上建成了一个较为完整并符合有关国际公约要求的知识产权法律保护体系,为科技成果转化提供了一个良好的法律环境和制度基础。

法律规定技术交易规则,可以使科技成果的商品性质和交换关系规范化。一些发达国家的实践经验表明,将科技成果推向成熟、稳定的市场,促进科技成果源源不断地转化为现实生产能力,离不开公平有序的竞争规则,离不开相应的法律监督系统。在科技、经济体制的配套改革中,我国已经开始运用法律手段来放开技术市场主体,放开技术要素。我国《民法典》合同编用法律形式规定了技术开发、技术转让、技术咨询、技术服务、技术入股的原则、内容、功能等,进一步加强了对市场经纪、信托、咨询以及市场调查和资产评估等中介服务内容的规范,日益严密维护市场秩序,保障和加速科技成果的转化。

三、通过法律预防和抑制科技活动和科技发展所引发的各种社会问题

科学技术活动的社会效果具有两重性:一方面,现代科技的发展为人类提供了改造和利用自然的新手段,提高了人们的生活品质,使人类享受征服自然所带来的福利。另一方面,科学技术也可能带来严重的社会问题。由于科学技术的失控、滥用而引起了种种社会公害,如环境污染、生态平衡遭到破坏、自然资源日益枯竭等。爱因斯坦曾经说过:“科学是一种强有力的工具。怎样用它,究竟给人类带来幸福还是灾难,全取决于人类自己。”科技本身是无罪的,关键在于使用科技的人。对科技成果的误用、滥用、非道德使用,便可能带来现实的或潜在的社会危害。20 世纪日本上空原子弹的爆炸声至今仍然是人类和平的警钟。进入 21 世纪以来,网络技术的飞速发展,为人们获取和传播信息提供了极为便利的手段,但对网络技术的非道德使用及其所带来的社会危害也越来越引人注目。例如,以“人肉搜索”为代表的网络暴力现象,以“黑客”为代表的各种网络犯罪行为等。事实表明,为防止对科技成果的误用、滥用和非道德使用所造成的社会危害,必须出台相应的法律加以防治,并对受害者给予法律救济。同时,研究开发的科技成果,其应用有可能危害人类社会、造成不可逆转后果的,也应当以相应的立法预先作出应用范围与性质的规定。例如,一些国家制定并已逐渐为国际社会所认同的原子能法,就是旨在和平利用原子能、安全处理核废料、禁止核扩散、防止核战争的法律。此外,克隆技术应用法、信息安全法等,也可分别对有关生物技术、网络安全技术等应用的范围和性质作出相应的规定。

第四节　网络社会的法律新问题

一、网络改变社会

2021 年 8 月 27 日，中国互联网络信息中心（CNNIC）正式发布的第 48 次《中国互联网络发展状况统计报告》显示，截至 2021 年 6 月，我国网民规模达 10.07 亿，较 2020 年 12 月增长 2092 万，网民使用手机上网的比例为 99.6%。毫无疑问，中国的网民数量稳居世界第一位。互联网以其开放性、平等性和全球性三大特性深刻地改变了现实社会的各个方面，网络虚拟空间产生的网络社会和现实社会界限日渐模糊，使人们在思维、生活、交流、交易等方面产生了翻天覆地的变化。同时，网络和现实中产生的问题呈现“社会问题网络化”“网络问题社会化”的趋势。科技的迅猛发展加上我国相关法律法规的滞后，导致网络无序化进一步蔓延，具体表现为：

1. 网络暴力盛行。网络暴力是指网民针对某一现象以言论攻击方式进行的道德审判，它并非现实生活中对当事人造成财产或人身损害的暴力形式，而是通过网络舆论的集结优势达到强制干涉他人的目的，主要表现为人肉搜索、言语攻击、形象恶搞、隐私披露等形式，导致当事人的名誉权、隐私权等人格权益受损，还可能会导致更加严重的不良后果。

2. 网络违法犯罪普遍存在。网络违法犯罪的十大类型为：网络诈骗、网络色情、网络传销、网络贩卖公民个人信息、网络“钓鱼”、网络赌博、网络黑客攻击、网络贩卖假冒伪劣产品、网络贩毒和网络非法集资。这些网络违法犯罪行为骗取人们钱财、危害未成年人身心健康、扰乱市场秩序、侵犯个人隐私、威胁网络安全和社会稳定，同时也阻碍了网络对社会经济发展的推动作用。

3. 网络表达无序。互联网凭借海量信息、跨越时空、互动性强、传播迅速、影响大、范围广等优势，颠覆了报纸、广播、电视等传统媒体的舆论传播方式，正成为最具影响力的新兴舆论工具。早在 1993 年，美国《纽约客》杂志一幅漫画的标题就是，“在互联网上，没人知道你是一条狗”，这充分体现了网络的虚拟性和匿名性。网络匿名性在扩大人们表达自由的同时，也带来了一些网民“匿名的狂欢”，误认为网络是一个完全自由的世界，可以在网络世界里肆无忌惮地进行情绪发泄、言语攻击，甚至进行违法犯罪行为。

网络社会虽然是一个虚拟的世界，但却是现实世界的折射。网络与现实世界的融合和渗透，是推动当前互联网发展的根本动力；网络社会的乱象会对现实世界造成危害，必须用法律来规范网络社会秩序。虚拟世界同样需要现实规则。

二、法律是调整网络秩序的重要规范

科技与法律相辅相成。互联网作为信息技术革命成果的最佳体现，深刻地影响和改变着人类生活的方方面面；法律在维系现实社会秩序方面发挥着重要功能，自然也能成为调

整网络秩序的重要规范。

1. 通过法律保障公民理性地进行网络表达。表达权是民主社会的根基,是个人发展和社会进步的一个基本条件,但网络表达的自由也应受到法律的限制。

2. 通过法律构建安全的网络经济活动环境。要推动重点领域跨越发展,就包括大力发展新一代信息技术。其中,重点发展新一代移动通信、下一代互联网、三网融合、物联网、云计算、集成电路、新型显示、高端软件、高端服务器和信息服务。现在,以互联网为载体的经济交易活动大量涌现,网络购物、网上支付、网上银行等形式的经济活动规模越来越大。但同时,网络经济违法现象也层出不穷,损害了网络经济发展。建立安全的网络经济活动环境,就是要通过依法打击网络诈骗、网络制假售假等网络侵权和网络犯罪行为,让网络经济主体能放心地利用网络进行市场交易,实现网络经济秩序的良性运转。

3. 通过网络治理培养一种便利生活、促进和谐的网络文化。网络便利了人们对信息资源的获取,提供了人们利用网络提升自己、展示自己、成就自己的平台,如分享网络信息资源、接受网络远程教育、将自己的作品上传网络展示等。网络社会的这种优势需要干净的网络环境和有秩序的网络参与,这样才能发展出向全社会传递正能量的网络文化。

三、构建网络社会法治秩序

1. 立法先行,为纷繁复杂的网络行为制定规则。近年来,人们对网络无序最感同身受的就是网络对个人信息的保护不力和网络犯罪的猖獗。通过网络泄露出的个人信息对公民个人造成严重的生活干扰,而一些诸如"人肉搜索"之类的网络暴力行为更是推波助澜。在刑事领域,网络空间中的多数犯罪,仍然只是传统犯罪的网络再现,仅是由于技术性因素的介入而在一些方面发生了变化,通过刑法理论和解释规则的"与时俱进",套用传统犯罪的罪刑条款完全可以解决问题。只有极少数情况是侵犯到了一种全新法益,需要设置新的罪刑条款。为此,一方面,可以通过扩张化的司法解释来应对,这更具经济性、时效性;另一方面,也可以通过刑事立法层面上创设新的规则来应对。当然,还必须细化执法规则,不仅让执法者"有法可依",而且要让执法者知道"如何依法",同时也让被侵权者知道如何依法维权。这既可以打击网络犯罪和网络侵权,也可以保护公民正常的网络权利。同时,还要借鉴其他国家关于互联网立法的先进经验,参与互联网国际立法。

2. 加大执法力度,净化网络环境。我国目前共出台了数十部法律、法规、部门规章、地方性法规以及行业规范等,用于规范互联网大环境。对已有或将来制定的法律规范,必须做到"有法必依,执法必严"。加强执法涉及以下三个问题:第一,要整合执法部门和执法资源。目前我国网络监管部门众多,仅仅以网络经济监管为例,主要就有12个部门。针对各行各业赋予不同部门以监管职权无疑是合理的,但需要做好划清职权和加强协作,否则会导致多头监管、效率低下、自身管理混乱的尴尬。第二,要加大技术投入,加强执法技术力量。网络结构的复杂性和海量的网络信息加大了网络监管的难度,网络违法行为普遍存在违法成本低、隐蔽性强、传播迅速、涉案地域广的特点,传统的技术监管已经很难对其进行有效监管,要解决这些问题,必须加强监管技术投入,比如加强网络有害信息的搜索技术和屏蔽技术的投入,从而及早发现网络违法苗头。第三,要加大处罚力度。对于网络违法行为,需要根据相应的犯罪情节给予治安管理处罚或追究其刑事责任。

3. 提高司法公信力,主动应对网络时代新挑战。在全媒体、大数据时代背景下,司法工作面临一系列的新问题、新挑战和新机遇。当前,司法部门的宣传和舆论引导工作仍局限于传统新闻传播方式,对网络时代的新形势、新特征把握不清,尤其是网络舆论引导乏力,其结果往往会严重损害司法公信力和司法权威。为此,应立足于网络舆论传播规律和新形势,提高网络舆论引导能力,切实有效地提升司法公信力和司法权威。第一,提升应对网络事件的新技能。随着互联网的普及,网络已经成为一个重要的舆论策源地和发酵场,司法人员要认识到网络在现代社会中的重要地位,大力提高应对网络事件的技能,形成对互联网和新兴媒体的正确认识,掌握网络舆论传播规律,不断提升与媒体、网络舆论沟通交流的能力。第二,建立常态化网络互动平台。司法机关应当通过建立官方微博、公共信息服务平台等方式,主动融入网络时代;利用互联网的互动性、时效性、丰富性等特点,主动展示司法工作的良好形象,为提升司法公信力拓宽新的途径。第三,建立网络舆情研判和预警机制,及时发出预警信号,积极应对可能出现的各种情况。同时,也要加强对网络舆论的引导。第四,正确处理独立司法和新闻自由的关系。为了建立起司法与网络舆论的良性关系,必须积极推动我国的新闻和网络信息传播立法工作:新闻媒体应该满足公众的知情权和表达权,依法行使舆论监督权;网络舆论的表达自由应该得到充分保障,但应该以不触犯法律为前提。第五,大力推进网上公开裁判文书。法院应当借助互联网的优势,将裁判文书全部公开至网络平台,并及时更新以保证裁判文书上网的时效性。

4. 建立法治化的网络治理模式。按照联合国网络治理工作组(Working Group on Internet Governance)的定义,网络治理是指由政府、私营机构和公民社会从他们各自的职责出发,共同形成、发展和运用的原则、规范、章程、决策程序和制度安排,以此影响和推进互联网的使用。中国目前的网络管理实践更侧重于政府监督功能的发挥,是一种"监管"模式,强调自上而下的、单一主体的管理模式,在理念上强调通过政府来净化网络环境和网络舆论,在实践上倾向于通过强制性内容审查与过滤"防患于未然";而互联网"治理"模式则是强调多元主体的管理架构,还原互联网的民主属性的基本原则,强调在自发式、自律性的网络环境中多种意见的交流与碰撞。

网络社会的复杂性要求实现从"监管"到"治理"的转变。因为互联网参与主体众多,网络的无国界性还导致网民无国界。每个网络参与者都既有能力也有义务去承担起约束自我行为和参与网络治理的责任。对每个公民而言,法治社会是一个可以依法行使权利的社会,同样也是一个需要承担责任的社会。因此,法治化的网络治理模式强调网络参与主体的道德自律,这也是法治意识的更高级体现。比如,美国计算机伦理协会就为网络用户制定了"计算机伦理十诫",其内容包括:(1)你不应该用计算机去伤害他人;(2)你不应该去影响他人的计算机工作;(3)你不应该到他人的计算机文件里去窥探;(4)你不应该用计算机去偷盗;(5)你不应该用计算机去作假证;(6)你不应该拷贝或使用你没有购买的软件;(7)你不应该使用他人的计算机资源,除非你得到了准许或者作出了补偿;(8)你不应该剽窃他人的精神产品;(9)你应该注意你正在写入的程序和你正在设计的系统的社会效应;(10)你应该始终注意,你使用计算机时是在进一步加强你对你的人类同胞的理解和尊敬。

总之,法治化的网络治理模式必须倡导网络多元主体的相互合作,培养网络社会的法治精神和自治意识。通过法律确定的网络自由边界和网络行为规范,建立政府、企业和民众都能参与的全方位管理体系,最终实现一个具备法治秩序的网络社会。

课后作业

一、选择题

1. 人类改变或控制客观环境的手段或活动,以改造世界为目的的是(　　)

A. 科学　　B. 技术　　C. 法律　　D. 工具

2. 科技对司法的作用表现在(　　)方面。

A. 司法主体扩张　　B. 司法方法创新　　C. 案件事实认定　　D. 法官思维塑造

3. 科技发展的影响,促进了人们法律观念的更新,出现的新法律思想、法学理论包括(　　)

A. 法律控制论　　B. 法律系统论　　C. 法律信息论　　D. 法律社会论

4. 随着科技的发展,人体器官移植成为可能,产生了自然人享有对自己的器官进行处理的权利。美国统一州法律全国督查会议起草的《统一组织捐献法》规定:"任何超过18岁的个人可以捐献他的身体的全部或一部分用于教学、研究、治疗或移植的目的";"如果个人在死前未作出捐献表示,他的近亲可以如此做";"如果个人已经作出这种捐献表示的,不能被亲属取消"。之后,美国所有的州和哥伦比亚特区采取了这个法令。关于这一事例,下列哪一选项是错误的?(　　)

A. 科技进步对法律制度的变迁有较大的影响

B. 人权必须法律化才能获得更大程度的保障

C. 人权归根结底来源于国家的承认

D. 器官捐献是一种自由处分的权利,而不是义务

5. 某国政府批准在实验室培育人兽混合胚胎,以用于攻克帕金森症等疑难疾病的医学研究。该决定引发了社会各界的广泛关注和激烈争议。对此,下列哪些评论是正确的?(　　)

A. 目前人兽混合胚胎研究在法律上尚未有规定,这是成文法律局限性的具体体现

B. 人兽混合胚胎研究有可能引发严重的社会问题,因此需要及时立法给予规范和调整

C. 如因该研究成果发生了民事纠纷而法律对此没有规定,则法院可以依据道德、习惯或正义标准等非正式法律渊源进行审理

D. 如该国立法机关为此制定法律,则制定出的法律必然是该国全体公民意志的体现

二、材料分析题

［材料一］

哈尔滨的林女士在家安装了一台电脑，并在小区内率先申请了宽带上网，夫妻俩一下班就一起在QQ上聊天。后来，由于时间一长，林女士对聊天失去了兴趣。倒是她的丈夫张先生从此迷上了网络聊天，此后令她奇怪的是，丈夫每天上网的时间越来越长，回家后第一件事就是打开电脑，还很神秘，不和林女士说话，有时候还经常聊到半夜。一次很偶然的机会，让她发现丈夫竟然在网上有了"老婆"，还共同"抚养"了一个孩子。

两人常为此争吵不停，无奈林女士向丈夫提出了离婚，但丈夫没同意。林女士最终以丈夫涉嫌重婚罪将其告上法庭，并要求丈夫支付精神赔偿费。她在诉状中称，其夫在网上结婚生子，这种"重婚"行为对自己造成了极大的精神伤害，丈夫已经违反了夫妻之间的忠实义务，要求丈夫赔偿精神损失费10万元。对此，其夫张先生却坚持认为"网婚"只是在网上虚拟的活动而已，在现实生活中从来没有做过对不起妻子的事情。

法院审理后认为，根据我国法律的相关规定，公民婚姻成立实行登记原则，无论是"网恋"还是目前极为流行的"网婚"，显然都不具备这一法定形式要件，因此没有重婚之嫌。据此，法院同意了林女士离婚的请求，却驳回了她要求丈夫支付"过错赔偿"的要求。

［材料二］

（一）

2014年9月17日，海淀法院正式受理了车易拍网站诉优信拍网站商业诋毁案件。该案是首例二手车电商之间因为数据纠纷导致的商业诋毁侵权案件，引发了公众关于大数据时代背景下数据保护途径选择问题的探讨。

8月22日，在艾瑞官方微博上发表文章《多种模式促进二手车电商的发展，优信拍交易规模行业第一》，并配以数据说明。数据来源以及数据真实性引发行业另一家巨头电商企业车易拍的强烈质疑，并在8月25日凌晨，以官方微信的形式提出质疑。

8月25日，两家电商的微博嘴仗引起了新华社记者的关注，在发表的《二手车电商竞争加剧，市场份额之争硝烟渐浓》一文中，一位业内人士透露，该数据的发布应该是在狙击对手融资。

8月29日，优信拍并没有因为车易拍的官微抗议而停止行动，持续以《优信拍交易量位居第一　车易拍第二》为题，在网上大量发布稿件。车易拍随后以《车易拍：数据的真实性是企业良性发展的基石》一文进行回应。

9月1日，中国汽车流通协会例行月度总结会上，选用第三方机构数据显示，车易拍在二手车电商行业居首，并被媒体报道。

9月10日，优信拍通过其母公司北京易车信息科技有限公司旗下易车网，发布了《优信拍公开回应车易拍，还原数据真实性》的新闻稿，并在文章中发布了车易拍交易数据监测截屏，供网民下载，大量媒体转发。当晚，车易拍在官方微博中提出严重抗议，表示优信拍已经侵犯了车易拍的合法权益。

9月17日，车易拍正式向法院提起诉讼，以商业诋毁将优信拍和易车网一并告上法庭。

(二)大数据时代下的数据侵权隐患

2012年以来,“大数据”一词越来越多地被提及,人们用它来描述和定义信息爆炸时代产生的海量数据,并命名与之相关的技术发展与创新。正如《纽约时报》2012年2月的一篇专栏中所称,大数据时代已经降临,在商业、经济及其他领域中,决策将日益基于数据和分析而作出,而并非基于经验和直觉。

大数据技术作为一种快速崛起的网络计算技术,可以让商业机构和公共管理机构获得前所未有的调查研究能力,大大优化决策和执行的力量,是消费者和公众行为研究的“神器”。越来越多的公司依赖数据挖掘技术,致力于对本行业领域数据进行深度加工,并搭建起相关数据库为公司的商业决策提供依据,但正因为它所具有的空前巨大的发掘、监控和跟踪能力,相关数据以及基于该数据搭建起的数据库面临的侵权风险日益加剧,网络环境下的侵权方式也显得更加便利和多样化。

受传统著作权“表达”与“思想”二分法理论的影响,版权对数据库的保护只限于数据库的结构,即对数据库内容具有独创性的选择与编排,数据库制作者不得因他人对数据库内容的侵权而请求版权保护。按照《中国大百科全书》的定义,数据库是指为满足某一部门中多个用户多种应用的需要,按照一定的数据模型在计算机系统中组织、存储和使用的互相联系的数据集合。

根据《著作权法》第14条的规定,我国是将数据库纳入汇编作品范畴予以保护的,保护范围是以作品、作品片段、数据或其他材料为内容的数据库,保护对象是数据库对内容的选择和编排,而不延及数据库的内容和操作数据库的计算机程序,判断标准是“对数据库内容的选择或编排上”是否具有独创性。

数据库著作权的权利内容,与一般的汇编作品的权利内容并无实质上的区别,一般包括复制权、发行权、出租权、展览权、改编权、向公众传播权等专有权。上述法律规定体现的是我国数据库版权保护方面的立法,但不言而喻,在数据库保护方面,版权保护途径仍存在一定的弱保护属性。

[**材料来源**]《北京日报》2014年10月8日。

[**材料三**]

网络空间同现实社会一样,既要提倡自由,也要保持秩序。自由是秩序的目的,秩序是自由的保障。我们既要尊重网民交流思想、表达意愿的权利,也要依法构建良好网络秩序,这有利于保障广大网民合法权益。网络空间不是“法外之地”。网络空间是虚拟的,但运用网络空间的主体是现实的,大家都应该遵守法律,明确各方权利义务。要坚持依法治网、依法办网、依法上网,让互联网在法治轨道上健康运行。同时,要加强网络伦理、网络文明建设,发挥道德教化引导作用,用人类文明优秀成果滋养网络空间、修复网络生态。

……

网络空间是人类共同的活动空间,网络空间前途命运应由世界各国共同掌握。各国应该加强沟通、扩大共识、深化合作,共同构建网络空间命运共同体。

[**材料来源**]习近平主席2015年12月16日在第二届世界互联网大会开幕式上的讲话。

[**要求**]根据以上材料,分析网络社会中法律与科技之间的关系。

课后参阅论文

1. 苏力:《法律与科技问题的法理学重构》,载《中国社会科学》1999 年第 5 期。
2. 付子堂:《知识经济时代法律对科技行为的功能》,载《法商研究》2000 年第 1 期。
3. 周汉华:《论互联网法》,载《中国法学》2015 年第 3 期。
4. 郑玉双:《破解技术中立难题——法律与科技之关系的法理学再思》,载《华东政法大学学报》2018 年第 1 期。
5. 徐汉明:《我国网络法治的经验与启示》,载《中国法学》2018 年第 3 期。
6. 马长山:《司法人工智能的重塑效应及其限度》,载《中国法学》2020 年第 4 期。
7. 申卫星、刘云:《法学研究新范式:计算法学的内涵、范畴与方法》,载《法学研究》2020 年第 5 期。
8. 丁晓东:《论算法的法律规制》,载《中国社会科学》2020 年第 12 期。
9. 周尚君:《数字社会对权力机制的重新构造》,载《华东政法大学学报》2021 年第 5 期。
10. 陆幸福:《人工智能时代的主体性之忧:法理学如何回应》,载《比较法研究》2022 年第 1 期。

延伸阅读

网络时代的到来,无疑极大地减少了各种信息的流通成本,扩展了公民的选择自由,同时也带来诸多挑战。美国学者桑斯坦提出了网络时代对公民社会的威胁。他认为,人类社会需要一种社会黏性,这种黏性是由共同经验得来的。在网络时代,个人可以对信息进行选择性接受,事实上,人们得到的仅仅是一种窄化的信息,这减少了社会黏性,从而使共同体的维系出现问题。面对这些问题,桑斯坦提出了具体的解决方案:在网络中伸张"公共论坛原则"。当然这一解决方案必须回应自由主义者关于言论自由的质疑。可参阅桑斯坦的《网络共和国》(黄维明译,上海人民出版社 2003 年版)。

我国学者胡泳以阿伦特等学者的公共领域为理论基础,通过文献梳理、案例分析等方式,描绘了中国网络公私领域复杂交织的技术情境、社会情境、政治情境和经济情境,展现了传统的公私两分如何在社会和政治的双重压力下消长和易位。可参阅胡泳的《众声喧哗》(广西师范大学出版社 2008 年版)。

第十九章　法律与生态文明

知识结构图

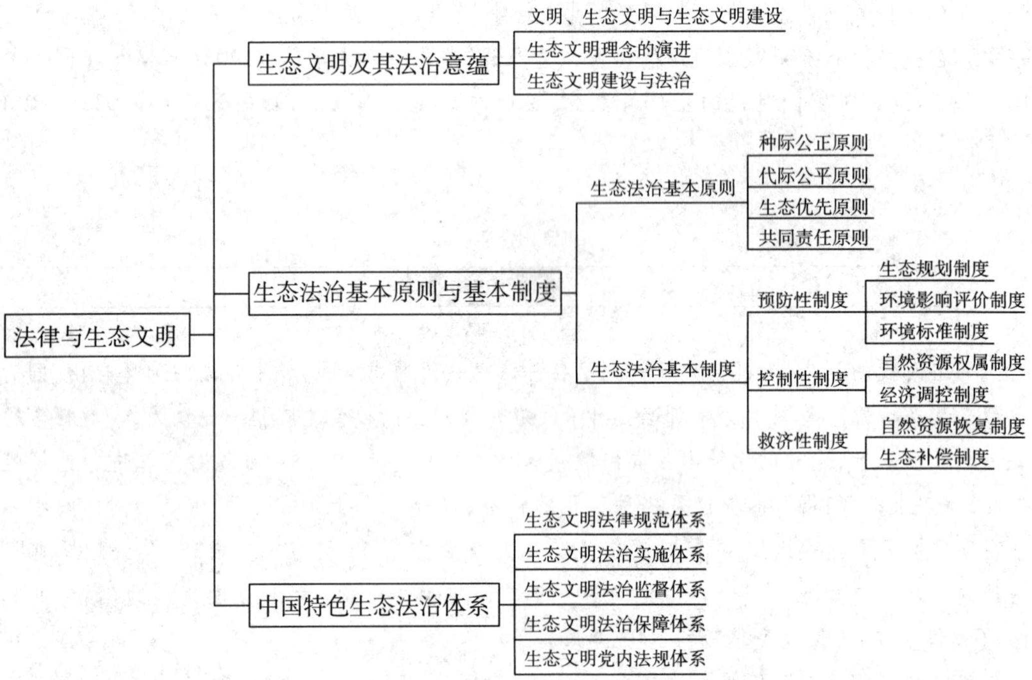

第一节　生态文明及其法治意蕴

生态文明是社会可持续发展战略中的关键环节。重视生态文明建设，对于处理好人与自然的和谐相济关系，促进经济与社会持续协调发展，全面实现社会主义现代化建设的各项目标，有着深远的战略意义，是造福子孙后代的百年大计，并已越来越显示出其重要性、紧迫性。生态文明建设的顺利进行，离不开法治的手段和方式来保障和推进，尤其是党的十八大把生态文明建设提升到新的战略高度，并要求全面推进依法治国的时代背景下更是如此，因此应予以高度重视。

一、文明、生态文明与生态文明建设

文明是人类改造世界的物质成果和精神成果的体现和记载，标志着人类的进步程度和状态，通常可把社会文明分为物质文明和精神文明两个方面。然而，随着社会发展以及人类认识和实践领域的扩展，人类社会文明的内涵和外延以及人们对它的认识和了解已经突破了这种传统格局而逐渐呈现出其多层次、多形态、多方面的系统结构状态。就目前人们的认识程度而言，社会文明除了物质文明和精神文明之外起码还存在包括政治文明在内的制度文明[1]以及生态文明等应予以特别重视和认真研究的文明形态，它们均是人类社会文明结构中不可缺少的有机构成，应纳入人类社会文明的整体结构和科学体系。

所谓生态文明，简单来说，是指人类在改造客观世界的同时又主动保护客观世界，积极改善和优化人与自然的关系所取得的物质与精神成果的体现和记载；那么生态文明建设就是把人类在改造客观世界的同时又主动保护客观世界，积极改善和优化人与自然的关系所取得的物质与精神成果保持下来并予以发展和不断推进。可见，之所以称为“生态文明建设”，而不称作“生态建设”，就是在强调把这种物质与精神成果保持下来并发扬光大，以推进社会全面进步和发展。从哲学的意义上说，生态是一种自然而然的客观存在，生态文明建设改善和优化人与自然的关系的主观能动性、积极性和创造性，并使这种活动和过程持续进行，得以发展和不断推进。因此，它们都有其特有的规律性，必须以科学的态度来对待和进行。

人与人之间的社会关系的存在和发展，是以人与自然的关系的存在和发展为前提和首要条件的，因此重视生态文明，开展生态文明建设，处理和协调好人与自然环境之间这种根本关系，才能为社会的存在和发展提供必不可少的前提和首要条件。所以“生态”概念还可以扩展，还存在“社会生态”，社会生态是人类社会和自然环境相互作用的生活状态。这些都需要深入研究和加以拓展。

---

〔1〕 文正邦：《论制度文明》，载《长白论丛》1997 年第 1 期。

重视生态文明,开展生态文明建设,就必须重视对自然资源和生态环境的合理利用和有效保护,使人与自然环境和谐相处、良性互动,才能促进经济与社会可持续发展。进行经济和社会建设,必须从所处的自然环境出发,扬长避短,合理地利用并有效地保护自然资源;而不可竭泽而渔,以牺牲生态环境来追求经济效益和发展速度——这是一种片面、短视的物质文明观,是世界各国近代化历程中、实现工业化、城市化过程中所充分暴露出来的严重弊端。显然,它是与可持续发展观完全背道而驰的。重视生态文明,开展生态文明建设,才能采取"既满足当前需要又不危害子孙后代前景"的方式,去保障经济、社会永续发展。

生态文明科学概念的提出,生态文明建设的切实开展和深入进行,有其深刻的历史必然性和社会必然性,是我们社会主义现代化建设所面临的光荣任务和不可回避的重大课题。它将会引起我国和社会发展战略的重要调整和完善,从而促进我国经济和社会持续协调发展、社会全面进步、社会主义现代化建设顺利进行。不仅如此,它必将促进自然科学以及社会科学从"人类中心主义"向"人与环境和谐发展"的价值观的转换,从而把人与自然的和谐相处作为指导我们行为的世界观和方法论的理论基础,形成尊重自然、理解自然、保护自然的生产方式和生活方式,使人与自然的关系经过否定之否定回归到更加和谐的良性发展阶段。从人与自然的关系视角考察,人类社会的发展迄今经历了三个相互联系的发展阶段,即农业社会阶段、工业文明阶段、生态文明阶段。在农业社会阶段,人类对自然界的干预十分微弱,主要表现为人对自然的依赖。在工业文明阶段,社会生产力得到了空前的发展,人类干预自然的能力得到极大的提高,人们对环境资源的污染和消耗也是史无前例的。在人与自然之间的关系方面,由于受狭隘的人类中心论和分析实证主义哲学的影响,人与自然之间的关系出现对立,并引发多次生态灾难,经济的发展已经不可持续,生态与经济之间的冲突已成为国际社会面临的主要问题。在生态文明阶段,人们才正确认识并努力摆正人与自然的关系,以使其进展到人与自然和谐相处和相济的良性发展阶段。这对于人类文明和社会发展都具有不可估量的价值和意义。

二、生态文明理念的演进

西方工业文明经过200多年发展,以消耗资源和污染环境为代价来实现财富增长和经济增长,造成了严重的环境问题,不仅使生态系统平衡遭受破坏,而且对社会秩序与政权稳定造成了极大的威胁。20世纪30年代,英国学者坦斯勒提出"生态系统"的概念,各种以"生态"命名的观念涌现,引发了世界范围内的政治生态化、法律生态化、社会生态化思潮。各西方发达国家不得不通过修改传统法律并制定环境保护专门法律等方式加以应对。1972年,联合国人类环境会议在斯德哥尔摩召开,发布《人类环境宣言》,确立了现代环境保护的概念及其基本原则。2012年11月8日,党的十八大将生态文明建设与经济建设、政治建设、文化建设、社会建设并列,"五位一体"地建设中国特色社会主义,并把生态文明建设写进了党章;十八大报告用专章的形式系统论述必须"大力推进生态文明建设",指出:"建设生态文明,是关系人民福祉、关乎民族未来的长远大计。面对资源约束趋紧、环境污染严重、生态系统退化的严峻形势,必须树立尊重自然、顺应自然、保护自然的生态文明理念,把生态文明建设放在突出地位,融入经济建设、政治建设、文化建设、社会建设各方面和全过程,努力建设美丽中国,实现中华民族永续发展。"[2]2017 年 10 月 18 日,党的十九大强调:"生态文明建设功在当代,利在千秋。我们要牢固树立社会主义生态文明观,推动形成人与自然和谐发展现代化建设新格局,为保护生态环境作出我们这代人的努力!"[3]不仅把生态文明建设提升到了新的战略高度,使我们全面建成小康社会以及把我国建设成富强、民主、文明、和谐、美丽的社会主义现代化强国有了更充足的条件和更可靠的保证,而且强调了加强生态文明建设的必要性、紧迫性和重要意义。2018 年 5 月,习近平总书记在全国生态环境保护大会上发表重要讲话,首次提出了"生态文明体系"。他基于马克思主义哲学立场尤其是辩证唯物主义和历史唯物主义,对新时代中国为什么要大力推进生态文明建设、生态文明建设的理论意涵与未来愿景、生态文明建设实践的重大战略及任务要求等一系列核心问题进行了系统性阐述,构成了一个独立而完整的环境社会政治理论体系。正是在这次大会上,党中央正式明确确立了"习近平生态文明思想"。党的十九届四中全会,对坚持和完善生态文明制度体系、促进人与自然和谐共生作了系统安排,阐明了生态文明制度体系在中国特色社会主义制度和国家治理体系中的重要地位,明确了坚持和巩固生态文明制度体系的基本内容,提出了不断发展和完善生态文明制度体系的任务和要求。

三、生态文明建设与法治

对于生态文明理念,虽然表述各有不同,但最基本的理念应当是"尊重自然、顺应自然、保护自然",在此基础上获得人类物质文明、精神文明、制度文明的进步。这一基本理念进一步表现为:在人与自然的关系上,强调同构性,尊重并认同自然的内在价值;在生态系统各个组成部分的关系上,强调整体性,尊重并保护整个生态系统的完整和良好状态;在世代间的生态关系上,强调可持续性,尊重并保护后代人的生态利益;在法律制度的建立上,强调规律约束性,要把环境资源的立法建立在符合生态基本规律、环境要素整体演化规律和社会发展规律的基础之上。

作为当代先进文明的典型形式,生态文明已经得到了多数人的认可。然而,生态文明要想从一种价值理念转变成为一种社会现实,还需要作为桥梁的法律规范的确认、调整和推动。生态文明建设法律保障体系构建的必要性主要体现在以下方面:其一,生态文明代表了人类对于人与自然关系的重新定位,是关于自然的价值观的根本转变。这种价值观的转变必然导致对原有立法目的、原则、制度的反思和更新,从而带来整个法律体系的转变和更新,生态文明法律保障体系的构建就成为应有之义。其二,生态文明也体现了人类对于经济、社会发展方式的重新认识,而经济和社会发展的转型离不开法律的规制、调整和推进。其三,作为全球普遍化的难题,生态危机的治理和生态文明的建设,需要各个国家共同

---

〔2〕 胡锦涛:《坚定不移沿着中国特色社会主义道路前进　为全面建成小康社会而奋斗——在中国共产党第十八次全国代表大会上的报告》。

〔3〕 习近平:《决胜全面建成小康社会　夺取新时代中国特色社会主义伟大胜利——在中国共产党第十九次全国代表大会上的报告》。

努力和协同发展,其中必然要求各个国家按照国际环境条约和全球环境宣言等软法性文件,构建一套行之有效的有关生态文明建设的法律体系。其四,生态文明作为一种新的文明形态是对旧的发展模式和社会制度的一种扬弃和超越,同样也不可避免地对法律人的思维方式和法学方法产生了巨大影响。其五,生态文明所包含的制度文明本身对法律保障提出了内在需求。

对于法律与文明的关系,德国新黑格尔主义法学大家约瑟夫·柯勒曾有过精辟的概括。他认为,法律是与文明相对的,而且不同的法律与特定时空的文明相对。"对过去而言,法律是文明的一种产物;对现在而言,法律是维系文明的一种工具;对未来而言,法律是增进文明的一种手段。"[4]循此思路,生态文明自当为生态法治的创生提供价值原点与革新动力;而创生后的生态法治则应以生态文明的制度维系和秩序增进作为存在依据。

所谓生态法治,简言之,就是对生态文明建设实行法治化的状态和过程,是生态文明建设的规范化、制度化、法律化,是社会主义法治建设新的重要组成部分;它是以资源和环境保护法这一重要的法律和法学部门为基础并予以进一步深化、发展和体系化,要求把法治的精神、原则和要求贯彻到关于生态文明建设的立法、执法、司法、守法以及护法等各个环节。

20世纪70年代以来,中国一方面吸取西方国家"先污染后治理"的教训,另一方面合理借鉴西方国家环境法治先进经验,展开生态法治建设。1973年制定中国第一个环境保护规范性文件,1978年在《宪法》中确认国家环境保护职责,明确环境保护工作领域为自然资源保护和污染防治两个方面,确立经济发展与环境保护相协调的基本理念,开始探索中国特色社会主义生态保护道路。经过40多年理论与实践的发展,已逐步建立了以环境保护法为核心的生态文明法治体系。

第二节　生态法治基本原则与基本制度

实行和实现生态法治是一项复杂而宏大的系统工程,须建立和健全完整严密的规则及原则体系,而首先就应确立生态法治的基本原则,其在整个生态法治体系中具有普遍指导作用,进而确立生态法治的基本制度。当前则应重点确立种际公正、代际公平、生态优先、共同责任原则。

一、生态法治基本原则

(一)种际公正原则

种际公正原则,是指生物圈内的不同物种之间在环境资源利益分配方面体现的公平和

---

〔4〕 Josef Kohler, *Moderne Rechtsprobleme*, B. G. Teubner, 1913, p. 1. 转引自邓海峰:《生态法治的整体主义自新进路》,载《清华法学》2014年第4期。

正义,人类应当尊重其他生物生存与存在的权利,所以这实际上是强调在生态社会中人类与其他物种之间的公平和正义关系。生物平等主义伦理学的代表人物史怀泽提出,应当敬畏和关心一切生命,因为所有生命都是神圣的,包括那些从人的立场看来是低级的生命。土地伦理学的创始人奥尔多·利奥波德主张,应把道德权利主体、道德关怀的范围扩大到包括土地、水、植物、动物乃至整个生态系统,人类应当是土地共同体中的一个好公民,应当从土地的征服者转变为土地共同体中的普通公民。动物解放者也主张动物具有某些天赋的或不可剥夺的权利,他们批判那种认为人类优越于动物的观点,认为这是“物种歧视主义”(specism)和人类沙文主义。

种际公正原则不仅为当代的生态运动提供了理论指导和精神力量,而且也在生态法的立法上得到了肯定。一些国家的国内立法就对其他生命形式的生存权利提供了前所未有的法律保护。1992 年《生物多样性公约》在其序言中也承认:“缔约国意识到生物多样性的内在价值,和生物多样性及其组成部分的生态、遗传、社会、经济、科学、教育、文化、娱乐和美学价值,还意识到生物多样性对进化和保持生物圈的生命维持系统的重要性,确认生物多样性的保护是全人类的共同关切事项。”1982 年 10 月 28 日联合国大会通过的《世界自然宪章》则更明确地指出:“每种生命形式都是独特的,无论对人类的价值如何,都应得到尊重,为了给予其他有机体这样的承认,人类必须受行为道德准则的约束。”“人类是自然的一部分,生命有赖于自然系统的功能维持不坠,以保持能源和养料的供应。”所以人类“应尊重大自然,不得损害大自然的基本过程”。可见,在这些法律文件中,人类不再被视为自然界之上或之外,而是与自然界相互联系、相互依赖的一部分。

(二)代际公平原则

代际公平原则,是指人类的不同世代之间应公平地享有环境资源权利并承担相应的环境资源义务。代际公平原则已被许多国际文件和国际条约所确认。早在 1972 年斯德哥尔摩联合国人类环境会议通过的《人类环境宣言》中,国际社会就已初步认识到世代之间的公平问题。该宣言指出:为这一代和将来的世世代代,保护和改善人类环境已经成为人类一个紧迫的目标,这个目标将同争取和平、全世界的经济与社会发展这两个既定的基本目标共同和协调地实现。1980 年发表的《世界自然资源保护大纲》在其前言中指出,“为了我们的生存及为了我们是肩负着作为子孙后代的自然资源托管者的责任,发展与保护资源均具有同样的必要性”。不仅一些国际文件包括法律文件已提及了世代间的公平,而且有些国家已经赋予未来世代人的诉讼主体资格,并且代际公平原则已被很多判例所肯定。

代际公平原则有其广泛的伦理学基础。国内外的生态伦理学家分别从环境伦理、资源生态伦理、人口生态伦理、消费生态伦理、战争生态伦理等不同维度进行了深入的探讨,其取得的研究成果为在法律上确立这一原则提供了深厚的理论依据,也为这些学说的传播打下了广泛的民众基础,对这一原则从伦理准则向法律原则的转化产生了重大影响。至于在阐述代际公平原则的理论中,“地球资源的信托原则”是最具有影响力的。该理论认为,地球资源是人类的共有财产,人类与人类所有成员,上一代和下一代,共同掌管地球上的自然资源。作为这一代的成员,我们受托为下一代掌管地球,与此同时,我们又是受益人有权使用并受益于地球。信托的财产授予者是人类全体。一方面,我们这代人拥有地球权利,是信托受益人;另一方面,我们又承担地球义务,是对后代(指持续不断的地球遗产的受益人)负有义务的受托人。信托财产包括自然资源和生态系统的环境以及外层空间的国际公地。

(三)生态优先原则

生态优先原则,是指当经济社会发展与生态环境保护产生不可调和的矛盾,二者不能兼顾时,应当把生态环境保护放在优先地位,使经济发展让位于生态环境保护。这一原则的确立取决于利益衡量的两项基本准则:其一,利益损失最小化,生态利益的易受损性决定了其必须优先;其二,紧缺利益优位,生态利益的稀缺性决定了其必须优先。

法是获取或减损利益的方式,是利益确认、衡平与维护的规范化途径。经济发展与生态保护的关系在法学的语境下可以转化为经济利益与生态利益的关系。从根本上看,两种利益同质同源,共生共进。"同质同源"是指两种利益的冲突态势源自人类欲求无限性与环境资源有限性之间的紧张关系;"共生共进"是指两种利益共同反映出生态系统服务功能的多样性,二者均具有正当性质,不可偏废。然而,经济利益与生态利益有时并不是完全一致的,有时甚至是严重冲突的。这时就有一个谁先谁后、取谁舍谁的问题。法律在解决这种冲突时,如果不能给出具体规则的话,最起码要给出一个解决冲突的原则。这就是环境法的基本原则。生态优先原则是指当经济利益和生态利益在经济社会发展过程中产生冲突时,生态利益应居于优先地位。我国《环境保护法》第 5 条关于"环境保护坚持保护优先、预防为主、综合治理、公众参与、损害担责的原则"的规定基本确认了"保护优先"原则。

(四)共同责任原则

环境问题的公共性、多样性与整体性导致了其发生原因的复杂性、损害后果的严重性以及因果关系证明的困难性,从而决定了其责任承担主体的多元性与承担方式的复合性。早期在国际上得到广泛承认的是污染者付费、受益者补偿原则。污染者付费、受益者补偿原则,是指污染者有责任对其污染源以及被其污染的环境进行治理,开发利用自然资源者或从其生态效益中受益者应当对自然资源所有人或为生态效益付出代价者给予相应的经济补偿。作为生态环境法律原则的更新,"共同责任原则"受到越来越多的关注和承认。该原则是指,环境污染或生态破坏的法律责任应当由从事该行为和从该行为中得到利益者共同承担的准则,它是对损害者付费原则的进一步充实和完善。共同责任原则的确立必须把握好四个次级原则的具体内涵。其中,损害者付费原则是指损害环境造成的损失及治理费用应当由损害者承担;集体负担原则是指在损害者难以确定的情形下,应当由造成同一损害类型的损害者全体负担防治、处理及费用的支付;共同负担原则是指在损害类型或损害者范围难以确定的情形下,应当由受损害影响的社会共同体负担有关费用;受益者补偿原则是指从环境损害避免或者减轻措施中得到利益者应当给予为此付出代价者一定利益填补的规范。这四个次级原则将环境保护的义务和责任进一步明确化,把环境的损害、保护环境的付出、环境利益的获得结合在一起,通盘考虑责任的负担,反映了生态文明法治建设全民动员的客观需求与责任负担的内在逻辑一致性。

二、生态法治基本制度

生态法治基本制度是国家生态制度在法律上的体现，是法律形式的生态制度。党的十八大报告指出，要加强生态文明制度建设，保护生态环境必须依靠制度，并提出了一系列制度建设要求，它们多是确立生态法治应该加强的制度建设，需要群策群力深入研究和不断建立健全。

（一）预防性制度

1. 生态规划制度

生态规划制度，是指国家根据各地区的生态条件、自然资源状况和社会经济发展的需要，对自然资源的开发利用、城市及村镇建设、工农业生产布局、基础设施建设等，在一定时期内所作的总体安排，以便达到其预定的生态目标。目前我国的生态规划制度包括土地利用规划制度、生态环境建设规划制度、自然资源规划制度、城市规划和村镇规划制度。

2. 环境影响评价制度

环境影响评价制度，是指对规划和建设项目实施后可能造成的环境影响进行分析、预测和评估，提出预防或者减轻不良环境影响的对策和措施，进行跟踪监测的方法与制度，是环境法上的一项重要法律制度。其宗旨是实施可持续发展战略，预防因规划和建设项目实施后对环境造成的不良影响，促进经济、社会和环境的协调发展。该制度是实施“预防为主”的环境法基本原则，避免“先污染、后治理，先破坏、后恢复”的有效武器，被认为是预期性环境政策的支柱。

3. 环境标准制度

环境标准是指为防治环境污染，维护生态平衡和保护人体健康，针对环境保护工作中需要统一的各项技术规范和技术要求，由环境保护行政主管部门按照法定程序制定并以特定形式发布的行政规范性文件。依据标准级别不同，环境标准可以划分为国家和地方两级，国家级包括国家环境标准和行业环境保护标准，地方级是指地方环境标准；依据标准类型不同，环境标准又可以划分为环境质量标准、污染物排放标准、环境基础标准、环境方法标准和环境标准样品标准。

（二）控制性制度

1. 自然资源权属制度

自然资源权属制度，是指自然资源的所有权、使用权等财产权制度，即主要是关于自然资源归谁所有、使用以及由此产生的法律后果由谁承担的一系列法律规范的构成的体系。是生态法治基本制度的重要组成部分。主要包括自然资源所有权和自然资源使用权。自然资源所有权，是指所有权人依法占有、使用、收益、处分自然资源的权利。按照自然资源权属的主体来划分，我国自然资源法中所规定的自然资源所有权，基本有两类，即自然资源国家所有权、自然资源集体所有权。按自然资源的种类来划分，可分为：土地资源所有权、水资源所有权、森林资源所有权、草原资源所有权、矿产资源所有权、野生动植物资源所有权等。自然资源使用权，是指单位和个人依法对国家所有或者集体所有的自然资源进行占有、使用和收益的权利。我国自然资源使用权，根据不同的标准可以进行不同的分类。按照自然资源的主体来划分,可分为国有资源使用权和集体资源使用权两类。按照自然资源的种类来划分,又可分为土地资源使用权、森林资源使用权、草原资源使用权、水资源使用权、滩涂使用权等。按照是否向所有权人支付费用,可分为有偿使用和无偿使用。

2. 经济调控制度

经济调控制度,是指国家运用经济杠杆刺激或者抑制生产活动或消费活动,以支持生态保护行为、抑制生态破坏行为的法律制度。经济杠杆包括财政援助、税收、收费、信贷、担保、押金、基金等手段和措施,而主要是税费制度,所以有人将其称为"环境资源税费制度"。它包括环境资源税和环境资源费两大类,目的是促使生态的开发利用者合理利用环境和资源,减少排污和有效治理污染,节约利用、综合利用自然资源,并为生态保护工作筹集资金。目前,世界上大多数国家都已采取税收政策来促进生态环境的保护。我国已开征的环境资源税主要有:城镇土地使用税、耕地占用税、土地增值税、林特产品税、水产品税等。征收环境资源费制度也是我国生态法中经济调控制度的一项重要措施。征收环境资源费制度包括征收资源费制度和征收环境费制度两大类。我国现行法律、法规规定的资源费主要有:水费、水资源费、育林费、森林生态效益补偿基金、森林植被恢复费、耕地开垦费、基本农田保护区耕地造地费、耕地闲置费、土地复垦费、新菜地开发建设基金、国有土地使用费、水土流失防治费、矿产资源勘探费、开采费、补偿费、渔业资源增殖保护费,等等。目前,我国征收环境费制度主要是征收排污费。

(三)救济性制度

1. 自然资源恢复制度

自然资源恢复制度,是指生态法为保护自然资源而设立的,要求行为人对其所造成的自然资源的破坏,必须采取恢复措施的法律制度。自然资源恢复制度与一般的民事责任制度有着明显的区别。一般民事责任制度的目的,在于填补受害人的损失,其主要方式是以金钱给付为内容的民事赔偿。自然资源不仅具有经济价值,而且还具有生态价值,对自然资源的损害不能以简单的金钱赔偿来解决。例如,长江、黄河上游的森林资源具有调节气候、涵养水源、保持水土、旅游娱乐、美学和科学价值等,同时还是野生生物的重要栖息地,具有重要的生态服务功能,仅赔偿经济损失是无法弥补生态损失的。自然资源恢复制度的目的是恢复和实现自然资源所具有的生态功能和生态价值,从而达到协调人与自然之间的关系,促进经济社会的可持续发展。

自然资源恢复制度必须明确自然资源恢复义务或责任及其性质。自然资源恢复义务或责任,是指自然资源的使用人在利用自然资源时所应承担的恢复自然资源功能的义务或责任。它与其他法律责任有明显的区别:其一,自然资源恢复义务或责任呈现出一种民事责任行政化的趋势,它既不同于一般的民事责任,也不同于一般的行政责任,而是一种在行政监督管理之下的民事义务或民事责任,是带有行政强制性的民事义务或民事责任。其二,自然资源恢复义务或责任往往带有惩罚性。例如,根据我国《森林法》第 76 条的规定:滥伐森林或者其他林木,由林业主管部门责令补种滥伐株数一倍以上三倍以下的树木,并处以违法所得三至五倍的罚款。《水法》第 35 条规定:兴建水工程或者其他建设项目,对原有灌溉用水、供水水源或者航道水量有不利影响的，建设单位应当采取补救措施或者予以补偿。

我国自然资源立法上普遍设立了自然资源恢复制度。我国《土地管理法》中所设立的自然资源恢复制度主要有耕地开垦、土地复垦、土地治理、土地资源形态等的恢复制度。《水法》确立的水资源恢复制度主要有对影响航运功能的补救、影响渔业资源的补救、影响用水和水量的补救、影响地下水的补救等制度。《森林法》《草原法》中关于自然资源恢复制度主要内容则有更新造林、林木补种、恢复植被制度。

2. 生态补偿制度

生态补偿就是弥补生态系统的消耗和损失，恢复生态平衡和生态功能。自然生态系统由于外界的活动而遭干扰、破坏后的自我调节、自我恢复，称为生态系统的自补偿。它属于生态系统的内部补偿机制；我们这里所指的生态补偿制度，是指由人类建立的外部补偿机制。那么，就可以把生态补偿制度界定为是关于在恢复和重建生态系统、修复生态环境的整体功能、预防生态失衡和环境污染综合治理中发生的成本费用实行经济补偿的制度。例如，对天然林保护工程、退耕还林（草）、小流域治理等生态系统恢复和重建工程的成本和费用实行的补偿，都属于生态补偿。生态补偿总是表现为一定的经济投入，表现为一定的物质和劳务的消耗。生态补偿具有广泛性，不仅包括对生态建设者成本费用的补偿，而且包括对预防生态环境恶化的预防性费用的补偿，对因生态建设活动而遭受损失和丧失发展机会者的补偿。

从19世纪末开始，一些西方国家如德国、瑞士、美国等就通过宪法、资源保护法、环境保全法等有关立法，对保护环境和维护生态平衡进行法律规划，确立了生态补偿制度。美国是世界上生态补偿制度比较成熟的国家；日本的生态补偿制度也是较为完善的；芬兰政府规定在私有林地上建立保护区须得到林主的许可，林主损失可得到各级政府的经济补偿；瑞典也有类似的规定，而且政府还利用补贴政策来鼓励林主从事一些有利于森林生态效益发挥的营林活动；德国规定，如林宅的森林被宣布为防护林或游憩林，或者在土地保养和自然保护区范围内，因而对林主经营其林地产生不利，则林主有权要求补偿；奥地利在建立旨在保护生物多样性的天然林保留地时，根据林主自愿的原则与农林部签订天然林保留地协议，政府则必须按公布的补偿标准向林主补偿。

虽然我国从20世纪50年代就开始重视生态补偿问题，并陆续制定了多项法律、法规，而且上述的环境资源税费制度以及自然资源恢复制度等都含有某种生态补偿的功能，但我国生态补偿制度起步较晚，且相关规定分散在自然资源保护的单行法之中，很不完善，因此亟须建立和完善生态补偿机制和制度。尤其是在深化改革、大力推进生态文明建设的情况下，则还需加强研究生态补偿机制的市场手段，以便从法律上建立和完善生态补偿机制和制度。[5] 很明显，实行生态补偿、自然资源恢复单靠政府行为是不够的，还应充分利用市场手段，发挥市场机制的作用，才能完善生态补偿机制和制度。

---

〔5〕 曹明德：《对建立我国生态补偿制度的思考》，载《法学》2004年第3期。

第三节 中国特色生态法治体系

习近平总书记反复强调:“只有实行最严格的制度、最严密的法治,才能为生态文明建设提供可靠保障。”[6]“最严”生态法治观既表明中央推进生态文明建设的坚定决心,也抓住了运用法治思维和法治方法这个“牛鼻子”。随着“生态文明建设”“绿色发展”“美丽中国”写进党章和《宪法》,成为全党的意志、国家的意志和全民的共同行动,中国特色生态文明法治体系正在形成。

一、生态文明法律规范体系

法律是治国之重器,良法是善治之前提。自改革开放以来,中国的生态环境立法一直走在“快车道”上。1978 年《宪法》规定:“国家保护环境和自然资源,防治污染和其他公害。”这是我国首次在《宪法》中确认了国家的环境保护职责,并明确了环境保护工作领域为自然资源保护和污染防治两个方面。1982 年《宪法》首次以宪法形式确认了“生态环境”的概念,明确了“保护自然资源和野生动植物”与“保护和改善生活环境和生态环境”的国家战略。2018 年《宪法修正案》将“推动物质文明、政治文明、精神文明、社会文明、生态文明协调发展,把我国建设成为富强民主文明和谐美丽的社会主义现代化强国”写入序言。目前,我们已初步形成了以《宪法》为依据、以《环境保护法》为龙头、污染防治与生态保护单行法为骨干的专门环境立法体系,以及以《民法典》绿色化、《刑法》生态化、诉讼法协同化的生态文明建设法律规范体系。

二、生态文明法治实施体系

法律的生命在于实施。高效的法治实施体系,对于生态文明法治建设必不可少。党的十八大以来,我国的生态文明体制改革进展迅速,特别是经过 2018 年的机构改革,适合中国国情的环境保护执法道路和执法方式越发清晰。最高人民法院、最高人民检察院、公安部先后成立专门机构,环境资源司法专门化和专业化水平不断提高。最高人民法院、最高人民检察院、公安部单独或联合发布相关司法政策、司法解释,积极推进生态文明法律法规的实施工作。

生态环境执法体制改革迅速推进,国家环境执法机关的地位越来越高、职能越来越强、执法方式越来越法治化、执法手段越来越丰富,走出了一条“从行政管制到多元共治、从单纯督企到督企督政、从分别执法到协同联动”的中国式环境执法道路。自 1973 年设立国务院环境保护领导小组开始,生态环境执法体制经历了从城乡建设部环境保护局到生态环境

---

〔6〕 中共中央文献研究室编:《习近平关于社会主义生态文明建设论述摘编》,中央文献出版社 2017 年版,第 99 页。

部、自然资源部的多次变革。2018 年第十三届全国人民代表大会第一次会议通过《国务院机构改革方案》,决定组建生态环境部、自然资源部,进一步理顺自然资源资产和生态环境管理体制机制。自然资源部整合了原国土资源部及原国家海洋局、原国家测绘地理信息局,还有国家发展改革委、住房和城乡建设部、水利部、原农业部和原国家林业局的相关职责,统一承担全民所有自然资源资产管理、所有国土空间用途管制和生态保护修复、所有自然资源的调查和登记、所有国土空间的"多规合一"、管理山水林田湖草等全民所有自然资源资产的职责。同时,组建的生态环境部,整合了原环境保护部和原国土资源部、原国家海洋局、国家发展改革委、水利部、原农业部等部门相关职责,进一步充实污染防治、生态保护、核与辐射安全三大职能领域,承担生态环境制度制定、监测评估、监督执法和督察问责四大职能,从机构上保证了新《环境保护法》建立的"环保部门统一监管、有关部门分工负责、地方政府分级负责"管理体制的落实。

生态环境司法保护全面加强,司法机关将中国特色的环境司法作为国家治理能力与治理体系现代化中的重要一环,始终服务和保障生态文明建设的大局,探索中国特色绿色审判道路、绿色司法理念,走出了一条体现中国司法制度特色的"从地方实验到全国推行、从私益诉讼到三诉并行、从审判独行到多元解纷"的"绿色司法"之路。全国法院系统已逐步构建起包括审判机构、审判机制、审判规则、审判理论和审判团队五位一体的环境资源专门化审判体系,取得了丰硕的环境司法专门化成果。

我国环境司法的另一个重要特点和标志,是环境公益诉讼的异军突起和开拓创新。2012 年修正的《民事诉讼法》首次规定了环境民事公益诉讼制度。2015 年 1 月施行的《环境保护法》对可以提起公益诉讼的社会组织主体资格正式作出规定后,环境公益诉讼在我国开始发展。2015 年 7 月,经全国人大常委会授权,13 个省(市)开始试点检察机关提起公益诉讼。2017 年 6 月,全国人大常委会修改《民事诉讼法》和《行政诉讼法》,正式确立了检察公益诉讼制度,环境公益诉讼制度作为检察公益诉讼制度的重要类型得以进一步丰富和完善。环境公益诉讼制度实现了诉因由"对人的损害"到"对环境的损害"的重大转变,回应了新时期生态文明建设和绿色发展的现实需求,为以司法的力量保护生态环境提供了法律依据,有力推动了司法参与环境治理的进程,已经成为我国环境法治体系的重要组成部分。

三、生态文明法治监督体系

生态文明法治体系的有效运行,离不开制约权力配置与运行的生态文明法治监督体系。近年来,我国的生态文明法治监督体系有了很大进步。中央出台《生态环境保护督察工作规定》,设立监察委员会,实行党员领导干部生态环境保护党政同责、终身追责,有力打击了生态环境领域的权力腐败。《环境保护法》建立了国务院及地方各级人民政府定期向同级人民代表大会报告环境保护工作制度,加强了人大监督。各级人民政协积极发挥协商民主专门渠道作用,通过各种形式开展民主监督。国家出台《环境保护公众参与办法》,鼓励社会公众依法、有序、自愿、便利参与生态环境保护。环境保护社会团体通过多种方式,督促和协助政府依法行政,进行社会监督。新闻媒体配合中央环保督察、污染防治攻坚战、长江大保护、黄河流域生态环境保护等重大行动,开展舆论监督。

四、生态文明法治保障体系

“徒法不足以自行”,法治保障是构建和完善生态文明法治体系的必要支撑。

党的领导是生态文明建设的政治保障。“党政同责、一岗双责”大大强化了生态文明建设的政治责任,推动生态文明建设各项决策部署落地生效。“党政同责”要求地方各级党委和政府对本行政区域的生态环境保护工作及生态环境质量负总责,地方各级党委和政府主要领导是本行政区域生态环境保护第一责任人。“一岗双责”要求中央和国家机关各相关部门要履行好生态环境保护职责,管发展的、管生产的、管行业的部门,必须按“一岗双责”要求抓好生态环境保护。依法制定出台中央和国家机关相关部门生态环境保护责任清单,明确具体部门具体职责、具体人员具体责任,形成明确清晰、环环相扣的“责任链”。

环境法治专业人才培养从弱到强。1980 年国务院环境保护领导小组与相关部门共同制定《环境教育发展规划(草案)》,将环境教育纳入国家教育规划。1981 年国务院发布的《关于在国民经济调整时期加强环境保护工作的决定》明确提出:“中、小学要普及环境科学知识。大学和中等专业学校的理、工、农、医、经济、法律等专业,要设置环境保护课程。有条件的院校,应设置环境保护专业。”1990 年国务院学位委员会发布的《授予博士、硕士学位和培养研究生的学科、专业目录》首次将“环境法学”列为法学二级学科,1997 年学科名称调整为“环境与资源保护法学”,迄今已为环境法治建设培养了大量专业人才。生态文明法治人才培养有长足进展,环境法治教育逐渐形成了专业人才培养与普及教育相结合的良好格局。

五、生态文明党内法规体系

生态文明党内法规体系是生态法治体系的重要组成部分。党的十八大通过的《中国共产党章程(修正案)》,把“中国共产党领导人民建设社会主义生态文明”写入党章。党的十九大通过的《中国共产党章程(修正案)》,在总纲中又明确写入“中国共产党领导人民建设社会主义生态文明。树立尊重自然、顺应自然、保护自然的生态文明理念,增强绿水青山就是金山银山的意识”[7],并强调“实行最严格的生态环境保护制度”[8]。

近年来,在生态文明领域,党内法规已建立了生态文明建设目标评价考核、领导干部离任环境审计、中央环保督察、环境保护党政同责以及终身责任制等多项制度。2015 年,中央制定《党政领导干部生态环境损害责任追究办法(试行)》,对不顾生态环境盲目决策,导致生态环境质量恶化,造成严重后果的领导干部,依照相关规定追究责任,已经离任的也要终身追究责任。2017 年 7 月,中共中央办公厅、国务院办公厅通报甘肃祁连山国家级自然保护区生态环境破坏问题,甘肃省先后有 100 多名党政干部受到问责,其中副省级干部 3 人、

---

〔7〕《中国共产党历次党章汇编(1921－2017)》,中国方正出版社 2019 年版,第 544 页。
〔8〕《中国共产党历次党章汇编(1921－2017)》,中国方正出版社 2019 年版,第 9 页。

厅局级干部21人、县处级干部44人。2019年，中共中央办公厅、国务院办公厅印发《中央生态环境保护督察工作规定》，以专门化的环保督察党内法规推动中央生态环境保护督察向纵深发展。第一轮环保督察及“回头看”共受理群众举报21.2万余件，直接推动解决群众身边生态环境问题15万余件。其中，立案处罚4万多家企业，罚款24.6亿元；立案侦查2303件，行政和刑事拘留2264人。第一轮督察及“回头看”共移交责任追究问题509个。两批“回头看”公开曝光了125个敷衍整改、表面整改、假装整改及“一刀切”典型案例，有效传导压力。

中国特色生态法治体系建设是在全面推进依法治国的整体框架与法治基本价值牵引下展开，是面向中国的法治实践，是不断回应与对接中国本土资源需求的法治体系建设过程。在全面推进依法治国的引领下，中国特色生态法治体系建设也必将得到进一步的完善。

课后作业

一、关键词解释

1. 生态文明

2. 生态法治

3. 生态法治体系

二、选择题

1. 人类应当尊重其他生物生存与存在的权利是(　　)的含义。

A. 种际公正原则　　B. 代际公平原则　　C. 生态优先原则　　D. 污染者付费原则

2. 生态优先原则的宗旨是(　　)

A. 协调经济增长与生态保护的关系

B. 促进经济发展

C. 确立生态保护优先的法律地位

3. 自然资源使用权是指(　　)

A. 所有权人依法占有、使用、收益、处分自然资源的权利

B. 单位和个人依法对国家所有或者集体所有的自然资源进行占有、使用、收益和处分的权利

C. 单位和个人依法对国家所有或者集体所有的自然资源进行占有、使用和收益的权利

4. 自然资源恢复制度的目的是(　　)

A. 赔偿自然资源的经济损失

B. 补偿自然资源的经济损失

C. 恢复和实现自然资源所具有的生态功能和生态价值

5. 生态补偿的实质是对(　　)的补偿。

A. 环境治理者、生态建设者恢复和重建生态系统的成本费用

B. 他们丧失发展机会的损失

C. 生态的一种补偿过程,是生态系统的恢复和重建过程

三、材料论述题

[材料一]

《贵阳市促进生态文明建设条例》的"总则"

第一章　总　　则

第一条　为促进生态文明建设,实现经济社会全面协调可持续发展,根据有关法律、法规的规定,结合本市实际,制定本条例。

第二条　本市行政区域内的国家机关、企业事业单位、社会团体和个人,应当遵守本条例。

本条例所称生态文明,是指以尊重和维护自然为前提,实现人与自然、人与人、人与社会和谐共生,形成节约能源资源和保护生态环境的产业结构、增长方式和消费模式的经济社会发展形态。

第三条　本市以建设生态观念浓厚、生态环境良好、生态产业发达、文化特色鲜明、市民和谐幸福、政府廉洁高效的生态文明城市为发展目标。

第四条　实施生态文明建设,应当遵循以人为本、城乡统筹、统一规划、创新机制、政府推动、全民参与的原则。

第五条　市人民政府统一领导实施全市生态文明建设工作,履行下列职责:

(一)组织编制、实施生态文明城市总体规划、生态功能区划;

(二)制定、实施生态文明建设指标体系;

(三)制定、实施促进生态文明建设政策措施;

(四)建立生态文明建设目标责任制,实施绩效考核;

(五)建立生态文明建设协调推进机制。

县、乡级人民政府领导实施本行政区域的生态文明建设工作。

县级以上人民政府行政管理部门根据职责负责实施生态文明建设工作。

第六条　国家机关、企业事业单位、社会团体和个人都有参与生态文明建设的权利和义务,依法承担违反生态文明建设行为规范的法律责任,有权检举和依法控告危害生态文明建设的行为。

各级国家机关应当为实现公众的生态文明建设知情权、参与权、表达权和监督权提供有效保障。

第七条　各级人民政府应当对促进生态文明建设成绩显著的组织和个人进行表彰和奖励。

[**要求**]运用本章原理,分析上述材料所反映的生态法治重要问题。

［材料二］

基本案情:2005 年,贵州省铜仁市国土局向紫玉公司颁发采矿许可证,许可其在梵净山国家级自然保护区进行采矿,梵净山保护区管理局亦对紫玉公司的采矿行为予以认可。紫玉公司在没有办理环境影响评价、安全生产许可、占用林地许可、生物多样性影响评价的情况下,边建设边生产,置报批的开采方案不顾,采取爆破方式破坏性开采,资源毁坏率达 80%、产生 90%以上的废渣碎石,还将部分矿洞转让给当地村民组,造成资源巨大浪费、生态环境严重破坏,保护区内堆积长数百米、宽数十米、深度难以测算的尾矿废渣,压覆植被,形成地质灾害隐患。2016 年 6 月采矿权期限届满,铜仁市国土局接收了紫玉公司延续采矿权申请并收取了相应费用。

诉前程序:2016 年 10 月 26 日,江口县检察院向铜仁市国土局发出检察建议书,要求依法撤销向紫玉公司颁发的证号为 5222000610002 的采矿许可证。2016 年 11 月 25 日,铜仁市国土局回复称:“江口县德旺乡坝梅村杨家屯—上堰沟紫袍玉带石矿采矿权行政行为合法,依法不应当撤销。已暂停办理紫玉公司的江口县德旺乡杨家屯—上堰沟紫袍玉带石采矿许可证延续登记手续。”

2016 年 10 月 26 日,江口县检察院向梵净山保护区管理局发出检察建议书,要求该局根据《自然保护区条例》第 35 条的规定依法对紫玉公司作出处理。2016 年 11 月 29 日,梵管局回复称:该局所属闵孝总站于 2007 年 7 月 24 日向紫玉公司下达停工通知,2009 年该局责令紫玉公司恢复被占林地,2011 年 12 月至 2014 年 12 月该局在保护区设三个点坚守值班。2016 年 11 月 29 日,江口县检察院工作人员到江口县德旺乡坝梅村大火堰组杨家屯—上堰沟紫袍玉带石矿区实地查看,发现该公司未拆除土地上建筑物和对矿区进行恢复原状,从而使国家和社会公共利益仍处于受侵害状态。

诉讼过程:江口县检察院遂向遵义市播州区法院提起行政公益诉讼,请求:(1)确认采矿许可行为违法;(2)确认铜仁市国土局、梵净山保护区管理局怠于履行监督管理法定职责的行为违法;(3)责令铜仁市国土局、梵净山保护区管理局履行环境治理监管职责。诉讼中,铜仁市国土局编制了环境治理方案并责令紫玉公司限期治理,但治理工程尚未开工。

遵义市播州区法院审理认为:铜仁市国土局作为铜仁市政府地质矿产行政主管部门,应当依法履行其权限范围内的矿业权设置、审批登记、矿山运营及停用后治理等监督管理职责。梵净山保护区管理局作为梵净山国家级自然保护区管理机构,应当在法律法规授权及相应行政主管机关委托的权限范围内正确履行自然保护区管理职责。梵净山保护区管理局、铜仁市国土局在未取得国务院授权的行政主管部门同意,未办理环境影响评价的情况下在自然保护区设置采矿权并许可紫玉公司采矿的行为违法。对紫玉公司破坏性开采,浪费矿产资源、破坏生态环境等行为,铜仁市国土局和梵净山保护区管理局均怠于履行监督管理法定职责,并有滥用职权许可其违法开采的行为,应确认违法。遂判决:(1)确认铜仁市国土局为紫玉公司颁发许可证行为违法;(2)确认铜仁市国土局和梵净山保护区管理局在对紫玉公司违法开采行为怠于履行监督管理法定职责的行为违法;(3)由铜仁市国土局对紫玉公司矿山环境修复治理工程履行监督管理职责至环境修复治理工程验收合格;由梵净山保护区管理局对环境修复治理工程进行全程监督管理。

宣判后,第三人紫玉公司不服提出上诉。二审判决驳回上诉,维持原判。

[**材料来源**]贵州省江口县检察院诉铜仁市国土资源局、贵州梵净山国家级自然保护区管理局行政公益诉讼案

[**要求**]根据上述材料,分析环境司法及其专门化对于生态文明保障的重要意义。

课后参阅论文

1. 刘文燕、刘滨:《生态法学的基本结构》,载《现代法学》1998 年第 6 期。
2. 明辉:《环境侵权的特征及其法律责任》,载《环境与可持续发展》2007 年第 3 期。
3. 陈柏峰:《土地发展权的理论基础与制度前景》,载《法学研究》2012 年第 4 期。
4. 王雨辰:《当代生态文明理论的三个争论及其价值》,载《哲学动态》2012 年第 8 期。
5. 文正邦、曹明德:《生态文明建设的法哲学思考》,载《东方法学》2013 年第 6 期。
6. 蔡守秋:《从环境权到国家环境保护义务和环境公益诉讼》,载《现代法学》2013 年第 11 期。
7. 王灿发:《论生态文明建设法律保障体系的构建》,载《中国法学》2014 年第 3 期。
8. 张震:《中国宪法的环境观及其规范表达》,载《中国法学》2018 年第 4 期。
9. 吕忠梅、吴一冉:《中国环境法治七十年》,载《中国法律评论》2019 年第 5 期。
10. 吕忠梅:《习近平法治思想的生态文明法治理论》,载《中国法学》2021 年第 1 期。

延伸阅读

作为法律保卫生态文明的一个重要途径,环境权入宪正在成为越来越多的国家的自主选择,宪法环境权正在成为基本权利体系中不可或缺的组成部分。宪法环境权被认为是一种能够体现环境公共利益的基本人权,是在环境保护时代兴起的一种具有非排他性、公众共同享用性的权利类型,是体现环境保护价值观和生态文明理念、不同于传统的或既有的权利的一组新型权利。可参阅蒂姆·海沃德的《宪法环境权》(周尚君、杨天江译,法律出版社 2014 年版)。

汪劲教授的《环境法治的中国路径》从中国生态环境法治实践入手,结合作者参与环境立法的经验,深入浅出地论述了环境法治的理论与实践,从环境法治新问题中的制度抉择,到环境违法制裁模式的创新,再到环境决策与执法中的法律适用,将中国环境变革置于整个法治进程之中,呈现了中国环境法治发展演进的基本态势。可参阅汪劲的《环境法治的中国路径:反思与探索》(中国环境出版社 2011 年版)。

第二十章　法律与全球化

知识结构图

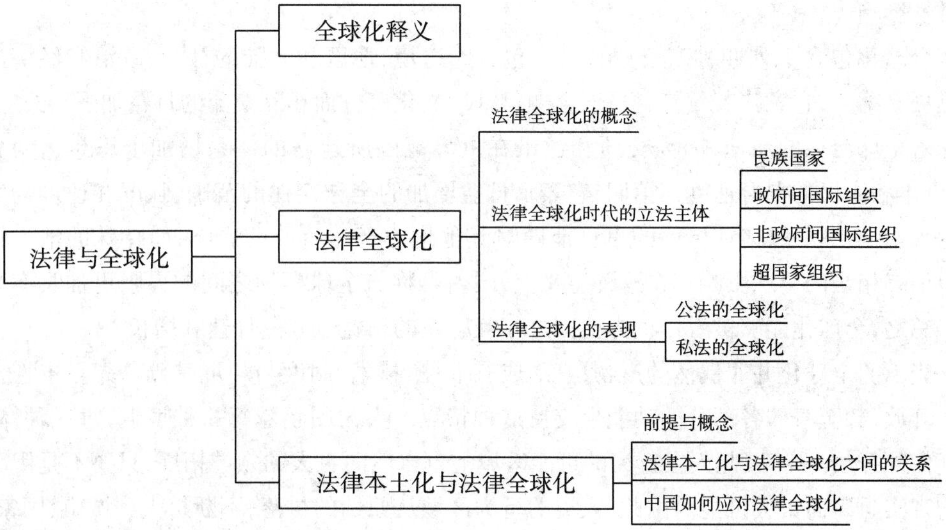

第一节 全球化释义

全球化,是指人们相互的空间距离随着彼此连接时间的缩短而缩短,世界各地的政治、经济与文化由此交互影响并逐渐走向一体化的过程。全球化首先是一种"去地域化",即人们的社会行为可以超越所处地理位置的局限。例如,电子商务可以使各国商人与客户超越空间达成交易,而互联网则可使身处世界各地的人们即时联系。同时全球化也在一定程度上跨越政治地理边界。迄今为止,主权国家是最主要的政治共同体,它本质上是一种自我封闭的政治体系:唯一的最高权力、唯一的领土。而全球化则在一定程度超越主权国家这种地理限制,使人们的行为不再受限于疆界,即便受限于疆界的行为也会受到其他地域的实质性影响。

全球化包含下列四种变迁:第一,它包含跨边境、地区和大陆的社会、政治和经济活动的延展。第二,它意味着贸易、投资、金融、移民、文化等方面相互交流的日益加强。第三,它意味着全球交往的加速,因为交通和通讯在世界范围所建立的体系增加了思想、货物、信息、资本和人民的混合速度。第四,它表示日益增加的全球交往的范围、强度和速度与它们的深入影响相联系,诸如遥远的事件能够对其他地方产生重要的影响,而特殊的地方性发展也能有相当的全球影响。在这种意义上,国内事物与全球事物之间的界限更加具有流动性。总之,全球化能够被看作世界范围之相互联系的拓宽、加深、加速和增长。[1]

当下的全球化并非偶然的产物,其形成有人性、技术、制度与环境基础。人在本性上趋向于开放,甚至身体各部分的功能也支持这种特点。人力图超越每一种境遇,每一种体验,不断向外开放。[2] 因此人在行为的可能区域上也自然向更大的领域拓展,只要不是因为恐惧与现实阻碍而失去可能。由此,人类的行为区域从原始的村落,不断扩大到城市、国家,最后是整个地球。人类今天还在继续向外层空间发展,探测火星、登上月球可以说是此种人类本性的有力证明。全球化乃是人类行为在地球上扩展到最大范围的一种方式与过程,在此背后正是人类对外界开放的本性。

近现代之后的技术发达则为全球化奠定了技术基础。全球化的梦想虽然古已有之,但真正的展开却是现代的事情,原因之一便是现代科技的发达。全球化意味着社会行为跨越地域的限制,人们无论身处何地都能够开展相互之间的行为。社会行为之超越地域限制并不是人的自然能力所能达到,例如,仅仅依靠步行无法从中国到达美国,正是科技的发展使人类有了超越地域局限的能力。人类的空间距离概念直接与时间相联系,快速的交通使人们大大缩短了距离感,并在实际上也有这种效果。因此,火车、汽车、飞机等的发明使地球变

---

〔1〕 [英]大卫·赫尔德:《全球的转变》,朱景文译,载朱景文主编:《法律与全球化——实践背后的理论》,法律出版社2004年版,第112页。

〔2〕 [德]潘能伯格:《人是什么——从神学看当代人类学》,李秋零等译,上海三联书店1997年版,第7页。

成了“地球村”，于是全球化才有了坚实的基础。电话、网络等通信手段的发明则使人们不管多远都可以即时联系，于是地域的限制更是减弱。

现代经济制度则为全球化奠定了制度基础。现代企业的运作以资本为核心，很容易超越地域限制，同时，企业的人员与技术也是如此。因此，跨国企业在全球迅速崛起，这是全球化的标志之一。现代市场经济更是突破了以土地为主的传统模式，资本与产品在尽可能大的范围流转以寻求最佳利益。借助这些经济制度，处于各国各地的人们因为经济原因而不断融合，联系日益紧密。经济是人类生活的命脉，经济的交融使世界各地的人们在其他方面也逐渐跨越地域的限制。

20世纪70年代末期以来的各国经济与政治改革，尤其是20世纪最后10年“冷战”的结束，造就了全球和平的格局。尽管在某些地方还有局部的战争，但是，总体和平的态势已经形成。于是人们的关注焦点不再是各国之间曾经的仇恨，而是如何在和平局面中获得经济与政治的发展空间。世界多极化、经济全球化深入发展，社会信息化、文化多样化持续推进，新一轮科技革命和产业革命正在孕育成长，各国相互联系、相互依存，全球命运与共、休戚相关，和平力量远远超过战争因素的增长，和平、发展、合作、共赢的时代潮流更加强劲。[3] 全球化乃是要超越政治地理边界，政治边界的超越如果没有和平环境的保障是无法做到的，因为战争与敌对将使政治地理疆界隔绝彼此的人民。和平则为全球化提供了赖以存在的环境，人们超越政治地理边界有了政治方面的基础。

法律是调整人类行为的社会规范，其范围必然随着行为的变化而变化。当某种行为在社会中涉及重要的利益关系，同时又具有较大的典型性之后，法律就应该将其纳入调整的范围。在全球化不断推进的背景下，人类行为的范围随之扩大，很多与全球化相关的行为与某个特定地域的行为同样重要，法律应该就此而进行扩大，将其纳入调整的范围。因此，从理论角度来看，法律全球化其实是全球化的结果之一。

第二节　法律全球化

一、法律全球化的概念

“法律全球化”是指全世界在一个共同的法律规则下生活的程度。[4] 这样一种共同的法律规则可能由一个国际机构强加而为全球的共识所采用，也可能通过全球所有部分的平行发展而实现。有学者认为“法律全球化”大致可归为两大学派，即“非法化”学派和“法治化”学派。“非法化”学派将法律全球化描述成一个法律逐渐脱离其本来属性的过程。依据这一学派学者的观点，全球化的市民社会将不断产生由跨国公司、工会、新闻媒介联合体等

〔3〕《习近平谈治国理政》（第2卷），外文出版社2017年版，第538页。

〔4〕 Martin Shapiro, *The Globalization of Law*, Indiana Journal of Global Legal Studies, Vol. 1, 1993, p. 37.

实体所创设的,介于国内法与国际法之间的“无国家的全球法”,从而出现法律的非国家化(denationalization)。“法治化”学派则将法律全球化看作法律在全球范围内更有效地实现其调整社会关系的功能的过程。属于这一学派的学者,或者从法的表现形式角度将法律全球化表述为“法律趋同化”,或者从法的作用角度将法律全球化解释为法律解决全球性问题的作用之增强,或者从法律在国际社会中的地位的角度将法律全球化解释为法治进程的加快。[5] 实际上,“非法化”学派旨在强调国家在法律中的弱化与非政府机构作用的增强,法律突破原有的国家界线,形成全球共同法;而“法治化”学派指的是法律在全球具有更大的作用,也就是法治在全世界的传播与实现。从内容上看,法律全球化包括两个方面:一是法律超越国家的限制,形成全球的共同法。具体的方式有政府间国际组织、超国家组织与非政府组织创造或发展与国家法不同的新规则与秩序。例如,《联合国宪章》、联合国人权公约、《欧盟宪法条约》等。二是国内法律的趋同,也就是各国的国内法在原则、制度等方面的一致。各国的国内法可以都与国际法趋同,也可以与某个或某几个特定国家的国内法趋同。例如,一些国家建立代议制和普选制是借鉴近现代发达国家的成功经验,而各国合同法中的诸多内容则是来自国际公约。国内法的趋同意味着,各国人民尽管生活在不同的地域,使用不同的语言,而且国内法也由各国各自制定,但是这些法律在内容上却趋于一致,其结果实际就是,各国虽然各自立法,却生活在同样的法律之下。因此,法律全球化的两个方面都是指向全球形成共同的规则,只不过,一种是全球共享同样的法律文本,另一种是各国法律内容的趋同。

当下的法律全球化浪潮起源于第二次世界大战结束之后。1945 年 10 月 24 日《联合国宪章》正式生效。其后,联合国又先后于 1948 年和 1966 年通过了《世界人权宣言》、《公民权利和政治权利国际公约》和《经济、社会及文化权利国际公约》等,建立健全了人权保障的国际法体系。目前参与签署和批准上述联合国人权公约的国家有 100 多个。在法律全球化过程中,影响范围最广的应该是《关税及贸易总协定》(GATT)的通过和世界贸易组织(WTO)体系的建立。1947 年 10 月 30 日,23 个国家和地区同时签署了包括全部关税减让谈判成果的《关税减让总表》和《关税及贸易总协定最后文件》及其“临时适用议定书”等,从而初步建立了世界范围内的自由贸易体制。1995 年 1 月 1 日,世界贸易组织(WTO)正式开始动作;1996 年 1 月 1 日,世界贸易组织正式取代关贸总协定临时机构。2001 年 12 月 11 日,中国正式加入世界贸易组织,成为其第 143 个成员。截至 2021 年 11 月,WTO 官网显示,其成员国有 164 个国家。

二、法律全球化时代的立法主体

自民族国家产生以来,最重要的立法主体非他莫属。民族国家的形成有两条主线:一是主权理念,二是民族主义。在全球化时代,主权理念有一定式微的趋势,由原先的绝对主

[5] 车丕照:《法律全球化——是现实?还是幻想?》,载陈安:《国际经济法论丛》(第 4 卷),法律出版社 2001 年版,第 31~33 页。

权转变为相对主权。[6] 民族国家在国际上的限制主要来自国际义务,而在国内则受到民间社会的限制。但是,人们主要还是生活在各个民族国家之中,其作用与地位短期难以替代。因此,民族国家在立法上仍然居于主要地位。学者对民族国家的立法论述颇多,故在此不赘述。

随着全球化的推进,各种次国家层次、跨国家层次和超国家层次的力量在世界舞台上迅速崛起,成为同民族国家分享世界治理权的行为主体。全球系统由各种层次的行为主体组成。每个行为主体都拥有程度不等的能量,都力图建立自己的规则。在民族国家之外,最主要的三类行为主体分别是政府间国际组织(governmental international organizations)、超国家组织(supranational organizations)和非政府间国际组织(nongovernmental international organizations)。在法律上,国家法不再是世界上法律的唯一表现形式,立法主体开始走向多元化。正如一位学者略带夸张的说法,我们正面对一个新的时代:民族国家的现代法律体系处于危机之中。政府间国际组织虽然是基于成员国签订的条约建立起来的,但是它一旦建立就成为有别于其成员国的相对独立之实体。政府间国际组织在国际社会承担和履行多种职能,其中包括造法和准造法的职能。政府间国际组织造法或准造法的职能主要体现在:(1)国际组织制定的关于组织机构管理的规定,具有国际行政法的性质。(2)国际组织的决议,如联合国大会的决议,阐明、确认或宣示了国际关系的原则和规则。(3)国际司法组织的判例,如国际法院的判例,确立了国际法的某些规则和原则。(4)国际组织起草或编纂的国际法文件,为各国缔结条约奠定了基础。虽然政府间国际组织不能直接对成员国及其国民行使立法权,但是这类组织通过行使上述造法或准造法职能,事实上创立和发展了一批国际法规则和原则。这些国际法规则和原则往往是对国家直接创立的国际法的进一步发展或完善,同时是签约国应该遵守的规定,由此构成了全球法律体系的重要组成部分。[7]

非政府间国际组织是由不同国家的个人或组织为追求某些公共目标而结成的跨国联合体。尽管非政府间国际组织或多或少与国家有着各种联系,但它们本质上是一种独立于国家之外的力量。在立法上,一些非政府间国际组织在其活动领域开始创立相对独立的规则体系和秩序。以国际奥林匹克委员会(以下简称国际奥委会)为例,它不仅制定了大量有

---

〔6〕 主权是特殊的社会经济条件的产物,它并不是政治生活的必然特征。古希腊城邦的内部结构不是根据主权逻辑进行组织的,埃及、波斯和罗马帝国的兴起只能用霸权原则而不能用主权理念来解释。同样,中世纪建立的政治共同体和中世纪欧洲的王国、公国也不是主权国家。中国古代的特殊政治结构也不能适用主权理念。主权理念在欧洲的确立最早应归功于基督教改革运动,它破坏了教会拥有的权力,为世俗专制主义奠定了基础。从此,强制权力归属于世俗国王。而工商业的发展与科学发现加剧了宗教的分裂,进一步削弱了宗教机构的地位。终止了30年战争的《威斯特伐利亚条约》(1648年)建立了新的国家体系,这是一个受领土束缚的主权国家体系。一般认为主权理念的最初界定者是法国哲学家让·布丹。在《共和论六卷集》中,布丹认为主权是统治公民和臣民的不受法律约束的最高权力。因而,在范围和时间上也是无限的。它代表着绝对和永久合法的权力。但是,布丹同时认为除了政府主权还有许多其他事务属于其他组织自己公共所有,而且他还认为主权从属于神法和自然法。所以布丹的主权观是模棱两可的。霍布斯的主权观比布丹更进一步,他认为主权不受制于任何批评和限制。极端民族主义在历史上曾经造成重大灾难,现在民族主义自身也趋于淡化。民族国家的权力受到诸多的国际与国内限制。

〔7〕 黄文艺:《法律国际化与法律全球化辨析》,载《法学》2002年第12期。

关奥林匹克运动的竞赛规则,而且对奥林匹克运动中的争议和问题行使最高裁判权,实际上已经在体育领域创立了一种跨国法律秩序。各国政府一般都尊重国际奥委会在国际体育运动领域的权威,认可国际奥委会所建立和维护的法律秩序的相对独立性。各国国内的法院通常拒绝受理对国际奥委会的惩罚性决定提起的诉讼。因此,国际奥委会被称为体育运动领域的“世界政府”或“联合国组织”。[8]

超国家组织是各成员国共同让渡其主权范围内的部分权力而成立的联合体。尽管超国家组织是建立在国际条约的基础上,但由于各成员国已向它转让了主权范围内的部分权力而使它成为凌驾于成员国之上的“准国家”。目前欧盟是超国家组织唯一的实例。超国家组织的机构独立于其成员国而行使自己的权力,能够直接制定与实施适用于所有成员国的法律。超国家组织的法对于其成员国具有直接法律效力,而且相对于成员国法具有优先性。以欧盟为例,除了欧盟理事会外,欧盟相关的委员会、议会和法院都独立于其成员国行使权力,由其所创造的欧盟法在与成员国法的关系上确立了优先性和直接效力原则。这种超国家的法不同于传统意义上的国际法。超国家的法尽管也反映成员国的意志和利益,但它是由超国家组织直接制定的,是对成员国的法律主权的一种限制。[9]

民族国家、政府间国际组织、非政府间国际组织和超国家组织共同构成了法律全球化的立法主体,同时也带来了法律观念的转变。如同英国法学家麦考密克(N. MacCormick)曾经指出的:“只有摆脱所有的法律必须来源于某个单一的权力中心(如主权)的观念,才有可能采取一种更宽泛、更开放的法律观。一种新的路径是体系中心的法律观,即强调法律的本质是一种规范体系,而不是某类特定的或排他性的权力关系。”[10]在全球化时代,立法主体的多元化要求我们确立更加开放的法律观念。

三、法律全球化的表现

(一)公法的全球化

公法全球化最突出的表现是人权保障的全球化。国际人权法的发展已使各国的人权法趋向逐步一致,各国亦接受国际法的制约。联合国大会1948年通过《世界人权宣言》标志着人权成为一个国际议题。随后出现的一系列有关人权问题的国际公约,包括《公民权利和政治权利国际公约》、《经济、社会及文化权利国际公约》、《禁止酷刑公约》、《消除一切形式种族歧视国际公约》和《儿童权利公约》等,建立了人权保障的国际机制。人权公约使国家在人权方面承担起国际法上的义务,扩大了国家接受国际法约束的领域。而海牙国际法庭则为人权保障全球化提供裁决机构,能够起到相同作用的还有联合国安理会。公法全球化的另一重要的例证是WTO条约群及各成员国与其相一致的法律规范体系。WTO规则是规范成员国的国际贸易管理行为的,相应的规则也存在于各成员国的国内立法之中。这些规则属于公法范畴。自《关税及贸易总协定》实施以来,各缔约方在对外贸易管理方面

---

〔8〕 黄文艺:《法律国际化与法律全球化辨析》,载《法学》2002年第12期。

〔9〕 张文显:《马克思主义法理学》,高等教育出版社2003年版,第450~452页。

〔10〕 N. MacCormick, *Beyond the Sovereign State*, Modern Law Review, Vol. 56, p. 8(1993).

即开始彼此约束。各个国家的相关立法必须与其承担的条约义务相一致,使全球范围内国际贸易管理方面的法律规范走向趋同化和一体化。与此同时,各国宪法的内容在原则与精神上也逐渐趋同,如宪法基本都规定国家权力的设定与约束、公民在法律上一律平等、法院独立行使审判权等。各国行政法的基本取向也较为一致,如都规定行政权依法行使及严格遵守行政程序等。

（二）私法的全球化

私法全球化遭遇的阻力较小,可以说是一个近乎自然发展的过程。全球化的最初动力就在经济,而经济的发展在现代社会必然依靠发达而高效的私法,因此私法的全球化随着经济全球化应运而生。目前存在形成相对统一的全球私法的运动。一方面,商人通过自己的机构创设或统一了大量的商法规则,例如,国际商会所编订的《国际贸易术语解释通则》《跟单信用证统一惯例》《托收统一规则》等已被公认为商人自身的重要立法;另一方面,各国通过国内立法使商事法律规范趋向统一,例如,我国从计划经济转向市场经济迅速缩小了和世界上主要国家在商事法律方面的差别。私法全球化还在很大程度上借助于近几十年来国际公约的大量制定,仅在国际货物买卖和国际货物运输方面,已制定的国际公约就有 1964 年通过的《国际货物买卖统一法公约》《国际货物买卖合同成立统一法公约》,1974 年制定的《国际货物销售时效期限公约》,1980 年制定的《联合国国际货物销售合同公约》,1978 年制定的《联合国海上货物运输公约》和 1980 年制定的《联合国国际货物多式联运公约》等。虽然这些公约的影响各不相同,但不应忽视它们在私法全球化进程中所起的作用。在全球化背景下,美国、中国、欧盟等国家和组织的经济地位深刻影响着私法全球化的进程。值得一提的是,普通法系因其自身的开放性而在此过程中有一定的优势。在欧洲,人们普遍相信,欧盟的法律产业流向伦敦,因为英国的律师比大陆法系国家的律师更善于法律创新以促进新的和进化的跨国商业关系。无论什么原因,人们现在可能认为美国商法已经成为一种全球的普通法,明确地或含蓄地被纳入到跨国的合同中,并且开始被纳入判例法,甚至许多国家的立法之中。

第三节　法律本土化与法律全球化

一、法律本土化的前提与概念

现代进程随着欧洲在世界各地的扩张而展开,其间夹杂着武力征服,但不可否认起重要作用的是与人类本性相契合的现代理念及其制度。无论一开始是抵御还是迎合,各国最终都向现代社会演进,尽管其程度与范围不尽相同。现代社会虽然被看作平面化的社会,但是人们之间的关系远比传统社会复杂。社会运作离不开法律,复杂社会更是如此,现代社会需要与之相匹配的法律体系。后发国家如何更新自己的法律体系在此背景中便成为头等话题。是自己创造社会生活诸方面的法律体系还是移植借鉴发达国家的法律体系?

何去何从,必须做出选择。大多数后发国家的选择是移植发达法律体系为我所用,以东亚国家为例,中国、日本与韩国都是如此。由于人类的共性与现代社会的共同取向,后发国家在借鉴发达国家的法律制度时多有成功,当然也不乏失败的例子。作为一种制度设计,法律主要通过把语言规定在文本中,中华法系、大陆法系与英美法系莫不如此,尽管后者更多依赖判例法,但判例法也是通过文本表达与传承。以语言为形式的制度设计有一个益处,即可以脱离原来的场景适用到另外的群体,因为人们可以通过理解语言而理解制度。虽然并非所有的制度都可移植,但一般情况下,法律可以相互借鉴。具体而言,现在通行于亚非拉各国的宪法、行政法、商法及刑法等大部分是从欧美移植而来,而且有些国家的移植较为成功。[11] 当然,很多人会提出反对意见,认为尚有更多国家虽然在法律移植方面十分积极,但是却没有取得像日本与土耳其这样的实际效果。这种意见值得重视,个中原因十分复杂,但外在环境是一个根本性因素。法律的移植需要和平安定的发展环境,动荡社会所最需要的不是权力分散型的法治,而是强大的权力,其最紧迫的任务是摆脱无序的现实恐惧、追求最基本的安全,而非社会的整体建制。因此,在一些后发国家,法律移植虽然进行得较早,但成效却并不显著。在当今世界,正常国家的法律体系基本都以欧洲近代的模式为基础建立,即便苏联的法律模式也只不过是大陆法系的一个变种。法律移植的成功程度其实已经超越了很多人的想象。鉴于近代以来同样十分盛行的民族主义,只要法律移植出现问题,就会被放大,这种选择性失明在某些时段甚至能够占据主导地位。

当然,法律的可移植性并不必然意味着任何法律都会发挥应有的作用。如果完全忽视特定法律制度产生的背景、所要解决的问题以及在输出国的实施状况等因素,法律移植可能是盲目的,并很可能"水土不服"。崇洋媚外大可不必,因为法律的作用在于解决社会问题而不是装饰。遥远的距离、不同的种族、不同的政治制度以及不同的经济造成了国家之间的差异。于是注重本国实际便成为后发国家的法律向现代转变的重要环节,法律本土化也因此成为关键问题。

法律本土化是指在法律移植的过程中,将国外法律制度与本地区或者本国的实际情况相结合,使相关立法既体现法律之精髓又适应本土需要的过程。法律本土化不是借口所谓的本国特殊状况而拒斥本该借鉴的法律,或者表面移植某种法律,却只保留无关紧要的条款而将法律制度的核心部分完全抛弃。法律作为一种规范实际生活的强制性社会规范,必须适用于具体的场景与个人,因此法律的确必须考虑本土的状况。法律本土化并不是要摒弃法律移植,恰恰是将移植来的法律与本土的实际情况相衔接。

---

〔11〕 土耳其便是其中之一,它的法律移植最初由凯末尔强力推动,而凯末尔之后,每当出现复辟危机之时,秉承凯末尔传统的军方便将国家重新引向借鉴的轨道。今天看来,土耳其的法律移植已经使这个伊斯兰教徒占据多数的国家成为发达国家之一,并被欧洲所接受,真正达到了通过法律改革而取得社会之全方位进步。日本是另外一个成功的典型。当年初次掌权的明治天皇面对日本的复杂局势,听从大臣们的意见向西方借鉴法律,日本也就此开始了现代征程。日本学习西方法律较之中国清末更少波折,因为日本藩镇割据所带来的权力分散以及天皇从傀儡到实权的过程给法律发挥作用提供了现实的社会基础。但日本真正完成法律移植是在第二次世界大战之后,作为日本实际控制者的美国军方为日本制定了今天的和平宪法,日本也在此基础上真正走向了现代的法治国家,完成其脱亚入欧的历程。

在现代社会已经于全球范围内基本成型的情况下，有些法律并不存在严格的法律本土化问题，因为这些法律制度的内容在任何国家都应该大致相同，除了极少数奉行原教旨宗教或者尚处于原始状态的国家之外。此种法律不在少数，仅举以下两例：第一，宪法与行政法。现代社会的平等格局以及个体独立地位之确立，使人民主权、权力约束以及人权保障等理念与相关的制度成为人们的普遍选择，各国宪法与行政法因此接近。第二，商法。由于现代商业模式在全球之展开，人们的商事行为逐渐趋同，于是法律也相应随之类似以避免无谓的损耗。当然，那些与身份结合十分紧密的法律则需要更多地结合本土的特征，家庭与婚姻法便是如此，但是无论如何，此种法律也不应违背现代社会的基本理念。

需要注意的是，良性的法律本土化并不是一个简单的过程，它需要各种有利条件，其中最为重要的有两个：一是国内的和平环境，二是精准改良外来法律。以清末之后的中国法律变革为例，并非我国当时不需要现代法律，而是多年的战乱以及历次战乱之后所形成的局面阻碍了法治进程。法律本土化还需要对移植来的法律进行技术性改革，它是决定法律本土化成功与否的内在要素。以司法审查在欧洲的移植为例，欧洲人最初在移植美国的司法审查制度时完全照搬，但他们很快发现其所看重的制度居然无法起到作用。这种情形延续到 1920 年，彼时汉斯·凯尔森在奥地利建立了适合欧洲社会实情的合宪性审查制度，该制度设计既保证了对违宪法律与行为的审查，又避免了欧洲大陆的普通法院在行使合宪性审查权时所遭遇的危机。[12] 这是法律本土化的典范，成为后发国家的榜样。

二、法律本土化与法律全球化之间的关系

法律本土化意在使移植来的法律经过结合本地特色而成为实际有效的规则体系，其字面取向是强调法律的地方性，而法律全球化则是指在全球范围建立共同的法律制度之程度，其指向是法律的普适性。二者在立意的层面确有对立性。然而，在法律的发展层面，法律本土化和法律全球化其实并不存在真正的冲突。从根本上说，法律本土化并不是要否定法律的普遍性，而是要将普遍的法律结合到本土中来，其要害在保证法律的有效性而非保持法律的特殊性，在此过程中，法律移植是法律本土化的前提，而法律全球化正是借助法律移植逐步完成的。因此，法律本土化可以看作法律全球化的一个阶段，它是一种暂时的状态。随着时间的推移，全球的融合势必扩大人类行为交互影响的范围与领域，从而需要更加接近乃至相同的法律以规范之，无论是原先经过移植而发挥作用的法律还是本国固有的法律都逐渐走向一致。在此意义上，法律本土化的最终结果是在全球形成同一个本土，而其过程则是逐渐消解各地方之间的差异，从而与法律全球化相衔接。

有一种与法律本土化相关的观点需要澄清。该观点认为法律是一种纯粹的地方性知识，拒斥借鉴其他国家或者国际组织的法律。这种观点有其无法克服的逻辑悖论，因为此意义上的封闭“本土”将与法律相冲突。例如，中国作为一个特定的国家是一个“本土”，而

---

〔12〕 欧洲大陆的法官没有美国法官所具有的地位，而主权在民与议会代表人民行使主权的理念又使欧洲大陆的人们无法接受法院来审查议会的行为，因此司法审查在欧洲大陆始终无法有在美国的那种实际效果。而宪法法院在机构设置与人员选择方面保证了自身的崇高地位，从而可以较为顺利地进行合宪性审查。

江苏省作为一个特定省份也是一个“本土”,再往下,江苏省的某个县、某个镇、某个村也都是“本土”,到底什么才是真正的“本土”?或者说,“本土化”的根基到底在哪里?其实法律本土化的指向依然是人,即各地的人不一样,于是不一样的人需要不同的法律。但问题是,人的年龄、家庭背景、教育背景、宗教信仰、性别、兴趣爱好、外表以及理想等诸如此类的特征都可能出现差异,因此每一个人和别人都不一样,甚至一母同胞的兄弟姐妹也会对某个具体的案件看法不同。于是按照此种“本土化”理论往下推演,便会得出这样的一个结论:因为人不一样,法律就应该不一样;既然所有的人都不相同,那么每一个人都需要自己那不同于别人的法律。如此一来,便在实质上消解了法律本身。众所周知,作为一种共识性规则,法律的目的正在于处理不同人之间的冲突,使社会保持良好的秩序,如此人们才能求得安全与自由。上述的逻辑推演——不同的人适用不同的法律,破坏了法律本身的根基。这种观点所表述的内容实际上不是真正的法律本土化,因为只有存在移植法律这个前提,才谈得上本土化。但是此观点在后发国家颇为盛行,甚至在西方学界也不乏支持者。它将法律解释为纯粹的地方性知识,其逻辑基础却恰在消解法律;它回避法律制度本身的优劣之分,无视现代社会的基本场景,一味强调本土,忽视全球化的大语境,与法律全球化背道而驰。

三、中国如何应对法律全球化

在现代化的场景中,中国具有较强的特殊性。但是,法律全球化正在成为现实,不管愿意与否,中国作为开放世界的一员都必须面对它。清末变法是中国建立现代法律体系的第一次尝试,它是法律移植与法律本土化的具体例证,也是卷入法律全球化的一种表现。当时的中国面临五千年以来之大变局,政治精英力图突破原有的制度瓶颈,立宪的支持者既包括曾经扼杀戊戌变法的慈禧太后,也包括张之洞等地方大员。此后的中国法律变革几经波折,民国时期建立了门类相对齐全的法律体系,但纷飞的战火让我国失去了实施很多重要法律的可能。中华人民共和国成立之后,虽经过波折,但到目前为止,我国已经在形式上建立了较为健全的社会主义法律体系。人们在实践中也逐渐通过法律解决纠纷,尽管人情社会的特征依稀可见。中国现行的法律体系也或多或少借鉴了多个法系的成果。因此,我国的法律体系既有明确的自主性特征,也有与其他国家类似之处。无论如何,作为全球化浪潮中的一员,我国需要正确对待法律全球化。法律有其自身的规律,不是哪一个人或者哪一群人可以随意改变的。背离基本规律的法律势必导致其本身的败坏,结果很可能引发人们对法律的不信任,并使法律失去实际作用。我国法律发展只要能够坚持法律的基本规律,便是为法律全球化贡献了自己的力量。

与此同时,我国社会的进步也离不开法律全球化。作为当今世界的重要一员,我国在世界舞台上已经拥有极大的影响力,而我国有现在这种影响力的原因之一便是主动融入世界。如果没有主动开放并且加入世界自由贸易的大潮,今天的中国不会有如此之地位。由于经济上深深卷入世界,于是中国人的行为也和世界上其他国家的人交叉极多。在这样的背景中,如果中国适用的法律与其他国家相差较大,那么制度所带来的隔阂立即显现。而且,在全球的经济一体化进程当中,不主动与国际接轨,就会处于不利的位置,因为独特的类型并不能够带来利益,带来的反而是负担。融入世界并参与规则制定需要法律层面的跟进。因此,法律全球化在我国作为一个负责任的大国崛起的过程中,应该有正面的作用。纵观中国历史,闭关锁国带来的一般都是经济萧条乃至社会不稳定,而开放带来的更多的则是经济繁荣与人民自由度与幸福感的提高。因此,无论从世界全局还是从我国立场出发,国人都需要以真诚的心态面对全球化时代的法律。

课后作业

一、关键词解释

1. 法律全球化

2. 法律本土化

3. 非政府间国际组织

二、选择题

1. 法律全球化包括(　　)和(　　)两个方面。

A. 国内法趋同　　B. 形成全球共同法

C. 法律多元化　　D. 国家法失灵

2. 法律全球化的立法主体包括(　　)

A. 民族国家　　B. 非政府间国际组织

C. 政府间国际组织　　D. 超国家组织

3. 下列(　　)属于超国家组织。

A. 东盟　　B. 欧盟

C. 北美自由贸易区　　D. 世界贸易组织

4. 下列(　　)不属于主权国家。

A. 古希腊的雅典　　B. 罗马帝国

C. 中国唐代　　D. 神圣罗马帝国

5. 一般认为主权国家体系源自(　　)

A. 联合国宪章　　B. 国际联盟的建立

C. 威斯特伐利亚条约　　D. 德黑兰宣言

三、材料论述题

[材料一]

清华大学法学院主办的“法律全球化高端战略研讨会”2012年在北京举行,众多法学界教授发表了自己的看法。

张中秋(中国政法大学教授):

我认为,不能简单地理解全球化,从哲学上讲,世界永远是多样的统一。从中国的哲学讲,万物是相辅相成的。这个世界不仅仅是西方的,而是西方的与很多非西方的共同组成了人类世界。为什么要以一种人的生活理念来涵盖、代表全人类的理念?理由何在?如何实现?

现代社会,法律解决纠纷是文明的标志,而大部分人对法律作为解决纠纷的方式也不是心服口服。全球化是一个非常复杂的问题,不能简单理解,我相信全球化的方向和潮流,谁也阻挡不了,但在其中依然有非全球化、本土化、地方化等因素的交互存在,正因为这些因素的存在,在多样的不同中才能够产生出共同的全球化,即趋同,但非绝对化同质化。

我理解的法律全球化是从大视野来看法律,那么不单单是看今天,看未来,这个视野也可以向后拉,向前拉,向上拉。要用大的视野来观察世界法律发展的图像和前景。用时间的长度和哲学的高度来把握和认识法律发展的图像和前景。在全球化的大框架下,我们可以发现,中国法的过去,中国法的今天和中国法的未来。我观点是,如果从大视野出发,传统中国法就是世界性的,它是中华法系的母法,中华法系在此基础上构成了具有世界影响的法律体系。传统中国法本身就是当时的世界性法律体系,也可以说是部分的全球化。那么,今天的大视野下的中国法,就是"两岸四地"可能有一个大中国法的构架,如果构成的话可能对人类产生重大贡献。

王保树(清华大学法学院教授):

我是支持法律全球化这个主张的。梳理经济发展,我有一个看法,过去我们说的共产主义,不能在一个国家最终实现;市场经济也不可能在一个国家最终实现,肯定也得靠世界。市场经济走向,肯定得从一个国家到世界,世界反过来对其进行影响,它再提高,就这么反复地互相地影响,然后得到发展。在发展市场经济的过程当中,资本的流动,人的流动以及货物和服务的交易,绝对是要超出一国范围的,是不可避免的。所以,在这样的情况下,如果你的规则局限在一个国家,那你没法跟别人交流,也就意味着你的市场经济在世界上永远处于劣势,而不能处于强势。

一个国家如果经济不发达,规则落后,世界交易中当然不能倚赖你的规则,必然要选择更先进的规则,更能汇集各国商人的规则。我国2005年的《公司法》吸收的一些制度,有的是直接从美国借鉴过来的,有的是间接从欧洲人和日本人的规则中借鉴过来的,从而与我们的实践相结合。去年我们开会的时候,外国的专家跟我讲:你们中国2005年的《公司法》这一法律文本,排名世界第六,地位挺高,但是你们实施得不怎么好。2005年《公司法》文本非常明显地吸收了各国的制度,但是也不是简单地吸收,它已经融入了中国的文化。这个融入也非常有必要,既引入了先进的规则,又注意了在中国能够适用的问题,因为毕竟要考虑本国的文化传统。在这样的情况下,借鉴性转化能够使法律制度提升到一个新的水平。

我认为,全球化可能既是一个不可避免的现实,同时也是一个过程。之所以说它是一个过程,我有这么几点看法:第一,在一个有了区域组织的地方,最典型的如欧盟,它在趋同化、全球化。当然,它首先是区域化,如果有几个大的地方在区域化了,超出了一国范围了,它当然更有利于全球化的发展。第二,不要把全球化的规则理解成一定是同一个模式,从欧盟来看,除了从理念上提倡这一点以外,其在具体的规则上也已经有了很明显的体现。并不是说欧盟的整个规则都到欧盟的各个国家直接适用，我们大家知道，欧盟的规则是分不同种类的，比如规则是直接适用的，指令则不直接适用，它是用来协调立法的。同时，也别以为全球化是同一个模式，可能它是多种模式并存，但最后它是会通过多种形式来实现全球化的。之所以我们有这样的认识，之所以我们需要做出努力，是因为我们注意到了这种不可避免的趋同化和一体化的趋势。这种努力会促进全球一体化，但是不可能明天早晨就可以实现全球一体化。

［**材料来源**］《法制日报》2012 年 5 月 12 日，第 7 版。

［**材料二**］

纵观世界文明史，人类先后经历了农业革命、工业革命、信息革命。每一次产业技术革命，都给人类生产生活带来巨大而深刻的影响。现在，以互联网为代表的信息技术日新月异，引领了社会生产新变革，创造了人类生活新空间，拓展了国家治理新领域，极大提高了人类认识世界、改造世界的能力。互联网让世界变成了“鸡犬之声相闻”的地球村，相隔万里的人们不再“老死不相往来”。可以说，世界因互联网而更多彩，生活因互联网而更丰富。

中国正处在信息化快速发展的历史进程之中。中国高度重视互联网发展，自 21 年前接入国际互联网以来，我们按照积极利用、科学发展、依法管理、确保安全的思路，加强信息基础设施建设，发展网络经济，推进信息惠民。同时，我们依法开展网络空间治理，网络空间日渐清朗。目前，中国有 6.7 亿网民、413 万多家网站，网络深度融入经济社会发展、融入人民生活。

……

随着世界多极化、经济全球化、文化多样化、社会信息化深入发展，互联网对人类文明进步将发挥更大促进作用。同时，互联网领域发展不平衡、规则不健全、秩序不合理等问题日益凸显。不同国家和地区信息鸿沟不断拉大，现有网络空间治理规则难以反映大多数国家意愿和利益；世界范围内侵害个人隐私、侵犯知识产权、网络犯罪等时有发生，网络监听、网络攻击、网络恐怖主义活动等成为全球公害。面对这些问题和挑战，国际社会应该在相互尊重、相互信任的基础上加强对话合作，推动互联网全球治理体系变革，共同构建和平、安全、开放、合作的网络空间，建立多边、民主、透明的全球互联网治理体系。

［**材料来源**］习近平主席 2015 年 12 月 16 日在第二届世界互联网大会开幕式上的讲话。

［**要求**］根据上述材料，分析经济全球化、法律全球化的正当性。

课后参阅论文

1. 黄文艺：《法律国际化与法律全球化辨析》，载《法学》2002 年第 12 期。

2. 车丕照：《法律全球化与国际法治》，载《清华法治论衡》（第三辑），清华大学出版社 2002 年版。

3. 张文显、付子堂等：《“全球化时代的中国法学学术研讨会”发言摘要》，载《法制与社会发展》2004 年第 2 期。
4. 李桂林:《论全球共同法》,载《法学》2005 年第 1 期。
5. 王贵国:《经济全球化与全球法治化》,载《中国法学》2008 年第 1 期。
6. 陆幸福:《试论法律全球化的正当性》,载《前沿》2009 年第 3 期。
7. 王莉君:《全球化趋势下我国法律发展的自主性》,载《比较法研究》2013 年第 4 期。
8. 高鸿钧:《法律全球化的理论与实践:挑战与机会》,载《求是学刊》2014 年第 3 期。
9. 托马斯·杜斐:《“复规范性”从何谈起　法律全球化的知识挑战》,载《中外法学》2019 年第 1 期。
10. 时殷弘:《全球化的内在紧张、急剧变化和应对战略》,载《中央社会主义学院学报》2019 年第 3 期。

延伸阅读

在民族国家时代,国际关系、国际事务主要是以各个国家的对外关系、外交事务的形式存在,属于各个国家内部事务的一部分,因而主要是由各个国家独立地处理或协调。在此时,各国的国内法是处理国际关系和国际事务的主要依据。即使是各国通过订立国际条约或协定来处理国际关系和国际事务,这些国际条约或协定只有转化为国内法才能得到有效地实施。因此,在以国内法为中心的民族国家时代,法治只能是一种国内治理的有效模式。全球化进程产生了一大批跨国家的、超国家的全球性问题、全球性事务,如地球环境污染、全球气候恶化、世界金融风暴、南北差距扩大。这些问题和事务虽然涉及各个国家的国内问题、事务,但是远非单个国家所能解决的,甚至众多国家联合起来也难以解决,而需要国家的和非国家的、公共的和私人的诸多全球性力量共同解决。于是,在国家独木难支的全球化时代,全球治理的概念和理论就应运而生。参阅黄文艺的《法律国际化与法律全球化辨析》(载《法学》2002 年第 12 期)。

进入新时代,国际力量对比深刻调整,单边主义、保护主义、霸权主义、强权政治对世界和平与发展威胁上升,逆全球化思潮上升,世界进入动荡变革期。党中央强调,面对复杂严峻的国际形势和前所未有的外部风险挑战,必须统筹国内国际两个大局,健全党对外事工作领导体制机制,加强对外工作顶层设计,对中国特色大国外交作出战略谋划,推动建设新型国际关系,推动构建人类命运共同体,弘扬和平、发展、公平、正义、民主、自由的全人类共同价值,引领人类进步潮流。(《中共中央关于党的百年奋斗重大成就和历史经验的决议》,人民出版社 2021 年版。)

推荐阅读书目

（以本书编章为序）

1.《中共中央关于党的百年奋斗重大成就和历史经验的决议》，人民出版社 2021 年版。

2. 习近平：《论坚持全面依法治国》，中央文献出版社 2020 年版。

3. 马克思主义理论研究和建设工程重点教材：《习近平法治思想概论》，高等教育出版社 2021 年版。

4. 中央宣传部、中央全面依法治国委员会办公室编：《习近平法治思想学习纲要》，人民出版社、学习出版社 2021 年版。

5.《中华人民共和国民法典》，法律出版社 2020 年版。

6. 张文显：《法理泛在——法理主题致辞集》，法律出版社 2020 年版。

7. 付子堂等：《马克思主义法学理论的中国实践与发展研究》，中国人民大学出版社 2020 年版。

8. [英]奥斯丁：《法理学范围》，刘星译，中国法制出版社 2002 年版。

9. [奥]凯尔森：《纯粹法学说》（第二版），雷磊译，法律出版社 2021 年版。

10. [美]庞德：《法哲学导论》，于柏华译，商务印书馆 2020 年版。

11. [美]庞德：《法理学》（第 1－4 卷），余履雪、封丽霞、廖德宇、王玉译，法律出版社 2007 年版。

12. [美]卢埃林：《荆棘丛：关于法律与法学院的经典演讲》，明辉译，北京大学出版社 2017 年版。

13. 付子堂：《法之理在法外》，法律出版社 2003 年版。

14. 赵震江、付子堂：《现代法理学》，北京大学出版社 1999 年版。

15. 文正邦：《法哲学专论》，法律出版社 2021 年版。

16. [德]黑格尔：《论自然法》，朱学平译，商务印书馆 2021 年版。

17. [美]列奥·施特劳斯：《自然权利与历史》，彭刚译，生活·读书·新知三联书店 2016 年版。

18. [美]罗纳德·德沃金：《认真对待权利》，信春鹰、吴玉章译，上海三联书店 2008 年版。

19. [德]耶林：《权利斗争论》，潘汉典译，商务印书馆 2019 年版。

20. [美]潘戈：《18 世纪北美的共和主义与洛克哲学》，朱颖译，华东师范大学出版社 2020 年版。

21. [德]黑克：《利益法学》，傅光宇译，商务印书馆 2016 年版。

22. 付子堂：《法律功能论》，中国政法大学出版社 1999 年版。

23. 倪正茂：《激励法学探析》，上海社会科学院出版社 2012 年版。

24. 李德顺：《价值论》（第二版），中国人民大学出版社 2007 年版。

25. 杨震：《法价值哲学导论》，中国社会科学出版社 2004 年版。

26. 周世忠、黄竹胜：《法的价值及其实现》，广西师范大学出版社 1998 年版。

27. 卓泽渊：《法的价值论》，法律出版社 2018 年版。

28. 吴经熊：《正义之源泉：自然法研究》，法律出版社 2015 年版。

29. [美]罗尔斯：《正义论》，何怀宏、何包钢、廖申白译，中国社会科学出版社 2009 年版。

30. [德]施托莱斯:《德国公法史(国家法学说与行政学,1800—1914)》,雷勇译,广西师范大学出版社2021年版。
31. [美]沃尔泽:《正义诸领域》,松燕译,译林出版社2002年版。
32. 慈继伟:《正义的两面》,生活·读书·新知三联书店2001年版。
33. [德]施塔姆勒:《正义法的理论》,夏彦才译,商务印书馆2017年版。
34. 董云虎、刘武萍:《世界人权约法总览》,四川人民出版社1990年版。
35. 夏勇:《人权概念起源——权利的历史哲学》,中国政法大学出版社1992年版。
36. 孙哲:《新人权论》,河南人民出版社1992年版。
37. [美]亨金:《权利的时代》,信春鹰等译,知识出版社1997年版。
38. [英]米尔恩:《人的权利与人的多样性——人权哲学》,夏勇、张志铭译,中国大百科全书出版社1995年版。
39. [美]德沃金:《认真对待人权》,朱伟一等译,广西师范大学出版社2003年版。
40. 中国人权研究会、西南政法大学人权研究院:《〈国家人权行动计划(2016—2020年)〉实施情况评估报告》,人民出版社2021年版。
41. 李步云:《论人权》,社会科学文献出版社2010年版.
42. [美]阿希尔·阿玛尔,莱斯·亚当斯:《美国〈权利法案〉公民指南》,崔博译,北京大学出版社2016年版。
43. [美]萨伯:《洞穴奇案》,陈福勇、张世泰译,生活·读书·新知三联书店2009年版。
44. [法]皮埃尔·勒鲁:《论平等》,王允道译,商务印书馆1991年版。
45. [英]鲍勃·赫普尔:《平等法》(第二版),李满奎译,法律出版社2020年版。
46. [英]詹姆斯·斯蒂芬:《自由·平等·博爱:一位法学家对约翰·密尔的批判》,冯克利、杨日鹏译,广西师范大学出版社2007年版。
47. [英]约翰·密尔:《论自由》,程崇华译,商务印书馆1982年版。
48. [英]伯林:《自由论》,胡传胜译,译林出版社2003年版。
49. [奥]哈耶克:《自由秩序原理》(上、下),邓正来译,生活·读书·新知三联书店1997年版。
50. 顾肃:《自由主义基本理念》,中央编译出版社2003年版。
51. 周尚君:《自由主义之后的自由》,法律出版社2010年版。
52. [英]布蕾特:《在自由与自然之间:晚期经院主义思想中的个人权利》,杨天江译,华东师范大学出版社2020年版。
53. 邢建国:《秩序论》,人民出版社1993年版。
54. 宫志刚:《社会转型与秩序重建》,中国人民公安大学出版社2004年版。
55. 季卫东:《法治秩序的建构》(增补版),商务印书馆2019年版。
56. [德]卡尔·拉伦茨:《法学方法论》,黄家镇译,商务印书馆2020年版。
57. 杨仁寿:《法学方法论》,中国政法大学出版社2013年版。
58. 陈金钊等:《法律解释学》,湖南人民出版社2009年版。
59. 梁治平:《法律解释问题》,法律出版社1998年版。
60. [英]麦考密克:《修辞与法治》,程朝阳等译,北京大学出版社2014年版。
61. [德]罗伯特·阿列克西:《法律论证理论》,舒国滢译,中国法制出版社2002年版。

62. 陈林林:《裁判的进路与方法:司法论证理论导论》,中国政法大学出版社 2007 年版。
63. [美]波斯纳:《法官如何思考》,苏力译,北京大学出版社 2009 年版。
64. [英]麦考密克:《法律推理与法律理论》,姜峰译,法律出版社 2018 年版。
65. [美]肖尔:《像法律人那样思考:法律推理新论》,雷磊译,中国法制出版社 2016 年版。
66. 张志铭:《司法沉思录》,北京大学出版社 2019 年版。
67. 李猛:《自然社会:自然法与现代道德世界的形成》,生活·读书·新知三联书店 2015 年版。
68. 赵震江主编:《法律社会学》,北京大学出版社 1998 年版。
69. 陈宝良:《中国的社与会》,浙江人民出版社 1996 年版。
70. 瞿同祖:《中国法律与中国社会》,中华书局 2003 年版。
71. [美]庞德:《通过法律的社会控制·法律的任务》,沈宗灵、董世忠译,商务印书馆 2017 年版。
72. 付子堂等:《发展中法治论:当代中国转型期的法律与社会研究》,北京大学出版社 2013 年版。
73. 王威:《法律社会学——学科辨析与理论源流》,群众出版社 2004 年版。
74. 孙立平:《重建社会:转型社会的秩序再造》,社会科学文献出版社 2009 年版。
75. [德]卢曼:《社会的法律》,郑伊倩译,人民出版社 2009 年版。
76. [奥]欧根·埃利希:《法社会学原理》,舒国滢译,中国大百科全书出版社 2009 年版。
77. 马长山:《国家、市民社会与法治》,商务印书馆 2001 年版。
78. [美]罗斯:《社会控制》,秦志勇、毛永政译,华夏出版社 1989 年版。
79. 苏力:《是非与曲直——个案中的法理》,北京大学出版社 2019 年版。
80. [美]科斯等:《财产权利与制度变迁:产权学派与新制度学派译文集》,刘守英等译,格致出版社、上海人民出版社 2014 年版。
81. [美]黄宗智:《实践与理论:中国社会、经济与法律的历史与现实研究》,法律出版社 2015 年版。
82. [美]波斯纳:《法律的经济分析》,蒋兆康译,中国大百科全书出版社 1997 年版。
83. 赵震江主编:《科技法学》(修订版),北京大学出版社 1998 年版。
84. 马长山:《迈向数字社会的法律》,法律出版社 2021 年版。
85. 熊秉元:《正义的成本:当法律遇上经济学》,东方出版社 2014 年版。
86. 卓泽渊:《法政治学研究》,法律出版社 2018 年版。
87. 俞德鹏:《政治法学研究》,中国社会科学出版社 2015 年版。
88. 周祖成:《政治法治化问题研究》,法律出版社 2011 年版。
89. [英]马凌诺斯基:《文化论》,费孝通译,华夏出版社 2002 年版。
90. [美]埃尔曼:《比较法律文化》,高鸿钧等译,清华大学出版社 2002 年版。
91. 董彦斌:《儒家的世界:3000 年恒与变》,法律出版社 2021 年版。
92. 喻中:《法律文化视野中的权力》,山东人民出版社 2004 年版。
93. 梁治平:《法律的文化解释》,生活·读书·新知三联书店 1995 年版。
94. 刘作翔:《法律文化理论》,商务印书馆 1999 年版。
95. 张永和:《信仰与权威》,法律出版社 2006 年版。
96. 郭忠:《法律秩序和道德秩序的相互转化》,中国政法大学出版社 2012 年版。
97. [瑞典]黑格斯特罗姆:《法律与道德的性质研究》,陈曦译,商务印书馆 2021 年版。
98. 邓正来:《谁之全球化? 何种法哲学? ——开放性全球化观与中国法律哲学建构论纲》,商务印书馆

2009 年版。
99. [英]威廉·退宁:《全球化与法律理论》,钱向阳译,中国大百科全书出版社 2009 年版。
100. 信春鹰主编:《全球化与多元法律文化》,社会科学文献出版社 2007 年版。

后　记

西南政法大学法学理论学科于1979年经国务院学位委员会批准获得硕士学位授予权，属于全国最早一批设立硕士学位授予点的二级学科。本学科于1992年被确定为校级重点学科，2000年被重庆市确定为市级重点学科，2003年被批准为博士学位授权点，2004年开始招收博士研究生，一直是重庆市重点学科。本科专业课程《法理学》于2006年被评为重庆市精品课程，2007年10月被教育部评为国家级精品课程；2008年1月，教育部批准《法理学进阶》入选国家级规划教材；2020年，《法理学》慕课（MOOC，massive open online courses，即大型开放式网络课程）获批重庆市精品在线开放课程，并被教育部认定为首批国家一流本科课程；2021年，《法理学》本科课程被重庆市认定为重庆市级"课程思政"示范课程，《法理学专题研究》研究生课程被教育部认定为国家级"课程思政"示范课程，《法理学高阶》获首届全国优秀教材二等奖。

西南政法大学历来重视基础学科建设的学术积累与学术传承。我校的法理学科点在黎国智教授、卢云教授、王明三教授、薛伦倬教授、钮传诚教授、王方仲教授、李权教授、吴光辉教授和文正邦教授等老一辈学者以及王威教授、杜万华教授、卓泽渊教授等中坚学者的创建、经营、带动、培养和努力下，师承相继，薪火相传，生生不息。经过数十载的积极奋斗和辛勤劳作，本学科点造就了一批又一批优秀教学科研人才，持续保持着一支年龄结构合理、理论功底扎实、具有探索精神的学术梯队，在现代法理学、马克思主义法律思想研究、法哲学、法律社会学、立法学和西方法理学等学术领域做出了重要贡献。

作为法学理论学科的核心，法理学一直是西南政法大学重点发展的学术领域之一。本学科点对一些重大的法学理论和法治实践问题进行了卓有成效的研究，并且一向重视法理学科的课程改革和教材建设。长期以来，本学科教材一直处于国内领先地位，是国内法学理论学科与课程改革的代表性范例之一。早在20世纪80年代初，西南政法大学就曾将《国家与法的理论》的课程设置率先改革为《法学基础理论》；1981～1982年，受司法部委托，西南政法大学承办了全国法学基础理论师资培训班，该培训班上的许多学员现在已是全国法理学界的知名学者。1992年，在改革《法学基础理论》教材的基础上，我校在全国较早地推出了《法理学》教材（卢云教授主编）。从1997年开始，我校又对法学专业本科的法学基础理论课程设置进行了大幅度改革，实行在大学本科一年级开设《法学导论》，在大学本科三年级开设《法理学》的课程设置模式；1998年，出版了由本学科点教师编写的两部一套的同名教材（卓泽渊教授主编）。这种新的课程设置模式和教材模式在国内颇具前瞻性，该项课程改革于2001年获得了由重庆市人民政府颁发的优秀教学成果一等奖。

为适应新世纪新时代的新要求,本学科点在长期学术积淀的基础上,于2005年正式推出了这套新的法理学教科书——《法理学初阶》和《法理学进阶》,后经多次修订,现为第六版。同时,《法理学高阶》已由高等教育出版社推出三版。2017年,我们以《法理学初阶》和《法理学进阶》教材为基础,录制了《法理学》慕课,2018年正式在"中国大学慕课"上线,迄今共开课6期,每期选课学生均超过2万人。近年来,学习者经常通过慕课平台反馈各种意见建议,这些宝贵意见成为我们不断推陈出新的强大动力。

党的十八大以来,以习近平同志为核心的党中央将全面依法治国纳入"四个全面"战略布局,作出一系列重大决策部署。党的十八届三中全会明确提出建设法治中国;党的十八届四中全会审议通过《中共中央关于全面推进依法治国若干重大问题的决定》;党的十九大描绘了2035年基本建成法治国家、法治政府、法治社会的宏伟蓝图;党的十九届三中全会正式组建中央全面依法治国委员会,加强党对全面依法治国的统一领导、统一部署、统筹推进;党的十九届四中全会对坚持和完善中国特色社会主义法治体系,提高党依法治国、依法执政能力进一步作出专门部署;党的十九届五中全会提出,有效发挥法治固根本、稳预期、利长远的保障作用。2020年11月16日至17日召开的中央全面依法治国工作会议,明确了习近平法治思想在全面依法治国中的指导地位。2021年7月1日,庆祝中国共产党成立100周年大会在天安门广场隆重举行,习近平总书记发表重要讲话,回顾中国共产党百年奋斗的光辉历程,展望中华民族伟大复兴的光明前景。国家教材委员会于2021年7月21日印发《习近平新时代中国特色社会主义思想进课程教材指南》(国教材〔2021〕2号)、9月26日印发《"党的领导"相关内容进大中小学课程教材指南》(国教材〔2021〕5号)(以下简称"两个指南")。2021年11月6日,中共中央宣传部、中央全面依法治国委员会办公室发出关于认真组织学习《习近平法治思想学习纲要》的通知。2021年11月11日,中国共产党第十九届中央委员会第六次全体会议审议通过了《中共中央关于党的百年奋斗重大成就和历史经验的决议》。2021年12月6日,中共中央政治局就建设中国特色社会主义法治体系问题进行第三十五次集体学习,习近平总书记在主持学习时发表重要讲话指出,我国正处在实现中华民族伟大复兴的关键时期,世界百年未有之大变局加速演进,改革发展稳定任务艰巨繁重,对外开放深入推进,需要更好发挥法治固根本、稳预期、利长远的作用。新的征程上,理论界尤其是法学界必须及时予以回应,本书修订推出第六版正是基于这样的考虑。

《法理学进阶》第六版在体例方面有两个比较大的变动:一是以"知识结构图"取代之前版本的"课前提示",目的是让学生在进入某章的学习之前,对整章的知识结构和逻辑线索有一个初步把握;二是增加"延伸阅读"部分,试图通过教材的纵深拓展,引导学生针对法理学问题进一步关注和阅读相关法学经典,逐步接受经典训练。在教材内容方面,进一步打磨语言表达,力求准确、精练、富于逻辑;订正教材所引文献,力求使用新的权威版本;更新教材所用数据,力求使用最新的权威资料;修正教材中的部分论述,做到与党和国家最新的大政方针保持一致,严格按照国家教材委员会"两个指南"的要求,全面推进习近平新时代中国特色社会主义思想、"党的领导"相关内容进教材,及时把习近平法治思想及党的十九届六中全会精神在教材建设中落细落实落好。在课后作业方面,增加了选择题数量,力图更多地吸收国家司法考试(国家统一法律职业资格考试)涉及到的问题;根据知识性和可读性,替换了部分材料分析题的阅读材料。在"课后参阅论文""推荐阅读书目"方面,根据近年法理学界的最新研究成果,更新或增加了部分篇目和书目。

本套法理学教学用书由付子堂任主编,周尚君任《法理学进阶》(第六版)副主编。本版《法理学进阶》的撰写分工为:

付子堂:导论,第三、四、五章,第六、七、八、九、十四、十五、十六章(合作);
胡兴建:第一章;
孟庆涛:第二、十七章(合作);
张永和:第二、十七章(合作);
陆幸福:第六、十五章(合作),第二十章;
朱学平:第七章(合作);
张善根:第八章(合作);
周尚君:第九章、第十四章(合作);
杨天江:第十章;
姚荣茂、李超群:第十一章;
杜苏、刘祥超:第十二章;
朱颖:第十三章;
常安:第十四章(合作);
周祖成:第十六章(合作);
赵树坤:第十八章;
文正邦:第十九章(合作);
朱林方:第十九章(合作)。

朱颖做了目录的英文翻译工作,卢东凌主要负责参阅文献的资料索引工作。余海洋、童宇航、董怡辰、董霖、罗有成、曲星烨、黄新婷、曾琳雅、严四维等完善了全书的知识结构图,并参与了校对工作。尤其是,周尚君对本版修订工作付出了更多辛劳。

在本书原版本写作及历次修订过程中,王威教授、赵明教授、喻中教授、陈锐教授、王恒副教授、李蕾博士、占红沣博士等撰写过本书前几版的相关章节;当时在校的博士研究生及硕士研究生同学做了大量资料收集和文字校订工作。本书自2005年初版以来,全国各地许多细心的读者通过各种方式,提出了许多问题和修订建议,帮助我们完善本书。特此对所有关心、爱护、支持和帮助本书编写事业的各位同道一并致谢!

教育就是让受教育者接受正确的理念,法理学的教材设计必须与法理学的基本使命相适应。只有这样,才能既有利于学生对基本知识和基本原理的理解和把握,更有利于提升学生学习和思考的主动性、积极性。因此,《法理学进阶》第六版进一步注重适应大学本科高年级学生对法律基本原理的需求,注重结合中国社会现实的发展情况更新材料,进一步反映国家统一法律职业资格考试的最新进展,力求把对社会现实的合理解读纳入教材体系,力图反映中国法理学界近年来的最新研究动态,使成熟的研究成果尽快转化为教学内容,同时让有学术研究能力的同学能够进行更加深入的阅读和思考。但由于本套教学用书力求在多个方面进行改革尝试,加之各位参编者在学术风格和语言风格上不尽一致,因而难免存在疏漏与不当之处,我们真诚欢迎并衷心感谢各位同道中人,尤其是广大同学批评指正!

付子堂

2022 年元旦于重庆宝圣湖畔